农民权利发展

——新时代乡村振兴战略背景下的时代命题

刘同君等　著

东南大学出版社
SOUTHEAST UNIVERSITY PRESS
·南京·

内 容 提 要

本书从农村法律文化根基、法律文化构造、法律文化路径等层面，并以"乡土法杰"及其纠纷解决为例阐释了农民权利发展的法律文化底蕴；从农民权利体系、农民权利结构、农民权利制度等视角剖析了农民权利体系的结构呈现与制度创新；从农村农民权利发展的实践考察，提出了农民权利发展实现机制的建构路径；从农村社会治理创新契合农民权利发展的现实逻辑，探讨了农民权利发展与农村治理现代化的辩证关系；从我国农村扶贫的权利内涵出发，分析了权利视野下我国农村扶贫法律机制的特点、现状及其实现方式。

图书在版编目（CIP）数据

农民权利发展：新时代乡村振兴战略背景下的时代
命题 / 刘同君等著. — 南京：东南大学出版社，2018.12
　　ISBN　978-7-5641-8056-0

　　Ⅰ.①农… Ⅱ.①刘… Ⅲ.①农民-权利-研究-中
国 Ⅳ.①D621.5

中国版本图书馆 CIP 数据核字（2018）第 244563 号

农民权利发展：新时代乡村振兴战略背景下的时代命题

著　　者	刘同君等		责任编辑	刘　坚
电　　话	(025)83793329　QQ:635353748		电子邮件	liu-jian@seu.edu.cn
出版发行	东南大学出版社		出 版 人	江建中
地　　址	南京市四牌楼 2 号		邮　编	210096
销售电话	(025)83794561/83794174/83794121/83795801/83792174 83795802/57711295(传真)			
网　　址	http://www.seupress.com		电子邮件	press@seupress.com
经　　销	全国各地新华书店		印　　刷	虎彩印艺股份有限公司
开　　本	787mm×1092mm　1/16		印　张	14
字　　数	350 千字			
版 印 次	2018 年 12 月第 1 版第 1 次印刷			
书　　号	ISBN　978-7-5641-8056-0			
定　　价	45.00 元			

序

新时代农民权利发展的新命题

党的十九大创造性地提出了我国社会的主要矛盾已经转化为人民日益增长的对美好生活的需求和不平衡、不充分发展之间的矛盾。在这一新时代背景下,党的十九大报告提出实施乡村振兴战略,对我国的农业、农村以及农民发展提出了新的要求。无疑,中国"三农"问题的价值基础是农民日益增长的美好生活需求,且农民权利是这一"价值基础"的应然属性与实然需求,农民权利发展问题由此构成了新时代的新命题。

习近平总书记指出,农业、农村、农民问题是关系国计民生的根本性问题,必须始终把解决好"三农"问题作为全党工作的重中之重。要坚持农业、农村优先发展,按照产业兴旺、生态宜居、乡风文明、治理有效、生活富裕的总要求,建立健全城乡融合发展体制机制和政策体系,加快推进农业、农村现代化;巩固和完善农村基本经营制度,深化农村土地制度改革,完善承包地"三权"分置制度;保持土地承包关系稳定并长久不变,第二轮土地承包到期后再延长三十年;要深化农村集体产权制度改革,保障农民财产权益,壮大集体经济;确保国家粮食安全,把中国人的饭碗牢牢端在自己手中;构建现代农业产业体系、生产体系、经营体系,完善农业支持保护制度,发展多种形式适度规模经营,培育新型农业经营主体,健全农业社会化服务体系,实现小农户和现代农业发展有机衔接;促进农村一二三产业融合发展,支持和鼓励农民就业创业,拓宽增收渠道;加强农村基层基础工作,健全自治、法治、德治相结合的乡村治理体系。培养造就一支懂农业、爱农村、爱农民的"三农"工作队伍。

党的十九大之后,2017 年 12 月底,中央农村经济工作会议首次提出了走中国特色社会主义乡村振兴道路,并提纲挈领地提出了乡村振兴"七条路径",制定了乡村振兴"总路线图",以及"三步走"时间表。2018 年"中央 1 号文件"聚焦于乡村振兴战略,明确了乡村振兴战略的总要求、原则、目标、主要任务和规划保障等,为各地编制和实施乡村振兴提供了良好的政策依据和实施路径。

从乡村振兴的政策背景与实质内容来看,无论是乡村振兴的战略目标与路径设计,还是乡村振兴的内涵建设与保障措施,其价值指向均非常明确,即扩大与保护农民权益。在法治国家、法治政府、法治社会一体化建设的依法治国进程中,这一价值指向及其内涵要素转化为法律语境就是农民权利发展。换言之,就是使农民真正成为乡村振兴的建设主体,并逐渐催生与培植农民权利、优化与构建农民权利体系、发展与保障农民权利。这是因为:

第一,农民权利发展是农村社会治理创新的应然需求。全面推进依法治国,建设社会主

义法治国家,促进国家治理体系和治理能力现代化,是全面深化改革的总目标之一。作为一个有着悠久农业文明历史的国度,我国农村的法治建设和社会治理始终是依法治国和国家治理现代化的坚实基础和根本保障。"三农"问题的核心是农民问题,而农民问题的本质却是农民权利问题,因为中国最重要的公民权利,当是农民的权利;中国最重要的人权,当是农民的人权①。我们生活的时代是一个权利的时代,"权利"已经成为中华文明步入新世纪后崛起的最强音。"为权利而呼唤、为权利而论证、为权利而斗争"已然成为人们必须面对的重大理论和实践命题②。在法治国家、法治政府与法治社会一体化建设进程中,农民权利问题是我们必须正视也是无法回避的重大社会问题。在农村社会不断朝向新型城镇化发展的过程中,社会治理机制的法治转型构成了农民权利问题最重要的制度环境。构建法治化的农村治理体制机制和制度框架,优化基层治理功能以实现对农村有效的治理,实现农村基层治理体系和治理能力现代化发展,既是农民权利发展的社会基础,同时也是建设社会主义法治国家、推进农村社会持续发展的重要组成部分。

改革开放四十年来,我国农村社会经历了从传统到现代的巨大转型。这一肇始于经济改革的历史转型,不仅深刻影响与改变着农村社会的组织结构、治理模式、社会关系、文化底蕴等因素,而且对农村社会治理机制提出了更高要求。无论是城乡一体化进程的循序推进,抑或是后农业税时代农村基层治理体制的创新发展,均面临着新一轮城镇化改革所带来的严峻挑战。2018年,中共中央、国务院在《关于实施乡村振兴战略的意见》中指出:乡村振兴,治理有效是基础。必须把夯实基层基础作为固本之策,建立健全党委领导、政府负责、社会协同、公众参与、法治保障的现代乡村社会治理体制,坚持自治、法治、德治相结合,确保乡村社会充满活力、和谐有序。但是,我国农村社会治理能力和治理体系的现代化无法一蹴而就,这是一个曲折而又复杂的嬗变过程。中华人民共和国成立后,我国农村曾长期实行高度一体的行政管理体制。1982年宪法恢复了乡(民族乡)、镇基层政权建制,并以农村家庭联产承包制为基础,逐步废除了人民公社制度。1987年11月,全国人大常委会通过了《中华人民共和国村民委员会组织法(试行)》,次年6月,农村村民自治正式启动,国家民政部开始在全国范围内组织乡村选举。1998年11月正式颁布实施的《中华人民共和国村民委员会组织法》,代表国家以宪法性法律的方式肯定了村民自治制度的价值。经过三十多年的发展,中国乡村治理"乡政村治"的基本格局已经稳定,即以村民自治为框架,以民主选举、民主决策、民主管理、民主监督为核心内容的社会自治体制。

从社会治理方式来看,由于中国传统农村社会是基于血缘和地域结构形成的"道德共同体"③,无论是社会治理理念,还是社会治理方法,均深嵌于以宗族或道德观念为纽带的社会结构之中。改革开放以来,随着市场经济机制的不断完善,尤其是农民法律意识的渐次增强及

---

① 夏勇. 朝夕问道——政治法律学札[M]. 上海:上海三联书店,2004:300.
② 张文显,姚建宗. 权利时代的理论景象[J]. 法制与社会发展,2005(5).
③ 陆益龙. 农民中国:后乡土社会与新农村建设研究[M]. 北京:中国人民大学出版社,2010:96.

新型城镇化进程的不断推进,尽管基层行政权力末梢仍然干预甚或控制着乡村治理的某些领域,同时传统社会管理的习俗力量也在一定程度上发挥着作用,但社会变革与转型所产生的诸多因素仍致使农村社会治理理念与结构发生了根本性变化。市场竞争机制冲淡了集体观念,弱化了人际关系,软化了社会纽带,以"队或组"为基本单位的"村集体"理念渐趋模糊甚或消弭,村规民约与"政治号召"不再具有实质意义上的约束力与凝聚力,传统村落似乎已转化为一种情感留恋或诗意想象,使社会转型期的农村社会治理模式逐渐陷入困境。最突出的表现是:个体农民基于理性的利益考量,参与社会管理的需求日益增加,各种权利诉求也不断出现,用法律方法维护自身合法利益的情形也越来越多。与此相对应的是,村民自治的运行机制、基层政府的治理方法与农民权利的发展存在着一定的紧张关系。正是在这种蕴含内在逻辑冲突的治理体制运行中,乡规民约与法治因素消长、伦理文化与法治文化交错、权力运行与民意力量相悖等纷繁复杂的现象使农村社会治理陷入一种深刻的体制性紧张与系统性风险之中。

从社会治理历史来看,人类自步入现代社会以来,社会价值内涵深刻嬗变,社会结构关系逐步转型,"神治"理念已经泯灭,"人治"制度正在衰微,选择以"法治"为主体的社会治理模式已是历史使然。社会治理理论是西方政治学界、社会学界反思市场与政府局限性的产物。随着我国市场经济制度的不断深化与完善,尤其是20世纪90年代以来,社会治理理论逐渐成为社会学领域的研究焦点。社会治理理论的核心是"去统治化",它超越了"政府与市场两元化"的传统社会管理理念,更加强调缩减政府权力、扩大市场自主性与公民社会之间的平衡,突出的是一种多中心主义、多主体平衡的治理理念。毫无疑问,这一理论融合了各种治理理论的优点,优化了自由主义和公共选择学派的众多特长,体现了社会治理中的契约理念与效率精神。因此,社会治理理论的目标或宗旨是寻求多元化的社会合作共治,以公共决策和治理机制创新来促进社会善治,建立和谐的社会秩序。我国农村社会治理的现代转型,不仅仅是指农村物质基础的改善与增强,更重要的是达到党的十九大所提出的"产业兴旺、生态宜居、乡风文明、治理有效、生活富裕"的总体要求。俞可平教授认为,良好的治理就是善治。善治包含六个要素:合法性、透明性、责任性、法治、回应、有效[①]。换言之,法治不只是构成了现代社会善治的重要组成要素和实现方式,同时更是善治的重要衡量标准。法治与善治的内在关联也决定了法治作为农村社会主要治理方式的价值基础,将成为农村社会管理创新的重要内容,并最终为农村社会治理摆脱原子化困境提供路径选择与制度保障。在新型城镇化进程中,伴随着血缘、地缘关系衰减和城市工商业社会的冲击,农民的经济理性与人文素质逐渐提升,农民的法律知识、维权意识、权利观念等法治因素逐渐融入现实生活,为农村社会管理提供了现代化语境及法治化基础,使法治成为农村社会管理的一种理性选择。同时,农民权利在这一"理性选择"中得以生根、升华与发展。所以,以农民权利理念、

---

① 俞可平. 治理与善治[M]. 北京:社会科学文献出版社,2000:8-10.

农民权利结构、农民权利保障等为内容所构筑的农民权利发展架构,正深刻嵌入农村社会治理法治转型这一话语体系与实践机制之中。尽管农村社会治理具有政治学、社会学、经济学、法学等多维属性,但在法治国家、法治政府、法治社会一体化建设的宏观背景下,以农民权利为着眼点,探索农民权利的构成要素,研究与实施农民权利的保障机制,无疑具有重要的实践价值与时代蕴涵。

第二,农民权利发展是农村发展现代化的实然需求。我们认为,农村发展现代化不能仅仅停留于物质结构与水平的改善与提升,必须以人为核心,并充分保障农民的各项权利。农村发展现代化的根本问题应该是农民的权利问题,权利是实现农村社会治理现代化的切入点与终极目标。也就是说,只有稳步提升农民在教育、医疗、就业、社会保障等领域的权利,切实保障农民平等的财产权利、人身权利、社会权利等,才能真正实现农村发展现代化。固然,仅仅作为一种权利而言,农民权利天生植根于法治的价值内涵中。从人类社会发展历程看,虽然法治观念渊源于古希腊,但其真正得到弘扬和实践的,则是近现代民主政治发展的结果:文艺复兴以来的人文主义兴起,将人的地位从神的阴影中解放出来,为人的尊严和价值奠定了政治与法律基础;而近现代法律制度的形成与建构为人权的发展与实现提供了规范性依据。现代民主政治的价值共识认为,法治的核心在于人权,尊重和保障人权是法治建设的核心价值。虽然"人权—权利"的价值转换取决于诸多政治因素或社会环节,但"人权派生权利、权利缘于人权"是无可辩驳的实践逻辑。具体到中国农村的社会发展,农民权利必然是农村社会发展逻辑生成的价值目标,并贯穿于发展过程之中;农村社会发展必然实现以传统道德元素为底蕴的"伦理文化"向以现代权利因子为内核的"法治文化"的转换。

改革开放以来,我国农村社会结构、管理模式、法律文化发生了重大变化。在这一"嬗变"过程中,农民的权利观念渐趋生成,权利保障愈显迫切。在经济领域,伴随着"人口红利"的逐渐减弱,经济学上的"刘易斯拐点"正在逼近,其中一个突出的表现就是2008年始于金融危机的"民工荒"的全国性蔓延。这一方面预示着我国城乡二元结构的消解进程已经进入了快车道,另一方面也为农民经济权利的发展提供了新的契机。然而与此种契机相并存的,却是农村劳动力转移的一系列制度性障碍。"刘易斯拐点"的到来以及农村制度固化的现实,均意味着创新农民权利保障机制的紧迫性。以我国农村"80后"人群对社会矛盾冲突影响的重要性为例:"80后"人群(专指1980年以后出生并处在青年年龄段的人群)已经成为影响中国社会的重要人群。国家劳动与社会保障部的统计数字显示,在超过2.69亿人的庞大的农民工劳动者大军当中,"80后"农民工的比例已经占到70%以上。在网络社会当中,"80后"人群更是占据优势位置。随着时间的推移,"80后"人群对中国社会的影响会日益增大,社会的发展越来越依靠"80后"人群的努力[①]。事实上,我国很多群体性事件的矛盾纠纷案是与这一群体密切关联的。有的学者以翔实的数据进一步印证了这一判断:"一个基本判断

---

① 吴忠民."80后"人群对社会安全影响的分析[J].中国特色社会主义研究,2014(5).

是农民群体性事件的数量在 20 世纪 90 年代以后不断增加,在所有事件中大致占 30% 到 60% 的比例,在全国很多地区,它已经成为首要的影响社会稳定的问题,需要政府花费大量的时间和精力进行处理。"①再如,我国农村社会发展中存在两种比较突出的社会原子化现象:一是城乡二元社会结构为农民权利的平等实现设置了制度性屏障,个人维权现象工具化。农民在征地拆迁、土地使用、政治参与等方面的利益严重受损,以至于形成"以死抗争"或"以身抗争"的局部现象,各种极端维权现象频频出现,法律法规往往难以得到完全施行。二是农民阶层的过度分化,使利益实现方式差别化、多元化与复杂化。随着国家"三农"政策及城镇化进程的不断推进,农村的整体发展水平与农民生存状况明显改善,但在职业、身份、地位等方面出现了较大差异。我国农民阶层是社会弱势群体已成为不争的事实,但利益多元化的客观情况使农民阶层更加复杂化,在"弱势群体"中形成了若干次生"弱势个体",进一步加剧了社会原子化的"离心力"。在这种情境下,农村社会发展必须以农民权利为宗旨,"唯其如此,才能使农村社会的转型发展及其伴随的利益结构、社会身份、思想观念、行为模式等方面的变化与农民权利观念、权利体系和权利保护机制的孕育生长协同变迁,才能实现良好的农村社会治理目标。"②

总体上看,随着国家"三农"政策的落实及城乡二元结构的逐渐破除,我国农民的地位有所提升,权利有所拓展,这也是不容置疑的事实。但农民权利体系的社会结构性障碍依然存在,权利贫困现象仍然较为突出,政治参与权的虚化、利益表达权的阻滞、社会保障权的弱化、迁徙与罢工自由权的缺位、土地财产权的失衡等问题体现于农民生活的各个领域;一些正式制度和非正式规则的限制,也使得农民的权利意识法律认同程度不如人意,加剧了农民在经济、社会保障、文化、政治等领域的权利贫困现象。故此,农村社会治理的治本之道应是逐步消除农民权利贫困状况,并以此推进农村治理现代化的健康发展。

第三,农民权利发展是农村法律文化变革的内涵需求。理解当代中国的农民权利问题,一方面需基于社会传统,从更广阔的历史、文化视野中去阐释和解读权利发展的基础、源泉、动力与实践逻辑,在农村法律文化转型的历史语境中去解释当代农民的维权行动,从而更加深刻地认识我国农村法治建设和农民权利发展的本土资源问题,促进农民权利观念、权利体系以及权利保护机制的发育与生长。德国社会学家马克斯·韦伯说过:"在任何一项伟大的事业背后,必然存在着一种精神的力量,尤为重要的是这种精神的力量一定与该事业的背景有密切的渊源。"③因此,法律文化变迁与创新理应成为农民权利发展的强大制度基础与精神力量。"农民权利发展是伴随新型城镇化自然衍生的。农民权利发展以权利意识觉醒、权利体系构建、权利内容实现为主体架构,并嵌植于农村法律文化的变迁过程之中。法律文化的平等观与正义观是农民权利发展的价值根基,法律文化的现代转型是农民权利发展的内在

① 宋维强. 社会转型期中国农民群体性事件研究[M]. 武汉:华中师范大学出版社,2009:62.
② 刘同君. 新型城镇化进程中农村社会治理的法治转型——以农民权利为视角[J]. 法学,2013(9).
③ [德]马克斯·韦伯. 新教伦理与资本主义的精神[M]. 黄晓京,译. 成都:四川人民出版社,1986:3.

动力,法律文化的传承规律是农民权利发展的逻辑路径。"①

从辩证的角度分析,农村法律文化的发展变迁孕育了社会公平性,而社会公平性则进一步催生了农村法律文化的创新与转型。对于具有深厚伦理底蕴的中国农村来说,以地缘与血缘为纽带所生成的道德共同体力量,以及传统法律文化的义务属性,从源头上遮蔽与抑制了平等观念的萌芽。尽管经过市场经济与现代法治的冲击与洗涤,但家族本位、宗法观念、权力至上等传统法律文化惯性依然阻滞着平等理念的孕育与生成。只有在农村法律文化价值体系中不断植入权利因子,逐渐消除由城乡二元结构所形成的农民身份印记,才能将农民的应然权利转化为实然权利,进而实现法定权利,这正是农村法律文化公平性的深刻体现。

从根本上来说,乡村振兴战略的终极目标是实现对农民的价值关怀。目前,实现农村社会正义的落脚点不仅仅是物质层面的精准扶贫,更为重要的是改善广大农民的贫困状况,其根本途径是渐趋解决农民的权利贫困问题。由于历史与社会结构等原因,我国农民的财产权、社会治理权、社会保障权、政治参与权等权利类型长期处于贫困状态。我国以取消农业税、工业反哺农业、建立合作医疗保障等为实质内容的新农村建设,包括正在推进的以农民权利为价值取向的精准扶贫工程,就是逐步摆脱农民贫困状态、消弭权利贫困现象的战略调整与重要举措。消除农民权利贫困现象不能仅仅停滞于一种正义的道德评判,其根本途径应该是一种正义的制度性诉求,更应是一种基于人性、以人性为本的法律文化建构。

农村法律文化是文化的一种特殊形态,无论是观念更新,还是内涵发展,理应遵循文化变革的一般规律。农村法律文化的变革是推动与促进法律文化转换的关键性变量,也是农民权利发展的内在动力。改革开放四十年来,我国农村社会经历了市场经济的广泛熔炼及法律制度的渐次渗透,社会治理模式不断创新,村民自治制度逐渐成熟,以契约性为特征的法治进步、以流动性为特点的社会分层、以开放性为场域的空间转型已成为新的时代命题。在这一社会转型背景下,市场化催生了农民阶层的多样化,不同的价值观、利益观、行为方式使传统的道德共同体不断异化甚或碎片化。因此,在农村社会转型发展进程中,农村法治发展及社会关系的契约化演进必然生成农民的权利意识,并推动农村法律文化的转型进步。另外,农民权利发展必须遵循法律文化的传承规律。我国是一个人口众多的多民族国家,农村社会的文化资源丰富深厚且呈现出多样性,镌刻着中国特色的文化印迹。我国农村法律文化的演进与形成必须建基于法律文化的传统性,立足于法律文化的现代性,并考虑农村社会的区域差异性及文化多元性。

农村法律文化变革必须在一定文化渊源、经济条件、社会制度等现实语境下循序进行。尤其是对于具有浓厚的地缘与血缘色彩、道德风俗与习惯势力根深蒂固的农村来说,法律文化的传统性更加凸显。尽管社会主义市场经济尤其是城镇化进程塑造了人与人之间的自由与"陌生"的关系,并且由此孕育与形成的契约因素、平等观念、权利意识等法治理念不断荡

---

① 刘同君. 新型城镇化背景下农民权利发展的法律文化阐释[J].学习与探索,2014(2).

涤、净化着传统法律文化,但是义务本位、伦理至上、"熟人"效应等传统性因素仍然束缚甚或支配着法律文化走向。农民权利理念的确立、权利缺失状态的改善、权利保障机制的健全等涉及农民切身利益的法律文化变革,必然在正确面对、逐步改良这一法律文化传统性的基础上渐进展开。同时,法律文化现代性也是诠释法律文化变革的恰当依据与理论回应。法律文化的"现代性"又是农民权利发展的内在结构要素与启动性元素,农民权利发展必然建立于对既存法律文化进行反思、质疑和批判的基础之上。改革开放以来,我国传统农业经济结构趋于松散,乡村道德共同体不断分化,尤其是后农业税时代的到来,我国农民的法律观念、法律心理、法律思想等法律文化结构也产生了重大变化,农民的维权意识、表达诉求、诉讼理念等权利意识亦渐趋增强。因此,在乡村振兴战略实施进程中,农民权利观念的更新及其保障机制的完善必须依赖于法律文化的"现代性"。

农村法律文化变革是与中国的新型城镇化进程结伴而生的。新型城镇化是以集约化和生态化模式为导向,增强多元的城镇功能,构建合理的城镇体系。而在这一城乡发展一体化过程中,农民直接遭遇了并村改居、房地征迁、身份变换、职业变更等带来的权利冲击,经济、政治、社会、文化、生态等权利已成为农民的基本权利诉求。因此,在新型城镇化进程中,必须在实然层面加强对农民权益的立法保护,保障农民平等权、人身权、自治权、参与权等政治权利不受限制;保障农民经营权、土地流转权、补偿救济权等财产权利不受侵犯;保障农民在教育、劳动、保险等方面的社会权利得以落实。只有把关涉农民切身利益的诸多问题转换为农民的权利诉求,才能使农民权利的内涵与外延不断创新与发展,才能使农民权利发展获得深厚的制度根基。

因此,法律文化变迁只有在特定的文化土壤中接受本土资源及历史文化的熏陶,才能顺利实现其变革与发展。农民权利理念的形成、权利体系的构建、保障机制的建立,即农民权利发展必然是一个渐进的过程。一方面,中国几千年的封建特权思想及等级制度不仅吞噬了农民的平等意识,在传统型法律文化向现代型法律文化的转换过程中,等级观念、伦理义务、人治理念等非平等性因素成为权利文化萌生的阻滞性力量;另一方面,我国城乡二元社会结构制度是造成农民权利与义务失衡的根源性因素。正是这一歧视性制度结构使城乡发展出现了差异与鸿沟,使农民权利处于长期的缺失与不平等状态。只有消除城乡二元社会结构制度所造成的种种不合理因素,确立农民的平等主体地位,创造并弘扬权利文化,才能使农民权利发展处于一种良性循环路径之中。只有将法律文化理念与权利实现机制相结合,并在农村法律文化创新的宏观背景下理解农民权利问题、健全农民权利保障机制,才能更有利于农民法定权利的实现。

综上所述,乡村振兴战略是新时代背景下一项攻坚克难的系统工程,内容丰富、内涵深刻,无论是乡村振兴的内生系统——培育新产业体系、新建设主体、新利益机制、新治理模式,还是乡村振兴的外生系统——激活新金融体系、新服务平台、新乡土文化、新乡村风貌,均是对新农村建设与新型城镇化建设的进一步深化与拓展,为全面建成小康社会奠定坚实

基础。乡村振兴的战略目标是实现农村发展现代化,价值目标是满足农民美好生活的期盼需求,核心要素是构建以权利意识、权利体系、权利实现为主要内容的农民权利发展。本书从农村法律文化根基、法律文化构造、法律文化路径等层面,并以"乡土法杰"及其纠纷解决为例阐释了农民权利发展的法律文化底蕴;从农民权利体系、农民权利结构、农民权利制度等视角剖析了农民权利体系的结构呈现与制度创新;从农村农民权利发展的实践考察,提出了农民权利发展实现机制的建构路径;从农村社会治理创新契合农民权利发展的现实逻辑,探讨了农民权利发展与农村治理现代化的辩证关系;从我国农村扶贫的权利内涵出发,分析了权利视野下我国农村扶贫法律机制的特点、现状及其实现方式。以上研究思路与研究内容充分体现了乡村振兴战略背景下坚持以农民为本的权利价值取向,深刻揭示了新时代农民权利发展的新命题。

　　是为序。

刘同君

2018 年 6 月于镇江

目　录

⚖ 绪　　论

在中国社会转型变革过程中,农民权利发展是一个越来越突出并因此不得不被人们予以高度重视的问题。社会转型发展及其伴随的利益结构、社会身份、思想观念、行为模式等方面的变化,无疑也是农民权利观念、权利体系和权利保护机制发育与生长的现实语境。在这样一个似乎一切都变动不居且充斥着多元冲突的现代社会,从社会层面理解和体认农民的权利要求,用进化的眼光看待农民权利发展的迫切愿望,寻求使权利规范真正深入农民的社会生活并进而促使"书本上的法"与"行动中的法"契合一致的现实进路,是横亘在转型国家和社会面前的一道难题。破解这一难题,有赖于对权利发展问题研究理论任务的清醒认识。

在全面依法治国的背景下,以法律文化为切入点来观察和理解农民权利的存在与发展,既是一种理论研究路径,也是一种科学研究方法。正如梁治平先生曾指出的那样:"'法律文化'既是一种用文化的眼光认识法律现象的思维方式和研究方法,也是一种具有实体内容和对象化的文化结构。"①因此,将农民权利发展问题置于法律文化的视角之中,将有助于理清农民权利发展的普适性成分与本土成分,寻找出抑制或能够促进农民权利发展的实际因素。同时,借助于法律文化来解析农民权利的内在结构,可以使农民权利与社会转型发展的新的历史方位相适应,从而真正推进农民权利的有序化、规范化发展。我们认为,基于法律文化视角的分析,将能够为我们提供最生动丰富的当代农民权利观念的变化、农民对于权利体系以及权利保护与实现机制的愿望和要求的整体图景。同时,这种切入点的选择也意味着:本书的研究将力争避免那种以对农民权利的主观价值判断代替对农民个体权利的客观事实分析的研究误区,从而在更为客观的意义上展现农民权利发展的理论进路。

一、研究的基本思路

第一,对农村法律文化转型的成因、背景与现状展开分析,并在这一语境与背景下进行农民权利发展话语的转换与表达。正如人们已经意识到的那样:在当代中国,乡村社会关系的宏观结构和发展状况是理解新农村建设与农村法律文化研究的前提性基础。尤其是进入

---

① 转引自刘作翔.法律文化理论[M].北京:商务印书馆,2001:67.

21世纪以来,受城镇化的持续推进、新农村建设的不断深化以及市场经济发展等因素的影响,传统农业经济结构和乡村道德共同体正处于不断分化与瓦解的过程之中,农村法律文化也发生着前所未有的变化。对农村法律文化转型的背景与成因等进行深入分析,无疑正是分析农民权利发展问题的理论前提。这实际意味着,没有对农村法律文化的深入理解和阐释,也就不会有对农民权利发展的深切体会与认知,农村法律文化的转型恰好正是农民权利问题分析的基本语境。

第二,以农民权利实现的行动趋势和制度要求为基点,审视农民权利体系的演化创新问题。农民权利发展是一个历史性的过程。从直观的外在形态观察,农民权利发展的历史过程表现为农民权利类型的不断丰富以及农民不同权利类型之间体系化结构的生成。从法律文化的角度来看,农民权利体系所呈现的结构,正是法律制度、法律规范等表现出来的制度性法律文化或者说显性法律文化的表征。从法律文化角度对农民权利体系的既有理论认识加以梳理,对农民权利体系的既有知识加以学理批判,并在当下中国城镇化发展、新农村等社会语境中探求农民权利体系的进一步制度创新,也就成为法律文化视角下农民权利发展问题研究的应然组成部分。

第三,从农民权利类型出发,对农民权利发展的具体实践状况及其问题进行研究。农民权利以及体系化,建构起了农民"书面的权利",然而在书面的权利到实然的权利之间,仍有赖于农民权利实践来架构二者沟通与转化的桥梁。因此,对于本书而言,农民权利发展的实践状况将是在对农民权利体系制度性分析之后不能回避的问题。对农民的政治权利、经济权利、文化权利等权利类型实践状况进行系统的、实证性的分析,并在此基础上提出农民权利实现机制的建构,将是本书研究的又一重要内容。

第四,对农民权利发展中的具体案例与行为方式进行分析,发掘隐藏于农民权利发展制度性内容之后的习惯法根基。习惯法是法律文化中隐性文化的表达。与农民相关的乡村习惯法之中隐藏着农民权利观念、主体意识。对于中国农村和中国农民而言,经由长期的社会实践而形成的习惯法规则,既可能与显性的、制度性的法律文化相辅相成,也可能在一定程度上消解国家制定法所具有的实质性效果。而中国农民所受习惯法影响之深,在农村社会纠纷解决的过程中表现得尤为明显。本书将立足于农民乡村纠纷解决的实践,通过具体案例,剖析乡村纠纷化解中的那些谙熟地方习惯法、擅长纠纷解决、极有权威而于乡村秩序维护极有价值的民间杰出人士的行为意识和方式,并由此进一步展开与农民权利发展问题相关的法律文化研究。

第五,在社会治理创新的宏观层面对农民权利发展的法治秩序提出意见和建议,提出农民权利发展与乡村社会治理融合共生的法治路径。在法律文化的视域下,农民权利发展最终要与社会发展相融合,农民权利发展与社会秩序的稳定和谐需求有着内在的一致性。在当代中国农村现代化发展的趋势下,农民权利发展与农村社会制度的公正和谐只有在农村社会治理的实践中才能成为现实。正是在这一意义上,农民社会治理的法治化发展,成了法律文化视域下农民权利发展未来图景的重要组成部分。对这一图景加以描述与分析,也就

成为本书最为重要的研究内容。

二、研究的主要内容

第一,农民权利发展的法律文化阐释。法律文化是观察农民权利发展的重要视角。这种视角之所以重要,是因为在当代中国,以城镇化等标志的农村社会变革已经深刻地改变了农村的法律文化,而长久以来以经济建设为中心的发展模式,更是将农民权利降低为经济发展的附属品,无法体现农民权利及其发展所蕴含的法律文化意义。农民权利发展由此也就需要从法律文化角度展开深度阐释以便探求其法律文化根基,分析农民权利发展所蕴含的平等性、公平性、正义性等法律文化价值,研究基于法律文化传承、发展、创新而可能展开的农民权利发展路径。

第二,农民权利体系的结构呈现与制度创新。农民权利体系是农民权利不同类型的有机结合。农民权利类型及其发展变迁,是观察农民权利进化与完备程度的重要侧面。对于农民权利体系的结构分析主要在理论和制度两个层面展开。对于农民权利体系的理论分析展现了农民权利体系的应然结构,而立足于农民权利发展所处的特定社会环境的实然分析,则有助于揭示农民权利体系发展进化的方向与重点内容,而在应然与实然之间形成的结构性张力,也将赋予农民权利发展分析以有力的理论支撑。

第三,农民权利发展的实践状况与实现机制。农民权利实践的具体状况是农民权利发展研究无法回避的内容。唯有经过对农民权利实践的细致考察,才能清楚认识农民权利发展的障碍,寻求农民权利发展的突破路径。在这一部分,本书重点分析了农民不同权利类型的实践状况,探讨了农民权利发展在主体观念、农民弱势地位、制度规则等内外层面所面临的实际困难,并由此提出了以多维赋权、主动维权以及协同护权为核心的农民权利实现机制,以期能够推进农民对自身权利的真正享有。

第四,农村纠纷化解与农民权利发展的习惯法根基。农村社会纠纷是农民权利实践最为重要的场域。在这一场域中,各种主体粉墨登场,不同规则相互博弈。乡土习惯法无疑正是农村法律文化实践运作的重要根基。通过对乡村杰出法律精英具体行为的观察与分析,本书在这一部分分析了"乡土法杰"等主体在农民权利发展方面所具有的引领作用,探讨了乡村法律精英在纠纷解决过程中的主体资格、行为能力、社会地位等问题,研究了乡土法杰解决的农村纠纷类型及其化解纠纷所依赖的规范依据,分析了乡土法杰化解农村社会纠纷所面临的现实困境。通过对这些问题的分析,力图从习惯法这一法律文化重要的组成部分,分析其对于农民权利实践以及权利发展所具有的理论价值和实践意义。

第五,农民权利发展与农村社会治理的法治转型。正如前文分析思路中指出的那样,从法律文化角度展开的农民权利发展分析,最终需要融入宏观的农村社会治理框架结构之中。只有在社会治理的宏观实践中,农民权利发展才能获得整体性提升,认真对待农民权利才不再是苍白的理论话语,农民权利发展也才能真正成为现实。立足于法律文化视域,这一部分分析了农村社会治理的模式转换和农民权利诉求之间的关系,探讨了社会治理背景下农民

权利实践的司法中心主义转向,在此基础上提出了将农民权利发展与农村社会治理现代化相融合的制度路径观点。

第六,农民权利发展与农村扶贫法律机制。实现农村精准扶贫的总体目标是决胜全面建成小康社会的基本要求,也是乡村振兴战略的重要组成部分。党的十八届五中全会明确了到 2020 年我国现行标准下农村贫困人口实现脱贫、解决区域性整体贫困的目标。目前,我国农村扶贫正经历由权力主导型扶贫向权利主导型扶贫的过渡,由行政主导型扶贫向法治主导型扶贫的过渡。我国农村精准扶贫的理论基础是贫困人口的脱贫权,而贫困人口的脱贫权可以基于农民权利发展的内涵要素加以深刻阐释,从而构建系统而完善的农村扶贫法律机制。

综上,通过对以上主要内容的深入研究,本书力争从法律文化视角切入农民权利发展问题的理论研究,而对于农民权利体系、权利实现机制等制度性问题的分析,以及对于农民权利发展习惯法根基的探讨,则分别契合了显性法律文化与隐性法律文化的逻辑区分,在此基础上从社会治理维度展开的农民权利发展探讨则将显性法律文化与隐性法律文化融合在一起,描绘出法律文化视域下农民权利发展的理论图景,从而实现农民权利发展问题研究的理论层次的提升。

三、研究的主要方法

方法一:法律文化方法。从法律文化角度透视农民权利问题,是本书的主要研究方法。一方面,本书主要从方法论的角度加以认识法律文化。"法律文化"不仅是一种对象化的客观存在,同时也是一种方法论。梁治平先生是这一观点的倡导者,他甚至把法律文化推到了方法论意义的极至。他认为:法律文化这一概念不应该被认为是具有对象化的实体内容,而首先应该是一种研究立场与方法,即"把应用文化解释方法的法律研究叫做'法律文化'"[①]。刘作翔教授在总结梁治平先生的法律文化观时指出:"在梁治平先生看来,'法律文化'就是对'法律的文化解释',它是一种立场和方法,而不是其他,难怪乎他用'法律的文化解释'作为文章的篇名和书名,又用'法律文化:方法还是其他'作为此书'代序'的题目。我将他的这一观点称之为'方法论法律文化观'或'解释学法律文化观'。"[②]梁先生的"方法论意义上的法律文化观"得到了刘作翔教授的高度认同:"把'法律文化'作为一种方法,从文化的角度看待法律,我们可以对所有的法律现象进行文化审视和文化解释,它有助于我们克服传统的法律观中将法律视为或工具性、或阶级性或规范性等'一属性'的社会现象,而赋予法律以一种内含人类价值符号、价值体现等目的意义在内的'多重性'社会文化产物,有益于深化人类对法律本质属性的认识。"[③]因此,从法律文化的特性而言,其本身就是一种立场与方法。

另一方面,从本书的设计宗旨来看,"农村法律文化"就是"农民权利发展"的一种观测视

---

① 梁治平.法律的文化解释[M].北京:三联书店,1994:57.
② 刘作翔.法律文化理论[M].北京:商务印书馆,2001:71.
③ 刘作翔.法律文化理论[M].北京:商务印书馆,2001:71.

野与研究方法。"农村法律文化"作为法律文化的一种特殊形态,除具备主体特殊性、客体复杂性、方式互动性以外,它还具有习惯多源性、地域非均衡性、城镇化的多极性、阶层分化的差异性等制约法律文化发展的多样化因素①。任何一种研究方法都无法把"农村法律文化"作为一个不可分割的整体去研究、分析、把握,这也是人类学研究至今不能克服也无法回避的问题。法律文化作为一种立场与方法,作为一种"人类价值符号",既可以从微观的、单向度的视角对"农民权利发展"进行区域观测,又可以从宏观的、立体性的视角对其展开全方位式描述。在本书的研究中,主要使用法律文化的语境意义与变迁规律,解析农村法律文化视野下农民权利发展的"法治转型""制度创新""习惯法机制""权利理念""权利体系""权利实践"等核心要素及其相互关系。

方法二:场域叙事与类型化方法。权利发展与社会发展是互动的。同样,农民权利发展也离不开对农民所在的社会的深入观察。在方法意义上,本书对于与农民权利发展相关的社会结构等问题的观察主要借鉴了场域理论与类型化方法。按照布迪厄的观点,社会科学的对象并非单纯的个体,而是由不同个体构筑的"场域"。"场域"是在各种位置之间存在的客观关系的一个网络,或一个构型。而场域与关系、资本的相互作用,则构成了人们的社会实践②。在场域理论下,参与者、制度、机构和环境等因素及其相互关系的考虑成为理论分析的重心。从场域理论出发,农民权利发展问题的研究同样可以获得重要的方法论启示。农民权利的发展固然与社会发展相关,但在更为基础的意义上,农民权利发展是在具体的实践场域之中完成的。正式制度、非正式制度等诸多要素,构成了农民权利实践生动而不可或缺的环境。对于农民权利实践的逻辑的分析,对于农民权利发展习惯根基的讨论,在场域理论下或许可以获得更为深刻的分析与研究。尤其是考虑到我国农村社会转型过程中,传统型的封闭结构逐渐被打破,新型社会结构正形成或显现出不同的类型特征这一事实,场域分析就更有必要。正如杨力教授所说:"农民结构分化所形成的新农民阶层,意味着乡村社会以地缘、血缘为核心的结构壁垒开始软化。这种现实变迁,使得原来为适应地缘、血缘关系而被动选择乡村司法及其理论遇到反常或否证,需要借助新的理论探讨机理并进行整合。"③因此,针对我国农村"习惯多源性、地域非均衡性、城镇化的多极性、阶层分化的差异性"等法律文化特殊性,场域叙事学方法无疑具有独特的方法论价值。

而就类型化方法而言,类型化原本是人们认识和理解自身所在世界的基本工具。"类型化方法的作用在于通过大胆而合乎逻辑的模式构建同实践中的研究对象比较,以便确定它的差异性和同一性,并且合乎逻辑地、因果性地对它们进行理解和说明,以使理想类型更接

① 刘同君等. 新农村法律文化创新的解释框架:转型空间·知识命题·图景样式[M]. 北京:中国政法大学出版社,2012:25.
② [法]皮埃尔·布迪厄,[美]华康德. 实践与反思——反思社会学导引[M]. 李猛,李康,译. 北京:中央编译出版社,1998:133-134.
③ 杨力. 新农民阶层与乡村司法理论的反证[J]. 中国法学,2007(6).

近研究对象的原型。"①在法律研究中,类型化方法的运用对于建构农民权利发展的理论模型同样极为重要。对于农民权利予以类型化划分,并在此基础上建构农民权利的理论体系,以及在对农民社会纠纷解决过程中主体类型的划分,都体现了对类型化方法的运用。而这种类型化方法,也在一定程度上实现了以农民权利发展一般现实状况客观描述与分析基础上的理论提升。

方法三:田野调查方法。为深入了解农村法律文化,进而开展农民权利发展问题研究,本书拟在经济发达、欠发达及比较落后地区若干村落选择访谈对象,以半结构式展开深度访谈的定性研究;同时针对权利观念、维权方式等设计调查问卷,采用多阶段系统抽样法进行调查,并以SPSS16.0高级统计分析软件进行数据分析,展开定量研究。

四、研究基础述评

农业、农村、农民问题,其核心是农民问题。而在农民问题中,权利又是农民问题的核心。因此,从权利角度看待农民,具有更加深刻的制度意蕴。因为唯有以权利来看待农民问题,才能"超越以具体的经济社会指标来衡量农民问题,也超越以具体的政策设计解决农民问题"②。正是由于这一限定,理论界针对农民权利问题也进行了深入的研究,形成了较为丰硕的成果。基于农村法律文化展开的农民权利发展问题研究自然也需要在这些研究成果梳理和评析的基础上加以展开。

总体来看,理论界针对农民权利问题的研究主要在社会学、政治学、法学等不同学科的基础上展开,而且学科之间的交叉性表现得较为明显。其中,具有代表性的研究成果主要有:

第一,以詹姆斯·C.斯科特(James C. Scott)的《农民的道义经济学:东南亚的反叛与生存》(2001)及《弱者的武器》(2007)、于建嵘的《抗争性政治:中国政治社会学基本问题》(2010)等为代表的政治社会学研究。

詹姆斯·C.斯科特在《农民的道义经济学:东南亚的反叛与生存》中研究了农民的政治活动和反叛基础。詹姆斯·C.斯科特认为安全生存问题是农民政治活动的中心,他试图通过对农民有关饥荒的恐惧的分析来解释农民社会的许多奇特的技术的、社会的和道德的安排。而借助于这种解释,詹姆斯·C.斯科特竭力强调了生存规则所蕴含的道德含义。在生存伦理的关照下,剥削和反叛不仅仅是食物和收入问题,而且是农民的社会公正观念、权利义务观念和互惠观念问题。于是,始于农民道义经济的研究,虽然起点在经济学领域,但却最终落入农民文化和宗教研究的领域之中③。而在另一部著作中,詹姆斯·C.斯科特通过对马来西亚农民反抗的日常形式——偷懒、装糊涂、开小差、偷盗、装傻卖呆、诽谤、暗中破坏

① 吴晓. 论类型化方法对宪法学研究的意义[J]. 政法学刊,2006(1).
② 赵树凯. 从权利的角度看待农民. 参见张英洪. 农民权利研究:认真对待农民权利[M]. 北京:中央编译出版社,2014:序言.
③ [美]詹姆斯·C.斯科特. 农民的道义经济学:东南亚的反叛与生存[M]. 程立显,刘建,等译. 南京:译林出版社,2001:前言.

等的探究,揭示出农民与榨取他们的劳动、食物、税收、租金和利益者之间的持续不断的斗争的社会学根源。他指出,那些公开的、有组织的政治行动,对于农民而言,即使不是自取灭亡,也是过于危险或者奢侈的。因而公开的反抗在农民中是较为少见的。但是,公开的、有组织的政治行动的缺乏,并不意味着农民就没有反抗的行为。这些反抗的行为实际存在于农民基于其弱势身份地位而展开的日常形式的反抗中。利用偷懒、装糊涂、开小差、偷盗、装傻卖呆、诽谤等弱者的武器,农民避免了公开的集体反抗的风险,在自身社会结构基础上形成了属于自身的反抗形式,成为农民长期以来为保护自己的利益、对抗或进步或保守的秩序所做的大多数努力的体现①。总体来看,斯科特的分析是有见地的,斯科特的道义伦理以及弱者的武器等概念,成为分析农民权利行为的重要理论工具,并且促使人们去关注那些作为社会底层的弱者面对强力时展现出来的权力实践技术。

事实上,斯科特的理论对于我国农民权利实践也具有一定的解释力。在我国"三农"研究理论界,类似的立足于农民底层地位或者弱者地位理论来观察和研究当下中国农民的权利活动的分析也并不少见。"依法抗争""以法抗争""以势博弈"等解释框架就是我国学者对农民权利活动的理论总结。其中,于建嵘对当代农民权利实践分析尤其具有代表意义。于建嵘认为,1992 年以前农民的多数反抗可归结为"日常抵抗"形式,而 1992—1998 年农民的反抗可以归结为"依法抗争"形式,自 1998 年以后,农民的抗争实际以进入有组织抗争或"以法抗争"阶段。其特点在于抗争其组织性,是一种旨在宣示和确立农民这一社会群体抽象的"合法权益"或"公民权利"的政治性抗争②。在其《抗争性政治:中国政治社会学基本问题》一书中,于建嵘对此有更为详细的分析和论证③。对于于建嵘的观点,也有学者予以进一步的分析。例如应星认为于建嵘的解释框架夸大了农民抗争的组织性尤其是政治性。他认为"草根行动"即底层民众中对某些问题高度投入的积极分子自发地把周围具有同样利益但却不如他们投入的人动员起来,加入群体利益表达行动的过程,才是对于农民维权行动的恰当解释④。吴毅也认为农民维权"以法抗争"等理解模式存在简单政治化倾向。他认为,任何具体场域中农民利益表达行为必然是经由从县乡基层社会日益呈现出以官权力为轴心而形成的"权力—利益的结构之网"过滤的产物。他还指出,农民利益表达之难以健康和体制化成长的原因,从场域而非结构的角度看,更直接导因于乡村社会中各种既存"权力—利益的结构之网"的阻隔,与"合法性困境"相比较,结构之网已经越来越成为影响和塑造具体场域中农民维权行为的更加常态和优先的因素⑤。董海军认为,随着公民社会的发展成熟,抗争政治逐渐走向博弈政治,农民等基层维权主体通过知势、造势、借势、用势四个方面形成依势博

① [美]詹姆斯·C.斯科特. 弱者的武器[M]. 郑广怀,等译. 南京:译林出版社,2007:前言.
② 于建嵘. 当前农民维权活动的一个解释框架[J]. 社会学研究,2004(2).
③ 参见于建嵘. 抗争性政治:中国政治社会学基本问题[M]. 北京:人民出版社,2010:51.
④ 应星. "草根动员"与农民群体利益的表达机制——四个个案的比较研究[J]. 社会学研究,2007(2).
⑤ 吴毅. "权力—利益的结构之网"与农民群体性利益的表达困境——对一起石场纠纷案例的分析[J]. 社会学研究,2007(5).

弈的态势,与博弈对象的以势摆平、调解方的中庸调势处于同一维权行为系统中①。

第二,以牛玉兵的《农民权利体系化的功能与进路——基于农民权利发展的法理思考》(2016)、郑永流的《农民法律意识与农村法律发展》(2004)、王伦刚的《中国农民工非正式的利益抗争》(2011)等为代表的法理学、法社会学研究。

法理学、法社会学研究是农民权利问题研究的重要路径,这方面的成果也较为丰富。牛玉兵在《农民权利体系化的功能与进路——基于农民权利发展的法理思考》一文中指出,农民问题实质是权利问题。权利既是现代社会中农民社会交往关系的核心要素,也蕴含着农民权利发展的价值追求。农民权利体系化由此成为权利时代农民问题研究无法回避的重要命题。立足于权利的社会理论、规范理论和价值理论的分析而提出的农民权利体系化的综合性进路,正是对这一命题的理论回答,而假若进一步考虑到当前农民权利与农村治理法治化的内在关联,有关农民权利的体系化分析无疑更具实践价值,其功能之实现,也就更为值得期待!郑永流等学者从农民法律意识的角度切入对农民权利问题进行了分析与研究。该研究主要通过问卷调查分析了农户户主、村组干部、村组企业厂长和工人四个主要阶层的法律意识状况,涉及法律知识及其获取方式、对法律的主观态度和评价、立法要求、关于法律在农村社会纠纷解决中的作用的看法等,从而为我们观察农民的法律意识,进而展开农民权利发展问题研究提供了重要基础②。

除了上述从法理学、法社会学角度针对农民权利展开的一般性研究外,也有学者对农民中的特殊群体的权利问题展开了分析。王伦刚的《中国农民工非正式的利益抗争》即为此方面的研究成果之一。在这部著作中,王伦刚针对农民工讨薪现象,对农民工的非正式利益抗争行为展开法社会学分析,研究了农民工借助于社会力量、国家行政力量以及通过集体行动展开的非正式利益抗争的效果,力图在断裂的社会的结构框架中分析农民工底层法治行动,展现中国法治的真实图景,谋求农民工非正式利益抗争的法律化途径③。除此以外,喻名峰、杨聪敏、郭青等人也对农民工权利问题进行了研究④。

第三,以肖唐镖的《群体性事件研究》(2011)、朱新山的《中国农民权益保护与乡村组织建构》(2011)等为代表的法政治学研究。

对于社会矛盾与纠纷的观察与分析向来是学界关注的重要问题。就中国农村而言,伴随着社会转型而引发的利益分歧与冲突已经成为影响农村社会稳定发展的重要因素,而在农村社会纠纷化解的过程中对于农民权利意识的刺激和权利行为的锻炼,也构成了我国农民权利发展的重要组成部分。围绕着农村社会纠纷解决的情况,学界也形成了一批有代表

---

① 董海军. 依势博弈:基层社会维权行为的新解释框架[J]. 社会,2010(5).
② 郑永流,马协华,高其才,等. 农民法律意识与农村法律发展:来自湖北农村的实证研究[M]. 北京:中国政法大学出版社,2004.
③ 王伦刚. 中国农民工非正式的利益抗争:基于讨薪现象的法社会学分析[M]. 北京:法律出版社,2011.
④ 相关著作可参见喻名峰. 制度困境中的农民工权利[M]. 长沙:湖南大学出版社,2012;杨聪敏. 农民工权利平等与社会融合[M]. 杭州:浙江工商大学出版社,2010.

性的成果。肖唐镖主编的《群体性事件研究》会议论文集,对发生于中国转型过程中的群体性事件进行了较为深入的分析,其中也涉及了农村群体性事件问题。该研究指出,对于中国群体性事件,必须将之置于中国历史传统和社会习惯的特定背景中进行。就农村社会而言,税费改革以来围绕着农村税费发生的农村社会纷争基本消除,但因为土地征迁、环境污染、村民自治管理、移民安置补偿等而发生的群体性事件数量开始增加,成为困扰农民社会稳定的重要因素。在农村群体性事件中,既有通过抗争而获得双赢的,也有使民众与政府等相互之间的利益获得均衡的,当然也不乏农民诉求没有解决、实质性收益下降的情形。而农民群体性事件呈现出的不同结果,实际受制于民众行动与动员能力的大小、国家管控与规制的强弱以及第三方力量介入的程度差别有着直接的关联。通过对这些因素的详细剖析,该研究进一步提出了探索政府治理创新的路径、重视引导非政府组织的成长、强化农民权利制度建设等建议①。

与肖唐镖等从群体性事件角度分析农村社会治理以及农民权利问题的分析路径不同,朱新山等学者立足于农村社会组织展开对农民权益保障问题的分析。在《中国农民权益保护与乡村组织建构》中,朱新山认为:在当代中国,农民权利是农村的根本问题,而保护农民权益,归根结底是社会组织问题。在他看来,农民的权利贫困根源于社会组织建构的缺陷,而农民权益的保护与促进,归根结底只能从社会组织的重构入手。为促进农民组织建设,必须加快农民权益保护的制度供给、构筑平衡的政治结构、重构乡村基层组织的公共性与代表性②。这一观点对于农民权利发展无疑也是具有启发性意义的。从农民权利实践来看,组织性的缺失确实与农民权利保障不力有着一定的因果关系。例如在农民征地维权活动中,经由对农村社会组织资源的分析可以发现,农村现有组织尚无法充分满足农民组织化维权的迫切需要。新型农民组织的创设、农村现有组织维权机能的完善、农村不同组织之间关系的协调对于农民土地权利的维护和实现意义重大③。这无疑从侧面反映了农民组织建设的重要性。当然,农民权利问题涉及问题众多,除了农村社会组织建设以外,其他方面的问题也不应被忽视。

第四,以佟丽华的《谁动了他们的权利:中国农民工权益保护研究报告》(2010)以及《谁动了他们的权利:中国农民土地维权困境调查》(2013)、张德瑞的《中国农民平等权利法律保护问题研究》(2009)、刘文忠的《宪法规则下的权利博弈——中国农民权利保护研究》(2010)等为代表的实体法和程序法研究。

对农民工以及农民具体权利的研究是农民问题研究的重要内容。以佟丽华为首的律师对中国农民工的权利以及农民土地权利等实践问题进行了广泛深入的调研,形成了一批具有理论深度和实践意义的成果。例如在针对农民工权益保护的调研报告中,佟丽华等人以2008年《中华人民共和国劳动合同法》和《中华人民共和国劳动争议调解仲裁法》两部对劳

---

① 孔卫拿.农村群体性事件的后果及其治理意义[M]//肖唐镖.群体性事件研究.上海:学林出版社,2011:67-84.

② 参见朱新山.中国农民权益保护与乡村组织建构[M].上海:上海大学出版社,2011.

③ 参见牛玉兵.论城镇化进程中农民的组织维权——以征地维权为例[J].学海,2011(5).

动者权益保护以及劳资关系有重要影响的法律为参照对象,依托北京致诚农民工法律援助与研究中心以及全国的农民工维权网络,收集整理了从2008—2009年的农民工维权案例以及调查问卷,从不同的角度来定性和定量地分析两法实施的效果,分析了工伤保险在农民工群体中的实施、女职工的平等保护、劳务派遣与农民工权益维护、解除劳动合同的补偿以及农民工维权成本的承担与分配等问题①。针对农民土地维权,佟丽华等人结合全国六十个征地案件撰写了研究报告,归纳了当前农村征地纠纷中征地补偿等突出问题,对农民依法维权的引导等理论问题也进行了较为深入的回应②。另外,张德瑞的《中国农民平等权利法律保护问题研究》较为全面地论述了我国农民平等权保障的现状与成因,从宪政角度分析了人权、公民权和农民平等权之间的关系,提出了运用法律手段保障农民这一特殊群体的平等权的具体措施③。从宪法角度出发,刘文忠也对农民权利保护进行了研究。其研究成果运用法经济学的方法,对农民权益进行了类型划分,将农民权益区分为经济、政治与社会权益三大类,指出在上述三种类型的权利中,农民的土地权、公民身份权、就业权、农业经营权、村民自治权最为重要。而就农民权利救济而言,宪法原则下普遍的预设平等反而可能忽略了在特定条件下的弱势群体权利救济与保障的特殊需求,因而也就有必要针对农民等弱势群体建构一套完整的法律救济体系④。

总体上看,有关农民权利的既有研究成果较充分地展现了近年来学术界从多学科或跨学科层面对农民维权问题研究的学术成就,为后续研究提供了多维度的研究视角和较坚实的理论基础。其研究特点主要表现为以下几个方面。

其一,既有研究体现出了较强的学术连续性和对话性。任何学术研究的活动都是一个不断假设、求证、求真的过程。学术思想也只有在不断的争论、反驳与修正的过程中才能朝向深入发展。令人欣喜的是,有关农民权利问题的研究在总体上呈现了这种学术研究连续性和对话性的特点。如在农民维权抗争整体解释框架的研究方面,从"依法抗争""以法抗争"再到"权力—利益的结构之网""以势博弈"等,这些不同的解释框架的相继提出不仅充分吸收了美国耶鲁大学教授詹姆斯·C.斯科特提出的"日常抵抗""生存伦理""弱者的武器"等重要智识,而且在此基础上结合了中国农民维权的实际情况而予以发展,除此以外,不同观点的相继提出和相互辩驳,更是为我们展示了"一幅针对基层社会维权行为研究所保持着的延续性沟通对话的良好图景"⑤。这较为充分地体现了学者们在农民权利研究领域的对话性特点,为农民权利问题的后续研究建构起良好的研究基础。

其二,既有研究的方法和视角的多维性。从前述已有研究成果的研究方法和视角来看,已有研究在研究方法上呈现多样化特点。经济学方法、社会学方法等均有丰富的应用。而

① 参见佟丽华.谁动了他们的权利:中国农民工权益保护研究报告[M].北京:法律出版社,2010.
② 参见佟丽华.谁动了他们的权利:中国农民土地维权困境调查[M].北京:法律出版社,2013.
③ 参见张德瑞.中国农民平等权利法律保护问题研究[M].南昌:江西人民出版社,2009.
④ 参见刘文忠.宪法规则下的权利博弈:中国农民权利保护研究[M].北京:中国社会科学出版社,2010.
⑤ 董海军.依势博弈:基层社会维权行为的新解释框架[J].社会,2010(5).

就研究视角来看,学者们对于农民权利问题不仅从外部的视角透视农民权利问题,也开始从内部的视角加以深度分析,如在农民权利维护实践的研究方面,"学者们抛弃了先入为主的价值预设,不少全景式的民族志写法揭示了农民维权更为丰富的实践面相"[①]。这种多样化的研究方法和多维度的观察视角无疑也对有关农民权利发展后续研究具有重要的启发意义。

其三,既有研究学科的交叉性特点明显。从目前各种成果的学科性质来看,农民权利问题的研究已经涉及社会学、政治学、法学、经济学等不同的学科,且不同学科之间的交叉性特点表现得越来越明显。究其原因,农民权利问题本身的复杂性固然是其中的重要原因之一,但学者们有意识的学术研究方法的拓展也是一个极为重要的方面。而这种学科交叉方法的运用也给农民权利问题的研究带来了清新的空气,推动了相关问题研究的发展。例如,在农民征地维权方面,法经济学、法社会学研究方法的运用就起到了良好的作用。而从研究的内容来看,目前对于农民权利问题的研究在权利层面上,已经从农民的经济权利逐渐拓展到社会权利、文化权利,从个人权利层面逐渐拓展到发展权、生存权等集体权利层面;在权利主体上,已经包含涉及了一般农民、农民工、女性农民等特殊群体;在权利实践机制方面,既有针对农民个体维权行为的机制机理的研究,也不乏从组织、团体角度展开的研究。这些不同视角、不同侧面的研究对于将来进一步理论研究广度的拓展不无益处。

当然,值得注意的是,虽然有关农民权利问题的研究已取得了较为丰富的成果,但其中也有一些值得进一步注意的问题。如就农民权利研究的不同学科而言,农民权利问题固然是法学、政治学等学科共同关注与研究的命题,但不同学科之间的沟通与对话无疑还需进一步加强,以便打破学科之间的藩篱,实现对农民权利问题的多维度综合观察。即使是在法学领域,农民权利问题的研究也有着进一步拓展的空间。本书从农村法律文化转型的宏观背景出发,关注农民权利发展问题,正是试图进一步拓展农民权利问题研究视域,强化农民权利问题研究更为系统的理论综合与深度阐释的学术努力。

五、研究的成果与创新

本书的研究是在国家社会科学基金一般项目"农村法律文化与农民权利发展问题研究"(12BFX013)和中国法学会部级一般项目"权利视野下的中国农村扶贫法律机制研究"[CLS(2016)C08]基础上的拓展性研究。课题组就农村法律文化与农民权利发展问题进行了较为深入的思考,并形成了以农民权利发展为核心论题的系列论文。这些论文成果主要涉及以下几个方面:

第一,在农村法律文化转型语境中阐释农民权利发展。我们认为,在当今农村,既有的权力结构、权威体系,乃至于深藏其后的法文化理念,都在社会现代化的浪潮中发生着种种

---

① 覃琮.农民维权与农民问题研究路向——关于农民维权活动三种解释框架的评述[J].社会科学论坛,
2009(12).

嬗变。对于农民权利发展的理论阐释,必须立足于当前充满复杂性与多样性的法律文化转型语境,唯其如此,才能准确把握与深入分析农民权利发展的动因及其逻辑。在我们看来,农民权利发展与法律文化转型相伴而生,法律文化转型以农民这一法治主体的法律素质提升与农村法律制度现代化为基本内容,农民权利发展则是由农村法律文化转型自然衍生而来的。农民权利发展以权利意识觉醒、权利体系构建、权利内容实现为主体架构,并嵌植于农村法律文化的变迁过程之中。法律文化的平等观与正义观是农民权利发展的价值根基;法律文化的现代转型是农民权利发展的内在动力;法律文化的传承规律是农民权利发展的逻辑路径。

第二,立足于新型城镇化探寻当下农民权利发展的价值逻辑。在农村社会法律文化变革的诸多要素中,新型城镇化的持续推进无疑是农村法律文化转型的非常重要的影响因子之一。新型城镇化不仅为农民权利发展提供了全新的社会语境,而且也对农民权利发展的价值证成提出了崭新的要求。在新型城镇化的视野下,农民权利发展的价值根基不仅隐藏于道德道义论与效果论的融合之中,而且体现在社会现代化发展以及法治发展的内在规律之中。农民权利发展离不开以平等、公平和正义为核心的价值构造,而推进农民权利制度的优化与权利机制的更新,培育与塑造现代法治文化,并在此基础上真正促进农民的"人的尊严"的实现,则是新型城镇化视野下农民权利发展的价值目标之所在。

第三,从新型城镇化空间转型过程中解析农民权利体系的逻辑构造与制度创新。新型城镇化带来了农村法律文化的现代化转型。这种转型在农村社会空间的转型方面表现得极为明显。我们认为,中国农村城镇化主要表现为农村社会在地理空间、意识空间和交往空间上的重大转型。城镇化空间转型在改变农民生存环境的同时,也对农民权利体系的发展产生了深远影响。从农村城镇化空间转型视角出发,空间利益成为农民权利体系构造的逻辑核心,而空间利益的法律化与权利化、空间正义的维护与实现则构成了城镇化进程中农民权利体系发展的逻辑路径与最终目标。从村民自治到社会自治的权利构筑、与空间利益相关的财产权利的维护、以空间利益共享为核心的其他实体权利的构建以及与空间利益保障相关的程序性权利的完善是城镇化过程中农民权利体系制度创新的重要内容。

第四,在农民维权实践中解读农民权利发展的理性基础与可能进路。当代农民维权行动是农民权利发展的实践体现。农民维权有着显著类似于詹姆斯·C.斯科特描述的弱者维权特色,体现在农民维权理性上,即为工具理性主导农民维权行为。法律在农民眼中仅仅被视为维权可资利用的工具,而弱者身份则成为农民维权经常性使用的武器。至于"制造问题以解决问题""以身抗争"等维权策略技术,也不过是工具理性更为明显的体现。工具理性的农民维权虽然能够产生一定的效果,但却是非建设性的。超越工具理性的维权需要在农民维权实践中引入和培育交往理性的精神,确立针对农民等弱者权利保护的公共伦理,并以内含伦理精神的法律运行过程来整合公共伦理与个人伦理,以提供农民权利保护的可能路径。

第五,在分析乡土社会的习惯法基础上探索农民权利发展的渊源与路径。在农村转型发展过程中,由乡土本质所决定的习惯法依然是农民权利发展的制度根基。在一定程度上,乡土精英主导着乡村社会,并引领农民权利发展。农村非传统型纠纷是农村社会转型发展过程中出现的新型纠纷类型。地域的拓展性、指向的外部性、弱亲缘性、强对抗性是农村非传统型纠纷的主要特点。市场经济发展、社会连带关系变化、基层组织控制能力弱化、乡土文化观念变迁是农村非传统型纠纷的基本成因。建立以社区、村委会为中心的新的社会连带关系,强化法律在农村非传统型纠纷解决中的权威作用,构建适合农村社会需要的多元纠纷解决机制是化解农村非传统型纠纷的重要对策。

第六,在创新农村社会管理的思考中分析农民权利的应然性与实然性。创新农村社会管理是实现农村社会治理现代化的有效路径。在农村社会管理过程中,农民是农村社会管理的主体,也是农村社会管理的参加者和实践者。在法治社会的语境下,推进农村社会管理创新依赖于以农民权利为核心的农村法治建设。而要实现农村法治建设发展,就必须着力于农民权利观念、权利行为的根本性变革。农民权利观念是应然权利向实然权利转换的价值根基,农民权利行为则是农民权利观念的体现,对农民权利的促进与实现具有根本意义。

第七,以农民权利发展为主线解读新型城镇化进程中农村社会治理的法治转型。新农村建设与城镇化转型为我国农村社会治理开放出众多学术命题。以农民权利为核心、尊重农民主体性与法律诉求的治理模式,排除社会结构性歧视、实现公民权利与社会资源对等配置的法律制度设置,是我国农村社会治理法治转型的内在逻辑。认真对待农民权利是继经济改革、政治放权之后我国农村社会发展的重心所在。确立平等性、正当性及主体性权利理念,是法治视域下农民权利实现的价值根基与精神基础。

第八,以保障农民权利发展为宗旨探讨我国农村扶贫法律机制的含义。贫困人口的脱贫权应该构成权利视野下我国农村扶贫的理论基础。贫困人口的脱贫权可以基于人权理论、公正价值观和共同富裕理论而得到合理解释和理论演绎。脱贫权应该包含接受救助权、接受帮扶权、知情权、参与权、选择权、隐私权、监督权、发展权、救济权等内容。我国农村扶贫更多的是依赖政策机制和特定的意识形态,农村扶贫法律机制尚处于构建的初始阶段。我们应该立足脱贫权理论,在借鉴西方国家扶贫法律机制经验的同时,立足我国自身的国情和农村扶贫的实际,以贫困人口的脱贫权为主线,构建系统而完善的农村扶贫法律机制。

基于上述研究成果,本书的创新之处主要表现在以下几方面:

其一,研究视角的新转换。农民权利的发展,无法脱离包括法观念文化、法制度文化以及法行为文化在内的农村法律文化转型这一基本语境的限制。但如何在法治框架内观察文化尤其是农村法律文化,却依然有着视角上的差别。概而言之,对于农村法律文化的观察,主要有"法治特殊主义"和"法治普适主义"两种观察维度。"法治特殊主义"和"法治普适主义"是文化的普适主义和特殊主义在法治领域的延伸。法治的普遍主义是人们对社会秩序的一种预期以及对维护这一秩序的行为调整,但事物的变化是无限的,而人们的认识能力却是有限的,这就决定了普遍主义不可能发挥普遍效应,是相对的普遍主义,而不是绝对的普遍主义;法治的特殊主义是人们在长期社会演化与发展过程中,对由生活经验与行为方式所形成的"地方性法律知识"的心理认同,这种地方性法律知识之所以特殊,乃囿于其浓厚的区域性色彩,而

区域与区域之间的经验碰撞或行为冲突的解决必须借助于法治普遍主义的效力①。就我国农村而言,伴随着市场经济的发展、城镇化的推进以及新农村建设等因素的影响,当代农民已经日益处于一个开放的、流动的、陌生化的社会中,在这种情况下,原本依赖于农村地方知识的法治特殊主义,也就朝向"法治普遍主义"渐次变迁,这构成了农村法律文化转型演变的基本脉络。在这样的文化语境中,农民权利的发展也就不可避免地处于"传统"与"现代"、"权力"与"权利"、"伦理"与"法治"、"行政末梢管理"与"村民自治制度"的冲突与平衡之中。从法律文化转型的视角出发,农民权利发展的理论基础才能获得充分的阐释,农民权利发展的实现机制建构才能获得坚实的根基。这是一种研究视角上的新的转换。

其二,研究问题意识的新提升。农民权利问题是事关社会管理创新及新农村建设的重大政治、社会问题。正是基于其重要性,农民权利问题才获得社会学、政治学、经济学乃至法学等诸多学科的广泛关注,从社会、政治、经济等层面展开农民权利的分析也就构成了农民权利问题研究的重要分析进路。但是,受特定学科研究特性的限制,农民权利分析的问题意识也仍需要加以提升。农民权利发展问题这固然需要在政治与社会层面加以分析,但更应以权利观念变革和权利体系发展来推动农民维权行动逻辑和行为模式的改变,以合理协调的权利制度体系来回应农民权利发展的迫切要求,通过权利保护机制的恰当运作将农民维权引入法律治理轨道之中,并最终推动农民维权问题法律治理与政治治理、社会治理的有机协调,唯其如此,才能真正实现农民权利发展研究在规范层面上的突破,从而促进农民权利在社会中转换成为现实。

其三,研究方法的新尝试。法律文化等方法的运用是本书研究的一个重要特点。之所以要采用这一方法切入农民权利发展问题的研究,是因为我们认为在根本意义上,权利的最终基础是人本身,农民也必然是自身权利保护的实践者,而不是权利话语中的"被言说者"。通过对法律文化方法论运用,借助于类型化方式、场域叙事学等方法,农民权利发展的宏观文化语境和微观行动结构将能够得到生动的和特色化的展现。同时,一切与农民权利发展问题密切相关的权利观念、权利体系和权利机制的理论研究也将在法律文化所解析的农村法律文化变迁的基础上获得坚实的社会根基。

其四,研究内容的新拓展。本书在研究的内容上也多有拓展。具体表现在:① 在农民权利发展的价值逻辑方面,本书的研究引入了法律文化的阐释路径。当以法律文化视角来阐释农民权利发展时,可以发现,农民权利发展的价值根基不仅隐藏于道德之中,而且体现在社会现代化发展以及法治发展的内在规律之中。农民权利发展离不开以平等、公平和正义为核心的价值构造。推进农民权利制度的优化与权利机制的更新,需要培育与塑造现代法治文化,而农民的尊严作为农民权利发展的价值目标的重要意义,也在法律文化视域下得到清晰呈现。② 在农民权利体系研究方面,本书通过引入社会空间理论推进了农民权利体

---

① 刘同君等. 新农村法律文化创新的解释框架:转型空间·知识命题·图景样式[M]. 北京:中国政法大学出版社,2012:27.

系的理论创新。本书的研究指出空间利益的公正分配在农民权利体系发展中所具有的意义和作用,提出了从空间正义角度看待农民权利体系发展的思路。通过对空间转型的关注,实现了对农民权利体系研究的视角转换;而由视角转化,农民权利体系在新的时代背景之下的应然结构得以揭示;而在农民权利体系的应然结构与实然状态比较的基础上,农民权利体系制度创新的可能路径与重点内容也就清晰可辨。③ 从习惯法的角度分析农民权利发展的主体引领和途径依据。习惯法是农村法律文化的重要组成部分。通过对农村社会纠纷解决过程中"乡土法杰"地位与作用的分析,特定主体对于农民整体权利发展所具有的意义得到展现,而针对"乡土法杰"纠纷化解时所依赖的规范依据的分析,则进一步揭示了传统法律文化在农村社会纠纷解决以及农民权利发展中所具有的双重影响。④ 从农村社会治理转型层面论证农民权利发展的整体性提升,实现农村社会的法治发展。本书研究分析了农村社会治理的诸多困境,指出以农民权利为核心推进农村社会治理的重要性,强调唯有改变农村政策治理的惯性依赖,以制度性的法律规则保障农民主体性权益的实现,建立城乡平等的利益分配、资源共享等机制,促进农村社会治理的法治化,才能带来农民权利的整体性提升,真正实现对农民权利的认真对待。⑤ 在我国农村精准扶贫的政策背景下探索扶贫法律机制的立法路径。现有农村扶贫相关法律与以特定扶贫环节为调整对象的单行法之间在立法技术上存在不协调之处,需要对既有的与农村扶贫相关的法律进行修订完善。我国农村扶贫地方性立法目前走在中央层面上农村扶贫立法的前面。强化我国农村扶贫地方性立法,发挥我国农村扶贫地方性立法的功能,对我们在这样一个在如此辽阔、复杂的地域进行如此大范围的农村扶贫的农村扶贫法律机制而言,尤为必要。因此,应该进一步制定和完善农村扶贫的地方立法,让更多的省市自治区制定省一级的《农村扶贫开发条例》。已经制定《农村扶贫开发条例》的省市自治区,可以考虑在总结经验的基础上,制定《农村大扶贫条例》。

综上所述,我国改革开放四十年来,农民的权利发展获得了显著进步。无论在民事权利、政治权利抑或社会权利方面,农民权利的发展都是极为显见的事实。然而,在农村社会转型发展的过程中,农民阶层分化与贫富差距显现、农村发展现代化与生态环境恶化、农村社会治理与治理体系法治化、农民权利体系优化与农民权利碎片化等矛盾也日渐明显。倘若这些农村社会发展过程中的矛盾得不到及时解决,农民对美好生活的向往与发展不平衡、不充分之间的矛盾就不可能消除,决胜全面建成小康社会的目标就不能顺利实现,乡村振兴战略的总体目标也只能是"水中之月"。因此,推进农民权利发展的理论研究,并拓展农民权利发展的实践进路,必然构成新时代背景下的新命题。

第一章

农民权利发展的法律文化阐释

毋庸置疑,伴随着社会主义市场经济的实践与完善,作为上层建筑组成部分的法律文化建设也取得了长足进步。法律文化与伦理文化、政治文化、社会文化、艺术文化、科学文化等文化范畴一样,既具有人类学文化或大文化的共同特征,又具有自己的固有属性。法律文化的固有属性不是一成不变的,它随着法律本质观与价值观的发展而不断被赋予新的内涵。自 20 世纪 80 年代后期以来,权利本位观的提出及其深入研究,打破了"阶级意志论"与义务为先的法律文化理念,权利意志论提升至本体地位,并逐渐形成权利文化。权利意志论认为:权利是法的根本内容,是法的真正本体;法的最普遍的本质属性就是权利意志性,法不过是权利主体的意志的集中表现,即对他们的正当利益和需要的综合反映而已[1]。也正是由于权利理念的逐步确立与权利意志论的形成,才推动了法律文化不断向前发展。

改革开放以来,中国农村经历了一场以城镇化为标志的社会转型过程,数以亿计的农民告别熟悉的乡村生活而进入陌生的城镇之中[2]。农村城镇化不仅推动了农村经济的发展,而且对农民社会心理和农村社会组织结构均产生了深远影响。但受制于传统粗放城镇化"见物不见人"的 GDP 思维模式的限制,传统城镇化在对农村产生积极影响的同时,也带来了农民权利弱化、阙如等严重问题。不可否认,中国的现代化建设是在农业支撑基础上的"GDP"现代化。然而,对于"GDP"的过度关注,却使得农业发展严重滞后、农民阶层严重分化、农民利益严重受损、社会矛盾严重凸显。在新农村建设过程中,基层行政权力的滥用、征地拆迁纠纷与土地承包经营纠纷大量涌现、信访与群体性事件日益增多、城乡二元结构的制度性歧视等社会不公平现象,进一步使农村社会发展陷入一种深刻的体制性紧张与系统性风险之中。新型城镇化的提出及其实践,正是要破除传统城镇化粗放发展的弊端,以期通过人的城镇化进而实现社会的整体和谐发展。由此,注重农民利益,强调在产业支撑、人居环境、社会保障、生活方式等方面实现农民由"乡"到"城"的转变,并最终实现"人"的权利的无差别发

---

[1] 文正邦,程燎原,王人博,等. 法学变革论[M]. 重庆:重庆出版社,1989:104.

[2] 数据显示,1978—2013 年间,我国城镇常住人口由 1.7 亿人增加到 7.3 亿人,城镇化率从 17.9% 提升到 53.7%,年均提高约 1.02 个百分点;城市数量从 193 个增加到 658 个,建制镇数量从 2 173 个增加到 20 113 个。农村城镇化发展成就显著。参见国家新型城镇化规划(2014—2020)[EB/OL].(2014 - 03 - 16)[2014 - 12 - 02]. http://www.gov.cn/zhengce/2014-03/16/content_2640075.htm.

展,便成为新型城镇化的重要目标。

但是,从根本意义上来说,我国新型城镇化不仅是农村经济发展方式的转型与升级,而且是一种以人为核心的文化素质培育与价值观念变革,尤其是法律文化素质的提升与法治理念的植入。钱穆先生说过:"一切问题,由文化问题产生。一切问题,由文化问题解决。"①这是从文化的人类学视野对社会历史变迁及其文明成果的经典概括。换言之,无论是人类社会的宏观变迁,还是特定历史阶段的微观发展,都必然留下社会变迁的文化脉络与相应时代的历史烙印。我国改革开放的实践表明,社会主义市场经济体制孕育并形成了包括政治文化、社会文化、法律文化等文化形态的文化体系。同时,各种文化形态以其独特的价值底蕴及结构形式引导着深刻的社会变革。随着依法治国方略的实施与推进,尤其"人权条款"的入宪,我国文化体系中的法律文化逐渐成为进步性、基础性的文化形态,并实际承担着市场经济文化变革的导向功能。正如有的学者所说,现代社会需要相应的现代法治,现代法治需要"文化底盘",否则法治难以健康发展②。

因此,新型城镇化不仅意味着农村社会的加速转型,而且更意味着农民权利发展的历史契机。而在新的时代背景下,如何重塑农民权利发展的价值根基,明确农民权利发展的价值构造,确立农民权利发展的价值目标,无疑成为新型城镇化不断推进而社会转型日渐加速背景下亟待思考和解决的重要问题。同时,在新型城镇化进程中,构建以权利意识、权利体系、权利实现为主要内容的农民权利发展观,理应成为农村法律文化创新的主流态势。只有摒弃唯"GDP"的发展思路,注重工业反哺农业,加强农民权益保障,并将农民权利理念及其体系设计纳入法律文化框架,新型城镇化才具有真正价值与实际意义。

☑ 第一节 农民权利发展的法律文化根基

在一个权利备受关注和尊重的时代,人们已经越来越习惯于从权利的角度来理解法律问题,来思考和解决社会问题。为权利而呼唤,为权利而论证,为权利而斗争已经成为权利时代的理论景象③。对于农民这样一个相对弱势的群体而言,其权利的尊重和保护在权利时代同样具有合理性基础,为农民权利的发展而鼓与呼,也就构成了权利时代理论景象不可或缺的组成部分。然而,现实中的农民权利发展却并非一件轻松美妙的事情。城镇化进程中制度性歧视的时隐时现、房地征迁中的矛盾斗争,"上访"与"截访"的无止境循环,无不是农民权利发展实践中诸多困局的具体展现。所有这一切均说明,即使是在权利话语已经占据社会生活主导地位的时代,"权利本身的价值证成远未完结,权利冲突的价值评判更为复

① 钱穆.文化学大义[M].台北:正中书局,1981:3.
② 高鸿钧.法律文化的语义、语境及其中国问题[J].中国法学,2007(4).
③ 张文显,姚建宗.权利时代的理论景象[J].法制与社会发展,2005(5).

杂"①,尤其是在中国特色社会主义法治的话语体系中,法律、道德与社会是相互渗透的学术命题,同时也扎根并辐射于中国法治建设的实践全过程中。因此,从广义的角度来看,农民权利发展的法律文化根基,需要从道德、社会、法治三个层面进行思考或探寻。

一、农民权利发展的道德根基

权利发展与道德之间存在着紧密的关系。"从道德的意义上讲,权利是对人自身的一种肯定,是从防恶的角度对人的尊严和价值的确认和维护。"②虽然在权利理论发展的历史过程中,实证主义法学曾尽力将权利归属于法律之下,认为"权利是法律的产物,而且只是法律的产物"③,但事实上,权利不仅存在于法律之中,而且更存在于道德之中。"道德在逻辑上优先于法律。没有法律可以有道德,但没有道德就不会有法律",法律"必须以它竭力创设的那种东西的存在为先决条件,这种东西就是服从法律的一般义务。这种义务必须,也有必要是道德性的"④。正是由于道德对法律具有逻辑上的优先性,权利的发展自然也首先需要从道德中确立自身的价值根基。新型城镇化进程中农民权利的发展同样无法逃脱对于道德根基的探寻。

然而,这种道德根基探寻的具体展开却并非易事。道德哲学中道义论与效果论的分野,构成了新型城镇化进程中农民权利发展道德根基确立过程中首先需要面对的疑问。道义论强调行为的动机,认为对该行为正当与否的判断,不取决该行为是否带来或可能带来怎样的实质性价值或效果,而取决于该行为是否符合某一相应的普遍道德规则,是否体现了一种绝对的义务性质⑤。如果行为来自良善的动机,符合相应的普遍道德准则,那么这样的行为就具有道德上的正当性。康德提出的"自在目的公式"即"你的行动,要把你自己人身中的人性,和其他人身中的人性,在任何时候都同样看作是目的,永远不能只看作是手段"⑥的道德律令,就是道义论的经典表达。除此以外,罗尔斯有关社会正义的理论也主要反映了道义论的观念。与道义论不同,效果论则是一种以道德行为的目的性意义和可能产生或者已经产生的实际效果作为道德评价标准的伦理理论⑦。这种理论看重行为的实际效果,而不太注重行为的动机。边沁在《道德与立法原理导论》中对功利主义的论证即是效果论的典型代表。在效果论的原理中,最大多数人的最大幸福才是最高的善和德行,道德本身则不再是目的,而仅仅是实现幸福的工具而已,行为的道德评价也只能从行为后果和功用中来加以考察。

毫无疑问,在新型城镇化进程中选择何种道德理论,不仅意味着对农民权利问题证成的

---

① 夏勇.法理讲义:关于法律的道理与学问(上)[M].北京:北京大学出版社,2010:351.
② 夏勇.走向权利的时代:中国公民权利发展研究[M].北京:中国政法大学出版社,2000:10.
③ [英]边沁.道德与立法原理导论[M].时殷弘,译.北京:商务印书馆,2000:365.
④ [英]米尔恩.人的权利与人的多样性[M].夏勇,张志铭,译.北京:中国大百科全书出版社,1995:35.
⑤ 万俊人.寻求普世伦理[M].北京:北京大学出版社,2009:72.
⑥ [德]康德.道德形而上学原理[M].苗力田,译.上海:上海人民出版社,2005:48.
⑦ 万俊人.寻求普世伦理[M].北京:北京大学出版社,2009:71.

不同路径,而且提供了农民权利发展的不同可能。坚持道义论为基础的城镇化,农民权利的发展就需要以农民本身作为目的,而非是实现城镇化和社会发展的手段;坚持以效果论为基础的城镇化,农民个体权利的地位就需要让位于最大多数人的利益要求,农民权利发展的价值考量就需要以其是否能够以及能够在多大程度上促进社会效用的增加为标准。这两种道德理论的考量与选择将会对农民权利发展产生至关重要的影响。这一点并非危言耸听。实践中那种“没有强拆就没有新中国”的论调,无疑就是效果论的极端典型反映,因为它立论的基础就在“多数人利益”或“公共利益”的主张之中。而这种言论所招致的社会批判也恰好说明,极端的效果论抑或道义论,都不是寻求农民权利发展道德根基的恰当途径。新型城镇化进程中农民权利发展的道德根基需要在这两者之间寻求一种微妙的平衡。而考虑到我国农村传统城镇化过于功利的影响,当前新型城镇化进程中农民权利发展尤其需要对道义论予以适当的侧重。《国家新型城镇化规划(2014—2020)》旗帜鲜明地提出“以人的城镇化为核心”,这为农民权利的发展重新确立了道义论的根基,而有关产业发展、资源配置、城乡协调等方面的规划,则为农民权利发展提出了效果论的实际要求。不难看出,道义论与效果论的融合共生,才是新型城镇化进程中农民权利发展道德根基之所在。

二、农民权利发展的社会根基

权利以及权利的发展根植于社会之中。“从社会意义上讲,权利表示着一种社会关系,表示个人在社会中的地位。……对个人权利的承认不仅意味着对个人需求和个人身份的个人性的承认,而且意味着对个人需求和个人身份的社会性的承认。因此,权利的发展,意味着社会结合方式的改进。”[①]对此我们只需从法律发展历史简单的一瞥之中即可得以证明。例如在梅因概括的“从身份到契约”的进步社会的运动中,基于身份的社会结合与基于契约的社会结合,正是经由权利的差异而得以表征[②]。由于权利内在于社会之中,权利发展的社会根基自然也就需要从人们社会结合方式的历史变迁中去加以寻求。中国农村城镇化的历时性变迁由此也就构成了解读农民权利发展社会根基的基本语境。

众所周知,中国农村的城镇化开始于改革开放。改革开放之前的中国农村,在相当大的程度上仍属于乡民的社会,而非市民的社会[③]。“差序格局”“礼治秩序”“长老统治”是中国乡土社会生活秩序的经典概括[④]。即使是中华人民共和国成立以后的政治动员,也仅仅是在一定程度上对以血缘和地缘为中心的社会结合方式构成了冲击。对于农村和农民而言,城镇化才是社会变化的真正开始。由城镇化的快速推进所引致的农村人口的大规模流动以及信息技术的迅速普及,促使工业文明和城市文化不断向农村渗透,一个日趋开放、流动、去身份化的新型农村已经开始呈现在我们面前,传统社会中建立在个人相同与相似基础上的“机械

① 夏勇. 走向权利的时代:中国公民权利发展研究[M]. 北京:中国政法大学出版社,2000:10.
② [英]梅因. 古代法[M]. 沈景一,译. 北京:商务印书馆,1959:96—97.
③ 夏勇. 走向权利的时代:中国公民权利发展研究[M]. 北京:中国政法大学出版社,2000:616.
④ 费孝通. 乡土中国[M]. 上海:上海人民出版社,2007:23,46,60.

团结"开始被工商业社会中强调差异与分工的"有机团结"所取代。而且,所有这一切,都是在短短30余年之内发生的事情。"13亿人口规模的国家在如此短的时间内,其地理空间的人口流动变化如此剧烈,在人类历史上是非常罕见的。"正是在这一意义上,中国农村的城镇化真正可以称之为"中华民族五千年未有之大变局"①,中国农民的社会生活方式在城镇化的历史进程中发生了翻天覆地的变化。

这种生活方式的变化在一定程度上构成了中国社会现代化发展的有机组成部分,并由此对农民权利的发展产生了深远的影响。从现代化的角度来看,按照吉登斯的观点,现代化意味着社会变迁步伐的加快和空间大幅度的扩展。其中,"时空分离""脱域"等机制构成了社会现代化发展的核心动力。吉登斯认为,在前现代社会,空间和地点总是一致的,社会生活的空间维度受"在场"的支配。然而现代性的来临却日益促使人们的社会交往摆脱空间"在场"的限制,时空开始发生分离。时空的分离进一步导致社会系统的"脱域",即社会关系从彼此互动的地域性关联中脱离出来,而在新的时空维度进行重构②。从吉登斯的现代化理论反观中国城镇化的进程,不难看出,城镇化实际正是社会现代化发展的组成部分,而农民社会生活方式的变化,也由此成为现代化发展自然而言的结果。对于农民而言,社会生活的现代化变迁,必然会对其权利观念、权利体系乃至于权利实践行动产生深远的影响。伦理观念向契约观念的变迁、个体权利观对群体权利观的超越、规则意识对人情面子的替代,正是农民权利观念发展的重要体现,而在城镇化时空变迁中对土地、住宅等利益的追求与保护,则促使农民权利体系在原有基础上不断发展。我国户籍制度的逐步改革直至最近取消农业户口与非农业户口的区别,建立城乡统一的户口登记制度③,无疑就是适应新型城镇化发展要求,推进农民权利发展的重要举措。而这一事例也足以证明,新型城镇化进程中农民权利发展的社会根基正根植于社会发展变迁的历史过程之中,以新型城镇化为核心的社会发展及其所蕴含的内在冲突,为新时期农民权利发展提供了无穷的动力。

三、农民权利发展的法治根基

农民权利发展的价值根基既隐含于道德之中,也蕴含于社会之中。然而,从道德之中衍生的不仅仅有道德权利,而且还有法律权利;从社会中发育的不仅仅是诸多社会规范,更重要的是法律规范体系。农民权利发展作为一种制度化的有意识建构过程,仍旧需要在道德和社会之外,进一步从法律之中探寻其现实根基。

农民权利发展的这种法治根基可以从两个方面加以说明。一方面,农民权利的发展离不开法律的保障,"对于权利的发展来讲,最为关键的或必备的前提,是一种可靠的法律制度

---

① 徐斌. 五千年未有之大变局:城镇化进程推动中国经济转型[M]. 北京:中国经济出版社,2014:3.
② [英]安东尼·吉登斯. 现代性的后果[M]. 田禾,译. 南京:译林出版社,2011:15-32.
③ 国务院关于进一步推进户籍制度改革的意见[EB/OL]. (2014-07-30)[2015-03-12]. http://www.chinanews.com/gn/2014/07-30/6439778.shtml。访问日期:2015年3月12日。

的存在"①。因为,唯有通过切实的制度建构,道德的权利才能转化为法律的权利,权利才可能在其正当性的基础上,增添其强制性内涵。权利才能具备霍贝尔所说的"法律的牙齿"②,才能成为耶林心目中"点燃的火"和"发出亮的光"。同样的,唯有通过具体的法律制度的建构,社会层面的利益才能被注入合法性的内涵,利益的要求也才能从纯粹的物质经济状态,转化为一种权利上的要求和主张。新型城镇化进程中农民权利的发展,也需要遵循同样的发展路径。例如在农民土地权利的发展方面,诸多与土地相关的利益,正是通过包括《中华人民共和国物权法》《中华人民共和国土地承包法》等相关法律法规,才真正成为农民可以主张的权利,而相关权利的享有,也才使农民能够在道德性地宣示自己利益正当性的同时,采用合法的手段来对抗他人的非法侵害。另一方面,法律的发展反过来也彰显了农民权利的发展与进步。新型城镇化进程中诸多与农民相关的法律法规的制定颁行,无疑就是农民权利在新的时代背景之下阔步前进的事实的反映。由此我们也不难看出,农民权利的发展与法律的发展相伴而行,二者之间存在着辩证统一的关系。这就像有的学者指出的那样,"在现实的层面上,现代社会的法制发展、人权制度的不断进步、人权理念的不断更新,种种事实已经表明,权利发展不但回应了法治的时代需要,也体现了法律制度对于权利发展的时代承诺,同时,权利的发展也日益成为这个时代法律发展的精神路径和价值指标"③。这一关于权利发展与法律发展之间的有机关联的判断,无疑同样适用于新型城镇化进程中农民权利发展问题的理论分析。

如此一来,新型城镇化进程中农民权利发展的法治根基也就昭然若揭。法治,在这里不仅意味着法律是社会生活秩序调整的基本规范,而且意味着法律的价值追求在农民权利发展的过程中占据了主导性地位。法律的价值追求是对法律体系终极关怀的评价与追问。然而,做出价值评价的前提是确定恰当的评价主体,而"对法的价值的评价,其主体只能是人"。"当我们将人作为法律价值的评价主体时,必须以人的主体,也就是以人的大多数为准。"④这只有在现代法治社会中才能成为可能,人的主体性也唯有在现代法治社会中才能得到前所未有的张扬。而一旦法治成为新型城镇化进程中农民权利发展的根基之一,人的主体地位也就必然成为农民权利发展过程中首先需要考虑的因素,人的自由、人的尊严、人的价值对农民权利发展就具有无与伦比的重要意义。而新型城镇化关于"人为核心"的强调,也恰好与法治根基之上的农民权利发展有着内在的亲和性,并且与农民权利发展的道德根基遥相呼应。新型城镇进程中社会法治实践的具体展开,也必将为农民权利发展和社会法治发展的价值融合奠定坚实的基础。正是在这一意义上,现代法治构成了新型城镇化进程中农民权利发展的又一价值根基。

---

① 夏勇. 走向权利的时代:中国公民权利发展研究[M]. 北京:中国政法大学出版社,2000:28.
② [美]霍贝尔. 原始人的法[M]. 严存生,等译. 北京:法律出版社,2006:27.
③ 尹奎杰. 权利发展与法律发展的关系论略[J]. 河北法学,2010(10).
④ 徐国栋. 自由·权利·法治——法哲学视域中的权利本位说[M]//上海大学法学院,上海市政法管理干部学院. 法苑文汇. 上海:上海社会科学院出版社,2003:348.

☑ 第二节　农民权利发展的法律文化构造

虽然法律文化根基的探寻为农民权利发展确立了正当性基础,但是,仅仅有法律文化根基,并不足以完成对农民权利发展法律文化逻辑的证明。在法律文化根基之外,法律文化构造同样重要。法律文化构造的实质,是要在相互冲突的法律文化元素之间加以协调,理顺不同法律文化之间的逻辑顺序,建构适合特定主体发展需要的法律文化体系,从而为农民权利实践奠定坚实的基础。对于农民权利发展而言,法律文化构造无疑也是农民权利问题的分析根据。农民权利发展的法律文化构造同样需要立足于农村社会转型发展这一现实社会背景,特别是从平等、公平以及正义的法律文化价值元素之间寻求其恰当的体系建构。在新农村法治建设进程中,权利文化的深化与发展还带来了农村法律文化价值的丰富与重构,人权价值得以彰显,农民的尊严地位得以巩固;农民平等问题不再是或高或低的音符,社会正义已渐次渗入农村法律文化的价值体系,平等与正义共同支撑着以社会公平为价值取向的农村法律文化。农村法律文化的发展变迁孕育了社会公平性,而社会公平性则进一步催生了农村法律文化的创新与转型。法律文化的公平性是农村社会发展的价值目标,也是衡量农民权利发展的价值尺度。

一、农民权利发展的平等性

"平等"是人类对自身文明的追求,尤其是在现代社会中。皮埃尔·勒鲁在他的著作中曾毫无迟疑地讲道:"现在的社会,无论从哪一方面看,除了平等的信条以外,再没有别的基础。"[1]在他看来,法国革命所提出的"自由、博爱、平等",分别对应了人的知觉、情感和认知。平等与人的智慧的认知能力相关,并且是"自由"与"博爱"之所以能够存在的基础。皮埃尔·勒鲁对此进行了论证,他说:"只要智慧不介入,不表态,那么权利就只不过是一个不引人注目的萌芽,它只是潜伏地存在着。只有智慧才能把它表达出来,并公开宣布它的存在。因此,如果你们问我为什么要获得自由,我会回答你们说:因为我有这个权利;而我之所以有这种权利,乃是因为人与人之间是平等的。同样,如果我承认仁慈和博爱都是人在社会上的天职,那是因为我思想上考虑到人的本性原是平等的。"[2]这些充满激情而雄辩的语言,向我们论证了平等之所以成为人类社会基础性价值的缘由,展示了平等在人类社会中所具有的重要意义。

将皮埃尔·勒鲁关于平等的论述用来观察中国农民权利发展的问题,那么我们将得出同样的结论,那就是,平等理应成为当代中国农民权利发展的基础性价值。之所以如此,不

---

[1] [法]皮埃尔·勒鲁. 论平等[M]. 北京:王允道,译. 商务印书馆,1988:5.
[2] [法]皮埃尔·勒鲁. 论平等[M]. 北京:王允道,译. 商务印书馆,1988:14.

仅是因为近代以来人类社会朝向平等方向发展的一般规律①,而且更是因为农民权利的发展深刻地受制于中国社会城乡二元的整体不均衡结构这一基本现实。城乡二元结构固然有其客观的历史原因,然而这种结构的存在,本身就为城乡居民权利的不平等提供了可能,而权利享有程度的差异,又进一步为其他的不平都提供了诱因。有学者利用阿马蒂亚·森创造的权利方法,对权利不平等与城乡差距的累积之间的关系进行了研究,其结论指出:城市偏向事实上是城乡之间不平等的无限重复博弈的结果,但更根本的原因实际在于双方权利占有量的不平等,以及按权利加权的社会决策规则。城乡差距的扩大和贫困表面上是一个分配的问题,进一步是一个制度安排的问题,但更深层次的原因则是因为城乡居民在权利占有上的不平等性决定了随后的不平等和差距的不断拉大②。正是因为现实中存在着显著的城乡之间的不平等现象,正是因为经济的、政治的、文化的不平等都可以从权利的不平等中寻求到根源,因而在中国农村的改革发展中追求平等、实现平等才成为农民权利发展的基础性价值。

虽然中国法律文化蕴含"天然"的伦理色彩与坚实的权力特质,但从法律文化的应然层面追寻,平等应是法律文化的"天生"品质。无论是古希腊"人生而平等"的自然法价值观,还是"人生而自由、平等"的天赋人权观,均是对人格平等、尊严平等、权利平等的应然性论证,认为人是天生的平等主体,无优劣、贵贱、种族之分。平等意味着同等条件下任何人不应该受限制或被歧视,生存与发展作为人的最基本权利均应受到同等保障。我国农民是宪法文本规定的基本权利主体,应平等享有宪法、法律规定的实然权利与法定权利,不能因其职业、家庭、地位等背景而受到差别对待。"平等权既是农民应获得的天赋权利,同时也是实现农民的其他政治权利、经济权利和社会权利的前提和基础。"③然而这里仍需进一步指出的是,虽然平等是新型城镇化进程中农民权利发展的基础性价值,但我们也有必要对平等价值的复杂性保持清醒的认识。"平等乃是一个具有多种不同含义的多形概念。"④理想的平等应当是社会财富或社会资源能够为社会成员均衡地享有的状态。同时,理性却又告诉我们,理想的平等在实践中是难以完全实现的。社会物质条件的状态、社会生活机遇的差异、个人能力的差别等,都是理想的平等实现过程中难以逾越的障碍。而就农民权利发展的平等价值而言,其首先的内涵应侧重于农民法律地位、法律身份的平等。"这是一种最基本的平等。有了这种平等,社会正义的平等价值才能得到初步体现,而任何一种对基本义务和基本权利作不平等分配的法律制度,都不可能宣称自身是正义的制度。"⑤除此以外,农民权利发展的平

---

① 这里不妨再次提及前文论及的梅因"从身份到契约"的经典概括。这一经典概括同样可以视为人类社会从不平等朝向平等发展的另一佐证。
② 任太增,王现林.权利不平等与城乡差距的累积[J].财经科学,2008(2).张英洪认为,根据中国农民面临的实际情况,解决农民权利问题,关键是要使农民在职业上获得完整的土地产权,在身份上获得平等的公民权利。参见张英洪.给农民以宪法关怀[M].北京:九州出版社,2012:5.
③ 赵万一.中国农民权利的制度重构及其实现途径[J].中国法学,2012(3).
④ [美]博登海默.法理学、法律哲学与法律方法[M].邓正来,译.北京:中国政法大学出版社,1999:285.
⑤ 张恒山.法理要论[M].北京:北京大学出版社,2004:250.

等价值,还应成为社会资源与实际利益分配的价值原则。这就要求我们必须消除制度性的歧视,"彻底打破城乡'中心—外围'关系,基于统一创新制度构架,在公平赋权和平等机会的社会权益结构中推动现代化"①。唯有如此,才能实现实质意义上的平等。

然而,对于具有深厚伦理底蕴的中国农村来说,以地缘与血缘为纽带所生成的道德共同体力量,以及传统法律文化的义务属性,从源头上遮蔽与抑制了平等观念的萌芽。尽管经过市场经济与现代法治的冲击与洗涤,但家族本位、宗法观念、权力至上等传统法律文化惯性依然阻滞着平等理念的孕育与生成。这是新型城镇化进程中农民权利理念难以勃兴的观念性因素;更为根本的是,我国自1958年以来长期实行的城乡二元社会结构,形成了城乡治理有别、城乡体系有别、城乡投入有别等差别对待机制,使城乡社会发展的红利分布断裂失衡,从体制上设置了平等机制的制度性屏障。尽管国家"三农"政策不断推进,并积极实施发展小城镇等城镇化战略,但城乡居民在政治、经济、文化、社会等基本权利领域依然存在不平等状态是不争的事实。这是中国农村转型发展过程中农民权利体系与保障机制难以健全的体制性因素。因此,平等理念的生长与平等机制的创造是农村法律文化创新的切入点,也是农民权利发展的关键性要素。可以说,中国最重要的公民权利,当是乡民的权利;中国最重要的人权,当是农民的人权②。只有在农村法律文化价值体系中不断植入权利因子,逐渐消除由城乡二元结构所导致的农民身份印记,才能将农民的应然权利转化为实然权利,进而实现法定权利。

二、农民权利发展的公平性

"公平"是与"平等"有关联但又存在区别的概念。公平包含着平等的意蕴,它们均内在地要求着利益分配的合理与公正。然而,二者的区别也是明显的。概括而言,平等是一个相对客观的、能够用某种尺度加以衡量的概念,可以从静态观察,而公平则是一个相对主观的概念,需要以动态的历史的眼光来加以描述。"如果说公平是指人们对人与人之间的地位及相互关系的一种评价,它主要表达的是人们对人与人之间经济利益关系的合理性的认同,那么,平等则侧重于对人们的地位及其相互关系的一种事实描述,它主要表达的是人们的地位和利益获得的等同性。""公平以及公平程度如何解决的是利益的分配问题,关注的焦点主要是利益的分配,以及对这种分配的评价和认同,平等则不仅意味着利益分配的合理化,而且更多地关注的是人的社会地位和人的尊严。"③这样来看,平等与公平相比较,平等处于更为基础的地位,而公平则是一种特殊的平等,是社会资源的分配上"能够被普遍接受的平等和效率的某种组合"④,它包含着人们对社会资源分配的主观预期。公平价值既然包含着人的

---

① 吕昭河.二元中国解构与建构的几点认识——基于城市"中心"与乡村"外围"关系的解释[J].吉林大学学报(哲学社会科学版),2007(2).

② 夏勇.中国民权哲学[M].北京:三联书店,2004:2.

③ 洋龙.平等与公平、正义、公正之比较[J].文史哲,2004(4).

④ 王振中.中国转型经济的政治经济学分析[M].北京:中国物价出版社,2002:309.

主观预期,那么公平价值也就具有了鲜明的主体性特色。

公平作为一种凸显主体要求的价值,自然和农民权利发展内涵的人本要求有着内在的亲和性,公平由此成为农民权利发展的主体性价值。将公平作为农民权利发展的主体性价值,要求我们将农民真正视为具有自由意志的独立个体,从满足其自我价值实现的要求出发,将农民权利发展的过程与社会公平价值的实现紧密地关联起来。然而,如同平等的多义性一样,社会公平同样是一个复杂的多层次系统。社会公平包括权利公平、效率公平、机会公平、分配公平以及人道主义公平等不同层次。权利公平承认并保证社会中每一个人均享有平等的生存权、发展权;效率公平则是以经济的发展和效率的提高为前提的公平,它是竞争的公平和发展的公平;机会公平意味着要去除身份与特权的限制,保障社会成员享有基本平等的发展机会,以便充分展现和实现其才能;分配公平是社会财富占有与支配上的公平;人道主义公平则是建立在针对社会弱者帮助、照顾基础之上的社会公平[①]。社会公平的上述层次相互联系,互为一体,构成完整的公平价值体系。

从公平价值的内在体系出发,不难发现,在传统农村社会发展过程中,中国农民的利益要求长久处于被忽视甚至被剥夺的境地,权利公平、效率公平、机会公平、分配公平以及人道主义公平等在农民身上尚未得到完全体现。以土地利益分配为例。根据农业部和国务院发展研究中心统计,1987—2001 年,全国用于非农建设的耕地达 3 394.6 万亩(1 亩≈666.7 平方米),其中,1990—1996 年平均每年建设占用耕地 440 多万亩,1997—2002 年共占用耕地 1 646 万亩,国家通过低价征用农民土地最少使农民蒙受了 20 000 亿元的损失。在江苏,"九五"期间江苏共出让土地 25.68 万亩,合同出让金 300 亿元。2001—2003 年,江苏全省土地出让收入分别达 200 亿、400 亿、956 亿元[②]。然而在高额的土地出让金分配的过程中,农民却处于整个利益链条的最末端。而且,由于劳动就业与社会保障制度的缺乏,被征地农民在进入城市以后,进一步面临失业的窘境。失地农民的这种生存窘境,在一定程度上折射出社会整体资源配置的失衡。面对利益分配失衡的状态,农村转型发展进程中农民权利的发展必然需要将公平作为自身重要的价值选择,而公平价值的引入,也必然意味着农民权利的发展与提升。因此,农民权利发展也唯有立足于社会公平,才能在不同层次上予以综合推进。

三、农民权利发展的正义性

平等是农民权利发展的基础性价值,而公平则凸显了农民权利发展过程中对农民主体地位的尊重和强调,然而在平等与公平之上,尚有更高的价值存在。这就是正义。"正义是人类灵魂中最纯朴之物,社会中最根本之物,观念中最神圣之物,民众中最热烈要求之物。它是宗教的实质,同时又是理性的形式,是信仰的神秘客体,又是知识的始端、中间和末端。

---

① 张有亮,贾军,刘尚洪.社会公平与制度选择[M].兰州:甘肃文化出版社,2004:112-116.
② 谷荣.中国城市化公共政策研究[M].南京:东南大学出版社,2007:176.

人类不可能想象得到比正义更普遍、更强大和更完善的东西。"①虽然"正义有着一张普洛透斯似的脸,变幻无常,随时可呈不同形状,并具有极不相同的面貌",但正义是法律文化的灵魂与根基,是人类社会追求的最高价值目标,这是不存在争议的。"正义是哲学范畴,更是法学的范畴,是法的本位所在。……法律必须找到正义的底蕴和实现路径。"②法律文化的自由、秩序、效率等具体价值,只有在一定历史条件下经过正义价值的统摄与验证,才能实现内在的统一。农村社会转型发展的终极目的是实现对农民的价值关怀,激活与强化这一"目的"的基础则源于社会正义。因为正义是反对歧视、消除不平等现象的逻辑基点与理论根基,农民权利发展必须根植于这一基础之上。因此,对农民权利发展而言,正义具有极其重要的意义,它在农民权利发展的法律文化构造中占据本体性地位。

正义之所以是农民权利发展的本体性价值,首先根源于正义的本性以及正义与权利之间的紧密关联。一方面,从正义的本性来看,"正义显然是一个关涉人的价值、尊严以及人的发展的根本问题的范畴。它历来就有神圣、崇高与尊严的意思,体现着真、善、美的全部内涵。"③正义不仅是对人的本质的确认,而且是对人的未来发展的积极承诺。因此,将正义视为农民权利发展的本体性价值,就是要将农民的权利发展融入"人的自由与发展"这样一个宏观社会发展的框架之中,从而使权利发展所带来的社会善德的增加不仅惠及农民自身,而且惠及社会整体。另一方面,从正义与权利之间的关联来看,正义是权利的逻辑基础,而权利则是正义观念的现实体现。权利总是意味着正当性,因而,对个人而言,"享有一项权利,就意味着享有一种正当的诉求,意味着可以有资格提出某种要求。履行一项义务,也就意味着按照正义的要求,提供某种作为或不作为。"④对社会而言,"权利的发展本身恰恰是政治解放和社会和谐得以增进的标志"⑤,因而是否能够依据正义的原则对社会关系进行公道、公平的安排,则成为衡量与评价该社会发展进步状态的重要标尺。正义与权利的关联是如此紧密,以至于在一定程度上我们几乎可以将它们视为是对同一种社会现象的不同陈述。"当我们从宏观上考察社会权利划分的原则、尺度或权利界限时,就是正义,当我们站在个人或特定团体角度考察这个界限规定的内容时,就是权利。"⑥而且,由于正义总是伴随着对"正当""公道"问题的反思,正义又进一步成为社会批判的武器,而权利则在这种批判的过程中不断得到发展。正义与权利之间的这种紧密关联,为我们提供了观察农民权利发展状态、分析农民权利问题的基本标尺和途径,正义由此在农民权利发展的价值构造中占据着本体性地位。

此外,正义之所以是农民权利发展的本体性价值,还和农民在我国社会结构中的现实地

---

① 转引自张文显. 二十世纪西方法哲学思潮研究[M]. 北京:法律出版社,1996:580.

② 孙国华. 法的正义逻辑[J]. 江淮论坛,2012(5).

③ 洋龙. 平等与公平、正义、公正之比较[J]. 文史哲,2004(4).

④ 夏勇. 人权概念起源:权利的历史哲学[M]. 北京:中国政法大学出版社,2001:28.

⑤ 夏勇. 走向权利的时代:中国公民权利发展研究[M]. 北京:中国政法大学出版社,2000:11.

⑥ 丛日云. 西方政治文化传统[M]. 长春:吉林出版集团有限责任公司,2007:175-176.

位有关,即农民权利发展问题根植于社会发展所形成的独特的结构之中。农民权利的贫困在很大程度上和农民的底层社会结构地位有关。即使是城镇化的推进,在一定程度上仍旧没有真正改变农民的社会地位。而社会结构地位正是社会正义所主要考虑的问题。就像罗尔斯指出的那样:正义是社会制度的首要价值。在一个由多人组成的社会联合体中,社会正义原则"提供了一种在社会的基本制度中分配权力和义务的办法,确定了社会合作的利益和负担的适当分配"①。正义指向的是社会的基本结构。社会正义原则通过调节主要的社会制度的方式,从社会整体的角度来处理那些基于经济、社会条件的影响和限制以及由于社会地位和自然禀赋差异而形成的不平等,尽量排除社会历史和自然方面的偶然任意因素对人们生活前景的影响,从而在整体意义上建构一个正义的社会。这一点对新型城镇化进程中的农民权利发展问题尤其具有启发意义。而罗尔斯从"无知之幕"出发,提出了其"作为公平的正义"的原则。其第一个正义原则要求"每个人对与其他人所拥有的最广泛的基本自由体系相容的类似自由体系都应有一种平等的权利",第二个正义原则要求"社会的和经济的不平等应这样安排,使它们被合理地期望适合于每一个人的利益,并且依系于地位和职务向所有人开放"②。这两个原则不仅反映了其"一种对于最少受惠者的偏爱,一种尽力想通过某种补偿或分配使一个社会中的所有成员都处于一种平等地位的愿望"③,而且对当下中国农民权利的发展也具有现实的指导性意义。如此一来,正义价值开始脱离其抽象性外表,成为新型城镇化进程中建构和谐而自由的社会关系的根本性价值标准。

目前,实现农村社会正义的落脚点是改善农民的贫困状况,其根本途径是渐趋解决农民的权利贫困问题。由于历史与社会结构等原因,我国农民的财产权、社会治理权、社会保障权、政治参与权等权利类型长期处于贫困状态。在农村社会发展过程中,经济、政治、文化等实际利益是农民的基本生活追求,也是这些利益把农民密切联结起来。因为"人们奋斗所争取的一切,都同他们的利益有关",同时,"把人和社会联结起来的唯一纽带是天然必然性,是需要和私人利益,是对他们财产和利己主义的保护"④。因此,农民的生活条件与实际利益是评价与衡量社会正义的客观基础。我国对农民贫困问题的认知经历了一个逐步提升的过程。起初,当物质生活条件不足以满足人的生存需要时仅表现为物质贫困,这也是我国底层农村社会迫切需要解决的最基本问题;随着生产力的提高及物质生活内容的丰富,人们挣脱自然力量的束缚与自由发展能力构成了贫困状态的评价指标,贫困是指人类基本能力和权利的剥夺,而不仅仅是收入低下,这时主要表现为能力贫困⑤;20 世纪 90 年代尤其是 21 世纪以来,全社会法治理念逐步形成,农民权利意识随之增强。与此同时,贫困不仅是物质的

① [美]约翰·罗尔斯.正义论[M].何怀宏,等译.北京:中国社会科学出版社,1988:2-3.
② [美]约翰·罗尔斯.正义论[M].何怀宏,等译.北京:中国社会科学出版社,1988:56.
③ [美]约翰·罗尔斯.正义论[M].何怀宏,等译.北京:中国社会科学出版社,1988:8.
④ [德]马克思,恩格斯.马克思恩格斯全集:第 1 卷[M].中共中央马克思恩格斯列宁斯大林著作编译局,译.北京:人民出版社,1956:439.
⑤ [印]阿玛蒂亚·森.贫困与饥荒[M].王宇等,译.北京:商务印书馆,2001:73.

缺乏,权利和发言权的缺乏更是定义贫困的核心要素。贫困概念的内涵从最初的物质贫困发展到了 20 世纪末期的权利贫困[①]。我国以取消农业税、工业反哺农业、建立合作医疗保障等为实质内容的新农村建设,包括正在推进的以农民权利为价值取向的新型城镇化建设,就是帮助农民逐步摆脱贫困状态、消弭权利贫困现象的战略调整与重要举措。由此可见,我国农民的物质贫困是贫困状况的现象表征,权利贫困是贫困状况的内在本质,权利贫困是物质贫困的内生性或原发性缘由。尽管人类反权利贫困的理由源于一种道德价值,认为"所有的人在道德上都是平等的,在决定我们做什么时,我们应该把每个人的利益都视为同等重要的"[②],但消除农民权利贫困现象不能仅仅停滞于一种正义的道德评判,其根本途径应该是一种正义的制度性诉求,更应是一种基于人性、以人性为本的法律文化建构。

总之,平等、公平和正义构成了我国农民权利发展法律文化构造的价值要素。以平等为基础,农民的权利发展才能获得现实的根基;以公平为核心,农民权利发展才能和法治时代的人本主义相互契合;以正义为本体,农民权利发展才能超越传统社会的桎梏而在新的时代背景下阔步前行。而这三者之间的逻辑整合,正是农民权利发展的法律文化逻辑构造之所在。

☑ 第三节　农民权利发展的法律文化路径

我国新农村建设不仅是一场新的经济建设运动,更是一幅包括农民权利、乡村发展、法律进步、文化建设在内的综合性乡村发展蓝图。其问题实质是以农民为本的乡村现代化建设,并在这一建设过程中"重塑农村生活的价值合理性和主体性,重建农民的生活方式和文化秩序"[③]。正如梁漱溟先生所说:"救济乡村便是乡村建设的第一层意义,至于创造新文化,那便是乡村建设的真意义所在。"[④]尽管传统道德观念与习俗方式仍在一定程度上影响着人们的行动选择,但随着法治文明进步及城镇化进程加快,农村利益结构和纠纷解决方式已日趋复杂,农民主流价值观已从"身份取向"转为"权利取向","行政正义和法律途径也越来越多为农村居民所运用"[⑤]。正是这些因素的悄然转变,使不断变迁的中国农村社会与现代性的法律越来越亲和。这一亲和状态的形成源于"送法下乡"的成效,更源于村落社会在经济生产、文化价值、伦理道德上的变化,从而造就了"迎接"现代法律的环境[⑥]。因此,实现以"地方性法治知识"为资源的传统法律文化向以农民权利为内涵的现代法律文化的创造性转换,

① 秦守勤. 权利贫困视野下的失地农民问题研究[J]. 求实,2010(8).
② [美]詹姆斯·雷切尔斯. 道德的理由[M]. 杨宗元,译. 北京:中国人民大学出版社,2009:190.
③ 贺雪峰. 新农村建设与中国道路[J]. 读书,2006(8).
④ 梁漱溟. 梁漱溟全集:第一卷[M]. 济南:山东人民出版社,1989:611.
⑤ 陆益龙. 乡土中国的转型与后乡土性特征的形成[J]. 人文杂志,2010(5).
⑥ 董磊明. 宋村的调解:巨变时代的权威与秩序[M]. 北京:法律出版社,2008:183.

是我国农村转型发展的题中之义与内在要求,构成了农民权利发展的法律文化主线或路径。这条"主线或路径"主要由法律文化创新、法律文化传承、法律文化目标所构成。

一、农民权利发展的创新路径

农村法律文化是文化的一种特殊形态,无论是观念更新,还是内涵发展,理应遵循文化创新的一般规律。"文化创新就是人们在社会实践和文化传承的基础上,依据时代的特征,构建文化的新理论、新内容、新制度、新技术,赋予文化时代性的变革。"①农村法律文化的创新性是推动与促进法律文化转换的关键性变量,也是农民权利发展的变革性力量与内在动力。

首先,法律文化理念创新是农民权利发展的理论基础。传播学上的创新扩散理论说明,创新是通过观念的周期性扩散直到被多数人所接受的。"原始创新即最早将一种观念通过某种载体表达出来;竞争创新则是以不同的范式、几乎可以达到同样效果的观念表达;拓展创新是对原始创新加入一些新的要素,使之更为多元或完美;追随创新则是在原始创新的基础上附加一些新的配套;效仿创新是依照原始创新的范式进行类似的表达;创新使用则是对创新的消费。"②同样,农村法律文化创新也是多方面的,主要包括理念创新、机制创新、内容创新、方法创新等等,但唯有理念创新是法律文化创新的活力因子与催化因素,因为"创新的理念不仅是法律文化创新的先导力量,具有强大的引导性,而且是法律文化创新的'催生'力量,具有强大的驱动性"③。尤其是,随着农村法治建设的不断加强与深化,传统的权力型法律文化渐渐失去了形式上的合法性,与之相应的,权利文化逐渐上升为主导性法律文化。具体到农民权利而言,权利理念是农民权利发展的一种观念载体,而唯有实现农民权利理念创新,才能使农民权利发展更为深入与完善。

改革开放四十年来,我国农村社会经历了市场经济的广泛熔炼及法律制度的渐次渗透,社会治理模式不断创新,村民自治制度逐渐成熟,以契约性为特征的法治进步、以流动性为特点的社会分层、以开放性为场域的空间转型已成为新的时代命题。在这一社会转型背景下,市场化催生了农民阶层的多样化,不同的价值观、利益观、行为方式使传统的道德共同体不断异化甚或碎片化,法律文化创新"呈现出一系列阶段性特征,诸如,法律地位的提升与法律权威的缺失并存,城乡二元法律结构的某种程度的深化,区域法律发展的不平衡状态,权利意识的高扬与权利诉求非理性表达的彼此交织等等"④。而直面与破解这些法律发展难题,是农村法律文化创新无法回避的崭新课题。因此,在农村社会转型发展过程中,农村法治发展及社会关系的契约化演进必然生成农民的权利意识,并推动农村法律文化的转型进

---

① 石文卓. 文化创新:建设社会主义文化强国之关键[J]. 求实,2013(6).

② 何志鹏. 文化创新与民族复兴[J]. 江西社会科学,2012(3).

③ 刘同君等. 新农村法律文化创新的解释框架:转型空间・知识命题・图景样式[M]. 北京:中国政法大学出版社,2012:21.

④ 公丕祥. 全球化、中国崛起与法制现代化——一种概要性的分析[J]. 中国法学,2009(5).

步。同时，权利意识的"周期性扩散"所积淀而成的权利理念又是回答新型城镇化背景下农民权利为什么要发展、必须要发展的根源性理由。

其次，法律文化机制创新是农民权利发展的实践基础。可以说，农村法律文化创新的轨迹是形成一种权利文化。因为"权利文化是法治社会的表征、是权利意识和观念的总合；同时，权利本位在法律制度中得到确认，成为现代法律文化的主流并构成现代法律文化的核心"①。权利文化既表现为观念形态，又表现为权利体系，也表现为一种保护机制。正如有的学者所说："如果说权利的存在表现着文明秩序的存在，那么，关于权利的观念、体系和保护机制的存在，就表现着权利的存在。权利的发展，大体说来，就是权利的观念、体系和保护机制的发育和生长。"②因此，农民权利发展的内涵或构成要素必然体现为一种观念、体系、保护机制的集合体。在这一"集合体"中，如果说权利观念是农民权利发展的先导性因素，那么，权利体系与保护机制的有效确立则是农民权利发展的保障性因素。赵万一教授认为："无论是权利体系的制度构建，还是权利实现的路径设计，犹如生存与发展的关系一样，都必须是一个符合社会发展规律的渐进式过程，以赋予农民权利为切入点，以维护农民权利为手段，促进内容丰富的农民权利的最终实现。"③因此，农民权利发展必然蕴含于权利体系的合理性与合法性之中，且体现于权利保护机制的有效性与可行性之中，两者的有机组合构成了农民权利发展的创新机制。

实践表明，在城乡一体化过程中，农民直接遭遇了并村改居、房地征迁、身份变换、职业变更等带来的权利冲击，经济、政治、社会、文化、生态等权利已成为农民的基本权利诉求。因此，必须在实然层面加强对农民权益的立法保护，保障农民平等权、人身权、自治权、参与权等政治权利不受限制；保障农民经营权、土地流转权、补偿救济权等财产权利不受侵犯；保障农民在教育、劳动、保险等方面的社会权利得以落实。从根本意义上消除对农民的制度性歧视，"以现代法律制度将农民多元化、异质化的利益诉求整合为明确、集中、有力的政策要求，完善农民的利益表达机制和政治参与渠道，减少制度外错位造成的极端维权和群体性事件，甚或灾难性事件"④。总之，在农村社会转型发展过程中，只有把关涉农民切身利益的诸多问题转换为农民的权利诉求，才能使农民权利的内涵与外延不断丰富与发展，才能使农民权利发展获得深厚的制度根基。

再次，法律文化主体性创新是农民权利发展的法治基础。这里所强调的"主体性创新"特指农民这一特殊类型的主体性观念。人的主体性是以人性为基础的，是指人仅仅作为人而言，其能力、地位、作用等因素在社会主客体关系中的特征与表现。一般而论，人权意义上人的主体性根植于道德价值之中，而权利意义上人的主体性则蕴含于宪法文本及法律制度

① 季金华.论司法权威的权利文化基础[J].河北法学,2008(11).
② 夏勇.走向权利的时代：中国公民权利发展研究[M].北京：中国政法大学出版社,2000:3.
③ 赵万一.中国农民权利的制度重构及其实现途径[J].中国法学,2012(3).
④ 刘同君等.新农村法律文化创新的解释框架：转型空间·知识命题·图景样式[M].北京：中国政法大学出版社,2012:22.

之中。宪法文本中所设定的公民"基本权利"实现了人的应然权利向实然权利的价值转换，同时，实然权利的推进与实现以具体的法律制度为载体。我国基本权利主体经历了从政治主体到法律性质的转变，从一般主体到特殊主体的发展。所谓一般主体，是指宪法文本中规定的概括性称谓，如人民、国民、公民等；而一般主体之外的可称之为特殊主体或特定主体。我国宪法文本中的特殊主体可理解为外国人、法人及其他类型。2004 年我国"人权条款"的入宪为特殊主体的"其他类型"拓展了解释空间，正如有的学者所指出的：所谓特定主体是由于传统、习俗的影响或这些主体在行为能力上的弱点，其权利容易受到社会忽视或侵犯的公民[①]。在我国农村转型发展，特别是新型城镇化进程中，作为底层社会的农民，其特殊主体性正逐渐展现出应有的行动力量，把农民作为弱势的特定主体看待并关注其权利的享有状况是符合我国宪法精神的。

从农民权利的特殊主体属性来看，农民切身利益的维护与实然权利的实现，必然落脚于农民权利主体之上。如果作为个体的农民没有主体地位，也就意味着农民失去了自主、平等、参与一切事务的权利，其主体利益就无从谈起。目前，农民的参与权是实现政治愿望的基本形式，表达权是实现利益诉求的基本渠道；农民的监督权是防止权益被侵害的基本方法，救济权是补偿被侵害权益的基本手段。固然，农民权利的具体形式多种多样，受教育权、生态权、发展权、自治权、组织权等权利类型，都必须以权利主体为根基制定更加具体的法律制度。

其一，农民权利主体是实现参与权和表达权的基本要求。农民参与权是指农民依法通过各种途径和形式，参与国家事务、社会事务管理的权利。弗雷和斯塔特勒在分析政治决策的参与权时指出："政治决策参与权能赋予公民们一种更为全面的自我决定，因为决定是否参与这个问题被留给了个人自己。即使人们很少甚至根本不实际行使这种参与权利，但他们也会珍视它。重要的是，当他们觉得合适的时候，他们能够参与。因此，我们也许可以这样假定，参与权比实际参与更能反映程序效用。"[②]事实上，转型农村社会事务纷繁复杂，完全依赖国家等外部力量势必力不从心，因而，农村法律文化创新必然依赖于农民对于农村社会事务的广泛参与。同时，农民对于农村社会事务的参与并不是为了参与而参与，参与本身并非目的，参与行为的权利表达更为重要。在农村社会治理过程中，正是借助于参与和表达形式，农民的权利话语才可能进入法治程序，并进而促进各项权利转化为实然状态。但就现实状况而言，创新农民的参与形式，拓展农民的参与空间，保障农民话语表达机制等等，仍是农村社会治理的重要任务。

其二，农民权利主体是实现监督权与救济权的前提基础。监督权与救济权是保障农民各项权利得以实现的制度方式，前者体现预防性，后者侧重补偿性。农村社会治理是不同权力、权利互相交织与作用的立体架构。在这一立体空间中，农民权利既受到国家权力的制

① 胡锦光，韩大元. 中国宪法[M]. 北京：法律出版社，2007：178.

② ［瑞士］布伦诺·S. 弗雷，阿洛伊斯·斯塔特勒. 幸福与经济学：经济和制度对人类福祉的影响[M]. 静也，译. 北京：北京大学出版社，2006：12.

约,又受到自身组织的影响。监督权在《中华人民共和国宪法》(简称《宪法》)及相关法律中均有明确规定,而农民的监督权在《中华人民共和国村民委员会组织法》中也有所体现。然而从农村实践情况看,农民监督权的落实并不乐观,滥用职权及侵犯农民权益的现象较为普遍,建立健全监督制度十分必要。救济权在公民权利体系中具有保障性的基础性地位,它为权利主体提供了维护自身权利不受非法侵害,同时事后寻求司法保护的权利。在农村社会治理过程中,应强化司法救济的地位和作用。因为在所有的权利救济方式中,司法机关作为专门的纠纷解决和权利保护机构,对于农民而言,其制度和程序更具有力量。在农民眼中,法院应当成为代表国家实现正义的场所。在农民的权利救济方面,应当通过立法的改进、诉讼程序的简化、诉讼成本的降低、诉调机制的完善等多种措施进行相应的改革,使国家司法权能有效地渗透农村社会治理过程之中,促进农民救济权利的充分发展。

二、农民权利发展的传承路径

文化是人类社会生存与演进的根基,人类在创造灿烂文化的同时也凝聚并融合着人类社会的智慧与成果。刘作翔教授认为:"任何一种文化,都有其产生、形成、发展的社会历史条件和地域的民族的土壤,因而形成各种不同的文化类型和模式。"[①]美国人类学家玛格丽特·米德在其影响深远的《文化与承诺》一书中,根据文化传递的不同样式与机制,将人类文化的演进过程划分为三种形态模式,即后喻文化、并喻文化或同喻文化和前喻文化。后喻文化的"基本特征体现在老一辈成员们的每一个行动之中,这一特征就是,尽管有可能发生这样或那样的变化,但人们的生活道路是既定的,永远不可变更的"。并喻文化或同喻文化是指"长辈在某些方面仍然占据着统治地位,他们为晚辈的行为确立了应有的方式,界定了各种限制,年轻人相互间的学习是不能逾越这些行为的藩篱的"。而前喻文化,则是指一种未来的文化形态,因为"只有通过年轻一代的直接参与,利用他们广博而新颖的知识,我们才能建立一个富于生命力的未来"[②]。这种以人的文化习得方式为基础的"三喻式"文化传递模式,不仅说明了人是文化传递的承载体,更重要的是,它折射了人类文化延续的传统性、现代性、传统与现代融合性及其演进规律。

在文化传承问题上,无论是观念性的文化革新,还是制度性的文化嬗变,归根到底都是对物质性文化演进的反映。马克思主义认为,一切文化变迁都有一个现实基础,即当生产力的水平发展到一定阶段,原有的生产关系与它不相适应时,就会发生变革,它是隐藏在社会历史背后的真正动力,是一切精神力量的最终原因,是动力的动力。法律文化是人类文化的重要组成部分,它既是法律制度和法律观念的复合体,又是人类社会发展到一定历史阶段的产物。法律文化变迁首先表现为一种价值观念的变迁,思想、心理、观念等起导向性作用,这种变迁是标志性的[③]。毋庸置疑,我国农村法律文化创新的难点主要体现于价值认知层面,

---

① 刘作翔. 法律文化理论[M]. 北京:商务印书馆,2010:221.
② [美]玛格丽特·米德. 文化与承诺[M]. 周晓虹,周怡译. 石家庄:河北人民出版社,1987:27.
③ 刘同君,魏小强. 法伦理文化视野中的和谐社会[M]. 镇江:江苏大学出版社,2007:204.

道德观念的转型、法治理念的培育、权利意识的弘扬是内在性导向机制。我国是一个人口众多的多民族国家,农村社会的文化资源丰富深厚且呈现出多样性,镌刻着中国特色的文化印迹。因此,农村法律文化的演进与型构也必然在这一特色文化背景下有序展开。"由于法律文化是'传承式'的,对现代法治精神的汲取是在接受中超越,并在超越中接受的渐进过程,新农村建设背景下的法律文化创新模式也必然遵循这一逻辑程式。"①据此分析,我国农民权利发展不可能游离于法律文化创新的"地方色彩"与"逻辑程式",必须建基于法律文化的传统性,立足于法律文化的现代性,并考虑农村社会的区域差异性及文化多元性。换言之,农民权利发展应该在国家法与民间法互动选择基础上所创造的"制度空间"中积淀权利理念、构建权利体系、形成保护机制。

其一,法律文化的传统性是农民权利发展的逻辑基点。法律文化与人类整体性文化一样,既是人类创造的文明成果,也是一种历史文化的遗留,体现于隐性的法律意识形态与显性的法律制度性结构之中。正如张晋藩教授所说:"传统是历史和文化的积淀,是有个性、有特色的东西,因而传统文化是有民族性的地域性的。"②亦即,法律文化既是民族的、地域的,更是历史的、传统的,它"不仅仅是一个历史上曾经存在的过去,同时还是个历史地存在的现在,因此,我们不但可以在以往的历史中追寻传统,而且可以在当下生活的折射里发现传统"③。法律文化的传统性是相对的,传统性的本身必然具有现代性的秉性因素,因为传统性只有寓于法律文化传统型并延续于现代型之中,才能称其为"传统性"。中国传统法律文化是由中华民族特定的历史性和民族性所决定的,是数千年一脉相传的法律实践活动及其成果的统称④。它是"相对于中国现代法律文化的古代法律文化形态,是中国历史发展过程的必然产物"⑤,具有自己独特的调整方式、制度规范与价值取向。人治主义是中国传统法律文化的基本精神,工具主义则是这一基本精神的派生与拓展,礼治主义是中国传统法律文化的价值准则,伦理主义则是这一价值准则的凝聚与提升。由于"一定的法律文化现象只能是在一定时间、空间的条件下形成和发展起来的"⑥,因而法律文化创新不可能偏离一定的历史维度,否则容易形成文化传承的"断层"现象;同时,法律文化创新也不可能脱离一定的物质基础,否则容易造成文化传承的"能量"缺失。

毫无疑问,以法律文化创新为背景的农民权利发展也必须在一定文化渊源、经济条件、社会制度等现实语境下循序进行。尤其是,对于具有浓厚的地缘与血缘色彩且道德风俗与习惯势力根深蒂固的农村来说,法律文化的传统性更加凸显。例如,在乡村基层司法实践

① 刘同君等. 新农村法律文化创新的解释框架:转型空间·知识命题·图景样式[M]. 北京:中国政法大学出版社,2012:23.
② 张晋藩,焦利. 传统法律文化与现代法治理念的冲突与互动[J]. 新视野,2003(5).
③ 梁治平. 法辨:中国法的过去、现在与未来[M]. 贵阳:贵州人民出版社,1992:130.
④ 马作武. 传统法律文化的价值评价[J]. 学术研究,2013(12).
⑤ 公丕祥. 冲突与融合:外域法律文化与中国法制现代化[J]. 法律科学:西北政法学院学报,1991(2).
⑥ 张文显. 法理学[M]. 北京:高等教育出版社,2003:466.

中,对于乡村法官而言,"起决定作用的并不是从书本上学来的国家法知识,尽管这种法律知识造就了他们娴熟的法律制作技术,而是他们从生活经验中习得的民间法知识,是那些能解决纠纷的种种日常权力技术"①,而"民间法知识"与"日常权力技术"却恰好是传统法律文化的积淀与反映。这就是法律文化传统性的潜在力量与惯性"定律"。尽管社会主义市场经济尤其是城镇化进程塑造了人与人之间的自由与"陌生"关系,并且由此孕育与形成的契约因素、平等观念、权利意识等法治理念不断荡涤、净化着传统法律文化,但是义务本位、伦理至上、"熟人"效应等传统性因素仍然束缚甚或支配着法律文化走向。从法律文化的适用性与实践性来看,尽管"我们的表层制度都是西方化的,但是我们骨子里的运作过程,我们所遵循的一些准则,我们自觉不自觉所采取的一些方法,还都是我们两千年来所一直采取的方法"②。因此,在新型城镇化进程中,农民权利理念的确立、权利缺失状态的改善、权利保障机制的健全等涉及农民切身利益的法律文化变革,必然在正确面对、逐步改良这一法律文化传统性的基础上渐进展开。

其二,法律文化的现代性是农民权利发展的催生因子。如果说法律文化的传统性是法律文化演进的逻辑基点,那么,法律文化的现代性则是法律文化变革的催生因子。同法律文化传统性一样,法律文化的现代性也是相对的,现代性的本身必然具有传统性的内在因素,因为现代性只有衔接于法律文化的传统型并寓于法律文化的现代型之中,才能成为"现代性"。这就是说,任何一个国家或民族的法律文化都是传统性与现代性的有机融合,即传统法律文化不断孕育着法律文化的现代性因素,而现代法律文化中的现代性则逐渐褪色为传统性因素。其实,法律文化创新就是一种"后喻—并喻—前喻"文化传递模式的更新过程,究其实质,"实际上是法律文化由传统形态向现代形态转变的过程,是法律文化整体结构发生变化、更新的历史过程"③,也就是法律文化的观念、结构、内容从传统性迈向现代性的文化超越过程。中国法律文化的"超越过程"是一个复杂的艰辛过程,至少需摆脱两个方面的困境:一是摒弃传统法律文化中的糟粕性因素,二是汲取西方法律文化中的先进性因素。"一个社会法律文化的形成,是不断修正其民族习性和法律传统的过程,也是不断消化、吸收别国和其他民族的法律文化的过程,而当这一过程与现代先进的法律制度的发展方向趋于一致时,我们称之为法律文化的现代化。"④因此,法律文化的传统性是现代性的生成基础,而现代性又是法律文化创新的催化因子。正如有的学者指出:"现代性意味着对传统性的突破与否定,但也包含着对传统中积极因素的肯定与发掘。由传统社会向现代社会变迁,可分为不同的层次,并因各个民族、各个国家的历史及文化的差异而有不同的变迁模式。传统文化是现代化的基础,现代文化又是未来的传统文化,循环往复,生生不息。"⑤

---

① 强世功. 乡村社会的司法实践:知识、技术与权力——一起民事纠纷调解案[J]. 战略与管理,1997(4).

② 中南财经政法大学法律史研究所. 中西法律传统:第一卷[M]. 北京:中国政法大学出版社,2001:104.

③ 万光侠. 论中国法律文化现代化的建设[J]. 长白学刊,2001(1).

④ 韩柏泉. 正确认识中国的法律文化现代化[J]. 学术界,2001(2).

⑤ 何星亮. 对传统与现代及其互相间关系的阐释[J]. 中央民族大学学报,2003(4).

由此可见,法律文化现代性是诠释法律文化创新的恰当依据,也是对我国新农村法律文化建设为什么能够取得辉煌成就的理论回应。随着人权观念的勃兴及权利话语的盛行,追求以自由、平等、民主等一系列权利概念为"现代性"要素的"权利时代"①是法律文化创新的基本价值取向。在"现代性"催生下的"权利时代","没有任何东西能比权利思想更能使人的精神得到升华和维护。权利思想中存有一种伟大而雄壮之物"②。在此背景下,我国农民的法律观念、法律心理、法律思想等法律文化结构也产生了重大变化。等级观念的破除、平等观念的形成、维权意识的增强、政治权利的诉求等等,深刻体现了法律文化的"现代性"内涵。与之相应,培育农民权利意识、完善农民权利体系、保障农民实际权益等内容已成为农村法律文化创新的内在要求。改革开放以来,我国传统农业经济结构不断松散,乡村道德共同体不断分化,尤其是后农业税时代的到来,农民的维权意识、表达诉求、诉讼理念等权利意识渐趋增强。我国农民的权利意识经历了从"束缚"(1978—1992 年)到"松绑"(1992—1998 年)再到"觉醒"(1998 年至今)的深刻变化③。同时,"法律作为一种象征国家正式力量的话语、实践,在社会秩序和纠纷解决中的作用开始上升,并逐渐成为规范人际关系和利益冲突的主导性因素"④。在农民权利发展进程中,权利观念的更新及其保障机制的完善必须依赖于法律文化的"现代性";同时,法律文化的"现代性"又是农民权利发展的内在结构要素与启动性元素,农民权利发展必然建立于对既存法律文化进行反思、质疑和批判的基础之上。

其三,法律文化的依赖性是农民权利发展的方法选择。所谓法律文化的依赖性,是指法律文化变迁必须在一定物质条件下进行,并且法律观念、法律心理、法律制度等结构性要素必然根植于法律文化的本土性与历史性之中。马克思主义唯物史观认为:"一切社会变迁和政治变革的终极原因,不应当在人们的头脑中,在人们对永恒的真理和正义的日益增进的认识中去寻找,而应当在生产方式和交换方式的变更中去寻找;不应当在有关的哲学中去寻找,而应当在有关的时代的经济学中去寻找。"⑤同时,"任何历史事变和社会文化的变迁都是极为复杂的,经济基础的变化是社会文化变迁的最决定性因素,但不是唯一因素。"⑥这就充分说明,一定的物质基础及其建立于其上的文化本土性、历史延续性等综合因素是法律文化创新发展的前置性条件。其实,法律文化的依赖性源于一种制度变迁的路径依赖理论。诺斯在分析新经济制度形成过程时指出:"一旦一条发展路线沿着一条具体进程前进时,系统的外部性、组织的学习过程以及历史上关于这些问题所派生的主观主义模型就会增强这一

---

① 程立显."权利时代"的权利话语探析[J].首都师范大学学报(社会科学版),2007(6).

② 余涌.道德权利研究[M].北京:中央编译出版社,2001:39.

③ 于建嵘.从束缚到松绑再到觉醒——中国农民权利意识的 30 年变迁[D].南方农村报,2008.09.25(5).

④ 刘同君.新农村法律文化创新的解释框架:转型空间·知识命题·图景样式[M].北京:中国政法大学出版社,2012:299.

⑤ [德]马克思,恩格斯.马克思恩格斯选集:第三卷[M].中共中央马克思恩格斯列宁斯大林著作编译局,译.北京:人民出版社,1972:425.

⑥ 刘作翔.法律文化理论[M].北京:商务印书馆,2011:213.

进程。"①在制度变迁过程中,若遵循经济基础的发展规律,并注重吸纳旧制度的"现代性"因素,则容易形成一种制度的自我强化机制,使制度变迁处于一种良性循环状态,即"路径依赖"的正效应;但值得注意的是,若制度变迁违背了"路径依赖"的演化规律,即不遵循经济基础的发展规律,忽略制度的本土性及历史性条件,则"路径依赖"容易进入一种"锁定程序",使制度变迁处于一种恶性循环状态,即"路径依赖"的负效应。因此,法律文化变迁只有在特定的文化土壤中接受本土资源及历史文化的熏陶,才能顺利实现其变革与发展。

同样,农民权利理念的形成、权利体系的构建、保障机制的建立,即农民权利发展也必然是一个渐进的过程。首先,中国几千年的封建特权思想及等级制度不仅吞噬了农民的平等意识,而且形成了自然经济基础上的依附型社会关系。在个人依附家庭、家庭依附国家的封闭型社会背景下,"中国没有出现体现人的权利要求和保障人的权利得以实现的市民社会,直接就源于这种家国本位的权利文化传统"②。正如马克斯·韦伯所说,"中国的法以典型的方式,表现出家庭和宗族的保持与世袭的王公统治共同作用,作为个人社会地位保障者的最重要的意义。独立于皇帝而作为私人的国家概念是不存在的,同样也没有私人的社团法,没有协会法"③。无疑,在传统型法律文化向现代型法律文化转换的过程中,等级观念、伦理义务、人治理念等非平等性因素成为权利文化萌生的阻滞性力量。这种植根于自然经济基础之上的文化"阻滞性"仍然发挥着"路径依赖"的负效应。其次,虽然在改革开放尤其是新农村建设过程中,国家实施了多种惠农政策与措施,但"当前农民的权利与义务出现较为严重的失衡,基层治理不但未能实现顺利的转型,反而陷入了新一轮的'治理性危机'"④。实际上,我国城乡二元社会结构制度是造成农民权利与义务失衡的根源性因素。正是这一歧视性结构制度使城乡发展出现了差异与鸿沟,使农民权利处于长期的缺失与不平等状态,譬如:税赋不公平、教育权不平等、社会发展权不平等、社会保障权不平等、选举权不平等、改革成果共享权不平等。从一定意义上说,我国城乡二元社会结构制度在一定程度上"锁定"了农民权利发展的"正效应"。在农村转型发展进程中,权利平等是农民权利发展的核心要素与重要内容,因为"社会的经济进步一旦把摆脱封建桎梏和通过消除封建不平等来确立权利平等的要求提上日程,这种要求就必定迅速地扩大其范围。只要为工业和商业的利益提出这一要求,就必须为广大农民要求同样的平等权利"⑤。因此,只有消除城乡二元社会结构制度所造成的种种不合理因素,确立农民的平等主体地位,创造并弘扬权利文化,才能使农民权利发展处于一种良性循环路径之中。

① [美]道格拉斯·C.诺斯.制度、制度变迁与经济绩效[M].杭行,译.上海:上海三联书店,1994:132.
② 赵蓉,贺然.中西法律权利文化的差异及其原因[J].甘肃社会科学,2002(4).
③ [德]马克斯·韦伯.经济与社会:下卷[M].林荣远,译.北京:商务印书馆,1998:85.
④ 陈锋.后税费时代农民权责失衡与治理性危机[J].中共福建省委党校学报,2012(8).
⑤ [德]马克思,恩格斯.马克思恩格斯选集:第三卷[M].中共中央马克思恩格斯列宁斯大林著作编译局,译.北京:人民出版社,1972:425.

三、农民权利发展的目标路径

无论是法律文化创新,抑或是法律文化传承,均是农民权利发展路径的理性设计,也是一种单向度或平面性的理想路线。在纷繁复杂的农村现实社会中,影响农民权利发展的诸多正面或负面因素无"规律"地融合在一起,使农民权利发展的法律文化"理想路线"处于一种不规则状态。但是,农民权利发展是一种既定的宏观性或阶段性的价值目标,不能停留在价值预设的理想状态。因为"权利的发展远不止是信念,毋宁说它是一种社会事实"①。有关农民权利发展的价值预设也必须在实践中转换为社会现实才真正具有意义。而要实现这一点,除了法律文化理性的单向度路径之外,尚需要立体式的法律文化价值目标的引领。

其一,农民权利发展的制度性目标。所谓制度性目标,指的是农民权利发展在制度层面所要达到的价值预期。可以说,制度性目标是农民权利发展的首要目标。一方面是因为权利的发展和法律制度的变革之间有着紧密而易于观察的关联,另一方面则是因为农民权利发展的现实困境与权利发展要求之间的内在张力。也就是说,农民权利发展和法律发展二者之间相辅相成,因为"权利是有赖于制度进行维护和实现的,而且仅仅是由制度进行维护和实现的"②。这样一来,农民权利的进步必然在法律制度上留下深刻的印记。而且,由于制度变革在实践中是最容易被观察、被感受到的,制度的变革也就成为农民权利发展最为明显的外在表征,成为农民维护自身权利的最为重要的手段。这一点中外皆然。例如,在中世纪时期,英国自由农民的主体权利即获得了法律的确认和保护,农民对于土地的使用收益权、转让继承权以及政治性权利等均在法律上获得了承认,自由农民的权利若遭到了不法侵害,可以向王室法院提出控告,王室法院可以通过新近强占诉讼令状、收回继承地令状、地产性质诉讼令状和最终圣职推荐权令状等对之提供快速救济。正是依赖于有效的制度设计,中世纪英国农民的合法权利才能在普通法的保护下,获得相对的保证③。而在我国,近年来《中华人民共和国农业法》《中华人民共和国土地承包法》等法律的修订,《中华人民共和国农村土地承包法》《中华人民共和国农民专业合作社法》《中华人民共和国农村土地承包经营纠纷调解仲裁法》等法律的颁行,对于农民权利发展所发挥的积极促进作用也极为明显。而就后者而言,农村社会治理的法治转型与新型城镇化建设为农民权利发展提供了崭新的立体空间,但现实中农民权利发展的状态却并不能令人满意。从制度建构层面来看,虽然近些年来有关农民权益的法律制度已经较为丰富,但社会资源公正适当分配的权利、工作权、财产权、住房权、医疗权、教育权等权利在农民身上仍呈现相对不足的状态,农民"碎片化""原子化"

① 夏勇.走向权利的时代:中国公民权利发展研究[M].北京:中国政法大学出版社,2000:1.
② 何志鹏.权利基本理论:反思与构建[M].北京:北京大学出版社,2012:146.
③ 刘吉涛.农民权利法律保护的英国历史经验——略论中世纪普通法下自由农民的主体权利[J].南京大学法律评论,2013(2).

的生存状态在城镇化进程中不仅没有被消解,反而在某种程度上被强化了①,农民权利体系的制度突破仍势在必行;从制度实践的层面来看,虽然农民权利的保护已经获得了社会的广泛重视,但农民维护及保障自身权利的机制和渠道的匮乏却仍旧是不争的事实,实践中层出不穷的极端维权案例即为此方面的例证。

农民权利发展的制度性目标的具体内容,主要应包括两个基本层面。一是应将农民权利体系的优化作为农民权利发展制度性目标的基础性内容。农民权利体系是农民不同权利类型的有机结合。"农民权利的保护与实现,固然离不开农民权利意识的发育生长与权利行动的具体实践,但一个逻辑周全的权利体系的支撑对于农民权利发展同样不可或缺。因为只有建立起周全而完整的权利体系,法律的内在矛盾和漏洞才能降到合理范围之内,法律的内在价值才能得到整体性呈现;而不同权利类型的相互支持也才能使权利整体处于一种有机的、生动的发展状态之中,权利由应然到实然的转变才成为可能。"②而以平等、公平、正义为要素的价值构造,更是对农民权利体系的优化提出了迫切要求。在农民权利体系优化过程中,强化农民的个体性权利,突出农民经济性权利的主导地位,完善农民程序性权利的制度性构建,以改变长久以来重集体而轻个人、重政治而轻经济、重实体而轻程序的权利体系构建习惯,应成为农民权利体系优化的重要方向。二是应将农民权利保护机制的完善作为农民权利发展制度性目标的重要内容。权利能不能通过有效的渠道得以救济,是衡量制度效果的重要标准。农民权利发展的实践表明,农村传统权力结构的变更、政府权力作用的变化、司法权力的引入,构成了农村社会生活多种权威并存的"多中心主义"的特殊格局,农民权利保护的机制亟须在新的时代背景下发展创新。因此,积极利用农村社会转型发展,尤其是新型城镇化的多中心格局,充分利用不同社会主体在农民权利保护方面的优势,搭建农民个体、政府机关、社会组织等多元主体介入的农民权利保护的制度与机制,理应成为农民权利发展制度性目标的重要内容。

其二,农民权利发展的文化性目标。农民权利发展不仅是一个制度性的命题,而且是一个文化性命题。梁治平先生指出:"个人、权利一类观念绝不是普遍的社会学意义上的事实,它们实际是价值,是某种基本的文化立场或者态度。"③在文化与制度之间,文化是制度的内化,制度则是文化的凝固形态④,经由制度而产生的权利态度、信仰和情感,只有内化为权利主体的内在观念,才能真正对权利主体的行为产生影响;而得到文化支撑的制度,也才能在社会实践过程中展现其现实效用。文化与制度之间这种纠缠勾连的关系充分说明,农民权利发展的价值目标不应仅仅从制度层面展开,而更应从文化层面展开。

---

① 近年来富士康企业多次发生的跳楼事件,在一定程度上折射出农民工权利制度供给的不足。参见杨继斌,刘志毅.破解富士康员工的自杀魔咒[N].南方周末,2010-05-13.
② 牛玉兵,杨力.农民权利体系的逻辑构造与制度创新——以城镇化空间转型为视角[J].学习与探索,2014(2).
③ 梁治平.法律的文化解释[M].北京:生活·读书·新知三联书店,1998:394.
④ 许和隆.冲突与互动:转型社会政治发展中的制度与文化[M].广州:中山大学出版社,2007:97-100.

然而，一旦我们将目光凝聚到农民权利发展的文化层面，我们就不得不面对农村转型发展进程中传统文化与现代文化"冲突与断裂"所带来的压力。因为正如人们已经注意到的那样，我国城镇化的推进使数以亿计的农民、小城镇居民和他们的后裔在短时间内扎堆城镇、大城市居住，这种人口空间布局的骤然变化，已然引发社会组织结构和人们心理的巨大变化。"传统农耕文明的'长老社会'治理模式和格局，已经完全不适应现有城镇化进程带来的变化。中国社会人群因为城镇化进程加速，其思潮目前已经出现明显的分层，难以在短期内看到相应的统一。社会转型带来的巨大冲击，让旧有伦理体系与价值观逐步瓦解，整个中国社会出现明显的集体心理不适应。中国城镇社会，无论是在社会组织结构上，还是在文化心理上，都需要一次历史性重建。"①这种文化心理上的冲突与断裂是城镇化进程中社会现代转型的必然结果，然而文化的更新却正在这样的阵痛中完成。而从农民权利发展的法治根基以及价值构造角度来看，新型城镇化现实背景下的农民权利发展必然需要跨越传统法治文化的桎梏，朝向现代法治文化方向发展。

传统法治文化是生成于中国传统社会，充满工具色彩，同时又富于一定伦理意蕴的"刑"文化或"伦理法"文化②。传统法治文化有三个典型的特点：一是漠视权利。这突出表现在传统法治极端的君主专制主义、重刑主义以及文化专制主义方面，而社会个体的生存权、自由权、平等权等权利由此也就被否定、被忽视。二是伦理内核。宗法等级性、礼的规范性和伦理教化性是传统法治文化在伦理层面的典型反映。三是工具色彩。这主要表现在传统法治文化将法与刑紧密相连，尤其是在法家的"法""术""势"相结合的统治观念等方面。传统法治文化在中国有着悠久的历史，对中国社会尤其是中国农村社会有着深远的惯性影响。然而，城镇化尤其是新型城镇化的发展，促使农村社会的文化结构发生变化，与工商业文明相对应的现代法治文化开始逐渐深入农村社会之中。与传统法治文化不同，现代法治文化不是漠视权利，而是高扬起个人权利的旗帜，鼓励人们为权利而斗争；它不排斥伦理内核，但更强调契约精神；它不否认法律与权利的工具性，但更肯认法律与权利本身的价值意蕴。不难看出，现代法治文化才真正反映了人类社会文明化发展的基本方向，现代法治文化从而成为农民权利发展的文化性目标，其内在地包含着以下基本的内容：一是以主体际为前提。"文化的结构是主体际的结构，文化的交流是主体际交流的关系"③。现代法治文化离不开对主体地位的承认，而农民权利的发展也必须立足于对农民主体地位的承认、对农民"他者"身份的去除以及对主体际的法治文化的交流传播才成为可能。二是以权利文化为核心。"权利文化是法治社会的表征，是权利意识和观念的总和；同时，权利本位在法律制度中得到确认，

① 徐斌.五千年未有之大变局：城镇化进程推动中国经济转型[M].北京：中国经济出版社，2014：2-3.
② 刘同君，夏民.伦理文化与法治文化同构：新世纪大学生素质教育的文化基础[M].南京：东南大学出版社，2001：104；另参见刘同君，魏小强.法伦理文化视野中的和谐社会[M].镇江：江苏大学出版社，2007：143.
③ 张庆熊.自我、主体际性与文化交流[M].上海：上海人民出版社，1999：前言2.

成为现代法律文化的主流并构成现代法律文化的核心"①。创建与发展适应农民权利发展的权利文化由此成为农民权利发展文化性目标的重要内容之一。三是以现代法治为指向。现代法治是法治观念的现代性延伸,它不仅注重规则之治,更重视通过权力的配置来实现对权利的维护和保障。"'现代法治'形态和具体地缘的社会政治力量的对比,存在重要关联,其和某些社会阶层集团的利益驱使,存在重要互动。"②这意味着,在权利文化的塑造之外,农民权利的发展还需要重构权力观念与权力关系,以期通过社会力量的均衡,进一步引领农民权利发展。

其三,农民权利发展的终极性目标。正如农民权利发展的价值构造存在不同层次一样,农民权利发展的价值目标也有着不同的层次。如果说制度性目标是农民权利发展的外在目标,文化性目标是农民权利发展的内在目标,那么在制度与文化之上,农民权利发展尚有更为综合性的终极性目标,这就是农民的"人的尊严"的获得与实现。"人的尊严"来自人的本能,来自个体的人作为人类之一员而获得同类真诚对待从而有尊严地生活的希冀与渴望。"人的尊严是由于每个个人的内在价值所获致的高贵与庄严,它也是社会上每一个人都具有的一种光荣或荣耀。人的尊严理论指出,生存于世间的每个自然人都是独特的存在,都是具有价值的理性主体,他(她)不可能被他人所替代,也不能因为成就有限、能力较弱而被忽略。"③正是由于上述原因,"人的尊严"在人类社会发展的历史过程中向来具有强大的道德感召力。而在现代民主社会之后,"人的尊严"更是进入各国宪法和国际条约之中,得到法律上的普遍承认。例如,《德意志联邦共和国基本法》第一条即明确宣称:"人的尊严不可侵犯。尊重和保护人的尊严是一切国家权力的义务。"德国学者对此解释道,"《德意志联邦共和国基本法》第1条第1款第1句不是一句简单的套话,而是一项实实在在的基本权利,它为依普遍信念而使人在人身、经济、社会与文化各方面得以存在的各项权利提供了基本法律保障。联邦宪法法院形成了所谓的客体公式。依据该公式,不得将人简单地视为国家的客体,所有对人的对待都不能从原则上否认其主体地位"④。《世界人权宣言》开篇则明确宣布,"对人类家庭所有成员的固有尊严及其平等的和不移的权利的承认,乃是世界自由、平等与和平的基础"。《经济、社会和文化权利国际公约》等国际法律文件同样也强调指出,"所有人的不可剥夺的权利都来源于人的内在尊严"。"人的尊严"由此不仅具有了伦理性意义,更具有了法律进化发展的重要目标。对于新型城镇化进程中的农民而言,"人的尊严"同样具有极为重要的意义。《国家新型城镇化规划(2014—2020)》指出:新型城镇化是以人为核心的城镇化。在这里,所谓的"以人为核心"的命题,最终只有落脚到"人的尊严"才能获得最为圆满的解释。就此来看,新型城镇化的"以人为核心",实质上就是以"人的尊严"为核心。由于"人的一切权利都是为了

---

① 季金华.论司法权威的权利文化基础[J].河北法学,2008(11).
② 刘星.法学知识如何实践[M].北京:北京大学出版社,2011:163.
③ 胡玉鸿.人的尊严与弱者权利保护[J].江海学刊,2014(2).
④ [德]伯阳.德国公法导论[M].北京:北京大学出版社,2008:97.

维护和促进人的尊严"①，"人的尊严"也就超越制度与文化而成为新型城镇化进程中农民权利发展的终极性目标。

对农民而言，作为农民权利发展的终极性目标的"人的尊严"主要包含以下内容：其一，"人的尊严"意味着农民与其他社会主体一样，均是具有完全尊严的法律主体。这种尊严是均质的、超验的，它并不因农民所具有的身份、能力等方面的差异而有所区别。而一切有关农民的法律制度，也均应以农民本身作为目的。这是农民权利发展道德根基中道义论的自然推演。其二，在个人与社会、国家三者之间，农民个体因为享有尊严而具有优先的地位。这种优先地位，反过来赋予了社会和国家以义务。国家负有对农民权利做出合理安排的使命，同时也应通过具体的国家行为，对农民权利的实现提供有效保障。其三，作为农民权利发展的终极性目标的"人的尊严"还意味着农民自由而全面的发展。因而，必须承认农民作为理性而独立的主体地位，充分尊重农民的创造性、自主性，尊重他们的自治与自决，权利的自由和全面的发展必将对农民"人的尊严"的实现发挥积极作用。其四，从农民在社会结构中的弱势地位的角度出发，农民对"人的尊严"的享有，意味着作为弱者的农民在现代法律中应得到特殊的照应。在农村社会转型发展尤其是新型城镇化进程中，农民的权利发展需要建构倾斜性的法律来加强对农民的社会救助，需要通过公共服务的均等化来实现社会福利的共享，需要消除制度性的歧视以提供农民公平发展的社会条件。只有从这些具体的角度入手，作为权利发展终极目标的"人的尊严"才能在农民这一特殊群体身上得到真正的实现。

综上所述，农民权利发展的法律文化根基、法律文化构造、法律文化路径等三个方面，是对农民权利发展进行法律文化阐释的基本维度。其中，农民权利发展的法律文化根基主要由道德根基、社会根基、法治根基等组成，这主要是从法律文化的广义视角出发的，因为在中国法治文化语境下，道德因素与社会因素是法治因素存在的前提与基础。另外，影响农民权利发展的法律文化因素远不止这三个方面，如法政治性因素、法经济性因素、法生态性因素等等；农民权利发展的法律文化构造主要由法治的平等性、公平性与正义性等价值元素组成，这主要是从法律文化的内存价值支撑角度而言的，因为中国法律文化与中国法治建设的内存价值，无论是传统性的或是现代性的，契合度存在高度统一性。这种"高度统一性"的价值元素，有效并永恒地催生与促进农民权利发展。固然，自由、秩序、效率等价值元素也是非常重要的，它们与平等、公平、正义等价值元素共同形成法律文化的价值共同体；农民权利发展的法律文化路径主要由法律文化创新、法律文化传承与法律文化价值等三个方面所组成，这主要是从法律文化的变迁规律与价值归宿考虑的，因为农民权利发展不可能游离于农村法律文化由传统性向现代性迈进的自然演化轨道之外，且与法律文化的制度性、文化性、终极性价值目标相契合。但是，法律文化的伦理性价值、竞争性价值、融合性价值等，也对农民权利发展具有潜在性的促进作用。

特别需要强调的是，从法律文化视野阐释农民权利发展的根基、价值、路径，是置于农村

① 龚向和. 人的尊严：中国农民人权的兴起[J]. 河南省政法管理干部学院学报，2008(1).

社会转型发展,尤其是我国农村新型城镇化这一宏观背景之下的。新型城镇化是我国农村现代化进程中重要的转折点,是以人为核心的现代化过程,农民权利发展自然衍生于城镇化进程之中。农民权利发展以权利意识觉醒、权利体系构建、权利内容实现为主体架构,并嵌植于我国农村新型城镇化的发展过程之中。从乡村到城镇、从农民到市民的社会变革,不仅意味着村庄面貌的改变,更表征了农村经济结构、生活方式、社会关系状况等一系列巨变图景的发展方向。这一顶层设计释放的政策空间表明我国农村将努力寻求一种能够应对后农业税时代挑战、以农民权利为核心的城镇化范式。充分尊重农民的权利和主体性,保障农民平等的财产权、受教育权、社会保障权、政治参与权等正当权利,以公正的司法体系保障农民权利不受侵犯,是我国新型城镇化改革的内在逻辑。同时,新型城镇化背景下农民权利理念的萌生、权利体系的构建及其保障机制的形成,也充分展现了农村法律文化创新的时代风貌。作为承载法律制度价值理念的深层次因素,法律文化构成了直接或间接影响社会主体法律行为的文化形态。农民权利发展不能脱离法律文化的现代性理念与传统性积淀,也不能脱离农村社会区域的差异及文化多元性。只有将法律文化理念与权利实现机制相结合,并在农村法律文化创新的宏观背景下理解农民权利问题、健全农民权利保障机制,才更有利于农民法定权利的实现。因此,从法律文化角度阐释和理解农民权利问题,将为城镇化改革的整体发展提供一个更为根本的认识视角和分析框架。

第二章

农民权利体系的结构呈现与制度创新

　　我们所处的时代是一个迈向权利的时代。在这样的时代中,"为权利而呼唤、为权利而论证、为权利而斗争"①已然成为人们必须面对的重大理论和实践命题。立足于法律文化视角,分析农民权利发展,不仅与权利时代的理论命题紧密契合,而且也与社会法治化整体转型的现实语境相呼相应。农民权利发展问题研究正是在这样的情境下获得了其必要性和合理性根基。在农民权利发展问题的研究中,权利体系是一个不可忽视的问题。农民权利体系的存在是农民权利存在的表现,农民权利体系的进化是农民权利发展的表征。若以法律文化角度进一步观察,则农民权利体系所呈现的结构,无疑正是以法律制度、法律规范等表现出来的制度性法律文化或者说显性法律文化。探寻农民权利体系及其对于农民权利发展之意义,分析农民权利体系的现实构成,并在此基础上提出农民权利体系的制度发展与创新,也就构成了法律文化视域下农民权利发展问题研究不可或缺的组成部分。而假若要充分展开这样的分析研究,权利体系本身的理论阐释无疑是我们不得不首先加以分析的问题。

☑ 第一节　权利体系及其对农民权利发展之意义

一、权利体系与农民权利体系

(一) 体系与权利体系

　　概念是反映客观事物本质属性的思维形式,是人类认识成果的结晶。人们对于外界事物的理性认识,总是与概念的形成与运用密不可分。针对农民权利体系的研究也是如此。对"体系"以及"权利体系"的界定,由此成为本章有关农民权利体系问题分析的基础。

　　从词源角度看,"体系"作为学术用语最早出现于西方学者对城市系统的理论分析中,其中为人广泛应用的英文表述为"system of systems",即"系统的系统",简称"SoSs",即"体

---

① 张文显.姚建宗.权利时代的理论景象[J].法制与社会发展,2005(5).

系"①。在此之后,"体系"一词逐步被运用于社会学、生物学、物理学乃至于人文科学领域之中,成为人们经常使用的概念用语。例如在国际政治研究领域,"体系"被定义为"一组以某种方式发生互动的单位或构成部分"②,而"国际体系"则成为这一学科中极其重要的理论概念之一。在汉语中,《现代汉语词典》(第 7 版)将"体系"解释为"若干有关事物或思想意识互相联系而构成的一个整体"。这样来看,"体系"实际就是由各组成部分相互依存、良性互动而构成的整体。从中西方对"体系"一词运用情况来看,"体系"有两个基本的特征值得注意。一是体系具有互动性。互动性意味着体系与其组成部分以及组成体系的各部分之间存在着相互依存、相互作用的关系。二是体系具有整体性,也即体系以不可分割的整体形式出现,各部分共同发挥作用。

"体系"所具有的互动性与整体性这两个特征,往往会使人将"体系"与"系统"混同③,但正如体系理论指出的那样,"体系"与"系统"并不能等同。"system of systems"的英文表述,已经说明"体系"往往是对"系统"的进一步超越。按照体系学以及系统学理论的认识,"体系"与"系统"均具复杂性、整体性/涌现性、独立性、目标性、层次性等特征,但在每一个方面的具体表现上,二者仍旧存在显著的区别:①在复杂性上,"体系"在结构、行为与演进的复杂性上要超过"系统";②在整体性/涌现性方面,"体系"与"系统"都具有"整体大于部分之和"的特征,但"体系"表现出更强的涌现性,即可以从构成"体系"的各组成部分的结合中大量产生出组件所完全没有的特征或属性;③在独立性上,"系统"的各要素一般不具有独立性,而"体系"的各组件是独立存在的;④在目标性方面,"系统"具有某种目的,指向某种功能,并借此实现不同"系统"间的区分,而"体系"则拥有超过一个目标,虽然在特定条件下会有一个核心目标主导体系运行;⑤在层次性方面,"系统"可以分解为一系列子系统,层次性较为明显,而"体系"可能存在层次结构,也可能是非层次的网状结构④。正是这些差异,将"系统"与"体系"区分开来,而"体系"相较于"系统"的松耦合关系使其更易通过组成部分或单元的重组和分解来完成预定目标。这也正是本章使用"权利体系"这一用语来描述和分析农民权利发展问题的重要缘由。

运用"权利体系"这一术语描述和分析农民权利发展问题,是将"体系"的理论和方法运用于法律领域和农民这一特殊主体的尝试。事实上,在法律领域,从"体系"的角度来分析和看待法律以及法律问题实际也极为常见。例如,"法律体系"就是法理学中经常被人们使用的法律概念。至于在更为细致的部门法领域,对于体系问题的关注也从来不少见。比如谢

---

① 赵青松,杨克巍,陈英武,等. 体系工程与体系结构建模方法与技术[M]. 北京:国防工业出版社,2013:1-2.

② ROBERT J. LAEBER. Theory and world politics[M]. Cambridge:Winthrop Publishers,1972:121.

③ 有研究者认为,"体系"与"系统"并无实质性区别,差异仅仅在于"系统"多用于理论研究中,而"体系"则常出现于工作中。参见李成瑞. 21 世纪统计三大新题初探[M]. 北京:中国统计出版社,2002:350. 笔者认为,在日常活动场合,将"体系"与"系统"同等看待一般不会出现问题,但在细致的学术研究中,对二者加以区别对待并加以意义上的严格界分仍旧是有必要的。

④ 赵青松,杨克巍,陈英武,等. 体系工程与体系结构建模方法与技术[M]. 北京:国防工业出版社,2013:9.

怀栻先生曾经撰文讨论民事权利体系①,而韩大元、刘茂林等人则从国家人权等角度对中国宪法权利体系进行过深入细致的研究②。然而,虽然学者们普遍对法律中的"体系"尤其是"权利体系"的具体内容进行了深入的研究,但对"权利体系"本身的含义却缺乏清晰的界定。比如,同样是分析宪法基本权利体系,有学者认为:宪法权利体系是各种宪法权利遵照一定的分类标准和相互之间的逻辑关系联系而成的权利系统③。"体系"与"系统"在这里似乎没有得到区分。也有些学者认为宪法基本权利体系是宪法基本权利部分的结构、原则、主体、内容、效力、限制及救济等保障性制度构成的"基本权利"的统一体④。这两种对"权利体系"的认识无疑有着明显的差别。我们认为,"权利体系"的用语无非是将"体系"这一概念移用于法律权利领域,故而对于"权利体系"的认识,就不能脱离前述"体系"的基本特征,就应在把握"体系"与"系统"区分的基础上进行。从"体系"的前述分析出发,可以认为"权利体系"是权利系统的系统,是在特定环境下,围绕着具体的目标,由大量功能上相互独立、操作上具有较强交互性的权利,依照一定的约束条件,按照某种模式组成的全新的系统。

毫无疑问,本章对于"权利体系"的界定,参照的是体系学以及系统学的理论。在体系学和系统学的理论关照下,"权利体系"涉及的不仅仅是权利的类型划分以及不同类型权利之间的逻辑关系与系统整合问题,而是希望超越个别权利系统的认识,从更为复杂和广阔的视野来观察和看待权利尤其是农民权利问题。

(二)权利体系的特征

从前述体系学和系统学理论出发,权利体系具有如下基本特征。

1. 权利体系边界的开放性

开放性是体系与系统较为重要的差别之一。当人们在谈论系统的时候,一般总是事先确定其边界,将系统本身进行相对独立和封闭的处理,以便尽量简化系统与外部环境的影响关系,实现对系统本身的细致分析。然而,"体系作为一类特殊复杂系统,它的边界并不明确,组成元素从属于它到不属于它是逐步过渡而非'一刀切'的,并且不同体系存在相互渗透,经常是'你中有我,我中有你',有时同一个组成元素被包含在不同的体系中,而且随着时间的推移,环境的变化,体系的构成要素及其范围也发生着变化"⑤。"体系"的这种开放性意味着:当我们从体系角度看待权利体系时,也必须正视权利体系的复杂性,对于权利体系本身不应作不适当的简化处理,而是要关注组成权利体系的权利类型的发生、发展以及变化。

---

① 谢怀栻. 论民事权利体系[J]. 法学研究,1996(2).
② 参见韩大元. 中国宪法学上的基本权利体系[J]. 江汉大学学报(社会科学版),2008(2). 刘茂林,杨贵生,秦小建. 中国宪法权利体系的完善:以国际人权公约为参照[M]. 北京:北京大学出版社,2013.
③ 刘茂林,杨贵生,秦小建. 中国宪法权利体系的完善:以国际人权公约为参照[M]. 北京:北京大学出版社,2013:308.
④ 秦奥蕾. 基本权利体系研究[M]. 济南:山东人民出版社,2009:11.
⑤ 赵青松,杨克巍,陈英武等. 体系工程与体系结构建模方法与技术[M]. 北京:国防工业出版社,2013:10.

2. 权利体系要素的协作性

权利体系同样由不同的权利系统组成,也强调不同权利系统之间的配合。但这种配合,和某一具体的权利系统中的配合有着区别。用体系学理论解释,系统中要素的结合是高度的耦合,而体系中的结合是松散的耦合。高度耦合是指在系统中,组成系统的要素必须紧密结合在一起,系统本身的结构与功能才能实现。而松散耦合则是指在体系中,体系虽然也有不同组成部分的结合,但这种结合是根据目标要求和具体情况而有选择地建立起来的,并且会随着目标任务的调整与变化而变化,因而是一种协作性关系。对组成权利体系的各部分而言,各个部分仍旧可以以一定的权利功能整体的形式出现,可以由权利主体根据具体环境和自身目标加以运用,能够相对独立地完成一定的目标任务。

3. 权利体系层次的涌现性

在系统科学中,涌现性或者突现性是指系统作为整体所具有而孤立的部分及其总和所不具有的属性、特征、行为功能等[①]。就像仅仅知道孤立的一只蚂蚁的行为并不能够使人们知道众多蚂蚁个体组成的蚂蚁系统的行为规则一样,由不同系统组成的体系,也会出现涌现性,形成单个系统原本不具有的属性与特征,从而促使权利体系从一个较低层次跃升至另一更高的层次,体现崭新的功能。当然,受不同组成部分的叠加以及体系与环境之间交互作用的影响,权利体系本身的发展也往往面临多种可能,而由此衍生的体系行为也并不总是在人们的预期范围之内,权利体系的层次与功能也就变得更为复杂。

4. 权利体系发展的演化性

体系与系统并不是以静态方式存在,而是以动态的、发展的方式存在的。体系的结构、状态、特性、行为与功能等可以随着时间的推移而发生变化。通常而言,体系演化有自身演化、联合演化与涌现演化等三种形式。自身演化是体系的重新设计、开发或者对现有体系的修正与改进。联合演化是两个或多个体系的集成与交互操作。涌现演化是指在现有体系的基础上再设计和开发一个新的体系[②]。体系的演化性进一步使体系本身复杂化,但这种复杂化并不一定会导致系统的不稳定,反而会为系统的发展提供更多的可能。对权利体系而言,权利体系本身也是不断演化发展的,对权利体系的研究也就往往需要我们深入权利体系演进发展的历史进程中,以一种动态的、发展的眼光来看待权利体系及其发展。

(三)农民权利体系

农民权利体系是对农民这一主体所享有的权利体系的描述和分析。在这里,"农民权利体系"的用语,表明本章主要试图从农民这一特殊主体的角度,而不是从一般主体的角度,来分析其权利体系问题。换言之,本章所谓的农民权利体系研究,即是希望在当代中国和城乡一体化的特定环境下,围绕着农民权利发展的目标,从农民这一特殊主体出发,分析农民所享有的那些功能上可以独立、操作上交互作用的权利,是依照何种约束条件,依据何种模式

---

① 李士勇,田新华.非线性科学与复杂性科学[M].哈尔滨:哈尔滨工业大学出版社,2006:152.
② 赵青松,杨克巍,陈英武等.体系工程与体系结构建模方法与技术[M].北京:国防工业出版社,2013:12.

组成一套系统,并对农民权利整体发展发挥其独特作用。

1. 农民权利体系是农民这一特殊主体所享有的权利体系

在当代中国,农民是我国社会结构中重要阶层之一。在一般意义上,"农民"一词,首先指向的是一种职业身份,即以农业活动或主要以农业活动为职业;其次,这一用语还指向这类主体特殊的活动领域,即其主要生活于乡村而非城市地区。即使是今天的农民工,也因为其"候鸟式"的生活方式而与农村存在着千丝万缕的联系。然而,仅仅以职业身份以及与农业活动的关联来认识农民并不完整。因为在当代中国,"农民"的界定还与法律相关。正如著名"三农"问题评论家艾君所认为的那样,农民在我国现代社会已经由传统意义的"从事农业生产者",演变为简单明了的"拥有农村户口者"①。而户口制度,恰是国家对人群进行区分、统计的重要法律制度。正是受制于农民特殊的职业身份、活动地域以及法律限定,决定了农民在社会中以特殊主体的面目出现,决定了农民具有不同于其他社会群体的权利诉求、权利制度以及权利体系。例如,在自治权利方面,农民"生于斯,长于斯,死于斯"的乡土社会场域,决定了农民的自治权利远不同于其他主体的自治权利。农民权利体系正是因为农民这一特殊主体而呈现出属于自身的特性,因而也就有了专门予以分析的必要。当然,对于农民这一特殊主体的强调,并不意味着我们就不关注农民所享有的公民身份,以及由公民身份所衍生出来一般权利体系之于农民的适切性。

2. 农民权利体系在考虑农民具体"权利束"的体系构造的同时也关注更为宏观的权利体系整体

"体系"是"系统的系统"。组成农民权利体系的组成部分,也往往可以以更为具体的"权利束"或者权利系统的形式出现。"权利束"是一组权利。制度经济学在分析产权时,即常常将产权作为权利束来对待。"权利束既是一个总量概念,即产权是由许多权利构成的……又是一个结构概念,即不同权利束的排列与组合决定产权的性质及其结构。"②在农民权利体系中,"权利束"可以在一些较为具体的农民权利领域出现。比如有学者从法经济学的角度,对农民财产权收入的土地财产权结构来进行分析,指出农民土地财产权实际是一束权利③。也有学者对农民农地权利体系进行了分析,认为农地权利体系是以集体土地所有权为基础,派生出土地承包经营权,集体建设用地使用权,宅基地使用权,地役权,自留地、自留山使用权和债权性农地使用权的权利体系。由集体土地所有权可以进一步衍生出征收征用补偿权、农民的社会保障权和成员权、土地发展权等保障农地权利实现的权利④。在我们看来,学者们对于农民土地权利体系的描述,实际是在土地权利系统的层面展开的分析,围绕着土地而形成的

① 王强.中国新生代农民工考察报告:以河南省为例[M].郑州:河南人民出版社,2010:10.
② 梁志峰.资产证券化的风险管理:从制度经济学角度的透视[M].北京:经济管理出版社,2008:46.
③ 李胜兰,于凤瑞.农民财产权收入的土地财产权结构新探——权利束的法经济学观点[J].广东商学院学报,2011(4).
④ 陈小君,高飞,耿卓等.后农业税时代农地权利体系与运行机理研究论纲——以对我国十省农地问题立法调查为基础[J].法律科学:西北政法大学学报,2010(1).

权利束,构成了农民权利体系的重要组成部分,但若仅仅囿于这一权利束展开分析,无疑也不能展现农民权利体系的全貌。

3. 农民权利体系包含了实然的规范性内容和应然的价值追求

对于农民权利体系,既可以从应然的角度考察,也可是从实然的角度考察。在应然角度上,农民权利体系是对农民作为主体所应享有的权利的总体概括,其中总是包含着权利的道德因素。其原因在于,在道德意义上,"权利是对人自身的一种肯定,是从防恶的角度对人的尊严和价值的确认和维护。"①对于农民权利体系的分析与考察自然也就包含着应然层面的道德意蕴,它是对农民作为社会共同体之一员或一类成员,理应获得社会同等对待的价值期待。毫无疑问,这种应然层面的道德意蕴,同时也构成了对农民权利体系发展的一个评价标准,构成了农民权利发展目标之核心内容。但是,必须立即指出的是,农民权利体系不能仅仅停留在道德层面上,道德意义的权利假若失去了法律的强力支撑,那么也可能会成为耶林所谓的"不燃烧的火""不发亮的光"②。权利体系需要在实在法层面得到确认,因为假若"不预定一个调整人的行为的一般规范,关于权力的存在与否的陈述是不可能的"③,更遑论农民权利体系了。因此,农民权利体系这一术语,自然也就需要另外从实在法的层面加以分析。

二、农民权利体系与农民权利发展的内在关系

诚如夏勇先生所言:"权利是一种观念(idea),也是一种制度(institution)。当我们说某个人享有权利时,是说他拥有某种资格(entitlement)、利益(interest)、力量(power)或主张(claim),别人负有不得侵夺、不得妨碍的义务……所以,一项权利的存在,意味着一种让别人承担和履行相应义务的观念和制度的存在,意味着一种文明秩序的存在。"④因而,对于权利存在与否的测度,需要从这一社会中权利的观念、权利体系和权利保护机制的存在的角度来加以观察。而权利的发展,大体来说,就是权利的观念、体系和保护机制的发育和生长。或者说,就是权利的本质在观念、规范和体制方面的逐渐展现⑤。权利体系由此和权利发展紧密关联在一起。而就农民权利体系和农民权利发展之间的关系而言,可从以下三个层面加以认识。

(一)农民权利及其发展是权利体系形成的基础,而农民权利体系的存在是农民权利存在的表现

在权利和权利体系之间,无疑是首先有了权利,才会逐步发展成为权利的体系。权利体系依赖于权利本身,这是一个确定无疑的道理。然而,从另一个层面来看,单独的某一项权利的提出,假如不能被放置于权利构成的体系中,那么这样的权利在最终也只能成为空中楼

① 夏勇. 走向权利的时代:中国公民权利发展研究[M]. 北京:社会科学文献出版社,2007:8.
② 转引自[美]E. 博登海默. 法理学——法哲学及其方法[M]. 邓正来,姬敬武,译. 北京:华夏出版社,1987:105.
③ [奥]凯尔森. 法与国家的一般理论[M]. 沈宗灵,译. 北京:中国大百科全书出版社,1996:51.
④ 夏勇. 走向权利的时代:中国公民权利发展研究[M]. 北京:社会科学文献出版社,2007:1-2.
⑤ 夏勇. 走向权利的时代:中国公民权利发展研究[M]. 北京:社会科学文献出版社,2007:3.

阁。权利以体系化的方式而存在。权利存在于不同权利相互支撑所形成的结构性关系网络中。

权利之所以以体系化方式存在,原因首先在于人类社会的丰富多样性。人生活于社会之中。经由社会观念形塑而成的资格、利益抑或主张,必须得到社会行为规范的支持,并使这些资格、利益或主张成为规范意义上的权利。"这些规范涉及生命、身体、财产、婚姻、买卖、信仰等在人类社会生活里经常容易发生冲突或容易受到侵害的方面,涉及社会的政治、经济、文化的主要领域,它们所设立的权利和义务也因此是多种多样的。"①因而,权利若是存在,必定也是存在于一个体系之中,即使这样的体系不够完备或不甚完美。其次,从权利发展的社会事实角度来看,近代以来,以立法的形式开列权利清单,型构权利体系,已经成为各国权利发展之通例。联合国《世界人权宣言》等公约,更是促进了权利体系的普遍化发展。以至于在今天,对于权利的讨论,总是在一个已经预设的权利体系的框架内展开。权利与权利体系的上述关系,提醒我们对于农民权利发展问题的分析也需要从权利体系的角度展开。农民权利也存在于农民工权利体系这样一个共时的权利结构系统之中。离开了农民权利体系的宏观框架,对于具体农民权利的把握也难免产生偏差。

(二)农民权利的实现依赖于农民权利体系的完备

权利体系的存在印证了农民权利的存在。但对于社会主体而言,权利的存在不应只是纸面上的,更应该深入社会生活之中。欲使权利深入社会生活,权利体系的完备程度则是不可忽视的因素。没有权利体系提供的有力支持,具体权利难免沦为空谈。如有学者讨论政府信息公开,认为政府信息公开频繁遭遇"玻璃门"的一个重要缘由,在于公民的知情权缺乏刚性的法律保护和有效的司法救济②。若以权利体系的视角来看这一问题,则信息公开的"玻璃门"实际就是公民知情权保障权利体系的缺失。当知情权无法被纳入司法救济的权利体系之中时,这样的权利除了符号意义外不再有其他的意义。正是在这一层面上,权利体系的存在,构成了权利真正存在的表征。

对于农民权利而言,农民权利体系的存在同样意味着农民权利的真正存在。尤其是当我们考虑到农民的底层地位及其权利贫困问题时,权利体系对于农民权利存在的价值表现就更为明显了。因为正如学者指出的那样,底层社会权利贫困的首先表现是权利的相对贫困。也就是说,底层社会并不是不享有权利,而是那些与社会公正和适当的资源分配权、工作权、医疗权、财产权、住房权、晋升权、迁徙权、名誉权、教育权、娱乐权、被赡养权以及平等的性别权等相联系的权利,在他们身上无法得到完整的体现③。换言之,权利体系的不完整在最终意义上影响到了底层社会权利的获致。这一点,在我国农民这一底层社会群体身上表现得尤为明显。现实生活中农民在工作权、财产权等方面所表现出来的权利的贫困,一定程度上已经影响到了农民对于这些权利的真正的享有。就此而言,农民权利发展从规范朝

① 夏勇. 走向权利的时代:中国公民权利发展研究[M]. 北京:社会科学文献出版社,2007:2.
② 陈仪. 政府信息公开为何屡遇"玻璃门"——评《政府信息公开条例》第一案[J]. 法学,2008(7).
③ 潘自勉. 论价值规范[M]. 北京:中国社会科学出版社,2006:251.

向现实的转化,离不开一个完备的农民权利体系的支撑。

(三)农民权利体系的进化构成了农民权利发展的表征。

正如前文所述,演化性是权利体系的重要特征。权利体系以动态方式呈现。而从权利发展的角度来看,权利发展的重要表征之一无疑就是社会成员权利的丰富与发展,而权利体系正是社会成员权利丰富与和发展的自然结果。从整个人类社会演进的历史来看,虽然人类确立和享有权利的过程充满了曲折,但总体而言,社会成员的权利是不断向前发展的。社会成员权利的发展,可以从横向和纵向两个基本的维度来加以考察。从横向维度看,享有权利的社会主体的范围总体而言是不断扩展的。对此,只需简单回想一下权利在性别之间是如何扩展的便不难明白。而从纵向的角度来看,某一具体权利所指涉的内容也可以在社会进步过程中逐步获得拓展。例如财产权从针对具体的、实在的物,到针对虚拟的物的发展,即大体体现了权利在纵向层面的扩展。当社会成员的权利在横向和纵向维度不断扩展时,权利的体系就逐步形成并日益丰富,社会成员的权利也就处于不断发展之中。时至今日,权利已经成为社会的主流话语,让更多的人获得更多权利已经成为人们共同的理想,权利发展由此也就成为这个时代中最为引人入胜的课题。

对于农民而言,农民权利体系的进化同样构成了农民权利发展的重要表征。例如在社会保障权方面,农民长期被排斥于国家社会保障制度之外,除了有限的"五保供养"等制度以外,农民主要依靠家庭保障和自我保障来应对生活中的各种风险[①]。而到了 20 世纪 90 年代,国务院决定开始建立农村养老保险等社会保障制度。1992 年民政部颁布了《县级农村社会养老保险基本方案》,我国农民养老保险才真正实现突破,社会保障权利才开始进入农民权利体系之中。而近年来农村合作医疗制度的推进与完善,也构成了农民社会保障权利进步的重要标志。而养老、医疗等农民社会保障权的渐次展开和逐步完善,无疑也正是当今我国农民权利发展的重要表征,是观测我国农民权利发展程度的重要标志。

三、农民权利体系之于农民权利发展的意义

权利体系的形成是一个动态的演进过程,其中虽有客观社会条件的限定,但同时也受到社会主体有目的的体系化追求的驱动。在某种意义上,体系化是人的本性的表现。按照亚里士多德的说法,形式是最高者,以追求至善至美为本性的人类,自然不会止步于体系化追求的道路之上。而从认识论的角度来看,体系化也是人们在面对纷繁复杂的社会对象时,希望并且能够使自身获得一个整体一致的认知的重要思维模式的选择。就法律领域而言,对法律体系化的追求也从来都是法律发展不灭的梦想。古罗马时代查士丁尼的《国法大全》,就是奴隶社会法律体系化的最高成就。而以《德国民法典》为代表的潘得克吞体系更是近代民法体系化的典范。在我国,2010 年中国特色社会主义法律体系的建成同样也是人们追求法律体系化的成果。

---

① 张英洪.农民权利研究:农民权利论[M].北京:中央编译出版社,2014:247.

法律发展需要体系化,农民权利的发展同样离不开权利的体系化。体系化之所以有必要,原因在于体系具有独特的功能与价值。关于体系化的功能与价值,学者们的认识并不完全一致。有学者认为:体系的价值在于其具有认识价值、实践价值和美学价值。认识价值是指体系可以为人们正确阐明客观世界的现象和规律提供帮助,实践价值是指体系能够为人们改造客观世界提供指导,而美学价值则是指体系能够反映客观世界中存在的秩序、组织、结构、对称、比例、和谐等等美的感受和美的力量①。在民法学中,学者们对体系以及体系化的价值与功能也多有论述,认为体系化具有贯彻功能、说明价值以及法治价值。所谓贯彻功能,是指体系化是贯彻法律的有效手段。借助于体系,不仅能够扩大和保持法律的适用范围,把法律的内在矛盾和漏洞降到合理限制之内,而且还能够把法律的文化价值贯彻到每个规范中。所谓说明价值,是指体系能够使制定法简洁、集约和便于鸟瞰。而从法治价值来说,体系能够制约神秘主义,限制恣意擅断②。前述来自哲学和民法学的理论分析,对我们认识体系的功能和价值不无裨益。在笔者看来,在农民权利领域,农民权利体系具有总结功能、进化功能、法治功能以及美学功能,正是这些功能,展现了农民权利体系之于农民权利发展所具有的特殊意义。

(一)农民权利体系总结功能与农民权利发展

任何关于体系的观点都可以看作是某种理论的概括,其目的在于帮助人们正确认识自己所处的客观世界,正确阐明客观世界的种种现象和规律,使人们能够从整体层面理解和把握外在世界。因而,体系所具有的首要功能在于它能够对既有经验认识加以总结。体系对于经验的总结,主要通过概念的形式进行。概念是对事物本质的集中概括,而经由概念的进一步体系化操作,个体经验开始进入一定的知识网络结构中,从而为人们从整体上把握经验世界提供了可能。而且,由于体系化过程中人们对既有经验的总结并不只是汇总,体系化的总结意味着某种程度的提炼与升华。对于这一点,考虑一下法律汇编与法律编纂之区别就不难明白:前者仅仅是汇总,而后者才是体系化的提升。

就农民权利而言,某种关于农民权利体系的理论的提出,同样是对农民权利这一客观现象的一种认识。而不同的农民权利体系理论,也从不同的维度向我们展示了农民权利的不同侧面,从而为农民权利的进一步发展奠定了知识基础。当然,对于农民权利体系理论的总结,并不一定就是完全正确的。"理论的认识价值从根本上说取决于对客观世界的反映情况和反映程度。对客观世界反映的越正确、越深刻,对人类认识和科学发展的价值就越大。……但如果认为只有正确的理论才具有认识价值,那就把认识和科学发展的道路作了形而上学的理解。"③实际上,正如卡尔·波普尔指出的那样,知识尤其是科学知识,是通过不断的证伪过程而进化发展的④。由于对客观事物的认识是一个长期的、反复的过程,农民权利体

① 吴元樑.科学方法论基础[M].北京:中国社会科学出版社,1991:328-326.
② 张俊浩.民法学原理[M].北京:中国政法大学出版社,2000:33-35.
③ 吴元樑.科学方法论基础[M].北京:中国社会科学出版社,1991:329.
④ [英]卡尔·波普尔.猜想与反驳:科学知识的增长[M].傅季重,等译.上海:上海译文出版社,1986:2-5.

系的观点和认识即使不是和实际完全吻合,但同样可以在正确反映农民权利及其体系、推动农民权利发展中发挥一定的作用。

(二) 农民权利体系的进化功能与农民权利发展

经由体系化而形成的概念不仅是体系建构的基础,而且也是体系发展的基础。概念在这里成了体系进一步发展的细胞。经由归纳、演绎、类比等方法,在概念之上逐步形成原则、规则,人们于是获得了将某一体系不断推演发展的广阔空间。而从体系本身的性质出发,体系的进化功能也可以得到说明。前文所谓体系的涌现性,即是对体系可以在旧有体系上不断发展出新的知识的说明。"盖在体系中已将各个问题之处理所获得之了解的水准加以总结,并使之有助于各方面之应用。体系所以可以激发新知,其故在此。"[①]

农民权利体系同样能够激发新知。这种激发一方面来自体系本身逻辑严谨性的要求。就如元素周期律的发现建构起化学元素的体系,并给予人们探索未知元素的工具一样,农民权利体系的分析同样能够为农民权利的丰富提供帮助;另一方面,由于类似的体系之间存在类比的可能,这就为比较和移植不同体系中的知识提供了可能。就农民权利体系而言,当我们将农民权利体系和公民基本权利体系加以比较[②],或者将我国农民的权利体系和其他国家中农民权利体系进行比较时,不仅不同体系下的农民权利的差异将非常明晰,而且也足以对农民权利在某些方面的缺失提供直接的证明,清晰透视农民权利问题改革的方向与中心,而农民权利的发展与成长也就在权利体系的比较构成中得以完成。

(三) 农民权利体系的法治功能与农民权利的发展

体系具有法治功能。体系的法治功能,表现在体系对于神秘主义和恣意擅断的约束上[③],表现在体系对于法律权威的维护上。体系对于神秘主义和恣意擅断的约束,体系对于法律权威的维护,根源于体系本身对于合理性、整体性和和谐性的内在要求。首先,体系要求合理性。体系的合理性不仅表现为其与客观世界的吻合,而且表现为自身逻辑结构的自洽。一个不能与客观相吻合,或者存在逻辑问题的体系,必然难以产生说服力,从而也就不能为人的行为提供足够的指引。其次,体系也强调整体性。整体性对于法律极为重要。德沃金曾对此论述道,"法律的生命与其说是某些漂亮的迷信,不如说是整体性。……整体性要求尽可能把社会的公共标准制定和理解看作是以正确的叙述去表达一个正义与公平的首尾一致的体系"[④]。因而,体系的整体性是法律权威得以确立的重要基础,是法治能够实现的保证。

---

① 参见[德]阿图尔·考夫曼,温弗里德·哈斯默尔.当代法哲学和法律理论导论[M].郑永流,译.北京:法律出版社,2002:163.

② 事实上,今天农民的多项权利的论证就是建立在将农民权利体系与城镇居民权利体系相比较的基础上的。有关农民社会保障权利或者城乡居民权利一体化的分析与论证,都离不开对农民这一主体与其他社会主体权力体系的比较。

③ 张俊浩.民法学原理[M].北京:中国政法大学出版社,2000:34.

④ [美]R.德沃金.法律帝国[M].李常青,译.北京:中国大百科全书出版社,1996:150,196.

从体系所具有的法治功能进一步推演,农民权利体系的法治功能也就彰显无遗。而法治功能,与农民权利发展的目标价值无疑是相互呼应的。在法治国家、法治政府与法治社会一体推进的法律文化背景下,法治化已经成为农民权利发展的重要价值目标,构建以权利意识、权利体系、权利实现为主要内容的农民权利发展观,理应成为农村法律文化创新的主流态势,而农民权利体系构造对农民权利的发展具有重要意义。

(四)农民权利体系的美学功能与农民权利发展

体系是能够产生美感的。"客观世界的统一性和多样性,多样性中的统一性,统一性中的多样性,客观世界中存在的秩序、组织、结构、对称、比例、和谐是使人们产生美感的客观基础。"当一种理论体系反映了客观世界时,客观世界的秩序、组织、结构、对称、比例等就表现为理论体系、科学概念、数学方程的结构和系统,"表现为逻辑结构的合理匀称和丰富多彩的相互联系,表现为科学结构的美"[①]。而对于法律而言,法律中也存在体系之美。"法之美以最生动的理性为基础,并且具有可以由人的感官感受的形式。"[②]而权利体系正是法律之中最能够体现法之美的层面。

农民权利体系同样包含着法之美。由农民的各种权利综合而成的完整一致、逻辑协调的体系,不仅展现了农民权利体系的形式之美,而且也能够对农民权利的发展产生创造性的作用。因为,农民权利体系之美,如同法律和法律文化一样,同样是"人的本性的一种确证,是外在于人的、不同于人的历史社会向人和人之间的自由的生成"[③]。作为人的本质力量的对象化,农民权利体系之美无疑构成了农民权利发展之美的重要部分。而且,就像科学家能够因为发现客观世界的精美结构而激发出进行进一步创造性劳动的巨大力量一样,农民权利体系的美学构造也一样能够激发人们对于农民权利发展的关注,使人们投身于农民权利发展的宏大事业中,在对美的追求中推进农民权利的不断发展。

☑ 第二节 农民权利体系的结构呈现

农民权利体系是农民不同权利类型有机结构成的整体。农民权利的保护与实现,固然离不开农民权利意识的发育生长与权利行动的具体实践,但一个逻辑周全的权利体系的支撑对于农民权利发展同样不可或缺。因为,唯有建立起周全而完整的权利体系,法律的内在矛盾和漏洞才能降到合理范围之内,法律的内在价值才能得到整体性呈现,而不同权利类型的相互支持也才能使权利整体处于一种有机的、生动的发展状态之中,权利由应然到实然的转变才成为可能。就此而言,权利的发展必然要求自身自成体系。这个体系应该逻辑井然、覆盖充分,而不封闭。"体系的功能,在于运用和平的和可以理解的方式把其从中发育的那

---

① 吴元樑. 科学方法论基础[M]. 北京:中国社会科学出版社,1991:334.
② 吕世伦. 社会、国家与法的当代中国语境[M]. 北京:清华大学出版社,2013:158.
③ 吕世伦. 社会、国家与法的当代中国语境[M]. 北京:清华大学出版社,2013:159.

个社会所肯认的正义,实现于人们的共同生活之中。"①那么,农民权利体系的结构如何呈现?对农民权利体系的结构的分析如何展开? 在我们看来,对农民权利体系逻辑结构的理解和把握,应从理论和现实的层面同时进行。

一、农民权利体系结构的理论梳理

(一)农民权利体系的不同理论观点

在我国"三农"问题的研究中,农民权利问题向来是学者们关注的重点问题。农民权利问题之所以重要,是因为从权利的视角切入实际就是从"人"的角度来观察农民问题。而"人本"视角在法律之内的延伸,必然使农民问题落脚于权利之上,使之具有更加深刻、更加直接的制度意蕴,从而"超越以具体的经济社会指标来衡量农民问题,也超越以具体的政策设计解决农民问题"②的传统路径。而由于农民权利的发展、农民权利的保护与实现和农民权利体系化息息相关,对农民权利体系的理论分析也就成为学者研究的重要内容。在这个方面,农民权利体系的重要性已经获得了学界的共同认可,"保护农民权益须先要理清农民权利体系"③已经成为理论共识。但是,对于农民权利体系究竟如何构成,理论上仍存在不同观点。

1. 以公民权利体系为参照的农民权利体系理论

如有学者认为,农民权利应界定为基于农民身份而享有的受法律保护的基本权利。在农民权利体系的构成上,一方面应突出基本权利,另一方面也应着重考虑农民的身份特点而非职业特点。公民的基本权利体系大体可以分为人身权利、政治权利、经济权利、文化权利、社会权利等五种类型,由这些权利类型构成的体系可以涵盖公民权的基本内容。以公民权利类型为参照,考虑农民权利存在的主要问题,农民权利体系的基本构成部分包括农民的政治权利、经济权利和社会权利④。也有学者立足于权利的一般理论及国际人权法理念,认为农民权利体系包括农民的公民权利、政治权利、经济社会和文化权利等部分。其中,公民权利主要包括农民的自由权、人身权和财产权;政治权利主要包括农民的自治权、农民参加国家管理的权利;经济社会和文化权利主要包括农民的工作权、受教育权、健康权以及享受社会保障的权利⑤。从目前对农民权利体系的已有理论研究来看,以上类型的农民权利体系理论应该属于主流观点。

2. 以特定权利为核心展开的农民权利体系构建

与前述从公民权或人权角度论述农民权利体系的思路不同,有的学者试图划定农民权利体系的核心,并以此核心来建构农民权利的体系。例如,有学者以土地权利为核心展开对

① 张俊浩. 民法学原理[M]. 北京:中国政法大学出版社,2000:32.
② 张英洪. 农民权利研究:农民权利论[M]. 北京:中央编译出版社,2014:序言.
③ 高新军. 保护农民权益须厘清农民的权利体系[J]. 中国合作经济,2011(9).
④ 刘云升,任广浩. 农民权利及其法律保障问题研究[M]. 北京:中国社会科学出版社,2004:10.
⑤ 杨春福,胡欣诣. 江苏新农村建设中农民权利的法理学研究[M]//江苏省法学会. 江苏法学研究:第1辑[M]. 南京:南京师范大学出版社,2008:91-105.

农民权利体系的分析。该学者坚持农民权利的体系化,认为农民权利体系至少应包括经济收益权、社会管理权和社会福利权等。在这一权利体系中,经济收益权是农民权益中最基础的部分,它一方面与农村劳动力的流动相关,另一方面与土地的流动相关。社会管理权是实现农民当家作主的地位的权利,实现这一权利,依赖于农民的参与。社会福利权则是农民获得政府提供的公共服务的权利。上述三种权利类型,均和农民的财产权尤其是土地财产权密切相关,因而农民权利体系的构筑必须建立在清晰的土地产权基础上①。与此相类似的观点认为:应当通过法律规定农民享有的各项权利和实现手段,对农村的治理权进行合理界分,以形成一个新的农民权利体系。这些权利包括完整的自治权、充分的受教育权等等,其中农地利用权即土地承包经营权是其核心②。

3. 以生存、保障、发展为框架的农民权利体系构建

有学者就农民权利生成的原因及其作用范围对农民权利进行了分类,将农民的基本权利区分为生存型权利、保障型权利和发展型权利三种类型。其中,生存型权利是以满足农民的基本生存需要为实现目标和关注点的权利,主要包括作为人的最基本要求的平等对待权、满足日常生活需要的财产权、选择生存方式的迁徙自由权、传递利益诉求的政治参与权。保障型权利可以分为正向的保障型权利和逆向的保障型权利两种类型。正向的保障型权利是指确保农民获得基本生活水平的权利,即社会保障权;逆向的保障型权利是指当农民理应获得的权益受到侵害时要求否定这种侵害行为的权利,即司法救济权。而农民的发展型权利则包括了就业权、受教育权、结社权等内容③。这一分析框架在一定程度上突破了前述公民权或人权视角下的农民权利体系理论,非常值得关注。

4. 对农民具体权利的体系化分析

前述诸农民权利体系理论观点,整体上立足于宏观视野展开的分析。但除了这种分析思路外,也有学者试图从更为微观的角度展开对农民具体类型的权利所构成的体系的分析。如陈小君等学者对后农业税时代农地权利体系与运行机理进行了初步研究,认为我国农地权利体系的基础是集体土地所有权,由集体土地所有权进一步派生出土地承包经营权、集体建设用地使用权、宅基地使用权、地役权、自留地自留山使用权和债权性农地使用权的权利体系。同时,由这一权利可以再衍生出征收征用补偿权、农民的社会保障权和成员权、土地发展权等保障性权利④。与此类似,赵新龙、曹淞茹等学者则针对农民健康权权利体系、农民工权利体系等进行了分析,提出了自己的建议⑤。这些分析使我们深入农民权利体系中

① 高新军.中国城市化进程中的农民权利和农村土地制度[M]//张千帆,党国英,高新军.城市化进程中的农民土地权利保障.北京:中国民主法制出版社,2013:87-97.
② 胡吕银.土地承包经营权的物权法分析[M].上海:复旦大学出版社,2004:9.
③ 赵万一.中国农民权利的制度重构及其实现途径[J].中国法学,2012(3)
④ 陈小君,高飞,耿卓等.后农业税时代农地权利体系与运行机理研究论纲——以对我国十省农地问题立法调查为基础[J].法律科学:西北政法大学学报,2010(1).
⑤ 参见曹淞茹.主体互动视角下新生代农民工权利体系刍议[J].上海青年管理干部学院学报,2011(4).

更为细微的权利系统,对深化农民权利体系的理论认知不无裨益。

（二）农民权利体系诸观点的逻辑理路

综合来看,前述有关农民权利体系的诸观点从不同层面展现了农民权利体系的丰富内容,对深入把握农民权利体系富有助益。各种观点虽存在一些差异,但其逻辑思路以及得失也是较为明显的。综合来看,有关农民权利体系的研究实际沿袭了三种基本的视角和分析进路。

其一,从公民的角度来看待农民权利体系。在这一视角下,农民所具有的更为一般的身份即公民被凸显出来,而宪法上基本权利体系也就顺理成章地成了对农民权利体系分析的基本框架。而且,由于理论界对宪法上的公民的基本权利体系已经有了较为深入的研究,从这一角度展开的农民权利体系分析也就有了较好的可以借鉴的框架。但是,由此视角展开的研究,其缺陷也较为明显。突出表现在:① 从公民这一一般身份展开的农民权利研究,固然可以在公民权利体系和农民权利体系现状的比较中发现农民权利体系进化发展的方向,但是也可能因为过于强调公民的一般性,而忽略了农民这一主体对权利诉求所表现出来的特殊性;② 由此再进一步,这一分析思路的另一种缺陷可能会导致泛泛而论,比如按照宪法的规定列举农民所享有的平等权、宗教信仰自由权、人身自由权等等,但这种列举往往使人感觉不够深入,尤其是可能忽略中国农民权利演进与发展的历史与现实语境,从而使其缺乏对现实充分有效的解释能力。

其二,从人权法的角度来分析农民权利体系。人权是人之为人所应当享有的权利。人权固然可以转化为法定权利,但人权首先可以从道德意义上讨论。因而,立足于人权角度来分析农民权利问题,可以为农民权利体系的应然方向提供指引。另外,由于我国宪法已经将尊重和保障人权写入宪法,人权之下的农民权利体系也可以在宪法层面获得支持。至于《经济、社会、文化权利国际公约》等国际人权文件的规范,更为农民权利体系绘制了一张可以参照的蓝图。但是,如同前述从公民基本权利角度展开的关于农民权利体系的分析一样,从人权角度展开的关于农民权利体系的分析同样可能面临类似的问题,即不足以凸显中国宏观社会变迁中农民权利体系发展的特殊性之所在。

其三,立足于中国国情视角分析农民权利问题。这种思路最大的优势是考虑到农民权利体系所处的特殊环境。如有学者提出,立足中国国情,对于中国农民权利的认识应把握土地权利以及由城乡两元所限定的平等权这两个最基本的方面,认为农民土地权利的贫困和平等权利的缺失是当代中国农民问题的"双核"[①]。前述以土地权利等为核心展开的农民权利体系分析即可归入此种理路之中。客观地讲,这种分析理论对于当下中国农民权利体系无疑更具有针对性。但是,当以某种权利为核心来建构农民权利体系之时,未免会顾此失彼,即对农民其他重要的权利关注不足。

二、农民权利体系结构的理论再认识

关于农民权利体系的诸观点充分展现了学者们对于中国农民权利问题的深切关怀,对

---

① 张英洪.认真对待农民权利[M].北京:九州出版社,2013:4.

于推进农民权利体系的发展以及农民权利的进步无疑具有积极意义。然而,正如前述对这些理论内在思路的简单分析所指出的那样,各种关于农民权利体系的观点仍不乏可商榷之处。在我们看来,对于农民权利体系的分析既应立足于农民作为公民甚至作为"人"所应享有的的权利的一般性,也应注意农民主体自身的特殊性;既要注意农民权利体系变迁的历时性影响,也要注意特定社会情境下农民权利体系的共时性内容。唯其如此,才能够对农民权利体系有更为全面合理的认识。

而且,由于农民权利体系实际是在权利一般理论基础上发展起来的,对于权利理论的分析也就成为对农民权利体系问题进行分析不可避免的部分。按照夏勇先生的概括,当代权利理论大体分为三类,即权利的分析理论、权利的价值理论和权利的社会理论。权利的分析理论重在研究权利的概念,分析法律关系中权利语词的具体意义,从而为法律问题的解决奠定基础。霍费尔德关于"权利"的分析可为其例。权利的价值理论从自由主义、人权等角度展开,对权利的价值问题进行了深入分析。而权利的社会理论则强调从社会阐释权利,以权利阐释社会,注重研究权利的观念、权利体系发生和演变的社会条件和社会机制[1]。考虑到前文有关农民权利发展的价值分析已经涉及权利的价值理论,而有关农民权利的规范性分析尚需在后文展开,故此处主要立足于权利的社会理论来展开对农民权利体系的进一步分析。

当我们以权利的社会理论来分析农民权利体系问题时,一个基本的问题将首先浮现出来,那就是包括农民在内的社会主体的权利究竟是如何产生的? 这一问题无疑是关涉权利发生的问题。在思想家的理论中,对于权利的发生向来有不同的观点。古典自然法学认为权利来源于天赋。人在自然状态时,就已经拥有了自然权利。因而权利是先于国家和法律制度的,不能够用国家实在法的权利规定来论证人所应该享有的权利内容。这一权利发生的主张将权利置于一个先验的位置,虽崇高但也缺乏充分有力的论证。与自然法理论相对应,实证主义法学认为权利源自法律的规定,权利是由国家通过宪法和法律赋予的,实在的权利只能产生于实证法之中。在这一观念下,权利也就从自然法下的"人的权利"转化为国家之下的"公民的权利",个人对于权利的享有并非基于自身作为人的特质,而是基于其作为社会共同体的成员资格[2]。依据这两种理论,社会主体的权利体系或者应该从先验的人的应然权利角度观察,或者应从国家法的实在层面考察。

然而,无论是权利天赋还是权利国赋,实际都忽略了权利发生过程中的一个基本事实,那就是权利是人的权利,而人是生存于社会之中的,因而作为人所享有的权利,也就必定和社会本身密切相关。权利在根本意义上实际生成于社会之中。如此一来,在社会意义层面,"权利表示的是一种社会关系,表示个人在社会中的地位"。"对个人权利的承认不仅意味着对个人需求和个人身份的个人性的承认,而且意味着对个人需求和个人身份的社会性的承

---

① 夏勇. 法理讲义:关于法律的道理与学问(上)[M]. 北京:北京大学出版社,2010:340.
② 宦吉娥. 宪法基本权利规范在刑事法中的效力研究[M]. 厦门:厦门大学出版社,2011:20.

认。"①权利就是社会结合方式的表现。人们的社会结合依赖于相互间的交往和沟通,对个人需求和个人身份的社会性的承认自然也就发生于社会交往和沟通的过程之中。正是在这一意义上,哈贝马斯所谓"权利是基于彼此合作的法权人之间的相互承认"②的观点也就有了合理性根基。而依据沟通理性,哈贝马斯指出,在一个法律共同体中,人们要以法律的形式来管理社会、协调生活,必然需要相互赋予基本的权利,引发出五项基本的权利范畴:① 平等的个人自由权;② 共同体成员资格权;③ 可诉诸法律以保护之权;④ 政治参与权;⑤ 生存条件权,主要是社会保障与生态环境权③。在上述权利范畴中,前三项大体是经典法律与政治哲学理论中所讲的"前政治/国家的权利",是保障私人自主的主观权利,但与经典法律与政治哲学理论不同的是,哈贝马斯的权利体系既非源于天赋,也非基于国家,而是源于主体之间的相互承认与赋予。因为只有承认共同体内的同伴相互间具有平等的自由、平等的成员资格和受法律的平等保护,人们才能确保自己的私人自主,才能由此进一步实现公共自主。而前三项权利范畴中,第一项是主要权利范畴,后两项则是对第一项权利的补充权利范畴;而第四项权利范畴立足于前三项权利范畴的基础之上,它对应于公共自主,是把私人领域和公共领域链接起来的权利,也是商谈过程获得民主形式和法律形式并进而产生权利体系的重要保障;第五项权利范畴又是前四项权利范畴的保障④。对于哈贝马斯提出的权利体系,若以流行的权利三分法进行结构划分,则前三项权利单体相当于公民权利,第四项权利属于政治权利,第五项权利则属于社会权利。若以代际人权来分析,则前四项权利范畴可归入"公民与政治权利"之中,而第五项则相当于"社会、经济与文化权利"。但值得注意的是,哈贝马斯并不认为上述权利有时间先后,而是认为它们同等重要,是一个内在关联的统一体。因为没有前三项权利,第四项权利就无法存在;没有第五项权利,前四项权利就是书本上的权利;没有第四项权利,其他权利就无法成为法律上的权利⑤。哈贝马斯建立起了一个完整的逻辑一致的基本权利体系。这一权力体系"将长期以来自由主义所强调的'自由'这种消极权利和共和主义所主张的'政治参与权'这种积极权利结合在了一起;又将历史上强调个人权利和政治权利的第一代基本权利与"二战"后强调的经济、社会和文化权利的第二代基本权利以及20世纪70年代后期所强调的发展权、资源共享权等第三代基本权利(亦即哈贝马斯所谓的第五类基本权利)铆合在了一起"⑥,从而使其权利体系极富解释力。而且,更值得

---

① 夏勇.走向权利的时代:中国公民权利发展研究[M].北京:社会科学文献出版社,2007:9.

② Habermas. Between pacts and norms:contributions to a discourse theory of law and democracy[M]. Massachusetts:The MIT Press. 1998:82.

③ Habermas. Between pacts and norms:contributions to a discourse theory of law and democracy[M]. Massachusetts:The MIT Press. 1998:122 - 123.

④ 高鸿钧,等.商谈法哲学与民主法治国:《在事实与规范之间》阅读[M].北京:清华大学出版社,2007:86 - 94;也可参见马剑银.哈贝马斯的基本权利观——商谈论视角的基本权利体系重构[J].北大法律评论,2010(1).

⑤ 高鸿钧,等.商谈法哲学与民主法治国:《在事实与规范之间》阅读[M].北京:清华大学出版社,2007:89.

⑥ 夏宏.哈贝马斯的基本权利重构理论[J].云南大学学报(社会科学版),2008(4).

注意的是,哈贝马斯提出的权利体系中,各项权利范畴不过是权利的"占位符",是外壳,并不是"权利本身",至于相关权利范畴的"占位符"之下的具体内容还应结合具体历史情境中的共同体成员之间的"商谈"来"填值"①,立宪过程就是使上述权利在具体情境下被"填值"从而建构基本权利体系的过程。

总体来看,哈贝马斯的立足于交往行为理论和商谈论视角的权利互赋学说及其权利体系理论"很好地描述了现代民主国家权利的起源,它在理论上具有对抗法定说的长处,又避免了天赋权利的不足"②。虽然这一理论主要适用于描述自由民主的社会,但却能够将"当今已得到普遍认可的权利糅合在一起,为已祛魅化、价值多元化的社会依合法性的法律进行社会整合提供了一个新的框架,也有力地回应了后现代法学的挑战"③。这一理论对于农民权利体系的分析也极富启发价值。按照哈贝马斯的理论观点,我们认为农民权利体系主要也应包括:① 农民的平等的自由权;② 农民的成员资格权;③ 农民的法律救济权;④ 农民的政治参与权;⑤ 农民的生存条件权等五个相互关联的权利范畴。对于这些权利的具体内容,理应根据农民由其所处的社会环境而展现出来的特殊性加以"赋值",并由此建构起与农民这一特殊主体相适应的权利体系。

其中,第一类权利范畴强调平等基础上农民所享有的自由权利。考虑到当下中国农民所处的社会结构地位,平等权作为基础性权利对于农民而言尤其具有重要意义④,它构成了农民其他权利的基础。所以,将平等权作为农民权利体系中基础性的权利范畴是合适的。但是,抽象的平等权是不具有意义的,具体的平等权一定是寄托于某种具体自由权之上的,因而在平等权的基础上,农民所享有的公民权利的重要内容当然是自由权。平等权和自由权不同,"自由权不存在人和人之间的比较问题,平等权则恰恰是比较你的和我的权利"⑤,因而平等权和自由权实际构成了农民所享有的两类公民权利的总称,对于农民的平等权和农民的自由权还可以从更为细致的权利类型层面进行分析。我们认为,在农民的自由权中,值得重视的主要包括农民的财产权⑥、农民的迁徙自由权、农民的人身自由权等。

农民所享有的第二类权利范畴关涉到成员资格权。对于农民的成员资格权,我们认为

---

① 马剑银.哈贝马斯的基本权利观——商谈论视角的基本权利体系重构[J].北大法律评论,2010(1).
② 周永坤.法理学:全球视野[M].北京:法律出版社,2010:212.
③ 夏宏.哈贝马斯的基本权利重构理论[J].云南大学学报(社会科学版),2008(4).
④ 在各国宪法的理论和实践中,平等被认为是国家权力确认和保障个人权利的合法性与正当性的前提与基础。由于法律的承受者是被看作一个法律主体共同体的自由和平等的成员来对待的,所以在保护法权人的人格完整性的同时,对个人应当平等地对待。参见张千帆,肖泽晟.宪法学(第二版)[M].北京:法律出版社,2008:234.
⑤ 张千帆,肖泽晟.宪法学(第二版)[M].北京:法律出版社,2008:172.
⑥ 在本书中,对于农民财产权的认识主要是从经济自由的角度来认识的。当然,在理论上,对于财产权的定位也一向有分歧。在国际人权法中,财产权被认为是介于公民有政治权利以及经济、社会、文化权利两组权利之间的权利,它首先与公民的自由权相关,属于消极权利的范畴,但随着"新财产"概念的出现,财产权也日益被赋予了积极的特点,其也与社会权发生了紧密关联。参见张千帆,肖泽晟.宪法学(第二版)[M].北京:法律出版社,2008:187.

可以从两个层面去观察。一是从政治共同体的角度来看,农民首先是国家的公民,因而其享有相应的公民资格权。二是从社会共同体的角度来看,农民还是自己所在的村集体组织的成员,因而也应享有相应的集体组织成员资格权。前一个成员资格权关涉国和民之间的关系,因而应当强调无差别,而后一个则是农民这一特殊主体在当代中国的社会语境下所享有的权利,因而有着自身特性。这两个层面的农民的成员资格权在我国农民权利体系中均存在讨论空间。

农民所享有的第三类、第四类权利范畴分别涉及法律救济权和政治参与权。从一般意义上来说,农民的法律救济权以及政治参与权和其他公民在本质上并无不同,但是考虑到农民在中国社会结构中的弱势地位,以及法律救济和政治参与对农民权利体系所具有的意义,这两项权利范畴也是农民权利体系中不可或缺的内容。

农民所享有的第五类权利范畴大体相当于传统意义上所谓的农民的社会权利。但正如哈贝马斯理论中所指出的那样,农民的生存保障权不应被视为是代际在后的权利类型,而是应该被看作农民所享有的其他权利范畴的前提和基础。缺少了这些生存权利,农民的平等权、自由权等权利也就是失去了实现的可能。因而,必须认识到农民的生存条件权是农民权利体系中不可或缺的一环。而就其内容而言,农民的生存条件权主要应包括社会保障权和农村环境权两个基本方面。考虑到当下中国农民的现实生存境况,这两项权利类型对于农民而言也是极为重要而且富有意义的。

总之,农民权利体系是一个有不同权利范畴构成的整体。借助于哈贝马斯的基本权利体系的分析框架,对于农民权利体系的认识可以在一定程度上摆脱对农民权利体系简单化的分析模式,揭示农民权利范畴相互之间的内在逻辑关系,为农民权利的发展奠定理论基础。然而,理论的应然分析不能替代对现实的实然观察,对于农民权利体系的结构分析还需要从国家法律的实然层面予以进一步的展开。

三、农民权利体系结构的规范构成

农民权利发展的合理根据存在于权利及其体系之中。从权利的角度来看,权利总是和合理性、正当性相关联。"一项权利之成立,先要有对作为权利内容的资格、利益、力量或者主张所作出的肯定评价,即确信它们是'应有的''应得的',于是才有要求别人承担和履行相应义务的理由。"[①]权利的提出同时也就意味着一项正当性主张的提出,正是这种正当性、合理性使单纯的资格、主张或者利益实现了质的超越而转化成为权力。在这一意义上,"权利是更高层次的概念,它在与利益相连的同时,更多的是一种正当性的宣言,体现着道德上的要求"[②]。权利体系也是如此。但是,权利以及权利体系不能仅仅停留在道德层面上。道德与法律不同:道德是社会成员拥有的文化知识,是符号系统,而法律不仅是符号系统,而且

---

① 夏勇. 走向权利的时代:中国公民权利发展研究[M]. 北京:社会科学文献出版社,2007:2.
② 卢丽萍. 案件认识偏差之多发地段:谈利益与权利的关系[M]//中华全国律师协会民事专业委员会. 侵权责任法律师实务:第1辑. 北京:中国法制出版社,2010:85-93.

也是行动系统；道德涉及横向的人际关系，可以没有国家之别，而法律却是带有伦理—政治边界的；道德无法标出义务目录，也无法标出规范的等级排序，而法律是由规范位阶的，对人的行动也可以产生更大的影响；而在现代社会，法律的适用领域相较于道德更为广泛①。权利及其体系如欲成为可以正当地对抗他人侵害的武器，就需要获得来自法律的规范化支持。对于农民权利发展问题而言，农民权利体系的规范构成也就是必须要加以分析的内容，对此我们主要依据宪法和法律来展开。

在我国现行宪法中，关于农民的表述主要有三处。其一是宪法序言关于统一战线的表述中规定：社会主义的建设事业必须依靠工人、农民和知识分子，团结一切可以团结的力量。其二是宪法总纲部分第一条规定：中华人民共和国是工人阶级领导的、以工农联盟为基础的人民民主专政的社会主义国家。其三是宪法第十九条规定：国家发展各种教育设施，扫除文盲，对工人、农民、国家工作人员和其他劳动者进行政治、文化、科学、技术、业务的教育，鼓励自学成才。关于农村的表述，则主要集中于对农村集体经济组织、农村土地以及农村基层自治方面，相关规定明确了农村集体经济组织实行家庭承包经营为基础、统分结合的双层经营体制。农村的合作经济在性质上是社会主义劳动群众集体所有制经济；农村的土地除由法律规定属于国家所有的以外属于集体所有；宅基地和自留地、自留山也属于集体所有；农村按居民居住地区设立的村民委员会是基层群众性自治组织。这些内容是我国现行宪法针对农村和农民所作出的特别规定。除了这些特别规定外，农民在权利上和其他公民没有什么区别，农民这一主体也不在宪法规定的少数民族、妇女、儿童等特殊主体的范围之中。

宪法的上述规定，至少说明了以下几方面的问题：其一，宪法不将农民另列为一类特殊主体，说明农民作为我国公民，同样享有其他公民一样的个人权利、政治权利、经济权利和社会权利。因而宪法中对于公民权利体系的规定，也就成为分析农民权利体系的重要规范基础，也是衡量和评价农民权利发展程度的重要标准。这也是为什么学者们习惯于从宪法权利体系角度来分析农民权利体系的原因之一。其二，宪法不将农民另列为一类特殊主体，也恰正说明在宪法层面上对农民与其他国民平等对待的意蕴。农民的平等权即可由此发现其根源。其三，从宪法对农民相关权利的特殊规范来看，农民作为集体经济组织的成员所享有的权利、农民对于土地的权利以及农民的自治权利，也正是农民这一主体所享有的权利的特殊之处，其在农民权利体系中的地位应予以高度重视。

在法律层面，涉及农民权利的法律则数量众多。其中，直接包含农民或农村名称的法律主要有：《中华人民共和国农民专业合作社法》《中华人民共和国农村土地承包法》《中华人民共和国农村土地承包经营纠纷调解仲裁法》《中华人民共和国村民委员会组织法》《中华人民共和国农业机械化促进法》等等。除了这些直接调整农民、农村社会关系的法律以外，还有大量的和农民权利相关的法律，例如《中华人民共和国物权法》《中华人民共和国农业法》《中华人民共和国土地管理法》《中华人民共和国水法》《中华人民共和国森林法》《中华人民共和

---

① 参见马剑银.哈贝马斯的基本权利观——商谈论视角的基本权利体系重构[J].北大法律评论,2010(1).

国渔业法》《中华人民共和国种子法》等法律。这些法律分别涉及农民某一方面的权利,是农民权利体系理论建构的规范基础。而在法律之下,还存在数量众多的行政法规、地方性法规、规章的法律规范对农民权利有更为细致的规定。

综合来看,我国针对农民的权利,已经形成了以宪法为统帅,以部门法为框架,以行政法规等为支撑的法律法规体系,这为农民权利体系的规范化提供了重要支持。但是,由于农民权利散落于不同的法律法规之中,对于农民权利体系的概括也遭遇困难。立足于前述农民权利体系的理论认识,结合目前的法律法规,此处对我国农民的权利类型加以阐释性概括。

首先,农民的平等权与自由权。农民平等权的法依据首先来源于宪法。我国宪法规定,公民在法律面前一律平等,这为包括农民在内的社会主体的平等权奠定了基础。除宪法外,在其他法律中也确立了民族平等、男女平等的法律原则,农民的平等权在这些方面同样有所体现。整体来看,农民的平等权根源于将农民与其他社会主体平等对待的社会期望,平等权的实质是将那些公认的、最基本的,而又在社会政治经济和文化生活中可能实现的平等要求确认为法定权利而受到国家的强力保护①。这样来看,农民的平等权也应进一步从那些与农民利益紧密相关的领域的平等予以详细考察。就农民权利而言,当前在农民平等权方面,问题主要集中于农民的社会平等方面。社会平等是国家在机会与社会条件方面,对其公民应当平等对待,设定法律权利义务应当一视同仁,禁止差别对待②。我国现存的根据户籍、城乡等情况而对农民予以区别对待的情形,明显不符合社会平等的要求。

在自由权方面,从宪法层面看,我国农民和其他公民一样,享有宪法上规定的人身自由、财产自由、表达自由、宗教信仰自由、文化活动自由等自由权。这些基本权利应无差别地适用于农民。但是,虽然从宪法层面不难推导出那些所理应享有的广泛的自由权利,但具体到现实,农民自由权的匮乏也是不争的事实。例如在迁徙自由方面,二元户籍制度事实上对农民的迁徙自由构成了限制。而在财产自由方面,农民的权利也有着很大的发展空间。

其次,在成员资格权利方面,农民作为公民的资格在宪法上当无异议。对农民作为公民的资格权利的考察,可以从农民所享有的具体权利的层面予以展开。在这个方面,农民—市民的两元公民资格事实上对农民权利形成了不利影响,农民工这一特殊群体的出现,实际正是农民—市民两元公民资格在市场经济条件下的复制③。在农民社会成员资格权利上,目前法律主要集中于农民作为集体组织成员所现有的权利方面,相关的法律规范主要体现在《中华人民共和国物权法》中。《中华人民共和国物权法》明确了农民集体成员对于集体财产的主体地位,提出了保障"集体成员合法权益"的要求,如其中规定:"农民集体所有的不动产和动产,属于本集体成员集体所有。""集体经济组织、村民委员会或者其负责人作出的决定侵害集体成员合法权益的,受侵害的集体成员可以请求人民法院予以撤销。"这些规定为农民集体成员权利的保护提供了依据。

---

① 周仲秋.平等观念的历程[M].海口:海南出版社,2002:338-339.
② 张千帆,肖泽晟.宪法学:第二版[M].北京:法律出版社,2008:245.
③ 葛笑如.农民工公民资格研究[M].广州:中山大学出版社,2013:71-98.

再次,在法律救济权方面,我国农民依法享有包括诉权在内的各项救济权,可以通过调解、仲裁、诉讼等方式来化解纠纷。针对农民这一主体的特殊需要,我国专门制定颁布了《中华人民共和国农村土地承包经营纠纷调解仲裁法》,规定发生农村土地承包经营纠纷的,当事人可以自行和解,也可以请求村民委员会、乡(镇)人民政府等调解,和解、调解不成或者不愿和解、调解的,可以向农村土地承包仲裁委员会申请仲裁,也可以直接向人民法院起诉。这一法律为保障农民土地承包权利,实现对土地纠纷的及时救济提供了重要的法律依据。

复次,在农民政治参与权方面,农民的政治参与权是其依法参与国家政治活动的权利。一般认为,政治参与权主要包括三层含义:① 公民有依法享受国家生活的权利;② 公民有依法参与国家管理的权利;③ 公民有依法监督国家机关及其工作人员活动的权利[1]。而更宽泛的参政权则可以等同于政治权利与自由、选举权与被选举权、批评、建议、申诉、控告权等权利内容。

最后,在生存保障权利方面,农民的权利主要体现在两个方面。其一是农民的社会保障权。其二是农村环境权。这两项权利对于农民权利体系而言极为重要,尤其是在社会加速发展转型的过程中。但是,这两项权利的缺失也是极为明显的。

总之,从规范的角度来看,我国农民权利体系立足于宪法基本权利层面,并在法律法规层次得到一定体现。但总体来看,农民权利体系的应然和实然之间仍旧有着较大的差距,农民权利体系中不同权利范畴之间的逻辑结构也尚需完善,个别权利的缺损对农民权利体系综合作用的发挥构成了极大的限制。所有这一切,均意味着我国农民权利体系仍有进一步进行制度创新的广阔空间。

☑ 第三节　农民权利体系发展的制度创新[2]

农民权利发展是当代中国难以回避的时代命题。在农民权利发展过程中,将农民的利益、力量或者主张转换为包含正当性意蕴的权利,是实现农民权利发展的重要手段,是社会实践中"农民利益的保护方式"[3]。但正如前文分析指出的那样,仅仅是某一单独的权利,尚不足以完全完成对抗他人侵害的使命。权利尚需结成体系。因为只有体系化,权利才能在体系结构中寻找到自身的定位,才能在体系的支持下得到有效贯彻。而从动态演进的目光观察农民权利体系,农民权利体系的发展变化也就不得不进入社会发展变化的时空背景中予以考察,并在此基础上探寻农民权利体系发展变革的未来路径。

一、农民权利体系发展创新的社会空间维度背景

20 世纪 90 年代以来,我国农村经历了一场以城镇化等为标志的社会转型过程。农村城

---

① 林喆. 公民基本人权法律制度研究[M]. 北京:北京大学出版社,2006:42.
② 本节主要内容以"农民权利体系的逻辑构造与制度创新——以城镇化空间转型为视角"为题发表于《学习与探索》2014 年第 2 期。此处做了适当的改动。
③ 王佳慧. 当代中国农民权利保护的法理[M]. 北京:中国社会科学出版社,2009:50.

镇化改变了农民的生存空间,也为其权利体系的发展提供了全新语境。围绕着并村改居、房地征迁、集中居住等展开的社会空间资源的分配与争夺,不仅构成了城镇化进程中农民权利发展的现实过程,而且展现了当代农民在遍布差别与分异、充斥着流动性和碎片化的社会时空中谋求权利一体化的艰辛努力。对于农民而言,昔日的田园乡村图景尚未走远,而高楼林立的陌生化城镇空间却已经来临,而考虑到我国农村城镇化转型"时空延伸"①的特点,城镇化所带来的空间转型对于农民权利体系无疑有着更为深刻的影响,而要对农村社会空间转型对农民权利体系的影响加以说明,则不得不从现代化进程中时间和空间关系的变化谈起。

时间与空间是自然界物质运动的存在方式,也是人类社会赖以生存和发展的重要前提。然而在前现代社会,由于流动性的缺乏,人们社会生活的空间相对固定,大幅度的空间跨越和转换几乎不存在,时间也就相对于空间对人更富有意义,例如传统村落中"生于斯,长于斯,死于斯"的"固态"生存状态及其社会关系,无疑就是主要依赖于时间之轴而非空间之轴。与此相应,在这一时期的社会理论中,空间也处于为人忽略的地位。空间依附于由时间所构成的宏大叙事之中沉默不言,空间被看作是死亡的、刻板的、非辩证的和静止的东西,而时间却是丰富多彩而充满生命力的。这种对于空间的忽视直到20世纪中叶才得以改变。其缘由在于,一方面,社会现代化的飞速发展引起了时空结构的变化,社会流动的增加意味着人们经由时间所获得社会经验开始远少于经由空间交往增多而形成的共同经验。空间的重要性开始超越时间的重要性而对人们的社会生活发挥着深远影响。另一方面,关于空间问题的理论研究也日渐深入。例如,20世纪六七十年代,以列斐伏尔为代表的新马克思主义城市社会学开始将空间作为重要的社会资源及力量,强调城市空间本身的生产②,而到80年代,吉登斯在其现代化理论中,更是明确地提出要将时间和空间作为社会理论的核心,以分析社会如何使得广阔的空间与无限的时间得以结合,并最终形成一个多层次的整体系统③。除此以外,爱德华·W.苏贾的"空间性"概念、齐格蒙特·鲍曼对于现代社会由"固态"到"流动"转型过程的论述以及布迪厄对于空间场域的分析④,无不展现了空间维度在社会分析中所具有的重要作用。由此,一场波及哲学、社会学、地理学、人类学等诸多学科领域的"空间

---

① 吉登斯提出了"时空延伸"的概念,并且指出:在当代社会发展过程中,社会互动在空间上的扩张和时间上的压缩已成为社会现代化过程中最显著的特征。(参见[英]安东尼·吉登斯.历史唯物主义的当代批判:权力、财产与国家[M].郭忠华,译.上海:上海译文出版社,2010:40.)实际上,中国农村城镇化的社会变迁过程同样具有这一特征。而在城镇化的时空结构之间,由于城镇化发展的时间相对较短,空间维度的城镇化对农民权利体系发展就具有更为重要的意义。

② Lefebvre H. Production of space[M]. Oxford: Blackwell, 1991:46-53.

③ [英]安东尼·吉登斯.历史唯物主义的当代批判——权力、财产与国家[M].郭忠华,译.上海:上海译文出版社,2010:28-29.

④ 相关著作可参见[美]爱德华·W.苏贾.后现代地理学:重申批判社会中的空间[M].王文斌,译.北京:商务印书馆,2004;[英]齐格蒙特·鲍曼.流动的时代:生活充满不确定性的年代[M].谷蕾,武媛媛,译.南京:江苏人民出版社,2012;[法]布迪厄,[美]华康德.实践与反思——反思社会学导引[M].李猛,李康,译.北京:中央编译出版社,1998.

转向"开始出现,空间再不是沉默无声的被忽视的角色,它不再是虚空的,也不再是先验的、固定不变的,而是充满着建构力量的存在。正是在这一意义上,福柯认为,"当今的时代或许是空间的纪元。……我们所经历和感觉的世界可能并不是一个传统意义上由时间长期演化而成的物质存在,而更可能是一个个不同的空间互相缠绕而组成的网络"①。弗雷德里克·詹明信指出:"在日常生活里,我们的心理经验及文化语言都已经让空间范畴而非时间范畴支配着"②。而另一位后现代主义的代表人物曼纽尔·卡斯特则更为干脆地认为,在后现代社会中存在的是流动的空间和无时间的时间,因而是空间组织了时间而不是相反③。不难看出,空间的变迁与转型事实上构成了社会现代化的重要表征。

以农村城镇化为标志的社会发展是中国社会现代化进程中不可或缺的组成部分。农村城镇化既是一个时间概念,也是一个空间概念。然而,置身于社会现代化发展的浪潮之中,空间维度的城镇化同样有着相较于时间维度的城镇化更为重要的意义,其对于农民权利体系的发展也具有更为重要的影响。空间维度的城镇化之所以更为重要,其缘由首先在于社会现代化发展过程中时空结构变化基本规律的限制。按照吉登斯的观点,现代化意味着社会变迁步伐的加快和空间大幅度的扩展。其中,"时空分离""脱域"和"反思性"机制构成了社会现代化发展的核心动力④。具体而言,在前现代社会,人们往往通过自身"在场"的交往互动来确定具体的时间和空间。然而在现代社会,伴随着社会流动性的加强以及现代交通和通讯的发展,人们的社会交往日益摆脱了空间"在场"的限制,时空开始发生分离。"时空分离"同时带来了吉登斯所谓的"脱域",即社会关系从有限的地域性关联中脱离出来,而在新的社会空间之中进行重构。这种重构主要表现为人类符号系统和专家系统的发展变革。法律作为构筑人类社会秩序的符号系统⑤,其在新的社会空间之中的发展与进化也就在所难免。另外,社会朝向现代化发展的"脱域"过程并非仅仅是社会关系的重构,其中还包含着人们的反思。人们不仅对知识予以修正和再生产,而且还对社会制度加以反省和再认识。这种立基于知识之上对社会制度的批判性思考,将进一步推动社会行为规则的更新,并进而提高人们行为及其结果的合理性。城镇化是农村社会现代化发展的过程,"时空分离""脱域"以及"反思性"等社会现代化发展的基本机制必然内在地包含其中。事实上,伴随着我国农村城镇化的渐次推进,原本由时间主导的"日出而作、日落而息"的农村传统生活,正在为工业化时代社会交往空间的多维组合而替代;"老死不相往来"的传统"固态"社会,也在城镇化的现代性发展过程中逐渐朝向流动、开放的方向发展。在"时空分离"等社会现代化发展规律的限制之下,空间性已然成为农村城镇化发展的重要特征,而在城镇化空间转型过程中,

① 包亚明. 后现代性与地理学的政治[M]. 上海:上海教育出版社,2001:18-28.
② [美]詹明信. 晚期资本主义的文化逻辑:詹明信批评理论文选[M]. 陈清侨,等译. 北京:三联书店,1997:450.
③ [美]曼纽尔·卡斯特. 认同的力量[M]. 曹荣湘,译. 北京:社会科学文献出版社,2006:导言.
④ [英]安东尼·吉登斯. 现代性的后果[M]. 田禾,译. 北京:译林出版社,2000:17-18.
⑤ 谢晖. 法律的意义追问[M]. 北京:商务印书馆,2004:35-36.

法律也将遭遇身处城镇化进程中农民群体的批判性反思,农民权利体系在农村城镇化、现代化的空间转型过程中迎来了创新发展的重大契机。

除此以外,空间维度的城镇化之所以更为重要,还和中国农村城镇化发展的独特过程有着紧密关联。正如人们已经认识到的那样,相较于其他国家用上百年充裕的时间来完成其城镇化发展过程的经历,当代中国农村城镇化所获得的时间是极其有限的,中国农村的城镇化在很大程度上也就并非是经由时间演化自然而然获致的结果,而更多的是在市场资本和国家权力主导之下、农民生存空间被动改变的过程中不得不去面对的社会现实。在这种情境下,空间维度在我国农村城镇化发展变迁中自然居于更为突出的地位,而农村城镇化发展所引致的地理空间、意识空间和交往空间的转型,对于农民权利体系的发展也产生着深远影响。

就地理空间而言,城镇化地理空间的转换构成了农民权利体系发展的现实场域。首先,城镇化空间转型意味着城镇空间在地理维度上的逐步拓展。有数据显示,2008—2012 年间,中国城镇化率由 45.9% 提高到 52.6%,转移农村人口 8 463 万人,城乡结构发生根本性变化。至 2017 年,中国常住人口城镇化率已经达到 58.52%[①]。在城镇空间大幅度扩展的同时,农村空间实际处于相对萎缩状态。其次,伴随着城镇区域面积的扩展,农民在地理意义上的空间区位变换更为频繁地发生。农民工群体如同候鸟一般的流动迁徙,就是这种空间区位变换最为明显的例证。最后,在城镇化过程中,传统乡村的空间格局和景观布置也都发生了剧烈的转变。近年来多个地方推行的集中居住、"土地换户口""宅基地置换商品房"等政策,在促使乡村农业生产功能和乡村生活居住功能相分离的同时,也带来了农民由散居式村落向新型城镇化社区集中的空间变革。正是在这样的地理空间变迁过程中,农民直接遭遇了并村改居、房地征迁、身份变换、职业变更等利益变革所带来的种种冲击,而围绕着这些利益分配与斗争的权利实践也在城镇化的地理空间中逐步展开。

城镇化不仅意味着地理意义上的空间转换,它同时也提供了农民权利观念发育和权利行动实践的意识空间和交往空间。农民意识作为一种观念性的存在,其实际上是对农民社会活动中社会交往需要的反映,而任何社会交往都无法摆脱特定时空的限制。传统农村社会小农经济的合作需求、聚族而居的安全保障,都使得农村的社会空间建立在紧密的血缘、地缘基础之上。而立足于血缘和地缘的空间关系必然强调共同体有机的连带关系,个人交往淹没于家族、村落狭小而紧密的社会结合之中。在这种情况下,不仅个体的自主与独立难以茁壮成长,契约性的社会关系也无从建构。而当城镇化时代来临之时,紧凑的社区空间布置渐渐取代了分散的村落格局,陌生化的城镇社区关系逐步取代了乡村熟悉的邻里关系,在空间重组、社会流动性日益增强的情况下,农村的"礼俗社会""机械的团结"正在朝向"法理社会"与"有机的团结"方向发展,传统农村社会交往中情感性因素占主导的局面也逐渐为经济利益的主导而取代,契约性关系开始成为农民社会交往的核心。所有这一切都表明,伴随

① 纪明,钟敏.农民收入对半城镇化率的影响——基于空间杜宾模型的实证研究.社会科学,2018(6):39-51.

着农村城镇化空间格局的变化,传统乡村社会中的伦理道德、乡土规范将渐渐失去其用武之地,而平等、自由等现代法治理念和权利意识则随着城镇化社会交往空间的延伸而发育生长,与陌生人社会相适应的现代法律权利体系也将在人们的社会交往中占据越来越重要的地位。

这样来看,城镇化所带来的空间转型不仅提供了我国农村社会变迁的实践场所,而且,作为社会现代化发展的标志与象征,城镇化同时也提供了农民权利体系发育生长的外在诱因和现实场域。近年来农民在户籍制度改革、社会保障等方面的权利诉求,农民围绕着并村改居、集中居中、征地拆迁等而展开的一系列权利活动,事实上也无非是农民对于打破空间分隔、消除空间排斥,进而寻求空间资源与利益公正分配的法律诉求与实践而已。

二、社会空间转型下农民权利体系发展的逻辑理路

农民权利体系是农民不同权利类型的有机结合。农民权利的保护与实现,固然离不开农民权利意识的发育生长与权利行动的具体实践,但正如前文所述,一个逻辑周全的权利体系的支撑对于农民权利发展同样是不可或缺的。因为唯有建立起周全而完整的权利体系,法律的内在矛盾和漏洞才能降到合理范围之内,法律的内在价值才能得到整体性呈现,而不同权利类型的相互支持也才能使权利整体处于一种有机的、生动的发展状态之中,权利由应然到实然的转变才成为可能。就此而言,权利的发展必然要求自身自成体系。这个体系应该逻辑井然,覆盖充分而不封闭。"体系的功能,在于运用和平的和可以理解的方式把其从中发育的那个社会所肯认的正义,实现于人们的共同生活之中。"①农民权利的发展、农民权利的保护与实现,同样需要来自农民权利体系化的力量支撑。然而,由于"权利的发展与社会的发展是互动的"②,社会空间转型对农民权利体系的影响仍旧需要在社会发展的宏观背景下予以观察,而在农村社会发展进程中,基于空间转型而产生的空间利益及其平等公正的配置,在农民权利体系构造中日益占据了重要地位。

(一)空间利益与农民权利体系构造的核心转移

利益是人类社会生活中的重要社会现象,利益问题是关涉到人的存在和发展的根本性问题。18世纪启蒙思想家霍尔巴赫曾经指出,"利益就是人的行动的唯一动力。"③农民权利体系的逻辑构造在根本意义上同样是为了农民利益实现的需要。由于任何利益均是存在于一定空间之中的利益,利益本身也就具有了空间属性,而空间的生产、分配、重组往往也就意味着利益的生产、分配、重组。在我国农村发展过程中,由于既有制度的历史惯性等方面的原因,农民的空间利益长久处于被排斥状态。这种空间利益的排斥在户籍制度和集体土地制度方面表现得尤为突出。虽然在社会治理的意义上,户籍制度和集体土地制度作为分类控制的手段,能够通过对城乡之间人口与土地的划分,来达到社会控制的目的,实现某种治

① 张俊浩.民法学原理[M].北京:中国政法大学出版社,2000:32.
② 夏勇.走向权利的时代:中国公民权利发展研究[M].北京:社会科学文献出版社,2007:24.
③ [法]霍尔巴赫.自然的体系:上卷[M].管士滨,译.北京:商务印书馆,1999:260.

理意图,然而,正是通过分类,户籍制度与集体土地制度确定了某种边界,区分出内部与外部,划分出同类与异己、核心与边缘等不同的社会群体。由于边界总是空间性的,边界在创造出对边界空间之内权利自主性的同时,也造就了城乡社会成员在空间上的排斥与隔离、歧视与不平等。拿户籍制度来说,户籍区分出农业和非农业两种类别,并以户口类别和户籍地作为资源配置和权利分配的基本原则和依据,户籍的差异随之也就转换为城乡不同主体之间权利社会空间的差别。而集体土地制度则建立在对国家土地二元所有的基本分类上,集体所有的土地不得随意买卖,只有通过国家征收转换为国有土地后,才能出让、转让和租赁,不同空间之中的土地权利形态截然有别。这些制度的形成固然有着某种历史原因,但正如学者所谓,这些制度所造成的空间划分在本质意义上"都是排斥性的,它们都起到了一种'空间净化'的效应,即将农村的发展以及农民的权益排除在国家发展的主导话语之外"①。这种空间分配的不均衡,正是造成农民流动受阻、土地利益难以完全实现的重要原因之一。

然而,农村的城镇化发展,首先在物理空间上实现了社会成员的聚集,原本同质化的乡村社会空间渐次远去,多元而异质的城镇空间开始形成,城乡之间原本截然分隔的空间界限也由此被打破;而伴随着城镇化进程中社会流动的加剧,原本相对封闭的乡村社会也转而朝向日益开放的方向发展,空间开始重组,时空出现转换;同时,在农村城镇化过程中,农民权利观念的生长也为现代法治的进入提供了精神与意识的空间,所有这些均意味着在以空间转型为特征的农村城镇化发展过程中,空间利益将被置于核心地位。这种空间利益,不仅包括了土地、房屋等物质利益,而且也包含了在观念意识以及社会保障等方面的社会交往空间的利益。农村城镇化的空间转型如果不能为农民带来应得的利益,或者城镇化过程中农民的空间利益不能得到制度化的保障,那么即使生活于城镇之中,农民感受到的将仍然是空间上的排斥与隔离。例如,在各地城中村改造的过程中,原本在城中村已经成为"常住人口"的外来农民工,因为户籍的限制,往往被排斥在城中村空间改造的利益之外,其居住空间不仅没有得到改善,反而可能因此遭受了损失。在空间转型已然成为我国农村城镇化重要特征的情境下,农民对于空间利益的平等共享必将成为农民权利体系发展的核心所在。

(二)空间利益的法律化与权利化与农民权利体系发展的路径构造

空间利益是农民权利体系发展的核心,但利益本身并不会自动实现。农民空间利益的实现,离不开相关利益的法律化与权利化。这根源于利益与权利之间的复杂关系。一方面,利益与权利之间具有一定的同质性。利益是权利的基础。人们之间的权利和义务关系实际上是一种利益关系。而在西方利益法学的理论中,法律更是被视为"是所有法律共同体中相互对峙且未得到承认而互相争斗的物质、民族、宗教和伦理方面的利益的合力"②。利益是法律命令的原因,法律规范从而被理解为是立法对需要调整的社会关系和利益冲突的规范化的、具有约束力的利益评价。另一方面,利益与权利之间也有着显著的差别:① 利益虽然是

---

① 李志明. 空间、权力与反抗:城中村违法建设的空间政治解析[M]. 南京:东南大学出版社,2009:53.
② [德]伯恩·魏德士. 法理学[M]. 丁小春,吴越,北京:法律出版社,2003:238-241.

权利的基础,但并不是所有的利益都能够上升为权利。在权利之外,还可能存在着没有以权利形式得以表现的利益。② 权利是一个与法律相联系的抽象概念,而利益则更多的与实际需要相联系。由此对两者的评价标准也就产生了差异,对权利的评价主要是一种法律评价。③ 更为重要的是,权利包含着正当性,它体现着道德上的要求,可以成为对抗他人侵害的武器。

基于利益与法律及权利之间的内在关联,农村城镇化空间转型所蕴含的空间利益若要从应然转化为实然,必然需要遵循利益的法律化、权利化这一权利生成的基本路径。当然,由于利益本身的复杂性,农民空间利益的法律化、权利化也需要根据利益本身的重要性等因素加以综合考量。但无论如何,将城镇化进程中农民迫切的利益需求以法律规则的形式加以确认,保证包括农民在内的不同主体的权利在同一空间之中的平等对待,并为之提供法律制度层面的充分而有效的保护手段,将能够促使农民单纯的利益诉求转变为包含正当性的权利主张,并由此获得国家强制力的保障,农民权利发展的最终目标才能得以实现。而且,由于农民利益的内容涉及社会政治、经济、文化等众多领域,相关的农民权利也总是多样的而非单一的,是进化的而非静止的,不同权利之间存在着相互支撑、相互作用的关系。这意味着农民利益的法律化、权利化最终必然朝向体系化方向发展,而这也将是使法律化的农民权利发挥其最大功能的必由之路。

(三)空间正义与农民权利体系发展的逻辑目标探寻

空间作为人的创造物,其虽然包含着物质成分,但更反映了特定社会中人们的交往关系,具有社会属性。在这种情况下,社会正义原则理应在人们对于空间的创造与利用过程中得到反映,空间正义实际就是社会正义原则在空间领域的表现,"是存在于空间生产和空间资源配置领域中公民空间权益方面的社会公平和公正,它包括对空间资源和空间产品的生产、占有、利用、交换、消费的正义。"①按照罗尔斯的论述,社会正义主要有两个原则:第一个原则是自由平等原则,即每个人对于所有人拥有充分恰当的、平等的与基本自由相容的类似的自由体系,都应有一种平等的权力;第二个原则是差别与机会均等原则,它要求:① 在与正义原则一致的情况下,适合于最少受惠者的最大利益以及② 在机会平等条件下,职务和地位向所有人开放②。按照这两个原则,空间正义一方面应以公民对空间生产生活资源、空间产品的选择与分配的平等享有与自由选择为其重要内容,另一方面也应关注社会弱势群体、弱势阶层在空间生产、消费中的基本需要,保障他们的尊严与权益。而就我国农村城镇化而言,空间转型与重组既然构成了城镇化的重要特征,实现空间正义也就成为城镇化的应有之义。在城镇化进程中强调"空间正义",则必然需要强化对农民对包括土地等在内的空间资源平等合法地占有和享有的权益的保护,强化农民对空间利益的自由、平等的选择与合法支配的权利,强化对农民创造自己的空间生活形式的自主权利的维护,而考虑到农民的社

---

① 任平.空间的正义——当代中国可持续城市化的基本走向[J].城市发展研究,2006(5).
② [美]约翰·罗尔斯.正义论[M].何怀宏,等译.北京:中国社会科学出版社,1988:56.

会弱势地位,城镇化进程中的空间正义更需要实现对农民这一"最少受惠者的最大利益"的保护。

然而,在我国农村城镇化发展过程中,空间正义却长久处于缺失状态。农民失地、失业、失居等现象实质是农民空间权利被剥夺、空间正义不能实现的例证。而农民工这一特殊群体"碎片式"生存、"候鸟式"迁徙的生活状态,也从另一侧面印证了城镇化进程中农民权利发展的艰难。至于近年来多个地方推行的并村改居、集中居住等政策,某些地方在实际执行过程中也容易演变为以土地用途变更为名义的空间生产以及对其收益予以再分配的过程。而且,由于在这一过程中不能确立空间正义的目标导向,城镇化进程中城乡空间的再分配也总是演变为地方政府与农民之间的利益博弈,政府自上而下推动的农村居住形态重构的行动也易受 GDP 主义政绩冲动的控制。破解城镇化进程中空间正义缺失的难题,必须在城镇化进程中根据空间正义的要求创新农民权利体系。只有通过农民权利体系的发展,实现农民对空间利益的自由选择、公平分配、平等享有,才能使拆村并居等城镇化举措在创造出光鲜亮丽的新型社区的同时,促进城镇化农民与转型空间的真正融合,消除城镇虽在眼前但难以容身、乡村图景尚存却已难归去的分裂生活状态,使城镇不仅成为现代文明的表征,而且成为法治之下权利张扬的场所。这样来看,空间正义的维护与实现必将成为城镇化空间转型背景下农民权利体系发展的逻辑目标。

三、社会空间转型下农民权利体系的制度创新

农民权利体系是一个具有复杂内容和内涵的概念,学者们对于农民权利体系也多有论述,对此前文已有述及。然而客观地来看,学者们对于农民权利体系的分析总是很难避免对于宪法基本权利体系的移用,其虽不乏启发意义,但也不足以凸显城镇化转型的宏观社会变迁中农民权利体系发展的特殊性之所在,也无法指出中国社会变迁特定情境中农民权利体系制度创新的重点与方向。在我们看来,农村城镇化发展的空间转型恰好正是凸显农民权利体系制度创新的重点与方向的重要维度。

(一)农民村民自治权利朝向社会自治权利的发展

农村城镇化发展为农民提供了一个充满陌生化和流动性的新型社会空间,传统的乡村村落逐步演变为现代化的居民社区。在农村城镇化的空间转型中,原本在乡村社会关系调整中发挥重要作用的村民自治权利如何在新型的空间形态中继续发挥其作用,对于农民权利体系的发展具有重要意义。其原因在于:一方面,"村落"与"社区"虽然都是农民生活的社会空间,但两者之间仍有着显著的区别,村民自治权利在新型社区空间之中的运用往往会受到限制。具体来说,"村落"通常建立在地缘、血缘的基础之上,具有自然而然的相对封闭性,人情与面子等构成了人际交往和社会整合的基本纽带;相对于"村落","社区"并不强调地缘与血缘关系,业缘、学缘、趣缘等反而在人际交往中发挥着重要作用,社区由此也就具有明显的开放性。在农村城镇化过程中,城镇社区空间并不仅仅容纳原来的农村村民,它同时也向社会其他群体敞开了大门。以主体身份为基础的村民自治在一个日趋开放的社会空间中无

疑不敷使用。另一方面,农民自治权利关注的重点是村落之中公共产品的供给问题,以内向的自我整合为指向,而在新型城镇社区之中,居民权利关注的重点实际已经转向社区共同体的整体利益,以外向的权益维护为指向。在这种情况下,城镇空间中农民的自治权利也有必要在原有基础上进一步发展创新。考虑到城镇空间本身的开放性与流动性特征,农民自治权利有必要实现从村民自治权到社会自治权的发展。实现这一发展,其重点在于完善农民的结社权,以形成与城镇空间相适应的自主社团。这样的自主社团一旦形成,将能够使身处城镇空间中的农民群体继续掌握自己决定自身事务的权利,使农民的利益与权利诉求更容易得到表达。而且,由于"社会自治权的功能在于对抗国家公权对社会的挤压与侵蚀,与国家公权构成分离与制衡的良性互动关系"①,农民社会自治权的形成也必将为农民排斥公权力的恣意妄为提供支撑,促使农民权利体系在社会与国家良性互动的基础上进一步发展。

(二)土地权利等财产权利是农民权利体系发展的重心

传统上关于公民权利体系的列举,政治权利一般首当其冲。受这种模式的影响,在农民权利体系的各个组成部分中,农民的政治权利也一向被置于非常突出的地位。这种做法在一个政治意识占据主导地位的时代可能具有实际意义,然而在城镇化飞速发展的今天,却可能与社会发展的情况以及农民权利发展的需求相脱节。正如前文所述,我国农村城镇化主要在空间维度展开,而市场经济下的资本主导则是推动我国农村城镇化空间转型的重要因素之一。市场经济的发展要求资本不断去征服和占有新的空间,空间成为资本的创造物,空间的生产、分配、消费无不受制于资本的力量。而当空间生产发展到不再只是为具体的物质生产提供空间基础和条件,而是将自身作为资本增值的直接途径和手段时,甚至于空间本身也被资本化了②。城镇化空间的生产与拓展,与资本的空间化和空间的资本化的交替发展不无关联。而资本在城镇化空间转型过程中的独特作用意味着,农民与空间利益相关的财产权利的保障或许相较于其他权利类型更为重要。而就实践来看,当前城镇化过程中不尊重农民的财产权利,以发展的名义强行剥夺农民经济利益的诸多案例也往往通过对农民土地、住宅等空间利益的损害为主要表现。在这种情况下,与农村土地、农民住宅等空间利益相关的财产权利将成为城镇化空间转型中农民权利体系发展的重心。因而,有必要进一步赋予农民完整而平等的土地权利,保障农民宅基地用益物权,赋予农民对于土地、房屋等空间资源与生活形式变更的自由选择的权利,对土地、房屋征迁过程中农民财产利益的损失予以充分补偿,以使农民能够从城镇化空间转型过程中分享其应得的空间利益。

(三)以空间利益共享为核心的其他实体权利是农民权利体系发展的重点

如前所述,空间正义的维护与实现是城镇化进程中农民权利体系发展的重要目标。维护和实现空间正义,意味着应在空间生产和空间资源配置领域实现公民空间权益的社会公平和公正,那些基于空间资源和空间产品的生产、占有、利用、交换、消费所产生的空间利益

① 周安平.社会自治与国家公权[J].法学,2002(10).
② 庄友刚,仇善章.资本空间化与空间资本化:关于空间生产的现代性和后现代性话语[J].山东社会科学,2013(2).

也理应由社会全体成员平等共享。如果作为空间生产的城镇化,只是以社会公共利益的名义、以牺牲部分人的利益为代价来获取城镇化的发展,那么这样的城镇化必然违反空间正义的要求。因而,"符合空间正义原则的城市化,强调所有人,无论男女老幼,均不得被剥夺取得城市生活必要条件的权利,可以分享城市化带来的增益,能够公平地占有通过生产而扩大了的生存空间,主要是社会空间,包括适当的住房,清洁的环境,必要的保健,教育和营养,合适的就业,公共安全"①。在农村城镇化过程中,实现社会成员空间利益的平等共享,其实质是要保证农民在空间利益上与其他成员权利的平等性,消除城镇化过程中的空间隔离与空间排斥。这就要求农民的权利体系应着眼于空间利益的平等共享,农民权利体系的制度创新也应围绕这一点而逐步展开。为此,城镇化进程中农民权利体系发展的重点应集中于以下权利类型:① 农民迁徙自由权利的构建。迁徙自由是实现空间流动和自主选择的关键性权利,也是实现空间利益共享的基本前提。在许多国家,迁徙自由已经成为公民的基本权利之一。一般而言,迁徙自由包括了居住自由即自由选择住所居住、自由地将住所迁往别处居住的权利、离返任何国家的自由以及出入本国的自由等内容。但就城镇化进程中的农民权利而言,不仅要强调迁徙自由权利的赋予,更要强调迁徙自由中平等保护要求的保障。② 平等就业权利。平等就业权利是城镇化进程中农民身份转换以后极为重要的权利类型,它构成了农民真正进入城镇空间,共享城镇化利益的重要条件。考虑到我国目前城市就业制度中对农民的种种限制性规定,以法律手段切实保障农民的平等就业权尤为必要。③ 平等共享城镇化利益的社会权利。由城镇地理空间的延伸而导致的公共教育、公共卫生、公共交通、社会保障等的扩展,不应将农民群体排斥在外,教育、卫生、文化、社会保障、环境权利等社会权利的平等享有,是城镇化进程中农民权利体系发展的应有内容。当然,上述权利发展的过程并不排除适当的法律限制,但即使是这样的限制,也应遵循"适合最少受惠者的最大利益"的社会正义要求。

(四) 程序性权利是城镇化进程中农民权利体系发展的关键

受长久以来"重实体轻程序"观念的影响,程序性权利在农民权利体系中并未引起充分的重视。已有研究即使对农民程序性权利有所关注,也主要集中于司法程序领域,对行政程序等其他领域中农民的程序性权利所论不多。然而,事实上,程序性权利是农民权利体系的重要组成部分,其对于农民权利的发展具有极为重要的意义。从理论上讲,程序性权利不仅是保障实体性权利实现的重要工具,而且也是程序参加者个人尊严和主体地位在法律上的明确表征。从实践层面来看,由于我国城镇化主要是在政府自上而下的行政主导之下推进的,程序性权利,尤其是行政过程中程序性权利的不足是造成城镇化进程中农民话语缺失、农民土地、住宅等空间利益受损的重要原因之一。例如在土地征收听证过程中,由于听证代表的选任、听证规则、听证结果的约束力等关于听证程序权利制度规定的不足,农民对土体利益的要求往往难以得到充分反映。为保障城镇化进程中农民各种空间利益的实现,强化

---

① 钱振明. 走向空间正义:让城市化的增益惠及所有人[J]. 江海学刊,2007(2).

农民的程序性权利,尤其是行政程序中的各种权利,将构成城镇化过程中农民权利体系发展的关键所在。在农村城镇化进程中,必须切实保障与农民空间利益紧密相关的各种程序性权利,这包括了:① 信息公开与农民的知情权。信息公开是现代法治的基本要求。从权利的角度来讲,信息公开实际是公民知情权的内在要求。在农民权益保护方面,唯有真正实现了与农民权益相关问题的信息公开,农民知情权才能得到保障,农民的话语表达才能有的放矢。由于政府是信息资源的主要掌控者,保障农民的知情权自然就更多地体现在政府义务方面,但其他国家机关同样有着相应的信息公开义务。② 农民的政治参与权。通过各种途径和形式,参与国家事务、社会事务的管理是农民重要的程序权利。虽然法律上对农民的参与权有所规定,但从城镇化进程中的实际需要出发,农民的参与权利仍需要通过制度建构进一步加以完善。③ 救济权。实现权利救济是权利的本质要求,救济权,尤其是司法救济权,在整个公民权利体系中也就具有关键作用。在农村城镇化空间转型过程中,应进一步强化公权力救济尤其是司法救济的地位和作用。唯有如此,包括国家司法权在内的公权力才能为城镇化进程中农民权利的实现提供有力保障,农民权利体系才能完整型构,农民权利才能在社会实践过程中获得进一步发展。

　　总之,农民权利体系是在社会变迁中动态演变的。立足于农村城镇化空间转型所阐释的农民权利体系制度创新的基本缘由和重点方向等,揭示了农民权利体系发展与农村社会变迁的一个重要侧面。当然,对于空间这样一个侧面的强调并不意味着我们对其他维度——比如时间、主体等——的忽视。事实上,本书从习惯法角度展开的农民权利发展分析无疑就包含着对农民权利发展时间等维度的学术关切。在这一意义上,从空间角度切入的农民权利体系研究无疑只是开启了农民权利发展研究的一个起点,相关内容的研究还远未结束!

第三章
农民权利发展的实践状况与实现机制

农民权利发展是农民权利观念、权利体系以及权力实现机制的发育与生长,是农民权利的本质在观念、规范和体制方面的逐步展现。在上述诸方面中,农民权利体系是农民权利在制度性的、显性的文化层面的展现,这种展现虽富有意义,但却仍旧主要停留在静态层面,农民权利的丰富实践仍旧是我们不可忽视的观察维度。这一维度之所以重要,是因为"对某种资格、利益、力量或主张在观念上和规范上的肯定,并不能确保它们在事实上或在社会实际生活里不会遭到否定。事实上的否定不仅是对某种资格、利益、力量或主张的否定,也是对肯定其合法性的观念和规范的否定。所以,还必须规设对事实上的否定予以矫正的机制,使受到侵害的权利能够获得及时的救济。"①因而唯有将权利运用于实践之中,权利及其发展才真正具有价值。而从我国农民权利发展的现实情况及其遭遇的种种障碍来看,农民权利实现机制的法律构建就更为必要。本章立足于农民权利发展的实践状况,考察农民权利发展的现实障碍,并在此基础上提出农民权利发展的实现机制,以便为将农民权利从应然转换为实有提供理论支撑。

第一节　农民权利发展的实践考察

对于农民权利发展实践状况的考察是一个相对宏观的问题,它涉及农民权利所在的社会条件以及社会结构的整体变迁。没有对这些因素的细致考察,有关农民权利发展实践状况的考察可能陷于空泛之中。但若要对农民权利发展变迁情况加以详细描述,则又非本书所能完成。考虑封建社会中生活于社会底层的中国农民实难讲有什么真正意义的权利,以及本书中研究的课题对当代农民权利发展的情况进行分析这一主要任务的限定,因而对农民权利发展实践状况的考察将主要集中于中华人民共和国成立以来的历史时期,主要从农民政治权利、经济权利和社会权利的角度展开。需要说明的是,从这样的权利类型角度展开分析,更多的是基于行文的便利,而并不意味着对前文有关农民权利体系分析的背弃。在我

① 夏勇.走向权利的时代:中国公民权利发展研究[M].北京:社会科学文献出版社,2007:2-3.

们看来,一种权利体系的理论分析仍旧可以涵盖农民政治权利、经济权利和社会权利,并与这些权利的实践状况形成强烈的对比,而由理论和现实之间所产生的巨大张力,也将为农民权利发展提供至为重要的理论动力。

一、农民政治权利发展实践状况

在现代民主社会中,政治权利是公民所享有的基本权利之一。作为基本权利,政治权利的核心不在于确立私人行为的自由空间,而在于参与公共事务的处理和决定过程,因而政治权利与公共生活相关,它鲜明地体现了人作为社会存在物这一人的本质。西方学者在谈论政治权利时曾如此讲到:"政治社会就是这样组成的社会:承认人在本质上既是政治动物也是自然动物,也就是承认人类在本质上倾向于生活在政治社会中并参与政治活动……这就是人类按照自然权利要求政治自由的权利基础。"因而,"人权的一部分就是政治权利,这种权利的内容就是参加这个共同体,而且是参加政治共同体,参加国家。"①虽然在西方社会,也有人从人权的道德性角度反对将政治权利作为人应享有的自然权利②,但在现代民主社会的语境中,政治权利却已经是个人越出私人生活领域,进入社会公共空间,进而发展自己权利的不二选择。哈贝马斯将政治参与权视为连接私人自主和公共自主的中间桥梁,并使公民既成为法律的承受者也成为法律的创制者的认识③,同样证明了在现代社会中政治权利之不可或缺。

在中国社会长久的历史中,农民向来是作为臣民而存在的。"中国古代社会存续数千年的公法关系乃是权力主导型的,这大概没有疑问。近百年来,中国社会多有变动,公法关系时新时旧,或实或虚。在社会生活中,很难说处于社会底层的农民对于统治他们的各类政权究竟享有什么权利。"④直至 1949 年中华人民共和国成立,农民才在政治生活中真正确立其主体地位,农民以公民的身份出现于国家政治生活中,工农联盟成为国体之基础。在宪法上,农民与其他公民一样被赋予选举权、被选举权、言论、出版、集会、结社、游行、示威的自由,享有批评、申诉、控告、监督等项政治权利,这是数千年来从未有过之变化,其成就构成了农民政治权利发展实践中浓墨重彩的华章。

对于宪法所规定的农民应现有的政治权利,可以按照公民政治权利各具体要素之间的逻辑关系,以及各具体要素与"参与并影响政治生活"之间的逻辑关系,进一步区分为:参政权,即公共事务的决定权,包括选举权、被选举权等权利;担任国家公职权;对国家权力的监督与制约权利,包括罢免、法律复决、批评与建议权;公民的联合行动权,包括政治结社权、游

---

① [美]摩狄更·J.阿德勒.六大观点[M].陈珠泉,杨建国,译.北京:团结出版社,1989:158-159.
② 转引自沈宗灵等.西方人权学说(下册)[M].四川人民出版社,1994:353.
③ 参见高鸿钧.商谈法哲学与民主法治国——《在事实与规范之间》阅读[M].北京:清华大学出版社,2007:88.
④ 夏勇.走向权利的时代:中国公民权利发展研究[M].北京:社会科学文献出版社,2007:522.

行示威等权利、发表政治见解权等①。若以此逻辑结构来观察我国农民的政治权利,则农民政治权利的首要问题或许表现为农民政治权利的不完整性。也就是说,相对于完善的政治权利体系,农民在罢免、法律复决权等方面未得到法律上明确的承认,其权利处于空白状态。而即使是那些在宪法上已经有所规范的政治权利,相对于农民这一主体而言,其权利的实践状态总体上仍存在诸多缺憾。

首先,在农民参政权方面。选举权和被选举权或许是农民最为重要的是参政权利。正如我们已经知道的那样,中华人民共和国成立以来,我国农民的选举权和被选举权经历了一个从"同票不同权"到"同票同权"的发展过程。早在1953年,《中华人民共和国全国人民代表大会及地方各级人民代表大会选举法》中,就规定了城乡人民代表所代表人数的差异,即依据人民代表大会的级别,农村人大代表所代表的人口数分别四倍、五倍、八倍于城市人大代表。这种对城乡代表所代表人口比例的差异规定,虽有其历史合理性,但却由此开启了农民选举权和被选举权被区别对待的开端。1995年选举法被修改,将省、自治区的人民代表的名额比例从原来的五倍改为四倍,将全国人大代表名额的比例由八倍改为四倍,农民在选举权方面平等性开始增强,但与完全的同票同权还有不少差距,也和城乡之间人口比例的变化不相适应。

而从历届全国人大代表中农民代表的实际人数看,农民代表的比例事实上可能还难以达到法定比例的要求。有学者统计,第一届全国人大有农民代表63人,占代表总数的5.14%;第二届全国人大有农民代表67人,占代表总数的5.46%;第三届全国人大有农民代表209人,占代表总数的6.87%;第四届全国人大有农民代表662人,占代表总数的29.4%;第五届全国人大有农民代表720人,占代表总数的20.9%;第六届全国人大有农民代表348人,占代表总数的11.7%;第七届全国人大农民代表与工人代表合计占代表总数的23%;第八届全围人大有农民代表280人,占代表总数的9.4%;第九届全国人大有农民代表240人,占代表总数的8%;第十届全国人大有农民代表与工人代表共551名,占代表总数的18.46%②。从这些数字中不难发现农民选举权利不平等是事实。

为推进选举权的真正平等,2010年第十一届全国人大对选举法再次修正,其中明确规定按照每一代表所代表的城乡人口数相同的原则分配代表名额,选举权和被选举权第一次在城乡之间实现了真正的法律上的平等。2011年以来各级地方人大换届工作依照城乡平等的原则实施,换届选举产生县、乡两级人大代表200多万人,涉及县级政权2 000多个、乡级政权3万多个。参加这次县级人大代表选举的选民达9亿多人,参加乡级人大代表选举的选民达6亿多人③。这是农民选举权利发展的重要成就。然而,在欣喜之余,农民选举权利的实践仍值得继续关注。如何回归农民的职业身份而非阶级身份,如何进一步推进城乡

---

① 这一观点为我们理解农民的政治权利结构体系同样适用,也为我们分析农民政治权利的实践状况提供了基本框架。参见黎晓武,徐光兵. 宪法基本原理[M]. 北京:群众出版社,2005:122-123.

② 高艳辉. 对农民选举权利不平等的实证分析[J]. 甘肃政法学院学报,2008(6).

③ 顾益康,金佩华. 改革开放35年中国农民发展报告[M]. 北京:中国农业出版社,2013:162.

融合为农民选举权的平等实践创造更好的条件,如何保障农民中的特殊群体比如农民工的选举权利真正实现,这些问题无疑均需要更为有力的机制与办法。

其次,在担任国家公职方面,虽然理论上农民也可以通过选举等方式担任国家公职,但总体来看,农民担任国家公职的渠道和机会是相对有限的。比如在农民报考国家公务员方面,就经常会遭遇户籍以及身份等方面的限制①。这些身份限制实际将农民"排斥在公务员队伍之外,其担任国家公职的权利没有得到有效保障,报考公务员在相当长的一段时间里,俨然是专属于城市人的特权"②。2006 年的国家公务员招考,首次对中央国家机关的招考职位不设户籍限制,为包括农民在内的社会成员提供平等报考的机会,为农民通过成为公务员参与政治活动提供了可能。

再次,在结社权方面。结社权是公民的政治自由,也是农民的政治权利。有资料显示,到 2003 年,我国共登记社会团体 13.3 万个,其中,全国性及跨省、自治区、直辖市的社团 1 712 个,省级及省内跨地区活动的社团 20 069 个,地级及县以上活动的社团 52 386 个③。然而,在数量如此众多的社团中,作为农民结社权实践形式的农民协会却基本处于缺位状态④。为保障农民的结社权,有必要在农村重新设立农会组织。农会是实现农民结社权,将农民组织起来保障农民利益的有效方式。农会的本质是建立农民的法团。法团的"作用是将公民社会中的组织化利益联合到国家的决策结构中。其中心任务是有序地将社会利益组织集中和传达到国家决策体制中去,促进国家和社会的制度化合作"⑤。2004 年,山西省永济市蒲州镇寨子村在市民政局正式注册"永济市蒲州镇农民协会",这是全国第一个正式注册的农民协会⑥。农民结社权的发展已经开始重新发展。

最后,农民村民自治权利在实践中不断完善。村民自治是农民依法办理村庄事务,实行自我管理、自我教育、自我服务的活动,也是农民现有的重要权利。从村民自治权利的内容来看,村民自治权利主要包括了民主选举、民主决策、民主管理、民主监督等环节。从村民自治的发展历程来看,村民自治是在农村经济体制改革过程中,人民公社体制逐渐失去其农村

---

① 比如山东省 2004 年招录公务员的条件中曾作出"凡履行了合法就业手续的农民合同工可报考山东省各级机关,不受户籍限制"的规定,但"履行合法就业手续"实际构成了对农民工报考公务员权利的限制。参见《山东省公务员考试调整报考条件 取消诸多限制》[EB/OL]. (2004 - 06 - 07)[2015 - 04 - 13]. http://edu. sina. com. cn/l/2004—06—07/71907. html. 访问时间 2015 年 4 月 13 日。
② 韩大元. 中国宪法文本上"农民"条款的规范分析——以农民报考国家公务员权利为例[J]. 北方法学, 2007(1).
③ 转引自刘云升,任广浩. 农民权利及其法律保障问题研究[M]. 北京:中国社会科学出版社,2004:109 - 110.
④ 在历史上,农民协会不仅曾经存在,而且发挥过巨大的作用,即使是 1949 年以后,农民协会的发展也经历了产生、发展、消亡与重建萌动等阶段。相关论述可参见张英洪. 农民权利研究:农民权利论[M]. 北京:中央编译出版社,2014:95 - 99.
⑤ 张千帆,党国英,高新军,等. 城市化进程中的农民土地权利保障[M]. 北京:中国民主法制出版社,2013: 205.
⑥ 参见郭宇宽. 一个"农会"的成长[J]. 南风窗,2005(11).

社会整合作用的背景下由农民自主探索实践的。作为起源于农村的原生民主形式在国家的关注、动员下,逐步成为国家建构基层民主制度的重要选择。1982 年宪法对村民自治进行了肯定。1987 年《中华人民共和国村民委员会组织法(试行)》颁布。1998 年在总结经验的基础上,国家通过了正式的《中华人民共和国村民委员会组织法》,该法在 2010 年再次被修正。经过多年实践,村民自治获得了极大的发展。据统计,目前全国已经有 29 个省(区、市)制定了村委会自治法实施办法,31 个省(区、市)制定了村委会选举地方性法规。全国农村共建立了 61 万多个村民委员会,85% 的农村建立了村民大会或村民代表大会,92% 以上的农村建立了村民理财小组、村务监督小组等民主监督组织[①],农民的自治权利获得了极大程度的发展。

二、农民经济权利发展实践状况

农民的经济权利是农民依法应该享有的经济利益的权利的总称。农民的经济权利主要包括与农民财产权相关的系列权利。从宏观的方面来看,农民的经济权利的实践情况首先可以从农民利益在国家整体利益分配中的情况来加以观察。在国家整体利益宏观分配方面,农民无论是作为国家公民,还是作为社会中的重要阶层,都理应享有在宏观经济利益中被平等对待的权利。然而,受城乡二元结构的影响,农民的利益在国家整体利益结构中似乎总是处于不利地位。有数据显示,在 1950—1978 年的 29 年间,政府通过工农产品剪刀差大约取得 5 100 亿元的收入,同期农业税收 978 亿元,财政支农支出 1 577 亿元,政府实际提取农业剩余净额为 4 500 亿元。在 1979—1994 年的 16 年间,政府大约从农民那里占有 15 000 亿元的收入,同期农业税收总额 1 755 亿元,各项支农支出 3 769 亿元,政府通过农业税制提取农业剩余约 12 986 亿元。而在 1979—1997 年间,国家和城市又从农村拿走 2.7 亿亩土地[②]。城乡利益分配的不均衡格局至为明显。这种宏观利益分配的不利格局对农民经济权利的影响是显而易见的。值得庆幸的是,21 世纪以来,中央针对农民增收难、农民负担重的难题出台了一系列政策措施,城乡利益分配格局开始出现变化。尤其是 2006 年起农业税的取消,将延续了 2 000 多年的"皇粮国税"驱除出了历史舞台,城乡之间的统筹发展获得了极大进步,农民宏观利益分配的权利得到了极大提升。

农民在宏观经济利益分配中的地位与实践情况折射出农民经济权利实现的困难。而若是从相对微观的具体经济权利角度观察,农民经济权利的实践状况也不能令人乐观。对于农民而言,其具体经济权利最为重要的是农民的土地财产权以及与土地相关的其他财产权。这些权利在农民权利发展的实践中也面临诸多问题。

土地是农民所拥有的最为重要的财产。按照我国宪法和物权法的规定,农民对于土地的权利主要包括集体土地所有权、土地承包经营权、宅基地使用权以及集体建设用地使用权

---

① 陈利丹. 民政发展与和谐民生[M]. 北京:中国经济出版社,2012:309.
② 张德瑞. 中国农民平等权利法律保护问题研究[M]. 南昌:江西人民出版社,2009:80.

等。对于集体土地,法律规定:"农民集体所有的土地依法属于村民集体所有的,由村集体经济组织或村民委员会经营、管理;已经分别属于村内两个以上农村集体经济组织的农民集体所有的,由村内各该农村集体经济组织或者村民小组经营、管理;已经属于乡(镇)农民集体所有的,由乡(镇)农村集体经济组织经营、管理。"农村集体土地所有权主体从而也就是多元的,村民小组、行政村、乡(镇)都可以成为农村集体土地所有者,而真正在土地上生产经营的农民个体却很难享有具体的使用权和支配权[①]。这种主体的多元性与物权法"一物一权"原则无疑有着冲突,并使得农民集体土地所有权经常遭受侵害,农民的经济权利更是难以得到充分保障。

以征地为例。在我国历年征地过程中,农村集体土地遭遇违法征收的案例屡见不鲜。有数据显示,仅仅是在 2004 年,国家清查土地违法案件过程中,就总共核减各类开发区 4 813 个,压缩规划面积 249 万公顷(1 公顷 = 10 000 平方米),退还农民耕种面积 26.17 万公顷,清理偿还 1999 年以来拖欠的农民征地补偿费 175.46 亿元[②];而在 2005 年,全国土地违法案件立案即达 80 427 件,结案 79 763 将,收回土地 6 992.87 公顷[③]。土地违法案件数量在 2014 年仍达到 8.1 万件之多[④]。面对如此众多的违法征收,农民土地权利的境遇可想而知,农民在土地征收中的利益分配也极为不利。近年来,我国的城市化率已突破 50%。然而我国的城市化水平每上升 1%,需要占用耕地约 12.7 万 hm^2。可见,随着城市化进程的加快,作为城市化产物的失地农民正成为一个庞大的群体,如果不能妥善安置,极易引起群体性事件,成为影响社会稳定的因素[⑤]。根据学者们推测,每年新增 250 万—300 万的失地农民,预计到 2030 年我国失地农民将达到 1.1 亿人。这一群体大多都是通过一次性货币补偿方式予以安置,在失去土地后,大部分人面临着既没有工作岗位,又没有低保的尴尬状况,基本的权益缺失使得他们在城市里处于边缘状况[⑥]。

在集体土地所有权之外,农民土地承包经营权是农民拥有的另一类重要的财产权利。土地承包经营权是农民在土地集体所有制基础上派生出来的土地使用权利。《中华人民共和国农民土地承包法》规定,农村集体经济组织成员有权依法承包由本集体经济组织发包的农村土地。任何组织和个人不得剥夺和非法限制农村集体经济组织成员承包土地的权利。这是农民土地承包经营权的法律依据。其具体内容包括依法对承包地予以使用、收益和经营权流转、自主组织经营活动和处置产品,在承包地被依法征收、征用、占用时依法获得相应

---

① 主力军.我国土地流转问题研究[M].上海:上海人民出版社,2012:33.

② 参见国土资源部 2004 年中国国土资源公报,http://news.xinhuanet.com/newscenter/2005-04/15/content_2834893_1.htm,访问时间 2015 年 5 月 13 日。

③ 参见国土资源部 2005 年中国国土资源公报,http://news.xinhuanet.com/newscenter/2006-04/14/content_4425499.htm,访问时间 2015 年 5 月 13 日。

④ 参见国土资源部 2014 年中国国土资源公报,http://news.xinhuanet.com/2015-04/22/c_1115057664.htm,访问时间 2015 年 5 月 13 日。

⑤ 靳晓辉,万广明.社会排斥视域下失地农民权益保护的政策建构.山西农经,2018(15):11-12.

⑥ 王浩.社会排斥视角下失地农民权益保障问题研究.农业经济,2017(9):67-68.

补偿等。然而,在现实中,农民土地承包经营权也经常遭遇各种侵害。例如,在发包过程中,发包方拒绝签订承包合同,违规多留机动地;在承包期内,发包方单方面解除承包合同,或者假借少数服从多数原则强迫承包方放弃或者变更土地承包经营权,违法收回承包地进行招标承包;在延包过程中,不依照法律规定延长承包合同,不发放土地承包经营权证书等等。这些行为严重影响到了农民土地承包经营权利的实现。

在农民与土地相关的财产权利中,农民的宅基地使用权和建设用地使用权也值得关注。宅基地使用权是农民因建设住宅而无偿取得、使用集体土地所形成的独立类型的用益物权。宅基地使用权建立在农村集体经济组织成员资格之上,对农民而言,宅基地使用权不仅具有社会福利意义,而且也具有社会保障功能,因而是农民所享有的重要财产权利之一。但是,对于农民的宅基地使用权,我国现行法律的规范却非常原则,相关规定也缺乏可操作性,且法律所规定的一些审批程序在实践中也被大打折扣,宅基地使用权实现过程中的不公平现象在我国农村地区时有出现①。而就集体建设用地使用权而言,目前物权法等对此种权利规定为用益物权,但其权利内容和行使过程还要受到土地管理法等法律的限制,比如土地管理法对农村集体土地使用权规定不得出让、转让或租用于非农建设。集体建设用地使用权的期限等重要问题也缺乏相应的明确规定。

综合上述内容可以看出,虽然我国宪法和法律对农民的经济权利已有规定,但由于城乡利益结构以及农民土地问题的特殊性,农民经济权利的实现仍面临种种障碍,农民经济权利的实践仍需予以长期关注。值得注意的是,2015 年中央出台了有关农村土地制度改革的试点工作意见,提出将进一步改革土地征收制度,探索建立多元的土地征收补偿方法,建立农村集体经营性建设用地入市制度,完善农村宅基地制度②。这一试点意见的出台,意味着我国农村土地改革正在进入新的历史阶段,农民土地权利缺损和受损的状况将有望进一步好转,农民的经济权利迎来了进一步发展的新契机。

三、农民社会权利发展实践状况

在一般意义上,社会权利是现代社会中公民所享有的重要权利类型,是在社会现代化过程中伴随着社会风险的增加而逐渐为人们意识到的权利类型。按照联合国《世界人权宣言》中的规定,每个作为社会一员的公民,都有权享受社会保障,并有权享受他的个人尊严和人格自由发展所必需的经济、社会和文化方面各种权利的实现。这些权利包括了劳动权、社会保障权、受教育权、环境权等权利类型。农民作为社会成员,在社会现代化的浪潮中同样面临各种社会风险,有从社会和国家获得必要的社会支持的权利。以下从农民的劳动权、社会保障权、受教育权、环境权等方面对农民社会权利发展的实践状况加以描述。

---

① 陈小君,高飞,耿卓等. 后农业税时代农地权利体系与运行机理研究论纲——以对我国十省农地问题立法调查为基础[J]. 法律科学:西北政法大学学报,2010(1).

② 参见《让农民利益不受损:解读农村土地制度改革八大亮点》[EB/OL]. (2015-01-19)[2015-05-13]. http://finance. people. com. cn/n/2015/0119/c1004-26405511. html.

首先,在农民的劳动权方面。劳动权是公民维持和保障自己及其家庭生存和发展的基本权利。农民就业权实践主要体现在两个方面,一是农民将自己的劳动力与农业生产资料相结合从而实现劳动权,二是农民进入城市,将自己的劳动力和城市生产活动相结合。从历史发展来看,中华人民共和国成立以后经过土地改革,农民虽然获得了土地这一重要生产资料,但受到我国地少人多的国情限制,剩余农村劳动力大量存在。按照官方统计数据,我国9亿农村人口中有5.6143亿劳动力,而农村现有生产水平只可容纳和接受1.5亿左右的劳动力,其余4亿—5亿劳动力需要通过其他方式来实现就业[1]。除乡镇企业吸纳部分劳动力外,每年1.2亿左右的农民需要进入城市,寻找工作。正是存在大量农村剩余劳动力,农民朝向城市流动以解决其劳动权的需求从中华人民共和国成立以来就一直存在。例如在1952年,仅东北地区流入城市的农民就达到32 117人,占当时失业人员总数的22.4%[2]。然而,农民自发朝向城市的流动对城市就业和工业计划管理的冲击,又使得国家从一开始就采取了限制农民城市就业的措施。1953年政务院发布《关于劝止农民盲目流入城市的指示》,要求对准备要求进城的农民耐心解释,劝止其进城。除有工矿企业或建筑公司正式文件证明其为预约工或合同工的以外,不得开给介绍证件。对已经进城的农民,除为施工单位所需要者外,要动员其还乡。农民迁徙和劳动权利由此开始受到限制。1955年中共中央《关于第二次全国省市计划会议总结报告》中进一步明确要求,各部门不准从农村招收人员。此后,与计划经济相适应的户籍制度、农村集体化政策、城市社会保障制度的建立等,更是逐步在城乡之间树立起了屏障,农民进入城市就业的权利遭遇种种障碍。

改革开放以后,虽然农民的劳动权的限制有所松动,但相对于城市居民,农民的劳动权保障仍旧是极不充分的,对此可从农民工劳动权利保障方面进行观察。在我国,虽然国家不断为进城农民工就业提供各种服务,但毋庸置疑的是,现实中仍存在针对农民工的种种歧视性政策。比如在就业过程中,一些地方对农民工进行种种不适当的限制。如2000年初,北京市就明确规定,只有76个工种允许使用外地务工人员,而另外的103个工种、17种职业则限制使用外地务工人员[3]。而在另外一些地方,虽然不一定有类似于北京这样对外来务工明确限制的,但也存在各种隐性的限制方式,比如对本地户籍的限制。这样就使得农民工无法获得与城市居民同样的就业环境和就业条件。进城农民工只能在制造业、建筑业、服务业等城市中低端行业中选择就业,而且其可选择的岗位也往往是那些收入低、环境差的工作岗位。除此以外,在劳动收入方面,农民工也往往会遭遇同工不同酬、恶意拖欠克扣工资的情形。每年因工资而引发的集体讨薪,"跳楼秀"等场景,无不是农民工群体工资权利保障无力的体现与写照。农民工劳动权利保障尚且如此,农民劳动权利的实践状况也就可想而知了。

① 转引自刘云升,任广浩.农民权利及其法律保障问题研究[M].北京:中国社会科学出版社,2004:25.
② 中国社会科学院,中央档案馆.中华人民共和国经济档案资料选编1949—1952:劳动工资和职工保险福利卷[M].北京:中国社会科学出版社,1955:300.
③ 京城:103个职业限制使用外地工[EB/OL].(1999-12-16)[2015-05-13].http://finance.sina.com.cn/news/1999-12-16/15405.html.

中华人民共和国成立之后,我国对农民社会保障权利的实现进行了不懈的探索,相继建立了农村优抚安置、合作医疗、农村五保等相关制度。例如 1962 年国家就颁发了《抚恤、救济事业费管理办法》,对农村优抚安置发挥了重要作用。1986 年以后,民政部开始探索建立农村社会养老保险制度,在部分地区开展了试点工作。1992 年,民政部发布了《县级农村社会养老保险基本方案(试行)》,开始在农村推行社会养老保险。1995 年,国家试行建立农村最低生活保障制度。而自 2003 年以来,我国政府进一步在农村广泛开展了新型农村合作医疗政策。这些制度与政策极大推进了农村社会保障。据统计,2000 年年底,我国农村社会养老保险就已经在 2 000 多个县、市展开,养老保险投保 6 172 万人,占农村人口的 7.8%。在最低生活保障方面,早在 1997 年,全国就有 1 660 个县(市、区)建立了最低生活保障制度,306 万农村人口得到最低生活补助。而合作医疗制度自建立以来,也已遍及全国 31 个省、自治区、直辖市[1]。

然而,从农村社会保障的整体情况来看,农民社会保障权的实践情况也不容乐观。一方面,从社会保障在城乡之前的配置来看,人均保险费用的占有率差别极大。占我国总人口 80% 的农村人口,只享有社会保障支出的 10% 左右,占总人口 20% 的城市人口却占有 90% 左右的社会保障费用。从人均社会保障费用看,城市居民是农村居民的 20 倍以上[2]。我国农民的社会保障权利的实现状况仍停留在相对较低的水平上。另一方面,在城市化进程中出现的失地农民和农民工的社会保障仍面临种种困难。失地农民是城镇化发展的直接后果。当农民失去土地,也就成为游离于城市和乡村、农民和市民之间的特殊群体。这一部分群体在失地之初尚可能依赖失地补偿安置费维持生计,但从长远来看,若没有社会保障制度的有力支撑,失地农民的生活将面临各种问题。而就农民工而言,农民工的社会保障项目不齐备、保障水平低也是极为明显的。根据 2010 年国家人口计生委的监测报告,2009 年北京、上海、成都、深圳、太原等五大中心城市中,农民工参加工伤保险和失业保险的比例分别为 30% 和 6.5%。而当年国家统计局的调查报告反映的农民工工伤、失业保险缴存比例更低,只有 21.8% 和 3.9%。另据国家统计局 2010 年国民经济和社会发展统计公报的数据,2010 年全国 24 223 万农民工中,参加工伤保险的有 6 329 万人,占比约为 26.1%[3]。这意味着,在工伤保险领域,至少 70% 的农民工尚无法得到工伤保险的保障。而一旦失业,农民工也无法像城市职工那样领取到相应的失业救济金,得到相应的再就业服务。

在农民的受教育权利方面,我国宪法规定,中华人民共和国公民有受教育的权利和义务。《中华人民共和国教育法》《中华人民共和国义务教育法》等法律对包括农民在内的中国公民的受教育权进行了明确规定。从实践情况来看,虽然多年来我国政府对农村教育予以高度重视,但相较于城镇教育,农村教育多年来的发展仍旧极为滞后,中国农民受教育权仍旧遭受各种人为的政策制度限制。有学者将相关限制归纳为 4 个方面:其一,教育投入不足

① 杨团,毕天云,杨刚.21 世纪中国农民的社会保障之路[M].北京:社会科学文献出版社,2010:84.
② 杨团,毕天云,杨刚.21 世纪中国农民的社会保障之路[M].北京:社会科学文献出版社,2010:86.
③ 相关数据参见王道勇.中国农民工的未来[M].昆明:云南教育出版社,2013:61 - 62.

以及差别投入限制农民受教育权。例如在城乡教育投入方面,1993年全国城乡小学生的人均教育经费差距为1.9倍,在初中阶段,全国城乡整体差距为2倍。到1999年这种差距不断拉大,小学和初中阶段城乡整体差距均扩大到3.1倍,小学阶段城乡差距最大达11倍[①]。其二,城乡教育机会不均衡,这种不均衡不仅存在于义务教育阶段,也在高中和高等教育阶段表现明显。其三,收费式义务教育限制了公民的受教育权。其四,教育产业化对农民的受教育权也构成了限制和剥夺[②]。事实上,该学者归纳的也只是农村教育危机的部分现象,在其他方面,农民受教育权不能得到有效实现也是较为明显的。比如对农民工子女的教育问题,就面临教育资源分配不公、义务教育就学歧视等亟须加以化解的现实问题。

与教育权等权利的实现情况相类似,农民的环境权在实践中也面临很多难题。一方面,城市工业污染朝向农村的转移,极大地影响到了农村的生态环境和可持续发展,农村环境受到威胁;另一方面,农村在经济发展过程中,对于污染防治意识和技术的落后,也导致河流、土地、大气污染等不良后果发生。而政府在环境治理过程中对于农村环境的忽视和资金投入的缺乏,对农民的环境权利的实现也产生不利影响。据统计,我国河流中约有2/3以上已经受到污染,农村中约有5亿农民的饮用水不符合卫生标准,酸雨污染加重,酸雨区面积已经超过国土面积的29%[③],而工业废物和生活垃圾在农村的堆放填满,致使农村土地、水源污染更趋严重,农民的环境权利保障急需加以提升。

☑ 第二节　农民权利发展的现实障碍

农民权利实践状况展现了我国农民权利发展的重要成就。然而,正如夏勇先生指出的那样,"20世纪中国人权利生长的另一面,就是关于权利的观念、体系和保护机制总是处于矛盾与反复之中,而且难以落实。"[④]前文有关中国农民的权利发展实践情况的粗略分析也同样证明了这一点。面对农民权利发展中存在的诸多矛盾、反复和曲折,我们都不得不进一步对农民权利发展所面临的障碍予以深度审视。事实上,针对农民权利发展中的障碍已有学者论及。例如夏勇先生针对中国人权发展,认为抑制百年来中国人权利发展的因素包括"社会正义以主张群体权利为核心,以至压倒并替代个人权利""政治权威空前强化,俨然成为社会正义的化身""由长期的社会动乱和战争所导致的对基本生活秩序的需求从另一侧面强化了政治权威,并扼制了对个人权利与自由的享有"以及"谋求社会正义无需通过法律,法律本身也难以进入社会生活"等[⑤]。这一立足于人权的宏观论述,为我们认识农民权利发展的障

[①] 张英洪.农民权利研究:农民权利论[M].北京:中央编译出版社,2014:217.
[②] 张英洪.农民权利研究:农民权利论[M].北京:中央编译出版社,2014:215-232.
[③] 李桂林.我国农村环境污染现状成因与防治[J].黑龙江环境通报,2000(4).
[④] 夏勇.走向权利的时代:中国公民权利发展研究[M].北京:社会科学文献出版社,2007:20.
[⑤] 夏勇.走向权利的时代:中国公民权利发展研究[M].北京:社会科学文献出版社,2007:20-24.

碍同样富有教益。而针对农民权利问题,张英洪教授指出:中国农民的权利问题根本上是保障农民产权和人权两大基本问题。制约农民权利保障和发展的是传统的集体所有制和城乡二元体制;"打土豪、分田地"式的民粹主义与掠夺民众的权贵资本主义是直接侵犯农民基本权利、危及社会和谐稳定的两大现实威胁。不受制约的权力和不受制约的资本是侵犯农民权利的两大"杀手"①。这一观点深刻而简洁地总结了农民权利发展的核心及其体制性阻碍因素。然而,在体制性因素之外,农民权利发展实际还面临着农民自身的观念以及农民在社会结构中的地位等因素的限制。农民权利的发展离不开农民自身,而农民本身是处于一定的社会结构之中的,制度尤其是法律制度对于农民权利发展更是具有重要的影响。因而对于农民权利发展障碍的分析也就需要从这三个层面展开。在我们看来,农民主体观念的缺失是农民权利发展的观念障碍,农民社会底层地位是农民权利发展的社会结构障碍,而制度性歧视则是农民权利发展的社会制度障碍。推进农民权利发展,有必要对这三个方面的障碍加以全面分析和正确认识。

一、主体观念缺失对农民权利发展的影响

(一)主体观念是农民权利发展的基础

对农民主体观念的探讨,需要建立在对"主体"这一核心概念的认识基础上。虽然人们在日常生活中经常使用"主体"一词,但"主体"究竟是什么,却并不是那么容易说清楚的。比如,今天人们谈到主体,马上会将其与人联系在一起,但事实上"主体"并非一开始就与人相关,"主体"与人关联在一起,是在近代以后才发生的事情。西方哲学中的"主体"大约有逻辑学、形而上学和认识论上的三种意义②。逻辑学上"主体"指的是主语或主词,形而上学意义的"主体"指的是属性承担者即实体,只有在认识论上,"主体"才是指意识、自我、精神等的承担者,即"人"。在这三种意义之间,逻辑学意义的"主体"和形而上学的"主体"产生最早。例如在亚里士多德那里,主体和实体就是统一的,真正的"主体"就是"实体"③。而"主体"的第三种意义,也即从认识论角度来界定"主体",实际是 17 世纪以来的哲学成就。这一成就最初集中体现在笛卡尔的"我思故我在"的哲学命题中。由此开始,"主体"这一概念开始和人紧密关联在一起,而经由康德等人的进一步阐发,"主体"被明确地在自我、理性、意识等意义上来使用,成为集中体现着人的主观能动性的概念范畴。这样来看,在认识论意义上,"主体"既是思想活动的承担者,也是实践活动的承担者④。它表彰的是人的独立、自主、理性,体现的是人的自由决定的能力和地位。而以历史的眼光观察,作为主体的人也是历史的存在物,人的主体意识的形成并不是从来就有的。"只有当人对自然的认识发展到了一定程度,积累了相当的知识,从而在对自然的认识中逐渐形成、发展了他的认识能力,人才有可能认

---

① 张英洪. 农民权利研究:农民权利论[M]. 北京:中央编译出版社,2014 年版,自序.
② 转引自张志伟. 主体概念的历史演变[J]. 教学与研究,1996(5).
③ 张志伟. 主体概念的历史演变[J]. 教学与研究,1996(5).
④ 李云龙. 主体概念的历史演变[J]. 北方论丛,1994(2).

识他自己,才有可能从自在的主体成为自为的主体,并自觉其主体的地位。"①

人并不是一开始就具有主体意识的,然而,对于人的权利发展而言,主体意识的存在却又是必需的。因为,当我们谈论权利,就是谈论人的某种资格、利益、力量或主张,就是在从资格、利益、力量或主张的角度对人的尊严和价值乃至于人本身予以肯定。这其中已经将人预设为主体。没有这种预设,整个权利的大厦也将随之坍塌。而从实践的角度看,"作为权利内容的资格、利益、力量或主张最终是基于作为社会存在物的人的特性,或者说,人的权利的最终基础是人本身。"②一个并不把自己作为主体看待的"人",无论外界给予其多大的支持和帮助,也永远无法实现从自在向自为的转变。权利对其而言,只会被认为是他人的某种恩赐,却从不会被其认为是自己的应得,其对于推进权利体系完备、追求权利实现的激励动力也将荡然无存。

这一点,对于农民权利发展而言也当无二致。农民权利的发展也同样需要建立在农民主体意识观念发育生长的基础之上。对此夏勇先生在针对农民公法权利生成问题的讨论中已经有所述及。按照夏勇先生的分析,公法权利生长的社会条件之一就是权利主体的发展水平。对于权利主体发展水平的测试,则可以从需求层次、社会实力、利益个别化程度、行为自主程度、意识开化程度等方面展开③。其中,行为自主程度与意识开化程度恰恰正是对主体的内在规定性。没有行为的自主,没有对自身权利的感觉、认知和确信,权利发展也就失去了重要的条件。就农民权利发展而言,没有对权利背后隐藏的正当性观念的体认和遵从,也就不会有基于权利意识而展开的自主权利行动,"为权利而斗争"既难以想象,农民权利发展也无法成为现实。

(二)农民权利发展面临农民主体观念缺失的限制

在中国社会发展历史过程中,抑制民权、张扬官权似乎向来就是中国传统社会的重要特点之一。"当政者并不希望民众有独立的权利意识,总是想方设法将民众驯服成顺民,甚至奴才。在官权和民权之间,张扬官员的权力,抑制平民的权利,强调官员是民众的父母,训诫民众要遵从君主之命。"④在这样的传统之下生活的农民,也向来只能产生臣民意识。臣民意识不同于公民意识。"作为主权权威的参与者,就叫做公民;作为国家法律的服从者,就叫做臣民。"⑤在臣民和公民之间,其本质区别或许不在于是否拥有法律文本上的权利,而在于是否能真正意识到自己对权利享有的正当性,是否意识到权利的不可剥夺,并且愿意以自觉、理性、积极的态度去行使自身的权利。很明显,在传统封建社会中,中国农民是无法生成积极、自主的权利意识的,因而一切利益也就只能依赖于君王的仁慈与恩惠。甚至当中国社会的历史进入民国时期,国家也要对包括农民在内的国民采用"军政""训政"等治理手段,家长

---

① 张志伟. 主体概念的历史演变[J]. 教学与研究,1996(5).

② 夏勇. 走向权利的时代:中国公民权利发展研究[M]. 北京:社会科学文献出版社,2007:14.

③ 夏勇. 走向权利的时代:中国公民权利发展研究[M]. 北京:社会科学文献出版社,2007:510-514.

④ 张英洪. 农民权利研究:农民权利论[M]. 北京:中央编译出版社,2014:序言.

⑤ [法]卢梭. 社会契约论[M]. 何兆武,译. 北京:商务印书馆,1994:26.

式的那种对待未成年子女一般的态度恰好也从反面印证了包括农民在内的社会成员主体意识的缺失。

对中国农民而言，真正唤起其主体意识，或许正在于中华人民共和国成立以后对农民政治地位的确认和推崇。1949 年以后，原本在社会政治生活中默默无闻的农民群体，一下子成了国家的主人，并且以联盟者的姿态进入国家政治权力的核心结构之中。这是历史上前所未有的，而农民政治地位的权利毫无疑问地促进了农民的权利意识。农民第一次从主体的角度来打量自身，意识到自己在政治生活中的地位和作用，而这种主体意识，反过来也极大地促进了农民政治权利实践活动的发展。中华人民共和国成立后农民对党和国家的热切拥护，农民在社会主义改造和社会主义建设过程中迸发出来的无限激情和活力，若失去了农民对自身主体地位的确证的意识和观念支持，又如何能成为可能？！然而可惜的是，这种起始于政治权利的主体意识，在此后的社会发展中因为城乡二元体制等因素的限制又逐步式微。因为在城乡两元的结构体制中，农民并不是感受到自由自主，而是束缚、压制和不平等。有学者所谓"城乡两元结构分割的不仅是城市和乡村这两种地域，更从根本上割裂了城市人和农村人的自我意识与自我权利的觉醒"①的观点，确是一语中的。当农民主体观念缺失时，仅仅依赖于外力推动的农民权利发展事实上根本无力为继。

而反过来看，一旦农民主体观念和权利意识能够萌生，那么农民权利的发展也将在此基础上获得相应的推进。此处可举两个例子加以佐证。第一个例子是农民报考公务员的权利。2004 年公务员面向全社会人员招考，国家当年发布的统一招考简章并未提及户籍的限制，但中央国家机关各招考单位在人事部规定的"具有录用主管机关批准的其他条件"一项中大都加入了只限于"北京市户口"的内容。如某部发布的招录公告中规定"社会在职人员须具有三年以上工作经历，北京市城镇户口"。当年的这种限制并未在社会上引起很大反响。而 2005 年中央国家机关的招考，有关户籍的限制却引起人们热烈的讨论和批评②。此后有关户籍限制的招考规则再也没有在招考公告中明目张胆地出现过，在一定意义上，这正是人们权利意识觉醒的成就。另一个例子是当前农村涉农转移支付。目前国家每年以上万亿的资金进行涉农转移支付，但其成效却甚微。其中一个重要原因，或许在于农民的内在积极性没有得到充分调动。在农民积极性没有调动起来的情况下，国家投入的资源越多，农民反而越是被动，越是等靠要，资源的使用就越是缺乏效率③。农民的积极性，所反映的正是农民的权利意识，当主体意识缺乏时，即使国家大力投入，农民获得公共服务权利的实现仍旧困难重重。所有这些充分说明，"虽然外力的影响与作用很重要，但源于权利受侵害者自身的呼吁、争取甚至抗争的作用是无可替代的，它对于全社会形成对农民权利的高度重视与积

---

① 赵宇霞. 我国农民发展的若干问题研究：基于马克思主义人学研究视阈[M]. 北京：中国社会科学出版社，2012：60.

② 韩大元. 中国宪法文本上"农民"条款的规范分析——以农民报考国家公务员权利为例[J]. 北方法学，2007(1).

③ 贺雪峰. 基层治理的活力在哪里[J]. 中国党政干部论坛，2015(7).

极采取纠正或保障措施,具有十分重要的影响。"[①]在没有主体观念支撑的情况下,农民权利发展遭遇种种困难也就不难理解了。

二、农民弱势地位对农民权利发展的阻碍

如果说农民主体观念的缺失对自身权利发展的影响是内在因素的话,那么农民所处的社会弱势地位则开始超出农民自身内在因素的范畴而落入社会结构之中。而且,由于这一因素往往是农民自身难以控制的,因而对农民权利发展也就具有更大的影响。

(一)农民弱势地位的现实展现

在我国当前的社会结构中,农民处于弱势地位基本是一个通过日常经验就可以感知的事实,但若从理论上来分析,则不得不谈到社会学上的分层理论。在社会学理论中,社会分层关注的是存在于人类社会的个人和群体之间的结构性不平等,它被用来分析人们的社会地位以及由此形成的社会差别和层次划分,以帮助人们把握社会的基本结构以及由它制约的社会运行状态[②]。任何社会均存在分层,而在当代中国的社会分层中,农民无疑是处于社会的底层之中。1994年,朱光磊主编的《大分化新组合:当代中国社会各阶层分析》一书,立足于从"身份到契约"的社会发展进程,借助大量的客观数据,对中国社会阶层的分化与重组的特点及其趋向进行了分析,指出我国农民正处于从传统农民向现代农民转变的过程中。该书对于农业劳动者的生存状况也予以了充分关注[③]。2002年,陆学艺主持的"当代中国社会结构变迁研究"课题组以职业分类为基础,以组织资源、经济资源和文化资源的占有状况为标准,建立起了划分社会阶层的理论框架。课题组研究指出,农业劳动者阶层是中国规模最大的一个阶层,是指承包集体耕地,以农(林、牧、渔)为唯一或主要职业,并以农(林、牧、渔)业为唯一收入来源或主要收入来源的农民。该课题研究将中国社会划分成了十个阶层,区分出五种社会地位等级。在十个阶层中,农业劳动者阶层处于第九个层级。而依据组织资源、经济资源和文化资源的占有情况,课题组指出农民阶层只拥有很少量的三种资源[④]。从农民所处的社会阶层地位出发,不难看出,曾经是传统经济体制的突破者和农村经济体制改革实践者的农民阶层,在市场经济和社会发展的进程中已日益下降为我国社会的弱势群体。

我国农民的弱势地位的形成有着自身的特点。总体来看,我国农民的弱势地位是在国家经济改革过程中,伴随着政治分层功能弱化而经济分层功能增强的背景下形成的。换言之,中华人民共和国成立后的一段时期内农民享有的较高的政治地位,在市场经济的冲击下不能完全体现为农民的社会结构地位,农民经济地位的弱化对于农民弱势地位的形成具有

---

① 韩大元.中国宪法文本上"农民"条款的规范分析——以农民报考国家公务员权利为例[J].北方法学,2007(1).
② 王正中.社会学概论[M].南京:南京大学出版社,2013:133-134.
③ 朱光磊.大分化新组合:当代中国社会各阶层分析[M].天津:天津人民出版社,1994:147.
④ 陆学艺.当代中国社会阶层研究报告[M].北京:社会科学文献出版社,2002:8-9.

更大的影响。而从政治分层到经济分层变化的背后,实际隐藏的是社会整体利益格局的变迁。在《博弈:断裂社会的利益冲突与和谐》一书中,孙立平教授曾对这种从利益格局的调整到利益格局固化为社会结构的过程做了分析。他指出,我国改革的最初阶段曾经出现过一个短期的"平等化效应"。在这一过程中,社会下层最早在改革中受益,农村改革中农民的收入在 1978—1985 年间有了较大幅度的增长,平均年增长率达到了 16.8%。而从 20 世纪 80 年代中期开始,农村改革潜力基本释放完毕,80 年代前期出现的共同富裕局面开始发生变化,改革中受损者开始出现,这主要就是农民(相对剥夺阶段)。进入 20 世纪 90 年代以后,农村居民收入开始出现绝对下降现象。在这种现象背后,实际是掠夺之手重塑利益格局的过程。而同样是在这一时期,医疗、教育、住房等方面人的支出也在增加,这种隐形剥夺更加剧了农民的贫困。在这种背景下,从 20 世纪 90 年代中后期开始,社会结构开始固化,阶层之间门槛提高,社会排斥开始出现①,农民也就此进入弱势群体的序列之中。

　　农民群体的弱势地位在农民工、失地公民、农村贫民等几类特殊群体身上表现得尤为明显。就农民工而言,在工资方面,虽然多年来我国 GDP 一直保持较高位增长,但农民工的工资收入却增长缓慢,一些地方农民工的工资甚至多年未有变化。如果考虑到物价上涨等因素的影响,这一部分农民工的工资实际是负增长的②。如果将农民工工资与城镇之中工资相比较,农民工的名义工资也远少于城镇职工。国家统计局 2009 年职工工资统计数据表明,当年城镇非私营单位在岗职工年平均工资为 32 736 元③。而到 2010 年,农民工月平均收入才达到 1 690 元④,换算成年工资,与城镇职的差距不容小觑。若就社会资源与机会获取角度观察,农民工也基本处于劣势,其"向上流动"仍存在较大障碍即是明证⑤。再就失地农民来加以观察。虽然在部分地区,失地农民因为较高的土地补偿而维持了较好的生存状态,但在更多地区,失地农民的收入呈下降趋势。有调查显示,河南和云南两省失地农民收入的降幅甚至达到了 25%。因为经济收入和社会保障处于低水平运行,相当部分的失地农民陷于贫困境地或沦于贫困的边缘⑥。至于农村中的贫困人口,其生存状态同样堪忧。2010 年,国家统计局公布了贫困线标准为年均纯收入 1 247 元,以此测算,我国的贫困人口约为 2 688 万。而且,由于我国贫困线的标准较低,农村贫困情况实际被严重低估了⑦。在上述如此众

① 孙立平. 博弈:断裂社会的利益冲突与和谐[M]. 北京:社会科学文献出版社,2006:71-78.
② 刘纯彬. 农民工需要解决的 10 个突出问题[J]. 人口研究,2005(5).
③ 统计局公布 2009 年职工平均工资,上海居全国首位[EB/OL]. (2010-07-17)[2015-06-02]. http://news. 163. com/10/0717/17/6BQENB3A000146BD. html.
④ 王玮. 农村居民过半收入来自打工[N]. 人民日报,2011-03-23(13).
⑤ 符平,唐有财,江立华. 农民工的职业分割与向上流动[J]. 中国人口科学,2012(6).
⑥ 李萍,戴新歌等. 转型与分配协调论[M]. 成都:西南财经大学出版社,2006:271.
⑦ 如 2006 年农村生存型贫困线为每人每年 683 元,这一标准相当于国际贫困线确定定额最低贫困人口标准的 1/5,相当于其贫困标准的 1/10,相当于美国贫困标准的 1/50。参见杨立雄,胡姝. 中国农村贫困线研究[M]. 北京:中国经济出版社,2013:4.

多的贫困人口中,乡村中贫困的农民占据了相当比例①。

（二）农民弱势地位对其权利发展的影响

权利的发展依赖于社会发展。"权利是否能够和在多大程度上改进人的结合方式、增进社会的和谐,取决于特定的社会条件尤其是社会结构的演进。"②而当农民在社会结构中处于较低的地位时,这种弱势身份无疑对其权利会产生不利的影响。

一方面,农民的弱势地位与农民权利贫困相关。权利贫困是农民底层群体在法律上的特征③。按照学者的解释,权利贫困是多方面的。权利贫困不仅表现为权利的相对不足,即那些与社会公正相关的资源分配权、工作权、财产权等,在弱势群体身上难以得到充分的表现,而且表现为获取社会权利的机会不充分等方面④。而从权利贫困的成因来看,社会成员在社会结构中的地位与其权利贫困之间总是存在着相关性。就农民群体而言,农民底层群体的权利贫困在很多情况下并不完全是主观因素造成的,而是与农民群体的经济状况以及贫富分化的社会环境高度相关⑤。这也就是说,正是由于社会财富在社会阶级、阶层结构上的不均衡分化,决定了农民等弱势群体在社会生活中话语权的大小,并进而影响到法律上权利义务的分配。

另一方面,农民的弱势地位与农民权利实现的困境相关。正如前文所述,我国农民的权利实现仍面临各种困难。比如在基本的社会保障方面,我国农民在医疗、养老等方面均承受着巨大的压力,农民群体的民生更为艰难。而导致农民权利实现困难的重要原因,或许在于基于农民底层地位而来的话语缺失。就像弗里德曼在《美国法律史》中曾经写到的那样:"美国的制度为更多的人提供了在经济生活中的发言权以及应享份额,这是以往多数社会制度所无法比拟的;但对于没有组织起来和没有权力的人来说,这一份额实在少得可怜。政治和法律的基础来自各个利益集体的压力,谁有最响亮、最有力的呼声,谁便所获最多。"⑥然而,社会成员呼声的大小,在一定程度上是和其占有的政治资源、经济资源、社会资源相关联的。当农民在这些资源占有方面处于劣势,进而被归入到弱势阶层之时,其话语之弱也就不难得知。而弱势的话语,自然对其权利的实现无法产生积极的效用。

当然,从另一层面来看,农民的弱势地位也可能催生出农民较为强烈的维权与抗争意识。这种维权与抗争意识,根源于农民基于生存困难和权利贫困而产生的朴素的社会不公平感。社会不公平的感知,将可能激发谋取公平的社会行动,进而为农民权利的发展提供推

---

① 据国务院新闻办《中国的农村扶贫开发》白皮书,2010 年年底,农村没有解决温饱问题的贫困人口是 2 000 万。
② 夏勇.走向权利的时代:中国公民权利发展研究[M].北京:社会科学文献出版社,2007:14.
③ 刘同君等.新农村法律文化创新的解释框架:转型空间·知识命题·图景样式[M].北京:中国政法大学出版社,2012:203.
④ 潘自勉.论价值规范[M].北京:中国社会科学出版社,2006:251.
⑤ 刘同君等.新农村法律文化创新的解释框架:转型空间·知识命题·图景样式[M].中国政法大学出版社,2012:203.
⑥ [美]劳伦斯·M.弗里德曼.美国法律史[M].苏彦新,译.北京:中国社会科学出版社,2007:537.

进力量。但是,很明显的是,假如没有良好的法律制度的支持,农民自发的维权行动,也极可能走向无序的,甚至是暴力的抗争,而这恰是农民权利发展过程中要极力予以避免的。

三、制度性歧视对农民权利发展的阻滞①

农民在社会结构中的弱势地位的形成原因是多方面的。一般而言,社会弱者的形成源于剥夺。自然的剥夺通常被认为是老天的不公,而社会的剥夺则意味着一个群体对另一个群体正当权利与地位的差别对待或歧视②。而当这种剥夺是以制度性歧视的方式体现出来的时候,被剥夺者则往往被置于更为弱势的地位。对于农民而言,其弱势地位的形成在很大程度上就和制度性的不公相关。这种制度性的不公或者说制度性歧视,是造成当今农民权利发展困境的制度因素。

(一)制度性歧视与弱者的形成

通常而言,制度性歧视是指以规则形式为表现的歧视,但对于"制度性歧视"的具体内涵,学界的观点并不完全一致。澳大利亚学者罗宾·雷顿认为,制度歧视是一种体系性的或者系统性的歧视,是指那些由于历史原因而非故意实施造成的、通过广泛的中性政策、习惯和待遇固定形成的特定群体遭受的普遍的有规律的社会不利状况③。换言之,制度性歧视通过简单地适用那些既定的、并非故意对特定群体实行歧视的程序和标准,在事实上对特定社会群体进行了排斥。体系性、非故意性、事实性是制度性歧视的主要特点。而在国内,对于制度性歧视的代表性观点则认为,制度性歧视就是指由国家的正式规则所形成或被国家的正式规则所接受和保护的歧视④。制度性歧视中蕴含的规则特性被认为是其重要的特征。但对于这种规则的具体内容,仍存在着理论上的分歧。大多数学者从法律规则的角度来理解制度性歧视的内容,但也有学者采取了更为宽泛的标准。例如,有学者在针对农民工的制度性歧视的研究中即认为,制度性歧视指的是普遍存在于地方性法律法规和行政文件中有关就业管理制度、社会保障制度、劳动监察制度以及中国社会从 20 世纪 50 年代末期以来实行的户籍管理制度等,此外,还包括企业内部成文和不成文的管理制度等⑤。由此来看,社会生活中存在的具有歧视意义的惯例、风俗等似也可归入制度性歧视的范畴之中。我们认为,造成前述观点诸种差异的原因,其实主要在于对于"制度性歧视"概念中"制度"的理解的不同。在经济学和社会学中,制度一般被认为是指人为设定的、用来约束人与人之间行为关系的各种规则,其既包含以宪法、法律、行政规章、组织条例等为表现的正式制度,也包含着以社会习俗、惯例和道德准则为表现的非正式制度。正式制度和非正式制度两者的区别,主要

---

① 本部分内容作为部分成果已经发表于《理论导刊》2012 年第 6 期。
② 胡玉鸿.法学方法与法律人:第二卷 "个人"的法哲学叙述[M].济南:山东人民出版社,2008:484-485.
③ 转引自周伟.论禁止歧视[J].现代法学,2006(5).
④ 任喜荣.制度性歧视与平等权利保障机构的功能——以农民权利保障为视角[J].当代法学,2007(2).
⑤ 周大鸣,周建新,刘志军."自由"的都市边缘人:中国东南沿海散工研究[M].广州:中山大学出版社,2007:177-178.

在于产生机制和执行机制两个方面:正式制度由专门的机构来制定和颁布并由第三方来执行,而非正式制度则恰好相反①。考虑到将非正式制度纳入"制度性歧视"概念中可能导致的过于宽泛的缺陷,本书主要从正式制度的角度来界定制度性歧视。制度性歧视从而就是指以法律规则的形式表现出的对特定群体进行的非合理性的差别对待。

这种以法律规则形式表现出来的歧视,由于带有了制度合法性的外衣,在社会共同体之间人为制造了貌似合理的制度鸿沟。但是,由于制度性歧视本质上是一种不合理的差别对待,在这种貌似合理的表象之下必然衍生社会不平等的后果,制度性歧视从而可能在社会中造就一类特殊的弱者即制度性弱者。在针对农民、农民工、乙肝病毒携带者等社会弱者形成原因的分析中,已有研究已经注意到,制度性歧视是这类弱者形成的主要原因之一。人们普遍认识到,这些群体之所以在社会中处于劣势,在很大程度上不是因为其本身的弱势,而是因为制度将他们放在了不利和弱势的地位,是实质上不公正、不公平的制度的牺牲品,制度性歧视是造成制度性弱者的主要原因。

不仅如此,制度性歧视的存在对于自然性、生理性弱者的形成也具有"推波助澜"的作用。天生的机能障碍、生理的性别区分等可能置部分群体于弱势的因素固然具有自然的属性,但当这些因素进入社会交往的领域,则必然会面临正式制度的规范、调整甚至型塑。正如有学者指出的,"'剥夺'虽然可以由自然的、社会的甚至个人的原因引起,但本质上仍以社会的局部认同为基准。换句话说,剥夺是由社会上不在少数的参与之下而形成的对另一部分人的不平等对待,本质上是一个社会问题而不是自然现象。""剥夺更多的是社会作用的产物。"②例如,对于女性而言,女性弱者的地位在一定程度上即是社会建构的结果。"社会权力的分配对于男女所处不同社会状况的影响,要比他/她们与生俱来的生物差异的影响大得多。"③而当这些自然的、生理的弱者进入制度的视野中的时候,那些带有歧视性的制度无疑会将他们推向更为弱势的地位。对于这种制度性的歧视,被歧视者往往无能为力。

总之,制度性歧视不仅造就制度性弱者,更在自然性、生理性弱者的形成过程中具有某种"潜移默化"的作用。这一点提示我们,必须要深刻关注制度性歧视与弱者及其权利保护之间的内在关联。但是应注意的是,对于现实的制度的批判,必须要在历史的语境中来进行。从历史的角度来看,制度从来都具有"双刃性"。公正的制度保护弱者,而歧视性的、不公正的制度却制造弱者,但那些歧视性的、不公正的制度的形成却是一个复杂的过程。从道理上讲,在现代民主法治社会中,制度作为人的"自由自觉的活动"在本质上应体现人的本性,促进人的自由平等的发展,但现实社会生活的复杂性却往往使制度建构脱离其初衷,形成制度的异化。造成这种异化的原因,一方面在于制度内容的相对稳定性与社会发展变化的流动性之间的矛盾,另一方面也和现代科学技术所促进的人的认识的发展相关联。例如,

---

① 李小宁. 发展与转型[M]. 北京:北京航空航天大学出版社,2008:108-109.
② 胡玉鸿. 法学方法与法律人:第二卷　"个人"的法哲学叙述[M]. 济南:山东人民出版社,2008:485.
③ 转引自周颜玲. 有关妇女、性和社会性别的话语[M]//王政,杜芳琴. 社会性别选择研究. 北京:三联书店,1998:383.

如果语境化地理解我国 20 世纪 50 年代有关农民户籍、就业等方面的政策,那么不难发现其中确实蕴含着一定的历史合理性,但以僵化的制度来应对新时期的农民问题,已有制度的合理性逐渐丧失,而歧视就此形成。就此而言,制度性歧视对于农民弱势地位的造就过程,无疑也应该从历史和社会变迁中进行考察和理解。

(二)制度性歧视对农民权利发展的影响

以法律规则为表现形式而事实上对特定群体进行非合理性差别对待的制度性歧视不仅制造了农民的弱者地位,更是农民权利保护实践中的重要障碍。做出这一判断的首要缘由,在于制度性歧视与其他类型的歧视所具有的共性。歧视有着复杂的社会历史和文化原因。但法律上的歧视则是指被法律禁止的针对特定群体或者个人实施的旨在克减、限制或剥夺其法律权利的任何不合理的区别对待措施。歧视的显著特征是对本质相同或类似的人或事进行不合理的区别对待①。这种不合理的区别往往是基于种族、肤色、性别、语言、宗教或者社会身份、出生等一些自然的或者偶然的因素而做出的,因而无论是直接歧视、间接歧视还是制度性歧视都有可能违反了平等对待的人类社会基本法则,在社会共同体中人为地区分了不同的集团,并置部分群体或者个别人的权利于其他群体或他人权利更为优越的地位之上。就农民群体而言,型构城乡两元结构的那些制度中的不公平因素同样是极为明显的,其对于农民权利发展的阻滞已无需赘言。

除此以外,制度性歧视本身所具有的个性特征更易使其在包括农民在内的弱者权利保护方面产生严重的阻滞作用。罗宾·雷顿曾将制度性歧视的特征概括为"歧视的形式比较难观察""故意不是判断歧视行为的必备要件"以及"一般没有明确可确认的受害人和加害人"等三项②。这一概括大体指出了制度性歧视的个性特征,但并不全面。笔者认为,制度性歧视的主要特性应括以下几方面:一是表面合法性。正如前文所述,制度性歧视是以正式制度的形式表现出来的,国家专门机构往往是制度性歧视的创建者。这总是会给人以制度合法的外在观感。二是具有较强的隐蔽性。这一点是前一特点的自然延伸。换句话说,由于在人们的观念中,正式制度尤其是国家立法形式的制度是多数人意见的结果,代表着公平和正义,因而一般情况下人们总是不易察觉它隐藏的不公平性,甚至可能将其当作是正当而合理的;而且,如果单从制度表面来看,罗宾·雷顿所谓"一般没有明确可确认的受害人和加害人"的特点也会使人忽略制度性歧视的存在。三是影响的长期性和广泛性。制度性歧视以相对稳定的制度的形式为表现,能够在一个相对较长的时期内存在和运行。而就涉及的主体而言,与非制度性的歧视不同,制度性歧视一般并不针对特定的个体,而是针对某个特定的社会群体而展开的,因此其影响范围要较一般的歧视行为涉及的范围更为广泛。四是消除的顽固性。这是因为作为正式制度的制度性歧视往往以国家的强制为后盾,而且制度性歧视的产生和发展是在一定的社会、经济条件构造的特定环境中存在的,既得利益集团以

---

① 周伟.论禁止歧视[J].现代法学,2006(5).
② 周伟.论禁止歧视[J].现代法学,2006(5).

及社会主体的行为惯性也都可能阻滞制度性歧视的消除。

由于上述特点的限制,制度性歧视对于包括农民在内的弱者的权利必将产生严重的负面影响。首先,制度性歧视削弱了弱势群体的权利观念。歧视性制度日复一日地实践,不仅无助于人们减轻实施制度性歧视的偏好,反而会不断强化弱者的弱势意识,使其将原本是非合理的差别对待,被看作是自然而然的事情并予以心理上的接受;不仅如此,长久生活于制度性歧视中的弱者,会于不知不觉中降低对自身能力和权利的评价,并进一步在整个社会群体中证实他们似乎就应该被不平等地对待。前文对于农民主体观念的分析无疑也证明了这一点。其次,制度性歧视为弱者权利的实现制造了强大的障碍。换言之,即使弱者于社会中感觉到了制度的不公并且试图加以校正,这一权利实现的过程也颇为艰难。遭受制度性歧视的弱者不仅要面对一个个具体的处于相对优势地位的社会个体,还必须要和隐藏于这些社会个体背后的整个组织体甚至国家进行抗争。单独的个人的力量在强大的组织体面前是何等的不堪一击。再次,制度性歧视对弱者权利发展具有负面影响。夏勇教授曾经指出,在社会意义上,权利表示着一种社会关系,表示个人在社会中的地位。对个人权利的承认不仅意味着对个人需求和个人身份的个人性的承认,而且意味着对个人需求和个人身份的社会性的承认,因而权利的发展总是意味着社会结合方式的改进①。然而,在制度性歧视之下,社会阶层被相对固化,弱者处于与其他群体相比更加缺乏竞争力的地位,这种社会阶层之间的疏离和隔阂只能导致弱者权利在低层次上徘徊,对于弱者权利发展毫无助益。农民在社会结构中的弱势地位对于权利发展的负面影响,也可由此进一步获得解释。

上述制度性歧视对于弱者权利的负面影响还可以从中外弱者权利斗争的实践中予以观察。例如,在美国历史上,虽然在19世纪60年代,国会相继通过了宪法第十三、十四、十五修正案以及一系列民权法案,赋予了黑人平等保护的权利,但种族歧视仍旧在美国长时间存在。甚至到了1895年,美国南方多州还通过了以种族隔离著称的杰姆·卡洛乌法律(Jim Crow law),这些法律从生到死、从医院到坟墓等方面都详细地规定了种族隔离,成为矗立在美国黑人面前最为严重的制度性歧视。而那些为消除这些制度性歧视,改变黑人弱势地位的斗争则经历了"从隔离但平等"到"隔离即不平等"演变过程。在受教育权方面,从1896年"普莱西诉弗格森案"到1954年的"布朗案",花了半个多世纪的时间,美国黑人受教育的平等保护在法律上才逐渐得到肯定和确立②。这是一个漫长的、对弱者而言也极为痛苦的过程。在我国,我们同样可以发现类似的例子,尤其是近些年来发生的城乡人身损害赔偿标准不一而引起的"生命歧视案"、农民工"乙肝歧视案"等,无不存在着制度性歧视的魅影。而在制度性歧视面前,农民等弱者的权利主张往往被生硬地驳回,制度性歧视的顽固性展露无遗。

① 夏勇. 走向权利的时代:中国公民权利发展研究[M]. 北京:社会科学文献出版社,2007:9.
② 李树忠. 宪法学案例教程[M]. 北京:知识产权出版社,2002:104-118.

☑ 第三节 农民权利发展实现机制的建构

在近代中国追求现代化的历史进程中,中国农民饱经沧桑,其权利的发展与实现也历经艰难。在封建专制的历史年代中,农民虽然在"士农工商"的社会阶层顺序中位置靠前[①],但在统治者眼里,包括农民在内的社会成员也只有臣民的身份,其"应得"或"应为"并非取决于自身的独立主体地位,而是依据其在整个社会秩序中所在的"名分"。体现在规范设置上,就是权利义务的不平等,体现在法律技术上,则是对社会关系的低水平抽象,不能产生出"权利""义务"这样的法律概念[②]。此种情形下,农民权利不要说发展,连萌芽生长都极为困难。对我国农民而言,权利发展的真正起始,应在近代以来,尤其是改革开发以来,基于经济改革而产生的利益法律化的需求刺激、因应思想解放而引致的人们对权利正当性的确证等多重因素,已经成为社会发展不可缺少的要素,对于农民权利发展也有着深远的影响。而社会的发展及其所伴随的利益结构、社会身份、思想观念、行为模式等方面的变化,也使权利的观念、体系和保护机制逐渐进入社会意识、社会规范和社会体制[③]。农民的权利实现正是在这样的情境下获得了发育成长的前所未有的契机。然而,正如我们在前文关于农民权利发展障碍的分析中所看到的那样,置身于现代化浪潮之中的中国农民,无论是其主体观念,还是其在社会结构中的地位,抑或是在法律制度中的处遇,都有着极大的缺憾。立足于农民权利发展的现实障碍,农民权利发展的实现机制无疑也需要深度思考。在我们看来,农民权利发展的实现机制,应从农民主体观念、弱势地位以及法律规则等层面综合考虑,这既需要通过多维赋权建构农民权利实现的基础,也应该推动农民的主动作为,同时借助于其他多元主体的介入实现对农民权利的协同维护。唯其如此,才能建立起一个适应农民现实状况的权利实现机制,从而真正推动农民权利的发展。

一、多维赋权:农民权利实现机制的建构基础

前文分析已经指出,农民权利发展的最终基础是农民本身。我们不能完全把农民权利发展的希望寄托在农民之外的他人身上。对于农民而言,再多的外界协助与支持,若不能转变为农民自觉的意识和自为的行动,实际也很难产生权利发展的效果。然而,考虑到农民本身的弱势地位,以及其面对制度性歧视的现实境遇,简单地要求农民自主自觉的行动无疑也不现实。在这里,农民的权利实现似乎陷入了悖论:一方面,农民权利的实现不能完全依赖

---

① 也有人考证认为,"士农工商"的说法,最初并不和社会阶层地位相关,而是"四业并举",无先后尊卑之分(参见吴晓波.历代经济变革得失[M].杭州:浙江大学出版社,2013:15.)。但从中国社会农耕文明的特点出发,这种排序大体还是体现了在统治者那里不同阶层的社会地位。

② 参见夏勇.走向权利的时代:中国公民权利发展研究[M].北京:社会科学文献出版社,2007:16.

③ 参见夏勇.走向权利的时代:中国公民权利发展研究[M].北京:社会科学文献出版社,2007:28.

于外力,而另一方面,农民本身的情况又不足以承担起推进自身权利实现的重任。面对这一情境,对农民予以多维赋权或许是化解这一悖论的途径。

在这里,有必要先对"赋权"稍加说明。"赋权"是一个西方社会工作赋权理论的核心概念。这一概念来自阿玛蒂亚·森的《贫困和饥荒》,其英文表述是"empowerment",也有人将其译为"增权""增能"①。从理论起源来看,赋权理论源于西方发达资本主义公民社会中的社会福利运动和平权运动,它以弱势群体和受压迫群体的抗争运动和自我解放行动为特征②。从字面上看,赋权是给予权能(empowering)和变得有力量(becoming powerful)的意思。而西方学者在解释赋权时,一般认为赋权是指"个体、群体或者社区凭借赋权所带来的力量能够开始掌控环境并且在此基础上进一步实现自己的目标"③,或者说,"赋权是一个过程或一种机制,依赖这种机制,人群、组织和社区得以控制他们的生活。"④不难看出,赋权理论针对的对象是弱势群体,其核心在于挖掘或激发个体、群体或者社区的内在潜能,赋权是赋予弱势群体以权利的一种过程、介入方式和实践活动,其目标是帮助弱势群体能够掌控自己的环境,并使自身能够自主发展。从赋权的过程看,赋权不仅可以表现为从无权到有权、从少权到多权、从弱权到强权的线性运动,也可以体现为赋权过程的层次性和立体性⑤。其具体方式依据个体、社区和组织等不同层面而有所不同。通常来说,在个人层面的赋权包括参与行为、施加控制的动机、效能和控制感;社区层面的赋权包括公民参与社区决策的机会等;而在组织层面,赋权则包括共同领带、发展技巧的机会以及扩展有效的社区影响等方面⑥。

由于赋权理论针对的对象是一般意义的弱者,因而其对于农民这一弱势群体自然也具有理论适用的空间。正如前文分析指出的那样,农民在个体层面上,受其弱势地位的影响,一般难以有能力和信心去改变自己的困难处境。而在社会关系方面,由于个人关系范围狭小,农民可以调动的社会资源极其有限,难以通过社会关系网络借助社会资本去争取和创造有利的权利实现条件。从社会参与的层面来看,农民缺乏属于自己的利益表达组织,难以以正式的、组织化的方式参与到经济社会发展政策以及事关自身权利的法律实践过程中去。正是由于这些弱势因素的影响,农民权利的实现才更依赖于广泛的赋权。

从赋权的价值看,赋权对于农民权利的实现也是极为必要的。按照西方学者的归纳,赋权的价值是多重的。赋权不仅对个体发展有利,而且可以与良好的政府治理形成相互促进的关系。除此以外,赋权还能够对被赋权对象的心理状态和福祉感受产生积极影响,从而有

① 许源源. 中国农村扶贫:瞄准定点部门与 NGO 的视角[M].北京:中国社会科学出版社,2012:36.

② 文军. 西方社会工作理论[M].北京:高等教育出版社,2013:280.

③ Thomas M,Pierson J. Dictionary of social work[M]. London:Collins Educational,1995:134.

④ Rappaport J. Studies in empowerment:Introduction to the issue[M]. New York:Haworth Press,1984:5.

⑤ 文军. 西方社会工作理论[M].北京:高等教育出版社,2013:287.

⑥ 文军. 西方社会工作理论[M].北京:高等教育出版社,2013:287.

利于弱者境况的改善,增加集体活动的成效①。这样来看,对于农民的赋权,同样可以在农民自我能力的增强以及权利发展方面发挥积极的作用。

事实上,赋权理论从其被提出以来,就被广泛地应用于妇女权益、农村贫困人口扶助等实践领域,取得了较好的效果。在我国,赋权理论同样得到了实践。如在社区建设中,参与与赋权被关联起来予以考虑。赋权成为参与式发展的核心是赋权。在扶贫发展活动过程中,通过权力结构和授权机制的重新分配和组合,原本在政治及经济过程中被排除在外的穷人能够被包括进来,使群众能够公平地拥有发展的选择权、参与决策权和受益权,弱势群体从而从作为受众的参与转为作为主体的参与②。这是赋权理论实践效用的鲜明体现。对于当下的农民权利发展,赋权理论的引入及其实践无疑也将能够对农民权利实现发挥基础性作用。

立足于农民的弱势地位,以农民权利实现为目标的赋权机制如何展开,是将赋权理论运用于农民权利发展领域的核心问题。在我们看来,针对农民的赋权应从立法赋权、政府赋权以及农民自我赋权等不同维度展开。

所谓立法赋权,是从法律制定的角度给予农民特定的权能,从而为农民权利的维护和实现奠定法律基础。对于农民权利的立法赋权,也有学者曾有所论及。如有学者在针对弱势群体权利问题的研究中,就提出立法应加大对弱势群体的赋权,即由立法明确赋予公民迁徙自由权、增加罢工权的建议③。按照该学者的观点理解,立法明确赋予公民迁徙自由权、罢工权,是清除劳动力自由流动和主动维权的制度性障碍的必要措施,而这恰恰是激发劳动者行动能力的重要组成内容。但是,有必要指出的是,基于赋权理论的立法和我们通常意义上谈论的立法仍有着一定的区别。其一,基于赋权理论的立法活动,其着眼点更多在于激发农民等弱势群体的主体性发挥,其目的是要激发人的内在价值,使其主动追求自身的目的。其二,基于赋权理论的立法活动,其内容应更多地关注对主体介入特定活动的前提性、程序性权利等方面。季卫东教授在论及程序的意义时曾特别指出,"对于宪法精神以及权利的实现和保障来说,程序问题确系致命的所在。"④程序能够促进理性选择,程序展开的过程也是一个反思性整合的过程,这使得公正合理的程序是改善选择的条件和效果的有力工具。而要实现这一切,就需要在立法上赋予主体以具体而明确的程序性权利。对于农民权利的实现而言,程序权利的获得以及由此而带来的程序活动,必将对农民权利发展和实现产生积极影响。因而,在后立法时代的法律制定活动中,"立法不应再局限于为特定决定的结果是什么给出预先的指示,而应致力于权能的分配,或者说,应致力于确定应由谁来作出决定。……

---

① [英]萨宾娜·阿尔基尔等. 贫困的缺失维度[M]. 刘民权,韩华为,译. 北京:科学出版社,2010:50-51.
② 潘泽泉. 参与与赋权:基于草根行动与权力基础的社区发展[J]. 理论与改革,2009(4).
③ 张晓玲. 社会弱势群体权利的法律保障研究[M]. 北京:中共中央党校出版社,2009:274.
④ 季卫东. 法律程序的意义[M]. 北京:中国法制出版社,2012:14.

远离实体法,而接近于权能规范和程序规则的趋势是相当明显的。"①其三,基于赋权理论的立法活动,应着力于建构与农民特点相适应的权利体系。考虑到前文对于建立农民权利体系的意义已有述及,故此处不再展开。

立法是规则的创制,而法律的实施才是法律生命真正实现的过程。在法律实施过程中,政府的作用无论如何是不容小觑的,尤其是在我国这样一个行政权力向来强大的国家中。因而,农民权利的实现也就和政府的各种活动发生了密切联系。政府赋权由此成为对农民赋权的又一组成部分。政府在农民权利实践中,如何正确体认农民的弱势地位,在与农民打交道的过程中注意激发农民的参与热情,培育农民的参与能力,就成为政府对农民赋权的重要内容。在这一方面,可以以土地征收中农民的参与权保障为例予以分析。参与土地征收过程是农民现有的重要权利。在现代行政程序中,参与权不能仅仅被视为一种法律形式,它实际还承担着形成实体权利的功能。在土地征收过程中,参与权要求行政主体在作出行政决定时,应充分考虑农民所发表的意见,并合理地采纳其意见。而借助于这一权利,农民即能够真正参与到行政活动中去,其观点之陈述、意见之表达,无疑也是农民增加自身权能、丰富沟通技巧的有益实践。因而,借助于作为一种集合性权利的参与行动,农民将获得知情权、陈述权、抗辩权、申请权、救济权等具体权利的有效保障,从而形成前后衔接、体系完整的建设性的沟通与约束机制,实现政府与被征地农民间力量的动态均衡,进而构建出实现农民土地权利的良好行动空间②。类似的政府赋权在农民权利实现中也可同样利用。

立法赋权和政府赋权总体上是来自于国家的、"他者"的赋权。在这种赋权形式中,立法者和政府仍极有可能变成施恩者或解放者。一旦赋权主体以此种角色出现,那么也就无法摆脱父权主义的阴影,亦即没有征得人们的同意就站在他们的立场上行事③。在此种情形下,被赋权主体对自我的赋权就显得重要起来。在有关妇女权益的讨论中,已经注意到了妇女自我赋权的必要性。人们认为,妇女自我赋权是赋权妇女最基本的组成部分,"实现自我赋权必须强调妇女积极参与社会变革现有社会结构的各种活动,强调妇女之间的团结、合作。作为妇女赋权的中心,妇女既是被赋予权力的客体,又是使自己具备能力的主体"④。如果妇女可以通过自我赋权来增加自己谋取权利的可能,那么对于中国广大的农民而言,自我赋权无疑也是建构自身权利实现基础的重要内容。在我们看来,农民自我赋权的过程是通过农民之间的协调运作,引致农民群体成员之间出现有序结构的自组织过程。这种自组织过程,在当代农民权利实践中已经有所萌芽。在我国一些农村地区出现的各种农民协会,"民主恳谈会""村务监督小组"等,就充分体现了农民通过系统权力结构的分配重组而建构出新的秩序的无限潜能,构成了农民权利实现的重要社会基础。

① [美]埃尔斯特[挪]斯莱格斯塔德.宪政与民主:理性社会变迁研究[M].潘勤,谢鹏程,译.北京:三联书店,1997:340.
② 参见牛玉兵.农民土地征收参与权的实现困境与对策[J].四川行政学院学报,2014(3).
③ 文军.西方社会工作理论[M].北京:高等教育出版社,2013:295-296.
④ 李英桃.社会性别视角下的国际政治[M].上海:上海人民出版社,2003:334.

二、主动维权:农民权利实现机制的推动力量①

德国法学家耶林在其《为权利而斗争》的法学名篇中曾充满激情地宣称:"世界上的一切法首先必须从其否定者手中夺取。不管是国民的权利,还是个人的权利,大凡一切权利的前提就在于时刻都准备着去主张权利。"②因而,为权利而斗争不仅是对自己的义务,而且也是对社会的义务。对于农民权利实现而言,耶林的论断同样是适用的。而考虑到我国农民权利基于弱势地位而深受制度性歧视危害的现实,农民维权对于农民权利实现也就更富有意义。

当然,主张农民的主动维权,并不是忽略社会发展本身在农民权利实现方面的重要作用。正如前文指出的那样,农民权利的发展蕴含于社会发展之中。在现代社会中,对于农民弱势地位而提供的法律保护体现了社会公平的诉求和法律的人文主义精神,法律制度对农民这一社会弱者的关怀从而成为现代法律重要的价值意蕴之一,这就要求要尽量消除包括制度性歧视在内的对于农民的一切非公平对待。然而,由于对于一种制度是否构成制度性歧视的认识在本质上是对于制度内在合理属性的认识,因而就往往存在着个人主观上的偏差;而且,如果历史地看待制度性歧视的成因,可以很清楚地发现,除了个别的正式制度在其制定之初就隐含着歧视的内容以外,类似于户籍制度那样的大多数正式制度在其制定之时并不一定就是不合理的。制度性歧视的形成往往是由于在社会发展变迁中制度合理性流失而造成的。"给予法律制度生命和真实性的是外面的社会世界,法律制度不是隔绝的、孤立的,它完全依赖外界的输入。"③这种情况下,对于某一正式制度是否构成制度性歧视的认识必然也会因时代差异而有所不同,并随着时代变迁而发展变化。但是,反过来看,由于制度性歧视本身是对制度是否合理的判断,因而在整体上,这种判断就不能超出人类自身的尺度,并且也不能超出特定社会中人们所处的社会条件的限制。正是在这一意义上,对于制度性歧视的学理批判也"只能在社会发展的基础上,通过法治精神或宪政原则的分析,或通过对制度伦理或制度正义、制度绩效的发掘来进行"④。针对农民的制度性歧视的消除在总体上自然也应依赖于社会整体和谐公正的发展。

但是,将与农民相关的制度歧视的消除最终寄望于社会整体和谐公正的发展并不意味着生活于现世的人们就应无所作为。恰恰相反,制度性歧视的消除以及在这一基础上的农民权利保护,在很大程度上依赖于生活于现有制度之下的人们的主动作为。其原因在于:其一,在一般意义上,制度作为一种人为的主观建构,其产生与发展同人的社会存在直接相关,因而任何制度安排本身并不是目的,制度必须要以一定历史阶段的人的需要的满足为目的。就此而言,制度的形成、发展、变革、创新等活动无一不与人的社会实践相联系。脱离了现实

---

① 参见牛玉兵,王廷芳. 制度性歧视与弱者权利保护[J]. 理论导刊,2012(6).

② [德]鲁道夫·冯·耶林. 为权利而斗争[M]. 胡宝海,译. 北京:中国法制出版社版,2004:1.

③ [美]弗里德曼. 法律制度[M]. 李琼英,林欣,译. 北京:中国政法大学出版社,1994:16.

④ 任喜荣. 制度性歧视与平等权利保障机构的功能——以农民权利保障为视角[J]. 当代法学,2007(2).

的人,制度的设计与安排就只能成为"乌托邦"式的梦想。其二,如果将制度性歧视的消除视为一种过程,那么这种过程必然可以归结到制度的演化之中。而制度的演化是有其内在规律的。虽然在根本意义上,制度演化取决于社会的发展与进步,但人自身对于制度的演化的作用绝不应被忽视。就与农民权利保护相关的制度性歧视问题而言,作为"弱势群体"的农民实际是一个类概念,它在事实上往往是空虚的。为实现农民权利而展开的针对制度性歧视的斗争,总是通过一个个具体的个体的行为来展开的。我们很难想象,如果没有周一超、张先等针对乙肝歧视的抗争维权行为,我国"乙肝歧视"的制度规则能在一个较短的时间内得以修正,农民工平等就业的权利能够获得提升。

因此,在消除制度性歧视的过程中,弱者自身的力量绝不应被忽视。如何在制度建构、运作、救济的过程中使弱者的声音得以显现、公平对待的权利诉求能得以重视,是消除制度性歧视、保护弱者权利的重要内容。在我国,虽然弱者的权利已经获得了广泛的重视,但是毋庸置疑的是,诸多关于弱者权利的呼声,在很大程度上是由处于社会强势地位的精英分子发出的,弱者自身反而默默无闻,成为一个"被言说""被代表"的群体;由此而进一步的结果是,弱者和强者之间缺乏有效的话语沟通和交流,弱者与强者之间的社会结合无法顺利进行。这一切均意味着,必须采用各种手段强化弱者的话语。这固然需要在法律制度上确立弱者话语表达的诸项权利,但更为重要的是,应在弱者话语强度的增加、话语表达程序的保障等方面进一步进行努力。增加弱者话语表达的强度,主要的方法之一是强化弱者的组织性。对于弱者而言,只有将分散的个体予以集合,弱者才能真正有效地参与到制度建构与演化的过程中,其对于公平对待、消除制度性歧视的呼声才能对立法以及公共行政过程及其结果产生富有意义的影响。另外,在具体程序上,也应根据弱者自身的实际情况,建立起有针对性的、适合弱者需要的法律程序,降低弱者权利救济程序的繁杂和各种经济成本,使得对于制度性歧视的审视能够在具有形式理性的法律程序中进行。农民个体针对制度性歧视的维权行动,恰如冲击礁石的朵朵浪花,它不仅昭示了农民要求公平对待的权利的正当性,而且终会将制度性歧视的礁石粉碎。

由上述结论的进一步逻辑推演,必然涉及掌握正式制度权力制定和运作权力的社会主体的态度。拥有正式制度制定权力的主体,能否在主观上把握制度演变的公正性发展方向,能否认真倾听来自弱者的关于制度公正的呼声,能否冲破各种利益集团甚至强势者的阻滞,并且以客观行为适时地推进制度的变革,在制度性歧视的消除以及农民权利实现中具有重要作用。这一点在一个等级森严、缺乏人权观念的前民主社会或许会面临诸多困难,但在一个人民民主的、确立了人权保障原则并以人民利益为依归的国家中,似乎不应成为难题。就我国情况来看,在"乙肝歧视""年龄歧视""就业歧视"等方面,虽然仍存在着可批评之处,但近些年来我国立法机关所进行的逐渐常态化的法规清理活动以及诸多大刀阔斧的制度改革正在一步步消除针对弱者权利的制度性歧视,这是令人欣慰的。而在正式制度的运作方面,行政机关和司法机关的态度同样重要。

值得注意的是,上述分析主要是从具体主体的角度而展开的,而对于制度本身的自我发

展功能似乎没有太多的论及。事实上,制度具有自我发展功能。在制度发展方面,我们必须注意一个基本的事实,那就是在民主法治的现代社会中,制度的发展与变革往往也是在既有的制度框架尤其是宪政框架内进行的。这意味着制度本身有着重要的自我纠错、自我发展的功能。通过在不同的主体中设置和分配角色,通过不同主体之间的配合与制约,制度运行中的错误被人们及时发觉并进而予以纠正。在现代法治社会,针对制度的自我纠错和自我发展功能主要是通过宪法监督和司法审查来实现的。美国的司法审查制度已经证明,有必要对法律和规则的合宪性进行审查,以保证法律规则不会在社会群体间人为地制造制度上的歧视,进而实现社会的公平公正。而在我国,由于种种因素的限制,宪法监督的效果还有待提高,抽象性的制度规则尚难以完全纳入司法审查的视野中,这些都需要在将来进一步予以改进。必须深切地认识到,在现代民主法治国家,一切规则的最终落脚点必须建立在人的存在、人的自由尊严之上,因而必须承认,宪法和法律中应包含着最低限度的正义要求,自由、平等、权利既是现代社会的主要价值,也是评判现有制度的基本标准。我国宪法中"尊重和保障人权"原则的确立,为审视、评判社会制度具体规则提供了基本的尺度,完全可以成为消除制度性歧视、推进农民权利发展的重要理论依据和行动武器。完备宪法监督制度和司法审查制度,建立起针对制度性歧视以及农民权利保护制度自我纠错与发展机制具有极其重要的意义,而这在当下的中国无疑还需要继续努力。

三、协同护权:农民权利实现机制的保障体系

农民权利的实现是一个动态过程。以农民为主体的主动维权提供了农民权利实现过程得以推进的最为重要的动力。然而,作为主体的农民及其维权行动并非处于真空之中,而是镶嵌于我国农村发展和中国社会整体变迁的时代进程之中。从农村发展和社会变迁角度来看,正如人们已经意识到的那样,当代中国农村的经济结构、社会结构、价值观念等都已经发生了前所未有的变化,农村自治的蓬勃发展、行政权力在农村的弱化、国家司法对农村社会生活的介入,已经将我国农村变成了一个由多种权威并存并相互影响的"多中心"存在状态。在这样一个多主体、多中心的社会状态中,农民权利的实现必然被置于一个多维主体交叉并存的关系性场域中。立足于多中心、多主体的复杂化情境,对于农民权利实现的主观期待当然也就不能建立在单一主体的、线性的机制或模式的基础上,农民权利的实现机制有必要朝向网络化、多样化、系统化的方向发展。因而,在农民维权过程中,"引导农民维权行动进入法治化轨道,倡导农民维权与农村乡土社会的结合,引导政府、社会等不同组织体在农民维权过程中作用合力的形成和发挥应成为农民权益维护的应然选择。"①而假如我们再进一步结合前文对农民主体观念缺失、弱势地位难改的权利现实生态的描述,围绕着农民权利问题的多元主体对农民权利的协同维护就显得更为必要了。

----

① 刘同君等. 新农村法律创新文化的解释框架:转型空间·知识命题·图景样式[M].北京:中国政法大学出版社,2012:269.

在农民权利实现过程中,强调协同护权,首先意味着对农民权利实现问题的研究是在承认社会系统的复杂性基础上展开的。"社会是一个由人类个体构成、开放耗散、具有适应性和自组织能力的复杂适应性系统。"①社会系统不同于自然系统之处,主要在于社会系统是由具有目的性和主动适应性的主体所构成。当社会条件、利益机制等发生变化时,现有的社会系统不能适应这些变化了的条件要求,开始远离平衡态,处于不断的裂变、冲突、协调、重构之中,社会系统形成耗散结构,自组织地产生出社会结构的分岔、社会行为的混沌与分形等复杂性特征②。而基于复杂性引发的社会系统的不平衡状态将引发系统中具有差异性的组成部分之间的相互协调、补充,继而从原本不平衡的状态自组织地产生出新的有序的时空结构,实现社会系统的功能。这实际上也正是哈肯"协同"思想的要义③。对于农民权利问题而言,当代中国农民的权利问题恰正是处于社会发展引致的非均衡社会状态之中,农民权利的实现也就必须要在社会系统的复杂化这一背景下予以考量。

在农民权利实现过程中,强调协同护权也意味着农民权利实现过程是一个以农民权利为中心议题的多元治理过程。从一般意义上讲,治理是"官方的和民间的公共管理组织在一个既定的范围内运用公共权威维持秩序,满足公众需求。治理的目的是指在各种不同的制度关系中运用权力去引导、控制和规范公民的各种活动,以最大限度地增进公共利益"④。而就农民权利实现的协同护权而言,农民自组织的发生、农村组织的介入、社会组织与政府机构的参与及其相互间协作关系的建构,无疑也是不同社会主体为实现农民权利而进行抗争、引导、控制和规范的治理过程。这一过程的展开,离不开社会成员对社会连带关系的认识。"只有在一个强大的、积极的社会中,并且其中的社会成员都意识到自己对他人及自身所承担的义务之后,个人才能够在这一社会中得到最大程度的发展。"⑤而以农民权利为核心的多元治理,也正是农民权利实现过程的具体展开。

由上一点进一步展开,农民权利实现过程中的协同护权也必然要求打破农民权利保护实践中存在的各种"各自为政"的隔离现象。西方有学者在讨论政府治理问题时曾极为痛惜地指出,"眼下的治理与科学生产体系一样,基于分割、隔离、区别。职权要分割,每一级的治理都以排他的方式实施其职权。领域要分割,每个领域都由一个部门机构负责。行动者分割,每个小人,特别是公共行动者,都有自身的责任领域。人与自然隔离,经济和社会隔离。这个隔离的原则在公共机构的运作中所分的层次更细,政治与行政要分离,领导和执行要分离,实施和评估要分离。对明晰的追求,出发点是好的,即需要区分权力,明确责任,但是当问题相互关联时,当任何问题都不能脱离其他问题而被单独处理时,仅在一个层次上处理,由一个行动者处理,这种明晰就成了效率的障碍。因此我的结论是:明天的治理再也不能忽

---

① 范如国.复杂网络结构范型下的社会治理协同创新[J].中国社会科学,2014(4).
② 范如国.复杂网络结构范型下的社会治理协同创新[J].中国社会科学,2014(4).
③ 参见[德]哈肯.高等协同学[M].郭治安,译.北京:科学出版社,1989.
④ 俞可平.政治与政治学[M].北京:社会科学文献出版社,2005:21.
⑤ 孙晓莉.西方国家政府社会治理的理念及其启示[J].社会学研究,2005(2).

视关系了,而是应将关系放到制度的中心位置。"①而"将关系放在制度的中心"实则为不同主体间的关系协同。从我国农民权利实现的现实来看,对农民权利的维护仍在不同程度上存在着因分隔而导致的协同不力问题。例如在工会维护农民工权利方面,地方工会通常对会员采用属地管理,这固然与传统产业工人工作地点相对固定是适应的,但与农民工的流动性是不相适应的,而不同城市的工会相互之间也缺少沟通,导致工会维权资源的配置和整合不力,不同城市的工会对农民工权利的维护不能协同进行,未能产生合力,对侵犯农民工权益的案件也就不能有效及时介入②。我国地方工会组织针对农民工权利实现的困境进行了多方面的创新。例如,义乌市通过建立与司法部门的联合诉讼代理机制,开辟劳动争议诉讼处理绿色通道,构建与劳动行政部门联合劳动调解、仲裁机制等方式,实现了农民工维权"多中心协同"治理,实现了公共维权资源的整合与集约化,对农民工权利的实现发挥了极为重要的作用③。成都市总工会探索的城际间工会维权联动机制也是这方面极具启示的创新。

从农民权利保护的实践来看,协同护权对于农民权利的保护成效也是极为显著的。从总体上看,实行对于农民的协同护权有助于改变我国相关公共维权部门之间各自为政、单兵作战的离散状态,对于提升维权效能、推进农民权利实现效果良好。仍以前述义乌市工会多中心协同的实践来看,2000—2010年,义乌市总工会职工法律维权中心共受理投诉案件4 655起,办结4 357起,调解成功率达93.6%;接待集体来访364批7 420人;接听维权热线回复法律咨询电话4 954人次;阻止和化解群体性恶性事件33起;免费为职工出庭仲裁代理224起;免费为职工出庭诉讼代理315起;主持劳动争议仲裁案件504件;共为职工追讨工资及挽回经济损失2 233.868万元。全市50人以上企业的工会组建率和专门维权机构组建率达100%。同时,跨地区维权机构的组建,也实现了维权网络建设的"横向跨区域,纵向到基层",确保了农民工维权"一地诉求、两地联动、双向维权",农民工维权实效得以提升④,而农民工协同护权的实践成效,无疑也为农民权利的实现提供了极富价值的参考。

---

① [法]皮埃尔·卡蓝默. 破碎的民主:试论治理的革命[M]. 高凌瀚,译. 北京:生活·读书·新知三联书店,2005:引言11.
② 牛玉兵,傅华. 农民工与工会维权机制创新[J]. 天府新论,2006(5).
③ 周松强. 社会化维权与"多中心协同"治理网络的创新——以义乌市总工会为例[J]. 宁波党校学报,2008(1).
④ 陈有德. 工会社会化维权模式的义乌实践[J]. 毛泽东邓小平理论研究,2010(6).

第四章

农民权利发展的习惯法根基

——以"乡土法杰"及其纠纷解决为例

在一定意义上讲,人是规范的动物,规范地生活是人的基本特征[①]。社会关系的维系、社会秩序的形成,都离不开社会规范的作用。"自文明时代以来,人类秩序,既因国家正式法而成,亦借民间非正式法而就"[②],只不过在不同的社会领域、在不同主体的社会生活中,人们所需要的社会规范不同。以何种社会规范作为自己生活方式的依据,并因而打理群己权界中的利害关系,则是一个相当复杂的问题。在我国当下的农村社会,随着社会的发展转型,传统风俗习惯对人们生活的规范作用正在减弱,但是其地位仍然相当稳固,其所蕴含的价值仍然不容否认。与此同时,尽管随着国家权力向农村的推进以及农民社会生活的实际需要,国家法也在乡村的社会关系维系和社会秩序形成过程中发挥着越来越重要的作用,但是农民社会生活的习惯法根基并没有因此而从根本上被撼动。正因为如此,虽然工业文明有了一定的发展,商业文明也有某种程度的体现,但是从社会结构、治理体系、思维方式等方面整体衡量,当代中国社会从本质上仍为乡土社会[③]。由于这一缘故,乡村社会的法文化,其主体部分仍然是内生的习惯法文化,即农民日常生活所时时依赖的文化母体。这类习惯法文化以及蕴含于其中的农民据以实现、维护其权利的习惯法根基,在乡村纠纷解决中体现得最为明显。

乡村纠纷解决是维系乡村社会秩序和社会稳定的重要条件,以宗族调解、基层社会组织调解和乡邻调解为主要方式的调解自古以来就是乡村纠纷解决的主要途径[④]。作为纠纷调解的主要担纲者,各类乡土精英人士在乡村纠纷解决中具有无可替代的地位和作用。即便随着我国经济社会的快速发展和城乡人口的巨大流动,"乡土中国"的气质已然被淡化,所谓的"离土中国"正日益成为现实写照[⑤],但是各类乡土精英仍然在乡村纠纷的解决中地位重

---

① 谢晖. 法律的意义追问——诠释学视野中的法哲学[M]. 北京:商务印书馆,2003:52.

② 谢晖,陈金钊. 民间法[M]. 济南:山东人民出版社,2002:总序.

③ 高其才. 乡土法学探索——高其才自选集[M]. 北京:法律出版社,2015:1-8.

④ 聂铄. 乡土社会的非诉讼纠纷解决与地域文化——1954年至1978年广东省S县人民法院诉讼与非诉讼争端解决比较[J]. 政治与法律,2010(7).

⑤ 栗峥. 离土中国背景下的乡村纠纷研究[J]. 南京农业大学学报(社会科学版),2012(2).

要,作用重大。法律作为一种人世生活的方式,任何社会规范都在其各自作用的领域确定和规范着人们的社会生活。在乡土社会,乡土精英们解决社会纠纷以维护社会秩序和农民权利的过程,其实就是一个运用习惯法来解决问题以凸显法律功能、发挥法律作用的过程,体现了作为社会主体的人与社会规范之间的良性互动。在此意义上,习惯法是农民权利维护与发展的根基之一。

高其才教授主编的"乡土法杰"丛书所描述的人物叙事就给我们提供了这样一些互动的典范。"乡土法杰"是高其才教授在该丛书中所概括的一个范畴。在他看来,那些谙熟地方习惯法、擅长纠纷解决,在十里八村富有地位、极有权威,于乡村秩序的维护极有价值的民间杰出人士,可谓是"乡土法杰"。他们熟悉乡土规范,广泛参与民间活动,热心调解社会纠纷,"在社会秩序的维系、乡土社会的接续、中华文化的传承中担当了不可或缺的角色"。为此,他希望通过"乡土法杰"丛书为这类乡土精英和群体规范树碑立传,力求表达民间社区法人的独特人生、民间智慧者的法事生活、特定社区的秩序维持、中国普通人的文化情怀①。从该丛书既已出版的著作对五位传主"桂瑶头人盘振武"(简称盘振武)、"浙中村夫王玉龙"(简称王玉龙)、"洞庭乡人何培金"(简称何培金)、"滇东好人张荣德"(简称张荣德)、"陇原乡老马伊德勒斯"(简称马伊德勒斯)的叙事来看②,善于解决社会纠纷是这些乡土法杰们的重要特征③,而反过来,纠纷解决也在很大程度上成就了他们作为乡土精英的地位和权威。

那么,通过乡土法杰的纠纷解决展现出的是一幅什么样的事实图景?换言之,乡土法杰何以能够以及如何解决乡村纠纷?他们在乡村纠纷的解决中的地位和作用如何?在社会发展转型的背景下,他们的纠纷解决遭遇到了哪些困境?为此,本章以"乡土法杰"丛书既出著作的叙事内容为依据,以其所记述的五位传主的纠纷解决经历、个案为素材,运用要素归纳和比较分析的方法进行事实描述,以期在回应和探讨这些问题中寻求农民权利发展的习惯法根基。

---

① 高其才.桂瑶头人盘振武[M].北京:中国政法大学出版社,2013:1-5.

② 这几位传主的具体情况参见高其才.桂瑶头人盘振武[M].北京:中国政法大学出版社,2013;高其才,王凯.浙中村夫王玉龙[M].北京:中国政法大学出版社,2013;高其才,何心.洞庭乡人何培金[M].北京:中国政法大学出版社,2013;高其才,马敬.陇原乡老马伊德勒斯[M].北京:中国政法大学出版社,2014;卢燕.滇东好人张荣德[M].北京:中国政法大学出版社,2014.

③ 这是对他们在生活中表现出来的纠纷解决能力的概述,尽管他们都是有公心、有能力的人,但是在对待纠纷解决的主观态度上则各不一样。有的一直比较热心于纠纷解决,有的则并不热心于纠纷解决。比如何培金退休回乡居住时,起初给自己定下的一条规定是"不介入乡村纠纷调解之事",后来为了能为乡村的人际和谐、社会安定尽一份力,也乐在一些矛盾纠纷中作"和事佬"。无论他们的主观态度如何,客观上都表现出了很强的纠纷解决能力。

☑ 第一节 乡村纠纷解决者的主体条件与地位

由谁来解决社会纠纷在国家法上是明确的,即法律规定的专门主体,如法院、仲裁委员会、行政裁决机构以及法定的其他纠纷调解机构等。这些解纷主体作为特定法律关系主体的职权和职责范围由法律予以规定。但是在习惯法上,纠纷解决的主体则不像法定主体那样明确具体。由谁来解决纠纷,则要视特定的社会环境和纠纷解决的实际需要而定。对于纠纷当事人而言,如果可以选择的话,由谁来解决他们的纠纷并不重要,重要的是谁能够解决纠纷,并且把它解决好。就此而言,通过乡土法杰的纠纷解决具有一定的必然性,原因在于他们不但能够解决纠纷,而且能够解决好纠纷。而乡土法杰之所以能够成为乡村纠纷解决担纲者的主体地位则是以具有特定的主体资格和一定的个人权威为前提的。

一、乡土法杰纠纷解决的主体资格

主体资格是就乡土法杰在乡村社会的个人身份而言的。乡土法杰们解决纠纷的主要方式是调解,调解须以纠纷当事人对解纷主体的自愿认可为前提,因而解纷主体具有的特定社会身份就成了实现这一前提的关键。首先来说,解纷主体应当和纠纷当事人彼此互为"熟人"。其衡量依据主要有三。首先,乡土法杰与纠纷当事人具有共同的"在地性"。即彼此都是同一个地方的人,生活在同一个区域,诸如同一个村庄、同一个乡镇,相距不远,联系方便,有事喊一声或者打个电话,彼此很快就可以见面。王玉龙、何培金、盘振武、张荣德、马伊德勒斯等人基本上常年生活在其出生的地方;即便何培金因为担任国家干部而不在乡村生活,但是他与其所生长的乡村、宗族的联系从来没有断过,而且退休后即回到乡村,过上了完全的乡民生活,以至有关他的书名取为《洞庭乡人何培金》,便是其"在地性"的反映。其次,他们与纠纷当事人具有一定程度的"同属性",比如生活于同一种文化环境中,讲同一种方言,受相同风俗习惯的约束,以及属于同一少数民族,信仰同一种宗教等。其中后两点主要是对盘振武、马伊德勒斯等具有少数民族身份或者具有特定宗教信仰的人而言的。再次,正是因为具有"同属性",他们与纠纷当事人彼此熟悉,在行为方式、价值理念等方面便具有一定的"共识性"。因为彼此都是"乡里乡亲"的熟人,纠纷当事人就容易对乡土法杰产生信任和依赖,愿意让其参与自身纠纷的解决。这种与纠纷当事人之间具有诸多共性的熟人关系使得他们谙熟所在乡土社会的生活方式与社会规范,确保了其调处纠纷的知识基础与规范资源。

同时,解纷主体还应当具有能为纠纷当事人所认可的社会身份或职位,即拥有较高的社会地位。跟与当事人互为熟人关系的自然身份相比,这种社会地位可谓是人为身份,正是这种身份强化了其作为解纷主体的资格,从而赋予了其参与纠纷解决的各种权利。比如乡土法杰大都担任或曾经担任过各种各样的职务(见表1),它们分别表征了这些人各自的社会地位。像张荣德是所在乡的人民调解员,王玉龙也曾是所在镇的民间调解员,解决纠纷是他们的职责所在；盘振武是村委会负责人，作为农村基层政权组织的领导人，解决纠纷也是他的分内之事①。这些任职经历，一方面表明了这些人都具有较强的个人能力并且得到了人们的认可和倚重，同时表明了他们都具有很强的公益之心，愿意以自己的能力为他人服务，而能力和公心是乡土法杰参与并解决各类社会纠纷的重要主体条件。另一方面，这些社会职务赋予了他们可以拥有纠纷当事人所认可的身份地位及参与纠纷解决的各种权利，从而强化了其作为解纷主体的资格。

表1　乡土法杰的个人情况

姓名	盘振武	王玉龙	何培金	张荣德	马伊德勒斯
性别	男	男	男	男	男
出生年月	1953年	1936年	1938年	1946年	1955年
民族	瑶族	汉族	汉族	汉族	东乡族
受教育程度与知识状况	小学四年；劳动大学一年半，中专文凭；谙熟当地乡规民俗，具有电工、木工等专门知识，并具有一定的法律知识	小学毕业；生活经历丰富，好学博闻，对农村的风俗习惯、乡土规矩、民情社况十分了解	中等师范学校毕业；生活阅历丰富，谙熟乡情民意，为当地文化专家	小学毕业；熟悉所生活地域苗、汉族乡情。实践经验丰富，有一定的法律知识，且有一定的文艺专长	无学校教育经历，不识字，但见多识广，人际关系良好，熟悉宗教规范和宗教事务
生活居所	广西金秀瑶族自治县六巷乡六巷村下古陈屯	浙江东阳市魏山镇岭典村岭腰自然村	湖南临湘市聂市镇国庆村易家山组何家冲	云南马龙县月望乡深沟村委会火烧箐村	甘肃东乡族自治县东塬乡东塬村
主要工作经历及相关职务	村小组组长；小学教师；电工；公路指挥部队长；乡人大代表；护林站长、护林员；村委会主任；黄泥鼓艺术团团长；坳瑶博物馆管理人	互助组长；青年队长；生产队长；村副大队长、大队长；首任村长；村财务负责人、文书；镇政府民间调解员；村老年协会会长	县委机关干部；地委研究室副主任；市志办主任；央视《远方的家》栏目历史顾问；聂市镇历史文化名镇管理委员会顾问；临湘何氏宗祠重建委员会常务顾问	村民小组组长、副村长；文艺队负责人；人民调解员；派出所情报信息员；村委会老年体育协会主席；个人调解工作室负责人	生产队长；养鸡专业户、先进典型；建筑队队长；农家生态园老板；清真寺乡老、学东；县法院人民陪审员；县人大代表、政协委员
社会影响	"桂瑶头人""瑶王"	山村能人；村民"总理"	当地著名文化人；宗族长者	道德模范；模范人民调解员；群防群治工作先进个人等	优秀人民陪审员；热心公益的民营企业家；知名"乡老""马哈吉"

---

① 《中华人民共和国村民委员会组织法》第2条第2款："村民委员会办理本村的公共事务和公益事业，调解民间纠纷，协助维护社会治安，向人民政府反映村民的意见、要求和提出建议。"

当然,光有熟人关系和社会地位所赋予的主体资格还是不够的,要成为纠纷解决主体,还须具有一定的个人权威。权威是一种令人信从的力量和威望。马克斯·韦伯将正式的政治支配和权威分为三种类型,即传统型权威、魅力型权威(卡里斯玛权威)和法理型权威[①]。贺雪峰、董磊明等学者将转型期中国乡村的权威与秩序大致分为三种类型:原生型权威、次生型权威和外生型权威。其中,原生型权威主要是指村庄内的非正式组织和精英;次生型权威主要是指被体制、制度吸纳,而获得力量保证的地方精英(即村、组干部);外生型权威就是指介入村庄生活中的强大外在力量,主要是国家力量[②]。陈寒非在研究乡土法杰人物叙事的基础上,按权威的具体来源和实质将其划分为五种权威类型,即传统型权威、巫魅型权威、知识型权威、代理型权威、公权型权威,认为乡土法杰的权威具有混合性的特点[③]。

这些理论有助于我们理解乡土法杰何以拥有解决社会纠纷的个人权威。其每个人都拥有多个身份,具有权威来源途径多元、权威类型混合的特点,很难将其完全归入上述权威划分中的某一类。但是,无论乡土法杰所拥有的是何种权威,作为纠纷解决主体,德行都是其所有权威内涵的基础性部分。德行是一个外延模糊的概念,但在每个乡土法杰的身上,德行却都有着清晰而具体的体现,并因而为他们赢得了应有的声誉和威望。比如张荣德正直、善良,在近三十年的调解工作中,踏踏实实,忠于职守,坚持调解纠纷首先要摆正自己的心态,要本着公正的原则,尽职尽责,绝对不要有半点偏向哪一方(当事人)的想法[④]。何培金关心农村发展,力所能及地帮助农民解决各种困难,广泛收集乡邦文献,热心乡村公益事业,调解农村纠纷,参与乡村应酬往来,在农村生活得如鱼得水,是农民之子[⑤]。盘振武作为石牌头人之后,看重村干部的位置,热心公共事务,修庙、建校、筑路、接待等,他都积极参与,起着主要的领导作用,愿意通过自己的努力为村民谋福利,为地方谋太平,为自己赢得尊重[⑥]。王玉龙热心公益,乐于助人,不计个人得失,尽心推进公共建设,竭力维护村众集体利益,办事公正,做事细致,村众满意,当事人服气,为当地村落秩序的形成、为当地社会和谐做出了自己的贡献[⑦]。马伊德勒斯乐善好施,热心社会捐资,虔诚宗教捐献,重视人情,处事公正,在所在地区颇有威望[⑧]。所谓"厚德载物",乡土法杰们所具有的这种良好的德行,为他们赢得了社会声誉和威望,获得了在纠纷解决中使民众信任和服从他们的权威,从而为其所主导的纠纷解决的顺利进行和目的的实现提供了重要的前提条件。

① [德]马克斯·韦伯.经济与社会:第一卷[M].阎克文,译.上海:上海人民出版社,2010:322.
② 贺雪峰,董磊明.中国乡村治理:结构与类型[J].经济社会体制比较,2005(3).
③ 陈寒非.从一元到多元:乡土精英的身份变迁与习惯法的成长[J].甘肃政法学院学报,2014(3).
④ 卢燕.滇东好人张荣德[M].北京:中国政法大学出版社,2014:123.
⑤ 高其才,何心.洞庭乡人何培金[M].北京:中国政法大学出版社,2013:2.
⑥ 高其才.桂瑶头人盘振武[M].北京:中国政法大学出版社,2013:70.
⑦ 高其才,王凯.浙中村夫王玉龙[M].北京:中国政法大学出版社,2013:2.
⑧ 高其才,马敬.陇原乡老马伊德勒斯[M].北京:中国政法大学出版社,2014:2-3.

二、乡土法杰纠纷解决的行为能力

然而，具有特定的主体资格和个人权威，只是乡土法杰纠纷解决的前提条件。从过程及结果的角度看，具有解决问题的实际能力，使纠纷得到较好的解决则是乡土法杰成功于纠纷解决的决定性因素。乡土法杰是乡土社会内生的权威和精英人士，其生活经验丰富，谙熟民俗乡规，且多具有高于一般人的文化知识和专门技能，这一切成就了他们应对各种矛盾纠纷的行为能力。

纠纷解决的过程首先是一个分清是非的过程，所谓"无规矩不成方圆"，社会规范便是乡土法杰据以判断是非的标准。但是对于乡土法杰而言，秉持消弭冲突、解决问题的目的，其在调解纠纷的过程中往往会综合运用各种规范来考量是非问题。举凡法律法规、伦理道德、风俗习惯、村规民约、宗教规范等都可以成为他们说事解纷的规范依据。这一点在盘振武的纠纷解决中体现得尤为明显。比如古老的瑶族石牌习惯法在当地的影响至今依然十分深远，尽管国家制定法的影响已进入乡村，但是不少瑶族村屯仍然按照习惯传统，制定了适合于本村屯社会关系的乡规民约、村规民约，成为人们社会生活的重要规范①。对于因偷盗这样既违反国家法律又为习惯法所不容的行为所引起的纠纷，对于因通奸这样的国家法对其无能为力而习惯法能够有效制约的行为所引起的家庭纠纷，依据单一的国家法或者习惯法都无法彻底有效解决，而是需要综合利用这些社会规范的特点来应对。比如盘振武在主持解决一起婚姻家庭纠纷时，面对因通奸引起本夫打伤奸夫并引发了家族对立和治安案件的复杂情形，按照村规民约对通奸男女处罚"三个三十"，既惩罚了违反村规民约者，又教育了全体下古陈村的村民，一举多得，效果较好。同时经由他的协调，在得到受害者谅解的情况下派出所也对因违反法律的打人者以较轻处罚。最终"结果就是这样，大家服的，最后还是一起喝了一场酒，一起握了个手，两个男的握手"②。

类似的情形也存在于马伊德勒斯处理穆斯林的宗教纠纷中，当地政府部门对于这种因宗教问题引起的矛盾纠纷都感到难以处理，一般为稳定当地社会秩序，必须要迅速处理，但是仅靠"抓人""关人"这种方式并不能解决根本问题，还有可能引发更大规模的群体性事件，所以往往还需要请他这种"乡老"式的人物出面调解，配合有关部门劝和纠纷双方，从根本上解决矛盾之所在，这样才会取得较好的社会效果③。可以说，综合运用国家法与习惯法多元并存的特点，充分发挥习惯法的规范作用，是乡土法杰成功化解各类纠纷的重要因素。

是非的判断还依赖于事实的清楚，实事求是是乡土法杰在纠纷解决时所秉持的重要原则。张荣德对这一点很有感触："(案件)事实不能听单方的，要有调查过程，要听了双方的话以后，把内情(案件的真实情况)掌握在自己心中。根据双方的说法透露出的思路、问题，表

---

① 高其才.桂瑶头人盘振武[M].北京：中国政法大学出版社，2013：84-85.
② "三个三十"指的是当地村规民约中规定的，违反村规民约者应交付30斤肉、30斤米、30斤酒的惩罚。高其才.桂瑶头人盘振武[M].北京：中国政法大学出版社，2013：146.
③ 高其才，马敬.陇原乡老马伊德勒斯[M].北京：中国政法大学出版社，2014：200.

明出来的这些(事实),自己再做分析,(发现问题的)根源在哪里,要找出根源对下一步的处理才有好处。"为了弄清事实,应该做到兼听则明。"不管他说的话好听也好,不好听也好,再难听也好,自己要把心态调整好,不能与当事人发生争执,一争执起来对调解工作就不好。"[1]盘振武则在一起涉及盗窃、通奸等复杂因素的纠纷解决中,通过对有关现场发现的疑点的细致调查,弄清了事实的本来面目,理清了其中的各种曲折,为纠纷的最终解决提供了重要基础[2]。

当然,乡土法杰在纠纷解决中所依据的事实,并非如同诉讼所需要的依靠合法证据证明的法律事实,而往往是"事实的本来面目",只要纠纷当事人的承认以及纠纷解决人的确认即可。也就是说,乡土法杰的纠纷解决,贯穿始终的是实质正义的逻辑,以矛盾化解、问题解决为其目标指向,所以在具体方法上因事而异,不拘一格。摆事实、讲道理,自然是调解的基本方法,但是很多时候,为了解决一些疑难纠纷,乡土法杰需要依据他们的个人权威、生活经验和专门知识,采取灵活变通的办法。比如王玉龙"在长期的调解实践中,形成了自己的调解方法。他认为事情对不对都要讲道理,有道理就是对的,没有道理这样就不对,就是错的。在调解中,对于不同的人方法肯定不一样,有些通道理的人就讲道理,有些'蛮'的人就不讲道理,该凶的时候要对他凶起来;有些贪心的人,就要跟他讲利益"。王玉龙强调:"调解时,讲道理,讲话的方式方法是有的,你要说的话有道理,大公无私,不要怕得罪人,该好好说就好好说,该凶就要凶起来,你要是怕得罪人,事情肯定做不好;我调解的时候,该讲的话不管怎样,都是要讲的;我调解过的人,以后碰到,他们都说我说话本事,做事情公正,他们对我还是很尊敬。"[3]王玉龙的这些看法在一定程度上代表了乡土法杰解决纠纷的"方法论",也在他自己以及其他人的诸多解纷实践中验证了其效果。

纠纷解决的效果是有着不同层次的。消除发生于当事人之间的表面冲突只能算是表层意义的纠纷解决,而落实纠纷解决的结果,解决纠纷背后的问题,取得纠纷解决的社会效果,才是深层意义的纠纷解决。换言之,纠纷解决的效果好不好,就看其有没有消除导致纠纷发生的深层原因,有没有解决纠纷现象背后所隐藏的实质问题。考察乡土法杰所追求的纠纷解决效果,可以发现他们的纠纷解决的方式方法具有"问题解决型"导向的特点。

一是事前预防,事后巩固,具有整体观念,即事先对可能发生的社会纠纷进行一定方式的预防,事后关注、督促已解决的纠纷的落实情况。事前预防的方式主要两种。一种是规范预防,主要通过强调习惯法的地位作用,并通过制定村规民约等方式,为以后的纠纷解决提供规范依据。比如盘振武所在的瑶族村寨,传统的石牌习惯法的作用仍然很大,他则一向以头人之后为荣,积极并参与以这类习惯法为重要渊源的《下古陈村村规民约》的制定[4]。而张荣德则通过经常给村民宣讲极有地方特色的《马龙县月望乡依法治乡公约》来加强这种规范

---

① 卢燕.滇东好人张荣德[M].北京:中国政法大学出版社,2014:123.

② 高其才.桂瑶头人盘振武[M].北京:中国政法大学出版社,2013:140-143.

③ 高其才,王凯.浙中村夫王玉龙[M].北京:中国政法大学出版社,2013:196.

④ 高其才.桂瑶头人盘振武[M].北京:中国政法大学出版社,2013:85.

预防①。二是行为预防,主要通过帮助他人订立各种契约、文书的方式,预防当事人之间可能发生的纠纷,并为纠纷发生后的有效解决提供依据。这一点在何培金所撰写的各种"应酬契文"②及王玉龙帮助订立的遗嘱、契约中体现得尤为明显③。事后巩固则是指乡土法杰在有关纠纷解决之后,很多时候会继续关注、督促已解决的纠纷的落实情况,必要时还要对相关事项做进一步的处理。他们这类举措既是对旧有纠纷的进一步化解,也是对可能发生的新纠纷的预防。具体事例如张荣德调解韩桂珍婚姻纠纷后对其家庭的回访④,马永祥对马优素福与中学相邻纠纷的后续跟进等⑤,都是这种事后巩固的体现。

二是口头劝解,书面落实。对当事人摆事实、讲道理的当面劝解是乡土法杰调解纠纷的基本方法,若一旦当事人因而达成妥协,则他们大多会用书面协议的方式将当事人所接受的内容巩固下来,以形成对他们的约束,以督促其履行承诺,实现纠纷的最终解决。这一点在诸乡土法杰的解纷叙事中都有体现,而尤以王玉龙、张荣德的做法最为突出,也是他们纠纷解决的一条重要经验。

三是以问题的彻底解决为纠纷解决的最终目的。乡村社会熟人之间的纠纷,往往成因多元,内容复杂,其多有一个较长的形成过程,在当事人冲突行为的背后,往往包含着各种各样的问题,这些问题是纠纷发生的根源,比如父子纠纷中所包含的养老问题,夫妻纠纷背后的生活习惯问题,征地纠纷背后的生活来源问题,宗教纠纷背后的家族冲突问题等。问题不解决,纠纷的根源就不能消除,就还有复发的可能性。因此,解决乡村纠纷,往往不只是缓解矛盾、消弭冲突,更重要的是解决纠纷背后的各种问题。乡土法杰们深谙这一道理,因而他们在纠纷解决过程中,多会充分利用自己所能调动的社会资源解决纠纷所包含的问题,以实现相关纠纷的彻底解决。

三、乡土法杰在纠纷解决中的地位和作用

不论都市还是乡村,有社会的地方就会有纠纷,有纠纷就有纠纷解决,只不过不同社会环境下的纠纷解决机制是不一样的。在被称为陌生人社会的都市,以法律为主要规范依据和意义载体的诉讼、仲裁等是社会纠纷解决的主要方式。而在被称为熟人社会的乡村,较之于法律,内生于人们生活实践的习惯法的影响要更大一些,经由乡土法杰等精英人士的调解是乡村纠纷解决的主要方式。不同的解纷方式及其实际运用决定了不同解纷主体在特定社会环境中的地位和作用。如同司法机关、仲裁机构在都市纠纷解决中的地位一样,乡土法杰是所在乡村纠纷解决的担纲者,在纠纷解决中居于主导地位,发挥着重大作用。

判断乡土法杰在乡土纠纷解决中的地位是否重要,首先就是看其对于乡村纠纷的解决

---

① 卢燕.滇东好人张荣德[M].北京:中国政法大学出版社,2014:140.
② 高其才,何心.洞庭乡人何培金[M].北京:中国政法大学出版社,2013:127-133.
③ 高其才,王凯.浙中村夫王玉龙[M].北京:中国政法大学出版社,2013:192,197-200.
④ 卢燕.滇东好人张荣德[M].北京:中国政法大学出版社,2014:61-66.
⑤ 高其才,马敬.陇原乡老马伊德勒斯[M].北京:中国政法大学出版社,2014:189-192.

是不是必不可少以及其言行有没有权威。从"乡土法杰"系列人物的叙事来看,在其所在的乡村,一旦发生了纠纷需要人来解决的时候,人们首先想到的求助对象就是他们。比如张荣德所在的深沟村,"不论家庭矛盾、邻里纠纷,或是田间地界、用工合同等问题,村民通常在纠纷出现后首先通知老张到现场,有的当事人甚至委托老张代为保管合同书,或请老张代为转交调解款。"[1]再如,盘振武热心公益,乐于调解纠纷,处理各种矛盾,协调家庭关系,维护瑶区秩序。所在的村中一旦有裹挟着生活情感纠葛、习惯与法律的冲突等复杂因素的婚姻家庭纠纷,当事人无法解决时就来寻求他的帮助,诚如一位遭遇了这方面难题的村民所言:"我们讨论两个晚上,没有一点头绪,看来还是要找你。"[2]而马伊德勒斯则是"东塬乡知名的'乡老',不少人都知道他性格直爽、热情,爱帮人'说事',也知道他是东乡县人大代表、人民陪审员,在"公家"里有熟人,能'说上话',所以乡邻们一旦碰到什么大事,出现矛盾纠纷,需要有人帮忙调解的时候,往往都会想到请他出面来'说和'解决"[3]。从村民发生纠纷"首先想到""看来还是要找你""往往都会想到请他"的情况,说明乡土法杰们在乡村纠纷尤其是疑难纠纷的解决中具有非常重要甚至无可替代的地位。

之所以如此,是因为他们本身在相关乡村的社会地位高,说话有分量,办事有能力,在群众中拥有较高的威望,属于多种因素所促成的混合性权威[4]。从"乡土法杰"丛书所描述的五位传主的情况来看,他们都有曾任或现任各种社会或国家职务的经历。像张荣德是所在乡的现任人民调解员,其职责就是解决辖区内的社会纠纷;盘振武、王玉龙曾长期担任村干部,后者从村干部职位上退下来后还担任村老年协会的会长;马伊德勒斯长期担任当地清真寺的乡老,还做过一任清真寺的学东,是穆斯林中眼里的能人;何培金则是几人中唯一的一位国家干部,退休前担任处级领导职务(见表1)。换言之,乡土法杰在纠纷解决中的地位是由其社会地位及相应的职责、德行、威信等一系列综合因素所决定的。正因为如此,他们才在很大程度上成了调处所在乡村各类纠纷的首要主体。

乡土法杰在纠纷解决中的作用是就其纠纷解决的效果而言的,即其所解决纠纷的范围大小、数量多少,以及纠纷解决结果如何,如张荣德担任人民调解员近三十年来,解决各类纠纷上千起,其中2013年就解决所在的深沟村的纠纷近五十件,不少属于"重特大"的纠纷[5],比较典型地反映了乡土法杰在乡村纠纷解决中的作用。通过乡土法杰们的努力,一般情况下,大量的乡村纠纷被化解在事发地,实现了所谓"小纠纷不出村,大矛盾不出镇"的目的。只有一些他们无法调处的刑事、民事纠纷及经济纠纷,才会最终进入法律所设定的诉讼、仲裁等解纷途径。即便如此,乡土法杰也会通过合适的途径积极参与法律途径的乡村纠纷解

① 卢燕.滇东好人张荣德[M].北京:中国政法大学出版社,2014:214.

② 高其才.桂瑶头人盘振武[M].北京:中国政法大学出版社,2013:147.

③ 高其才,马敬.陇原乡老马伊德勒斯[M].北京:中国政法大学出版社,2014:189.

④ 陈寒非.从一元到多元:乡土精英的身份变迁与习惯法的成长[J].甘肃政法学院学报,2014(3).

⑤ 卢燕.滇东好人张荣德[M].北京:中国政法大学出版社,2014:127-129.

决。比如盘振武利用自己所掌握的法律知识代理他人参加诉讼①,何培金帮助所在乡镇的企业打知识产权官司②,马伊德勒斯在发生了冲突的群体性事件后斡旋协调于公安机关与当事人之间等等③。就此而言,乡土法杰不仅是习惯法意义上的纠纷解决的主导者,也是国家法意义上纠纷解决的参与者。

经由乡土法杰的纠纷解决不仅数量大,而且效果好,这是乡土法杰在乡村纠纷解决中所起重要作用的另一体现。在乡村社会的特定环境下所产生的疑难纠纷,很大程度上只有乡土法杰们能够调处,也只有他们才能处理好。比如盘振武之所以对自己解决的两起纠纷颇为满意,是因为在其所在的特定社会环境里,那样的纠纷几乎只有他能解决:一是利用自己被称为"瑶王"的地位和影响,一天就解决了当地林业部门与盗伐木材者之间长期未能解决的管理纠纷④。二是利用自己丰富的生活经验帮助一对夫妻恰当处理感情问题,从而成功化解了他们之间的婚姻危机,避免了离婚的发生⑤。王玉龙"热心助人的性格,使他在村里建立了很高的威望,不管大事小事,解决不了的事情就会来找他。慢慢地,村民们送了他一个绰号,叫作'总理',意思是说,岭腰村里发生的大小事情,他总会参与,总会帮忙,也总能解决"⑥。马伊德勒斯则在解决掺杂宗教因素的社会纠纷和群体性事件方面富有经验,是当地党政部门解决这类纠纷的重要帮手。比如在一起穆斯林群众集体围堵阿訇的群体性事件中,面对因长期的家族矛盾、宗教积怨等因素所导致的复杂局面,在当事双方争吵不休、当地党委政府及村委会不好处理的时候,他作为调解人多方说和,终于使问题圆满解决,以至被认为是迄今为止当地在解决因宗教问题引起的矛盾纠纷中最成功的一次⑦。至于张荣德,且不说其行为,就连他为提高办事效率而添置摩托车在当地村庄都有"很高的知名度"⑧。这足以说明他所解决的纠纷多、效果好,村民对他需求增加了,他所能起的作用也更大了。这说明尽管地域不同、方式不一,但乡土法杰的纠纷解决对于乡村社会关系的维护、社会秩序的维持、世道人心的归拢、安抚等起到了实实在在的作用,产生了良好的效果。

综上,诚如高其才教授所言:"这些人数量不多,作用却很大,在社会秩序的维系、乡土社会接续、中华文化的传承中担当了不可或缺的角色。"⑨乡土法杰在乡村纠纷解决中的主导地位及所发挥的重要作用在很大程度上印证了这一判断。

---

① 高其才.桂瑶头人盘振武[M].北京:中国政法大学出版社,2013:151-162.
② 高其才,何心.洞庭乡人何培金[M].北京:中国政法大学出版社,2013:134-142.
③ 高其才,马敬.陇原乡老马伊德勒斯[M].北京:中国政法大学出版社,2014:193-199.
④ 高其才.桂瑶头人盘振武[M].北京:中国政法大学出版社,2013:75-76.
⑤ 高其才.桂瑶头人盘振武[M].北京:中国政法大学出版社,2013:146-149.
⑥ 高其才,王凯.浙中村夫王玉龙[M].北京:中国政法大学出版社,2013:189.
⑦ 高其才,马敬.陇原乡老马伊德勒斯[M].北京:中国政法大学出版社,2014:193-196.
⑧ 卢燕.滇东好人张荣德[M].北京:中国政法大学出版社,2014:127-129.
⑨ 高其才.桂瑶头人盘振武[M].北京:中国政法大学出版社,2013:1-5.

☑ 第二节 乡村纠纷的类型与解决方式

乡村纠纷的种类繁多、成因复杂,很多纠纷的性质无法在法律意义上进行简单归类,也很难依靠诉讼、仲裁等法律途径有效解决,只能因地制宜,依赖乡村社会的自有途径和自生资源,大量的乡村纠纷因而主要是通过乡土法杰这样的乡村精英人士来解决的。如"滇东好人"张荣德担任人民调解员近30年来,解决各类纠纷上千起,仅2013年就解决所在深沟村的纠纷49件,其中土地纠纷30件,家庭纠纷5件,邻里纠纷9件,损害赔偿纠纷1件,伤害纠纷1件,交通肇事纠纷1件,宅基地纠纷1件,经济纠纷1件,其中不少属于"重特大"的纠纷[①]。对于一个500余户、2 000余人的村庄而言,这个纠纷数量不算少;而对于所有解纷之事皆能亲力亲为的张荣德而言,这个工作量却是相当大了。对乡土法杰而言,依据什么样的社会规范来解决纠纷,意味着使用什么样的规范语言来说理,相关规范即成为评判纠纷当事人行为的是非标准和价值尺度。从乡土法杰在纠纷解决过程中使用规范的情况来看,在法律所允许的范围内,以习惯法为主的多元规范构成了他们纠纷解决的规范依据。而调解则是乡土法杰用以纠纷解决的主要方式,同时他们还会通过自忍、参与诉讼及其他一些方式来解决纠纷。

一、乡土法杰解决的纠纷类型

从乡土法杰们所主持或参与解决的各类乡村纠纷的性质来看,其主要是民事纠纷,同时还有少量的行政纠纷、刑事纠纷以及其他类型的纠纷。

(一)民事纠纷

在乡土法杰解决的各类民事纠纷中,发生于家庭成员之间的纠纷占了很大的部分。一是他们每个人都曾主持或参与解决过婚姻家庭纠纷;二是从数量上看,婚姻家庭纠纷占了他们所解决的纠纷的很大部分。当然,由于其每个人所处的具体环境及行为偏好的不同,这类纠纷在他们每个人所解决的纠纷中的比重是不一样的。根据每起纠纷所包含的内容不同,乡土法杰所解决的婚姻家庭纠纷又可以分为一些具体的类型。

其一,婚姻纠纷。有些是婚姻缔结时所发生的纠纷,比如在王玉龙所在的岭腰村,两位曾经丧过偶的老人王德普、俞桂花因再婚而与其子女所发生的纠纷。在这起纠纷中,两位老人想再婚,但其各自的子女从风俗习惯及现实利益出发,反对他们结婚,双方在这一事情上发生了冲突。再如何培金应请依照传统规范为招赘上门女婿的村民撰写"招婿凭证",尽管这不是直接解决纠纷,但是在这种特殊类型的婚姻关系缔结之前,当事人之间订立这样的文书,其便具有明确的纠纷预防的目的,属于纠纷解决方式中的预防范畴。

---

① 卢燕.滇东好人张荣德[M].北京:中国政法大学出版社,2014:127-129.

大部分婚姻纠纷都是在婚姻存续期间发生的,其中又包括日常生活中的婚姻纠纷与离婚纠纷。前者多因夫妻之间的"生活琐事"所引发,比如夫妻一方或双方的感情出轨、丈夫虐待妻子等导致的夫妻之间的冲突,但纠纷当事人并不以离婚作为纠纷解决的手段。比如在盘振武所主持解决的六起夫妻生活纠纷中,均不同程度地包含有当事人通奸的因素,但只有一起的当事人提出了离婚。而王玉龙所主持解决的一对夫妻纠纷则因丈夫对妻子的家庭暴力而引发,情节较严重,冲突激烈,但当事人均未提出离婚,加之妻子最终选择谅解丈夫,亦属于日常纠纷的范畴。离婚纠纷则是夫妻矛盾发展至无法解决时,一方或双方提出解除婚姻关系的纠纷。从乡土法杰所解决的婚姻纠纷的数量来看,离婚纠纷是乡土法杰所解决的婚姻纠纷中最主要的纠纷类型。除何培金之外,其他四人所解决的婚姻纠纷中均有离婚纠纷。从解纷行为来看,他们对这类离婚纠纷的调解坚持"劝和不劝离"的原则,尽量消除当事人间的矛盾因素,以维持其夫妻关系的存续。从解纷的后果来看,存在矛盾消解、当事人婚姻关系存续和矛盾无法消解、婚姻关系解除两种情况——对于后者,他们则又会注意"好聚好散",协调当事人和平分手,以免产生其他不利后果,比如王玉龙调解的楼强与王萍之间的离婚纠纷就是其中典型的一例。

其二,继承纠纷。继承问题在乡村并不普遍,一般的继承问题多通过传统习惯处理,很少发生纠纷。但是近些年随着经济社会的发展,在可供继承的财产较多、继承人之间就继承问题达不成一致意见的时候,也会发生一些继承纠纷,比如王玉龙解决的王健平的养女与生子之间的继承纠纷,马伊德勒斯解决的一起死亡赔偿金纠纷和一起房院遗产继承纠纷便是这方面的事例。

其三,分家析产纠纷。在农村,如果一家有几个儿子的话,随着其长大成人,就有了自立门户、分家另过的需要,而分家纠纷往往就是在这时候产生的,比如当岭腰村的王天、王考兄弟因弟媳的过错导致矛盾激化而无法在一个家庭里生活时,便请王玉龙主持解决了他们的分家问题。何培金则应村人的请求,在后者分家时为其撰写"分关协议",书面约定家庭成员在分家中的权利和义务,从而避免了分家纠纷的发生。他的这一行为虽然不是在矛盾爆发后进行的,但是分家过程中,当事人之间往往会因财产分配不均等问题产生矛盾。当事人请何培金撰写协议本身就说明他们已经预见到或感觉到了潜在的矛盾,因此何培金撰写"分关协议"的行为理应属于纠纷解决的范畴。

其四,赡养纠纷。在有关乡土法杰的解纷叙事中,经常能看到赡养问题的发生,比如王玉龙至少调解解决了两起老人与子女之间的赡养纠纷,其中一起因赡养人之间彼此推诿赡养义务而起,另一起则因被赡养人要求赡养人增加赡养义务而引起。何培金也调解过范开明与其子女范大发等人之间冲突比较激烈的赡养纠纷。这说明赡养纠纷是农村社会纠纷中的重要类型,同时也说明乡土法杰们比较擅长解决这类纠纷。

因人身损害所引起的纠纷也是乡土法杰所解决的民事纠纷的重要内容。从相关纠纷的内容来看,有一些婚姻纠纷也包含有人身损害纠纷的内容,比如前述王玉龙所主持解决的那起丈夫故意伤害妻子的婚姻纠纷,但因为已将其归入家庭纠纷,因此这里只陈述乡土法杰所解决的发生在非家庭成员之间的人身损害纠纷。这些人身侵权纠纷的起因不一,具体情形也不一样。有的因为插足他人的婚姻而被打伤,受害人本身存在一定的过错,比如盘振武解决的一起打架纠纷就是因为有男与有夫之妇通奸而被后者的丈夫所打伤而引起的;有的是故意伤害犯罪的受害人,比如盘振武代理受害人参加刑事诉讼的故意伤害案件;有的因他人的过失行为而致伤害,比如张荣德所解决的一起酒后吓人致害纠纷及致其堂兄死亡交通肇事纠纷;有的则因意外事件而导致身心受损,比如张荣德解决的酒后意外死亡纠纷,其中有些人身损害纠纷不只是简单的民事纠纷,而是刑事犯罪、行政纠纷与民事纠纷的综合体,甚至更复杂,比如前述盘振武代理受害人的故意伤害案件,以及马伊德勒斯参与解决的当地穆斯林家族分寺纠纷等。

他们解决的纠纷中还有一些单纯的经济纠纷。这里的经济纠纷是指乡土法杰参与解决的当事人之间单纯的经济利益之争。比如王玉龙与其堂弟之间竞争山地承包权的纠纷;张荣德所解决的几起土地补偿纠纷,其中又分耕地补偿、宅基地补偿、土地置换、林木补偿纠纷等不同内容。在何培金所帮助订立的《房屋转让协议》《土地使用权购让协议》中,我们能够感受到其中潜在的经济纠纷;而由其担任原告"顾问"的知识产权诉讼,则是当事人之间直接的经济纠纷。其中有一些比较突出的经济纠纷是合同纠纷,像盘振武与所在村的村委会之间的承包合同纠纷、马伊德勒斯所解决的两起承揽合同纠纷等。这些纠纷的当事人之间事先定有口头或书面的协议,但是在合同履行过程中发生了纠纷,因为其自身无法解决而寻求乡土法杰的帮助。从张荣德的解纷记录、何培金所撰写的诸多协议以及马伊德勒斯所主持调解的数起合同纠纷中,我们分明能够感受到经济社会的发展对乡民的契约观念及行为的深刻影响。当然,对于乡土法杰的纠纷解决而言,这类经济纠纷的增多既意味着挑战,也意味着他们的机遇。

另外,还有其他一些因侵权、征用、相邻等原因所引起的民事纠纷。比如盘振武处理的因诬盗窃而引发的名誉权纠纷,何培金帮立"央子文"以确权而解决的叔侄相邻关系纠纷,马伊德勒斯参与解决的东塬学校与村民马优素福之间的相邻关系纠纷以及两相邻砂场之间的生产纠纷等。这些纠纷都是乡村社会常见的纠纷,属于民事纠纷的范畴,但是诚如前文所述,由于其内容的复杂及性质的混合,在解决上往往不能只依靠某种单一的解纷手段。这方面的内容将在后文论述。

(二)行政纠纷与刑事案件

行政纠纷和刑事案件在乡土法杰所主持或参与解决的纠纷中不是很多,但也有一些。比如盘振武以"瑶王"的名号帮助解决的非法砍伐者与林业部门之间的行政管理纠纷[①],王玉龙所在的岭腰村与大爽村村民之间的械斗纠纷[②],虽然最终因为双方的克制而没有发生实际的群殴,但是他们的行为显然违反了治安管理法律,因而属于行政纠纷的范畴。在马伊德勒

① 高其才.桂瑶头人盘振武[M].北京:中国政法大学出版社,2013:74-80.
② 高其才,王凯.浙中村夫王玉龙[M].北京:中国政法大学出版社,2013:171-175.

斯所参与解决的马优素福家族与东塬学校的相邻关系纠纷、林家村穆斯林围堵阿訇事件及毛沟村马有布家族和马阿卜杜家族的分寺纠纷中[①]，都存在不同情形的当事人斗殴、围攻他人、妨碍公务及其他违法行为，部分当事人因此被行政拘留。而王玉龙参与解决的村民王辉盗窃案[②]，盘振武参与诉讼的村民间的故意伤害案[③]则属于刑事案件的范畴[④]。这类纠纷的解决虽然不由乡土法杰们主导，但是他们往往会以不同的方式参与其中，利用自己特殊的身份地位和所掌握的社会资源在当事人与执法、司法部门之间协调斡旋，以促成纠纷的最终解决。

（三）其他纠纷

除了上述纠纷类型外，还有一些因宗教信仰等思想方面的原因所引发的纠纷。比如张荣德参与解决的当地汉族与苗族群众之间的坟地纠纷，其中包含有祖先信仰、物质利益冲突等多方面的纷争内容。而前述马伊德勒斯所参与解决的发生于穆斯林群众之间的围堵阿訇纠纷和两个穆斯林家族的分寺纠纷等，则属于因为宗教信仰的原因而引发的纠纷。这类纠纷多为偶然发生，数量不多，不是乡村纠纷的常见类型。也正因为如此，其一旦发生，解决起来难度往往很大。由于其性质特殊、内容复杂，外在的解纷主体如政府、法院等难以介入，即便介入也难有解决成效。相比之下，乡土法杰作为所在地方内生的社会权威，可以其自身的能力和拥有的资源在这类纠纷解决中发挥重要作用。

二、乡土法杰纠纷解决的规范依据

常言道，不以规矩，不成方圆。纠纷解决是明辨是非、定分之争的活动，无论采用何种解纷手段，都需要一定的规范依据。对乡土法杰而言，依据什么样的社会规范来解决纠纷，意味着使用什么样的规范语言来说理，相关规范即成为评判纠纷当事人行为的是非标准和价值尺度。从乡土法杰在纠纷解决过程中使用规范的情况来看，在法律所允许的范围内，以习惯法为主的多元规范构成了他们纠纷解决的规范依据。

（一）法律

从"乡土法杰"丛书对乡土法杰的叙述中，我们发现他们对法律都有不同程度的认知。他们所掌握的法律知识有多有少，理解有深有浅；有人有直接运用法律解决纠纷的实践经历，有人没有；有人对法律在乡村社会的实际作用比较失望，有人则对政策和法律给农村社会所带来的变化持乐观态度，但是他们对法律作为乡村社会关系和社会秩序的基础规则的重要意义不持异议。因此，尽管在他们看来乡规民约在日常生活中的作用要大于法律，但是

---

① 高其才,马敬.陇原乡老马伊德勒斯[M].北京:中国政法大学出版社,2014:189-200.
② 高其才,王凯.浙中村夫王玉龙[M].北京:中国政法大学出版社,2013:203-204.
③ 高其才.桂瑶头人盘振武[M].北京:中国政法大学出版社,2013:151-157.
④ 还有一些涉嫌刑事犯罪的内容,如王玉龙所讲述的潘大明、王荷家庭纠纷中就有丈夫对妻子故意伤害比较严重的情形,但是由于当事人没有报案,司法机关也没有立案,其最终没有成为刑事案件。参见高其才,王凯.浙中村夫王玉龙[M].北京:中国政法大学出版社,2013:55-62.

毫无疑问,法律依然是他们最基本的行为规范,或者说不违反法律是他们说事解纷的基本前提。从他们各类纠纷解决的情况来看,乡土法杰在解纷实践所用到的法律种类较多,具体则因所解决纠纷性质的不同而有所不同,有的被运用的频率较高,有的则只是偶尔涉及。

因为乡土法杰们所解决的乡村纠纷主要是民事纠纷,所以他们在解纷过程中运用得最多的也主要是《中华人民共和国民法通则》(简称《民法通则》)、《中华人民共和国婚姻法》(简称《婚姻法》)、《中华人民共和国继承法》(简称《继承法》)、《中华人民共和国合同法》(简称《合同法》)以及《中华人民共和国侵权责任法》(简称《侵权责任法》)等民事法律。比如盘振武曾专门买书自学过《民法通则》《合同法》《劳动法》等法律,并在代理他人诉讼以及自己作为被告的诉讼实践中予以应用。其中在代理一起人身损害的民事赔偿诉讼中,他因为对相关纠纷涉及的法律研究到位、运用彻底而赢了官司。

因为我国的《婚姻法》制定和颁布得较早,其在乡村社会的影响力较之其他法律要大一些,所以在乡土法杰解决婚姻纠纷的事例中,我们都能发现《婚姻法》的影响。比如盘振武在解决一些婚姻纠纷中,无论当事人还是他本人,都明确使用了"结婚""离婚""登记"等婚姻法的概念言事。王玉龙参与调处的两起离婚纠纷最终都通过书面协议和离婚登记的方式解除了婚姻关系,同样也是具体运用《婚姻法》的。类似的情形也出现在马伊德勒斯参与审判或调解的婚姻纠纷中。

同时,随着农村经济社会的发展,人们可供继承的财产增多,《继承法》在纠纷解决中的作用便得到了较多地体现。比如在王玉龙调解的王健平的养女与生子之间的继承纠纷时,就出现了运用《继承法》的情形①。因为根据《继承法》养子女与生子女一样具有同等的继承权,该纠纷在解决的过程中,养女的继承权利之所以得到了一定程度的实现,与《继承法》的作用发挥有直接关系。此外,还可以发现他们所有人在比较重要的事项处理中,都比较重视通过书面合同来预防纠纷,并在纠纷发生时作为纠纷解决的重要依据,可见合同法意识在乡土法杰的思维和行为中都有比较重要的地位,而在张荣德、马伊德勒斯等人所解决的几起交通肇事纠纷中,我们还能发现《民法通则》《侵权责任法》等被运用的迹象。

因为有行政纠纷和刑事案件,行政法和刑法便是解决纠纷的主要依据。行政法曾在一些比较轻微的偷盗、打架斗殴及其他损害公共秩序的治安纠纷中被用到过,其中主要是以前的《中华人民共和国治安管理处罚条例》(简称《治安管理处罚条例》)及现行的《中华人民共和国治安管理处罚法》(简称《治安管理处罚法》)。比如在盘振武所参与解决的一起因通奸而引起打架的人身伤害纠纷中,派出所在与盘振武交换意见后,依照《治安管理处罚条例》对作为本夫的打人者处以罚款,对有过错的通奸男女则以因违反乡规民约而予以罚款,对为通奸牵线的人予以警告处分②。派出所在实施法律,而且其对当事人的处罚是否合法姑且不论,单就警方在实施处罚前同盘振武交换意见的行为而言,这一法律的实施无疑包含有盘振

---

① 高其才,王凯.浙中村夫王玉龙[M].北京:中国政法大学出版社,2013:74-75.
② 高其才.桂瑶头人盘振武[M].北京:中国政法大学出版社,2013:146.

武的主张。而在以王玉龙为代表的岭腰村村民与大爽村村民的械斗对峙中,王玉龙在谈判中曾对大爽村村民讲:"你们要是接受就接受,你们要动武力就动武力,要找派出所找派出所,我们村虽小,但原则问题是不会让步的。"①这里的"找派出所"其实也隐含着对治安管理处罚法律运用的意思,因为派出所解决这类问题,无非是对违法者进行治安处罚而已。类似情形我们从马伊德勒斯所参与解决的几起群体性纠纷中也能感受到治安管理处罚法律的作用。

这里的刑法特指调整犯罪与刑罚关系的《中华人民共和国刑法》(简称《刑法》)。除了既已被司法机关立案侦查或审理的案件外,乡土法杰在参与处理一些可能适用刑法的纠纷时,往往会设法协调斡旋变通以尽量减轻当事人的法律责任。王玉龙在青年村民王辉涉嫌盗窃犯罪时,就通过劝说嫌疑人退赃认错以及与警方的协商而使其受到减轻刑事处罚。在村民何力伤害其妻子王芬的纠纷中,因为当事人没有报案,王玉龙也就选择了协调解决。类似情形在盘振武、马伊德勒斯所参与调解的打架斗殴之类的纠纷中同样存在。可以说,在涉嫌刑事犯罪的纠纷处理中,乡土法杰的作为之一就是设法尽量规避《刑法》对纠纷当事人的适用。这些规避《刑法》适用的行为是以其明知当事人的行为涉嫌犯罪为前提的,是不是可以说这实际上也是乡土法杰出于纠纷解决的目的而对《刑法》的一种特殊的、消极的适用? 当然,他们也有积极学习和应用《刑法》于相关纠纷解决的情形,比如盘振武在做刑事附带民事案件当事人的代理人时,就曾认真学习刑法知识,"摘录了相关的刑法条款,做了许多案头工作,认真进行准备"。②

虽然在有关乡土法杰的叙事材料中基本没有直接提及他们是如何依照诉讼类法律解决纠纷的,但是从他们以不同方式所参与的诉讼活动的情况来看,相关诉讼法就是其相关活动的行为依据。比如盘振武参加民事及刑事附带民事诉讼,何培金在为民企打知识产权官司时帮写诉状、修改补充调解协议书,以及马伊德勒斯作为人民陪审员参与审理案件,他们必须依照《中华人民共和国民事诉讼法》(简称《民事诉讼法》)或《中华人民共和国刑事诉讼法》(简称《刑事诉讼法》)的有关规定而行为。

除了上述常用的法律之外,在乡土法杰的解纷实践中,还有一些偶尔会被用到的法律。比如何培金在帮助民企打商标侵权的知识产权官司时,除了要用到《民事诉讼法》之外,还要用到《中华人民共和国商标法》(简称《商标法》)等知识产权方面的法律法规。另外,何培金还有在偶遇居民"争碑"纠纷时运用《中华人民共和国文物保护法》(简称《文物保护法》)解决众人争端的经历③。就目前我国乡村经济社会的发展情况而言,运用诸如《商标法》《文物保护法》之类的"生僻"法律具有很大的偶然性。就乡土法杰们而言,大概只有像何培金这样具有较高文化水平的人才可能想起来用,也有能力用吧。

---

① 高其才,王凯. 浙中村夫王玉龙[M]. 北京:中国政法大学出版社,2013:174.
② 高其才. 桂瑶头人盘振武[M]. 北京:中国政法大学出版社,2013:157.
③ 高其才,何心. 洞庭乡人何培金[M]. 北京:中国政法大学出版社,2013:163.

（二）习惯法

"习惯法是独立于国家制定法之外，依据某种社会权威和社会组织，具有一定的强制性的行为规范的总和。"①在此意义上的习惯法与非国家法是同义词。习惯法是乡土法杰们最熟悉的生活之法，是他们安身立命的基本依据。每种习惯法都调整一个或若干个特定领域的社会关系，发挥着其作为社会规范的应有作用。而在解纷实践中，被乡土法杰作为纠纷解决的最主要规范依据的、因而也被大量使用的就是这类习惯法。

其一，口耳相传的风俗习惯。这些风俗习惯自然形成，口耳相传，潜移默化于人们的思想观念之中，成为人们自然而然的生活方式和行为方式，运用其于社会纠纷的解决，也是自然而然的事情，只要运用得当，其纠纷解决的效果多是比较好的。比如大量用于调处家庭纠纷、治安纠纷甚至刑事纠纷的传统习惯法，都是以口耳相传的风俗习惯的形式存在的，它们并没有被以文字的形式记载下来，只是客观存在于人们的记忆里和行为中，被人们所沿用和实践。各种有关婚姻、赡养、继承的风俗习惯，就成为乡土法杰用以解决这类民事纠纷的主要依据。这类规范的运用在盘振武的纠纷解决中多有体现。比如他在解决村里的婚姻纠纷时，依照当地的风俗习惯，对因犯有通奸过错的当事人敦促其"杀鸡（请酒）"，或者罚"三个三十"，请全村人吃一顿饭。对有偷盗、诬赖他人、辱骂他人等损害公共秩序或他人人身权利的行为，盘振武同样依照传统习惯责其请酒、做众以消解当事人之间的矛盾纠纷，并以此类方式对有过错的当事人及所有村民进行教育②。

在王玉龙所在的岭腰村，结婚、离婚、赡养老人、兄弟分家、继承遗产，都有约定俗称的习惯。一旦发生纠纷，人们也主要是依照这些习惯来定分确定是非、定纷止争。当然事物具有两面性，这些风俗习惯有时候也会成为纠纷解决的障碍，这种情况下则需要尊重并克服这类"制度性障碍"的阻力才能解决相关纠纷，比如岭腰村有关"一路夫妻""半路夫妻"的再婚习惯法对妇女的限制较多，对男子则几乎没有限制③。王玉龙在解决前述王德普、俞桂花的再婚纠纷时就遇上了这样的难题，后来他想出了让二人共同生活但不结婚的办法才解决了问题，化解了纠纷。

在马伊德勒斯的解纷经历中，"口唤"是其运用得最多、最为典型的习惯法。无论在婚姻、债务还是人身侵权纠纷中，都可以发现"口唤"的影响。在穆斯林群众看来，"口唤"的规范地位高于法律，其实际作用也大于法律。比如在离婚纠纷中，依照习惯，女方只有获得男方的"口唤"即同意，其才能离婚再嫁；否则，即便被法院判决离婚，其也不得再婚，以至在他作为陪审员所审理的一起离婚案件中，女方为了获得男方的"口唤"而不得不申请撤诉④。

尽管各乡土法杰所处的地域不同，但在涉及打架斗殴、伤害他人、盗窃抢劫、聚众赌博等治安、刑事方面的纠纷时，只要后果不甚严重，不危及公共安全与公共利益，则"私了"基本上

---

① 高其才.中国习惯法论:修订版[M].北京:中国法制出版社,2008:3.
② 高其才.桂瑶头人盘振武[M].北京:中国政法大学出版社,2013:91-94,138-139.
③ 高其才,王凯.浙中村夫王玉龙[M].北京:中国政法大学出版社,2013:62-63.
④ 高其才,马敬.陇原乡老马伊德勒斯[M].北京:中国政法大学出版社,2014:181-182.

是各地共同的解纷习惯。而他们作为解决纠纷的重要主体,也愿意大事化小、小事化无,刑事案件化为治安纠纷以及以罚代刑等。

其二,有文字记载的习惯法。比较典型的是盘振武所在地的石牌习惯法。石牌习惯法是金秀大瑶山中瑶族把有关维持生产活动、保障社会秩序和治安的原则,制成若干具体规条,经过参加石牌组织的居民户主的集会和全场一致通过的程序,然后或是用文字把它记录下来加以公布,或是用口头传播开去,使全体居民共同遵守的一种特殊性的"约法"。这种"约法"由当地群众所公认的自然领袖石牌头人为主要的执行者①。盘振武作为石牌头人之后,曾依据这样的石牌习惯法处理过不少违法的人,也据以解决过一些村民之间的矛盾纠纷,甚至对于他自己同其亲戚之间的纠纷的解决,也曾借助石牌习惯法的话语②。另外,何培金所在的湖南临湘当地有不少约定俗成、形诸文字、格式规范的习惯法。比如各种"央子文""继承字""分家字"等,都有规范的文本格式,其既是当事人订立各种凭契的依据,也是定纷止争的习惯法。此外,一些村规民约或地方公约虽系人为制定,但因为其中包含大量传统习惯的内容③,所以也可归入这一类习惯法的范畴。

其三,宗教规范。宗教规范主要运用于信教民众之间的纠纷解决中。在"乡土法杰"丛书所记述的几位乡土法杰之中,运用这一类规范解决纠纷的只有马伊德勒斯。比如在当地穆斯林围堵阿訇的事件中,马伊德勒斯深知,依照伊斯兰规范,阿訇是穆斯林群众生活区域的灵魂人物,必须维护阿訇的尊严和权威,于是他便依据宗教规范,从主持清真寺的阿訇的产生及阿訇与一般穆斯林群众的关系的规矩方面说理,获得了纠纷当事人的认可,并因而圆满解决了纠纷。在两家分寺纠纷中,在双方争执不下时,马伊德勒斯说:"《古兰经》《圣训》里都说咱们穆斯林要团结,没有团结,(大家到)清真寺里干啥呢?清真寺就是要咱们团结的(象征),今天我们来到一起了,进了这个门了,互相说了'赛俩目'了,这(就)是好事情,以后类似的事情再不要发生了。"④在这里,马伊德勒斯对穆斯林共同信守的宗教规范《古兰经》《圣训》的有效运用是这一矛盾纠纷得以解决的重要因素。类似的情形还出现在其所主持调解的分寺纠纷中。在这类纠纷的解决中,作为乡老的马伊德勒斯之所以说话能起到政府、法院所不能完全解决矛盾的作用,就是因为宗教规范在当地民众心目中的影响较大,也只有他这样的乡老式人物,才是相关宗教规范令人信服的担纲者。

其四,道德情理。与前述几种习惯法相比,道德情理只是非常笼统的说法,难言其为具体的社会规范,但是我们发现,在乡土法杰的解纷实践中,其依据的所有的社会规范中都包含有不同程度的道德内容,而所有社会纠纷的处理,其最后无不依托于情理二字;即便不借助于具体的社会规范,只要能讲透,能为人们所理解、所接受的道德情理,他们也大都能解决

---

① 高其才.桂瑶头人盘振武[M].北京:中国政法大学出版社,2013:81-84.
② 比如盘振武与表妹胡桂房之间发生插秧保苗纠纷时,曾请了两位老人按照石牌制的规矩解决问题。参见高其才.桂瑶头人盘振武[M].北京:中国政法大学出版社,2013:94-95.
③ 比如盘振武所在村庄的《下古陈村村规民约》,张荣德所在的地方的《马龙县月望乡依法治乡公约》等。
④ 高其才,马敬.陇原乡老马伊德勒斯[M].北京:中国政法大学出版社,2014:200.

相关纠纷,如传统文化中的孝悌忠信、礼义廉耻,就是道德规范、情理之源,只要运用得当,便能使当事人"化干戈为玉帛",比如何培金在调解范开明、范大发父子间的赡养纠纷时,用的就是《三字经》《集韵增广》等传统经典中关于孝道的教诲,并以之说服了承担赡养义务的当事人[①],而生性能忍的王玉龙之所以在一起宅基地纠纷中,站在村民一边对抗作为干部的"蛮人"管村片长,就是因为他认为该片长的行为不近情理,必须与之对抗以维护村民的利益[②]。实际上,乡土法杰在解决各类纠纷的过程中,很多时候都是以道德情理作为他们的行为底线的,一旦具体的社会规范不得而行时,他们便会动之以情,晓之以理,说和当事人。所谓"法不外乎情",在人们的日常生活中,情理在一定程度上才是最重要的法,而乡土法杰们都是深谙这一道理的。

此外,还有其他一些社会规范也会被乡土法杰用于社会纠纷的解决,有时候这类规范甚至会成为某些纠纷解决的主要规范依据,比如政策。可以说,在出自国家的社会规范中,相比于法律,有过担任乡村干部或国家干部经历的乡土法杰们对党和国家的政策更为了解,运用起来也更为拿手——何培金本人甚至担任过当地市委政策研究室的副主任。他们在解决纠纷的过程中,政策也往往是他们辨别是非、说事讲理的重要规范依据。此外,我们甚至能发现执政党的党章等非国家法也可能出现在乡土法杰纠纷解决的话语中,比如王玉龙在调解村民王苏苏与其子女的赡养纠纷时,就曾对王苏苏的大儿子使出"绝招"而说了这样的话,"你现在是村里很有希望成为党员的人,你想入党,却连父母都不肯养,镇里来村里了解情况的时候,我怎么替你说话;不用说我不会替你说话,我把你这个事情跟镇上一说,你就不用想入党了。要想当党员,就应该各方面起到带头和表率作用。""你也知道,我是支持你入党的,不想为这点事情影响你自己的前途。"[③]这些话所隐含着的,也许连王玉龙自己都没有意识到的是执政党的党章等党内法规对党员的要求。他能想起来用这样的规范话语来调解纠纷,谓之为"绝招"也是恰如其分的。

三、乡土法杰纠纷解决的方式

乡土法杰在乡村纠纷解决中所具有的主体地位意味着他们解决纠纷的权利能力和行为能力,但他们如何介入具体纠纷的解决,在纠纷解决中担当什么角色以及主要采用何种纠纷解决的方式,则各不相同。总体来看,调解是乡土法杰用以解决纠纷的主要方式,同时还有自忍、参与诉讼及其他一些方式。

(一)调解

调解是乡土法杰最主要的纠纷解决方式,经由他们解决的大部分纠纷都是通过调解的方式解决的,但他们作为纠纷调解人时的社会身份各不相同,具体而言有三种情形:一是作为专门的纠纷解决人,解决当地的社会纠纷是他们的专门义务,参与纠纷解决的过程就是他

① 高其才,何心.洞庭乡人何培金[M].北京:中国政法大学出版社,2013:158-159.
② 高其才,王凯.浙中村夫王玉龙[M].北京:中国政法大学出版社,2013:206-208.
③ 高其才,王凯.浙中村夫王玉龙[M].北京:中国政法大学出版社,2013:96.

们履行自己职责的过程。张荣德本身就是专职的人民调解员,依法负有调解社会纠纷的职责;而王玉龙是当地镇政府的民间调解员,同样负有一定的调解纠纷的职责;马伊德勒斯甚至是当地县人民法院的人民陪审员。二是作为村干部,解决纠纷属于其职权范围内的事情。换言之,其虽非专职的纠纷解决人,但是其因担任一定的社会职务而负有解决纠纷的责任,比如王玉龙担任过村里的大队长、村长,盘振武担任过村委会主任,马伊德勒斯担任过生产队长。他们因为担任了村里的"领导职务",所以解决其管理下的村、组所发生的纠纷便是其分内之事,甚至是法定职责①。三是基于与纠纷当事人之间的特定关系而介入纠纷解决。倘若他们是纠纷当事人的近亲属或者宗族长辈,那么关心解决其亲属或者族人的纠纷便既是其权利,也是其义务,比如张荣德参加其侄子与撞死其二弟的肇事司机之间的赔偿纠纷的处理不仅是其作为人民调解员的职责使然,也是其作为长辈亲属的义务使然②,而何培金作为族中长者和临湘何氏宗祠重建委员会的常务顾问,在解决宗祠修建中族内的宅基地纠纷时,之所以能顾全大局,着力平息矛盾,也与其前述的特定身份有关③;再如马伊德勒斯是当地清真大寺的乡老,还担任过一任的学东,那么解决穆斯林群众间的纠纷也便是其分内之事了④。

当然,因为在有关纠纷解决方面的身份职责不同,他们介入纠纷解决的形式也不一样,具体可分为被动介入和主动介入两种情形。绝大部分情况下,他们是应当事人请求或者有关第三方的请求而被动介入的。他们一般不会主动介入他人的纠纷调解,这既是对他人的尊重,也是减少其工作和生活负担的需要。从乡土法杰解决纠纷的经历来看,他们在绝大多数情况下都是应当事人的请求才进行纠纷调解的。有时候是应一方当事人的请求,另一方当事人默许或不反对,有时候则是应双方当事人的请求,比如盘振武在调解所在村庄的几起婚姻纠纷时都是以队长或村委会负责人的身份应当事人一方的请求而介入的;⑤而王玉龙之所以调解王德普、俞桂花两位老人与其子女们的纠纷,就是受了纠纷双方当事人的请求⑥。在后一种情况下,相关纠纷往往比较容易得到解决,因为双方当事人共请调解人的行为表明他们彼此都有解决纠纷的强烈愿望。在乡土法杰解决纠纷的经历中,还有应当事人之外的其他人的请求而介入纠纷调解的情形,比如马伊德勒斯介入解决穆斯林围堵阿訇事件便是应了当地乡镇党委政府的请求⑦。

当然,在少数情况下,乡土法杰也会主动介入对当事人纠纷的调解。有时候,他们的主动介入是其职责使然,比如张荣德作为人民调解员对砂石厂与部分村民之间有关耕地占用、

---

① 根据《中华人民共和国村民委员会组织法》第2条第2款的规定:"村民委员会办理本村的公共事务和公益事业,调解民间纠纷,协助维护社会治安,向人民政府反映村民的意见、要求和提出建议。"这就明确了村委会主任虽非专门的纠纷解决人,但负有解决本村纠纷的职责。
② 卢燕.滇东好人张荣德[M].北京:中国政法大学出版社,2014:93.
③ 高其才,何心.洞庭乡人何培金[M].北京:中国政法大学出版社,2013:178-179.
④ 高其才,马敬.陇原乡老马伊德勒斯[M].北京:中国政法大学出版社,2014:159-166.
⑤ 高其才.桂瑶头人盘振武[M].北京:中国政法大学出版社,2013:138-147.
⑥ 高其才,王凯.浙中村夫王玉龙[M].北京:中国政法大学出版社,2013:6263.
⑦ 高其才,马敬.陇原乡老马伊德勒斯[M].北京:中国政法大学出版社,2014:194.

林木赔偿等纠纷的主动介入,就属于这类情况。因为那个砂石厂是本地引进的企业,属于促进当地经济发展的重要举措之一,其生产活动会影响部分村民的利益,但同时也能给当地带来诸多益处,所以张荣德须主动介入其纠纷的解决,既是解决纠纷,也是为了维护纠纷当事人的长远利益,而马伊德勒斯在担任人民陪审员时对两起离婚纠纷的调解也是依照职权在案件处理过程中主动介入的。

当然,有的时候,他们主动介入纠纷调解则是基于道义责任或者仅仅是因为热心公益,比如张荣德介入前述致其二弟死亡的交通肇事纠纷的处理,是其作为长辈亲属的义务使然,无需当事人请求。何培金在解决前述族内宅基地的纠纷时,也是以族内长者的身份主动介入的。马伊德勒斯在其几个外甥间发生了遗产继承纠纷时的主动介入调解,则是出于对晚辈的关心;而他在河滩地上的两家砂石厂发生相邻纠纷时主动介入调解,则是因为他是两家砂石厂生产场地的发包人,于情于理都应该出面①。

在调解纠纷时,乡土法杰会根据纠纷的实际情况,综合运用不同的方法,而所有方法的核心都在于讲理。对此王玉龙有深刻的实践体会:"事情对不对都要讲道理,有道理就是对的,没有道理这样就不对,就是错的。在调解中,对于不同的人方法肯定不一样,有些通道理的人就讲道理,有些'蛮'的人就不讲道理,该凶的时候要对他凶起来;有些贪心的人,就要跟他讲利益……调解时,讲道理,讲话的方式方法是有的,你要说的话有道理,大公无私,不要怕得罪人,该好好说就好好说,该凶就要凶起来,你要是怕得罪人,事情肯定做不好;我调解的时候,该讲的话不管怎样,都是要讲的;我调解过的人,以后碰到,他们都说我说话本事,做事情公正,他们对我还是很尊敬。"②王玉龙的这些看法在一定程度上代表了乡土法杰解决纠纷的"方法论",也在他自己以及其他人的诸多解纷实践中验证了其效果。

根据所运用的具体调解方法的不同,乡土法杰对纠纷的调解大致可分为直接调解和间接调解两类。直接调解又可称为面对面调解,即一旦介入当事人纠纷的调解后,他们会当着各方当事人的面摆事实、讲道理,分清是非,指明利害,对有关当事人进行劝解或者批评,尤其当一方当事人有过错而另一方没有过错时,他们会当着另一方当事人的面对过错方进行批评教育,并督促其向另一方认错道歉,比如王玉龙对解决村民王芬与何力夫妻之间因婚姻问题引发的严重冲突时,面对妻子王芬出轨、丈夫何力施暴的情况,他们对双方的错误都持批评意见,尤其对出轨者的指责更多③。调解人的这种态度和行为最终影响了当事人及其亲属的意见,促使他们选择了息事宁人而没有使事情变成为刑事案件;再如张荣德在调解韩桂珍夫妇的婚姻纠纷时,针对其丈夫有婚外情的情况,便当面督促这位丈夫向韩桂珍承认错误,并书面保证以后不再犯错误④。

间接调解又称为背对背调解,即介入纠纷调解后,他们分别做当事人的工作,以促成纠

---

① 高其才,马敬.陇原乡老马伊德勒斯[M].北京:中国政法大学出版社,2014:151 - 154,206.

② 高其才,王凯.浙中村夫王玉龙[M].北京:中国政法大学出版社,2013:196.

③ 高其才,王凯.浙中村夫王玉龙[M].北京:中国政法大学出版社,2013:150 - 151.

④ 卢燕.滇东好人张荣德[M].北京:中国政法大学出版社,2014:65 - 66.

纷的解决。间接调解主要适用于当事人之间矛盾较大、冲突激烈、当面调解不利于问题解决的情况，或者有些话不好当着双方当事人的面言说的情况。劝解是乡土法杰对纠纷当事人进行间接调解的重要手段，其往往表现为对纠纷当事人一方或双方进行劝说，促使其在有关利益或其他方面进行让步或者变通，从而推动当事人之间的和解，以达到纠纷解决的目的。与一般调解不同的是，劝解人介入相关纠纷解决的程度有限，其并不是纠纷当事人利害关系的直接协调者，而是通过利害分析、意见提供促使一方当事人产生与对方当事人和解的意愿并付诸行动。换言之，劝解的功能在于通过外围推动，让当事人内心醒悟而彼此自行和解。

从乡土法杰们解决纠纷的情况来看，有不少纠纷的解决可主要归功于他们对有关当事人的劝解。盘振武作为"实习护林员"携"瑶王"之威信对非法伐木者进行劝止，用三天时间解决了当地林业、公安部门长期解决不了的非法砍伐难题，所用的方法也是一种特殊形式的劝解①。何培金在了解到其所在乡镇的居民因不满教育管理部门置换镇上学校的行为而准备集体上访时，便出面劝解，通过分析利害并提供更好的解决思路而使居民停止了上访，平息了换校风波②。马伊德勒斯在面对穆斯林群众间的群体性纠纷时，曾"说和"了围堵阿訇事件以及"劝解"了两家分寺纠纷，尤其是前一个纠纷的解决，受到了当地党政部门的高度肯定，被认为是此类纠纷"至今为止处理得最成功的一次"③。再如在潘大明、王荷夫妇的离婚纠纷中，王玉龙是王荷父亲的意见的倾听者和规劝者④，尽管他的意见未能阻止潘大明、王荷的离婚，但是对推动这一婚姻纠纷的最终解决仍然起到了一定的作用，而导致张荣德的二弟死亡的交通肇事纠纷的解决结果之所以得到了各方面的认同，以至肇事司机和死者家属之间现在"像亲戚一样"⑤，其中一个重要的原因就是张荣德能够以理服人，对纠纷当事人双方进行了有效的劝解。

当然，因为单纯的直接调解或者间接调解都有其局限性，为了达到定纷止争的目的，他们更多时候是把两种调解方法综合运用于纠纷的解决中。无论采用何种调解方法，当其个人调解的力量不足以推动当事人矛盾纠纷的解决时，乡土法杰就会寻求外在力量的支持。比如张荣德在调解韩桂珍的婚姻矛盾时，曾把韩桂珍的娘家人请来做双方的工作；他在调解因坟地问题引发的群体性纠纷时也曾联合当地村委会一起做工作⑥。而同当地党委政府及警方合作办案，以至能把这些公权力的行使者指使得"嘟噜噜转"的⑦，则是马伊德勒斯在纠纷解决中常用的手段。

值得一提的是，在摆事实、讲道理的同时，乡土法杰还特别重视对调解成果的巩固与落

① 高其才.桂瑶头人盘振武[M].北京:中国政法大学出版社,2013:75-76.
② 高其才,何心.洞庭乡人何培金[M].北京:中国政法大学出版社,2013:161-162.
③ 高其才,马敬.陇原乡老马伊德勒斯[M].北京:中国政法大学出版社,2014:195.
④ 高其才,王凯.浙中村夫王玉龙[M].北京:中国政法大学出版社,2013:61.
⑤ 卢燕.滇东好人张荣德[M].北京:中国政法大学出版社,2014:89.
⑥ 卢燕.滇东好人张荣德[M].北京:中国政法大学出版社,2014:65,116.
⑦ 高其才,马敬.陇原乡老马伊德勒斯[M].北京:中国政法大学出版社,2014:203.

实。一旦经调解而促成当事人达成妥协后,他们大多会用书面协议的方式将相关内容巩固下来,形成对当事人的约束,以督促其履行承诺,实现纠纷的最终解决,可谓之"口头劝解,书面落实"。这一点在诸乡土法杰的解纷叙事中都有体现,而尤以王玉龙、张荣德的做法最为突出,也是他们纠纷解决的一条重要经验。之所以如此,是因为他们解决纠纷的目的,不仅在于化解具体的矛盾纠纷,很大程度上还在于解决纠纷背后的问题,可称之为"问题解决型"的纠纷解决。这方面的内容在后文还会述及。

(二)自忍

乡土法杰们既是解决他人纠纷的主体,也是自身纠纷的当事人,而在自己作为纠纷当事人时,自忍往往是他们预防和化解纠纷的重要方式。在"乡土法杰"丛书的五位传主中,有几人便具有忍耐艰苦、忍让他人以息事宁人的性格特点。他们的这种品性在一定程度上也是其之所以能够成为纠纷解决人的原因之一。比如张荣德就认为克制和忍耐是自己工作的需要,而工作也使他慢慢磨炼出了这样的不发脾气、不与别人争执的性格。"哪怕当事人如何说得难听、不好听的话,必须要克制自己,要疏导当事人,一天不行两天,两天不行三天,哪怕再厚的木鱼桩桩,敲到(位)了,自然就会那个(解决)。通过这个工作,把我的性格就这样慢慢地(磨炼出来了)。"[①]根据乡土法杰的生活环境及其所内含的社会关系的不同,可以将其通过自忍以解决纠纷的情形分为两类,即家庭纠纷和外部纠纷。

在家庭关系的处理上,乡土法杰们往往通过自忍以"安内"。比如张荣德说:"不管干工作,出去外头几天,老伴、家里人不责怪,不说我半点不是,天来天去的,回家也不会发什么脾气了。"对待妻子"有时候想说她两句,都把我这个性格克制了,不能说她"[②],因此他们夫妻之间三四十年如一日,从来不吵不闹。何培金虽自认为是个不太称职的丈夫,但从来没做过让妻子放不得心的事,"从来没有谩骂指责对方的爷娘,也没说过'分手'之类的话,没有高声大气地吵过架。"[③]而王玉龙多年来从来不和妻子发生大的矛盾的秘密武器是:"每次她发脾气,他就不顶嘴,随她怎么骂,实在受不了,就出去走走,等她气消了,再回来。"[④]长期在一起生活,夫妻之间不可能没有点矛盾,但是这几人之所以能够保持夫妻关系的稳定与家庭的和谐,在于其通过超乎常人的自忍,有效预防或化解了夫妻纠纷。相反,盘振武和马伊德勒斯都各有一次失败的婚姻,很大程度上可能与他们"脾气大"有关系。比如马伊德斯在自述中就谈到了自己的这一性格:"其实我也清楚,我这个人最大的缺点就是脾气太大,由不了自己,火气一上来谁都劝不住,容易得罪人。"[⑤]

在处理与外人的关系时,他们很大程度上也通过自忍以"攘外",比如盘振武虽然帮助他人解决了许多纠纷,但在自己的利益受到他人损害时,还是会选择忍耐。他在承包道路建筑

① 卢燕.滇东好人张荣德[M].北京:中国政法大学出版社,2014:203.
② 卢燕.滇东好人张荣德[M].北京:中国政法大学出版社,2014:206.
③ 高其才,何心.洞庭乡人何培金[M].北京:中国政法大学出版社,2013:200.
④ 高其才,王凯.浙中村夫王玉龙[M].北京:中国政法大学出版社,2013:29.
⑤ 高其才,马敬.陇原乡老马伊德勒斯[M].北京:中国政法大学出版社,2014:5.

工程时被拖欠工程款,多方讨要无果后曾想向法院起诉,但多年过去了,仍然没有行动①,说明他一直在忍耐,而即便"脾气太大"的马伊德勒斯,在同村村民马优素福欠其一万元十余年不还时②,虽然生气,但碍于情面,不想得罪村里人,也无可奈何,只能选择忍让和宽容;再如张荣德,他因小儿子突然遇害而遭遇了中年丧子的巨大痛苦,虽然凶手被判了死刑,但判决由罪犯及其家属给付的经济赔偿却一直没有支付,为了告慰其子,十多年来其曾两次申请执行,但均难有结果③,最终也只能选择忍受。因此可以说,就个人而言,自忍是体现于他们行为中的性格特点;就纠纷而言,自忍则是他们解决特定纠纷的方式之一。

(三)参与诉讼

乡土法杰因为个人能力相对突出的原因,除了通过非诉讼渠道解决纠纷外,他们也能通过诉讼渠道,运用诉讼的方式解决自己同他人之间的纠纷或者帮助他人解决纠纷。根据其在诉讼中的主体地位不同,可以将其参与诉讼解纷的情形分为三类。

一是直接作为当事人参与诉讼。"乡土法杰"丛书所记叙的几位乡土法杰中只有盘振武一人有这样的经历。他曾两次成为被告,其中一次是因为拖欠承包款而被其所在地的六巷村委会告上法庭,成了被告。尽管其在诉讼过程中书面为自己辩解,但法院还是认定其有责任,最后调解结案时,协议约定由其付清拖欠的承包款并承担部分诉讼费④。

二是代理当事人参加诉讼。比如盘振武曾多次以代理人的身份参与诉讼,其中一次担任刑事附带民事诉讼原告的代理人,还有一次担任人身损害赔偿民事诉讼被告的代理人⑤。在后一个案件中,因为盘振武事先的调查深入,准备充分,最终赢了这场对手为职业律师的诉讼。当事人满意,他自己也很有成就感。

三是帮助别人打官司。比如何培金曾作为诉讼顾问帮助当地的茶叶企业起诉中央电视台等,打知识产权维护的官司,案件最终调解解决⑥。

四是审理案件。马伊德勒斯曾多年担任当地县人民法院的人民陪审员,协同法官一起进行一些案件的审理,其中调解案件是他的长项,并在调处穆斯林群众的案件中发挥了较大的作用,其因而曾被评为年度"优秀人民陪审员"⑦。

(四)其他方式

除了上述纠纷解决的方式外,乡土法杰在解纷实践中还使用过谈判(如王玉龙作为村委会负责人与前来械斗的大爽村村民的谈判)、对抗(如王玉龙站在村民王华一边对抗行为不近情理的"蛮人"管村片长)、批评教育(如何培金以下乡工作组负责人教育一"扒手"

① 高其才.桂瑶头人盘振武[M].北京:中国政法大学出版社,2013:163-166.
② 高其才,马敬.陇原乡老马伊德勒斯[M].北京:中国政法大学出版社,2014:133-135.
③ 卢燕.滇东好人张荣德[M].北京:中国政法大学出版社,2014:41.
④ 高其才.桂瑶头人盘振武[M].北京:中国政法大学出版社,2013:167-175.
⑤ 高其才.桂瑶头人盘振武[M].北京:中国政法大学出版社,2013:151,158.
⑥ 高其才,何心.洞庭乡人何培金[M].北京:中国政法大学出版社,2013:134.
⑦ 高其才,马敬.陇原乡老马伊德勒斯[M].北京:中国政法大学出版社,2014:183.

改过,并因而缓解该人与其他人的矛盾关系)等其他多种纠纷解决的方式。概而言之,乡土法杰的纠纷解决是以追求矛盾的实际化解、问题的彻底解决为目的的,因而在纠纷解决的方式上灵活多样,不拘一格。而这种多元解纷方式的运用,则是立足于乡土社会人们生活的复杂情况,并以社会规范的多元存在为依据的。

☑ 第三节　乡村纠纷解决的困境与出路

总体而言,无论是从具体纠纷解决的结果(即直接结果),还是从纠纷解决所产生的社会影响(间接结果)而言,通过乡土法杰的乡村纠纷解决都产生了比较好的效果。但是他们虽为乡村精英人士,却仍然具有不可避免的局限性,以习惯法为主要规范依据的乡村纠纷解决遭遇了诸多困境。如何在社会发展转型的大背景下实现自身角色与功能的成功转型,从而继续发挥其作为乡村纠纷解决担纲者的作用,是乡土法杰所面临的现实问题。在一定意义上,这也是人们在农村法律文法发展与农民权利维护过程中所必须正视和解决的关键问题。

一、乡土法杰纠纷解决的结果

乡土法杰纠纷解决的结果包含两方面的内容:一是纠纷解决的直接结果,即他们对相关纠纷的解决情况;二是纠纷解决的间接结果,即他们的纠纷解决所产生的社会影响,可谓之为社会效果。

(一)直接结果

这里的直接结果主要是指乡土法杰纠纷解决的客观结果,也就是在他们介入每一起个案纠纷的解决之后,该纠纷最后有没有得到解决或者解决的程度如何? 就纠纷所包含的利害关系而言,乡土法杰把当事人之间的权利义务协调到了何种程度,或给予了何种合理的安排? 尤为重要的是,从外在状态考察,纠纷当事人之间的矛盾有没有化解、对抗有没有消失? 这些都属于客观事实的范畴。从乡土法杰解决纠纷的各个事例来看,根据纠纷解决的程度,可将直接结果分为三种情形。

第一种情形是纠纷彻底解决。根据范愉教授的定义:"纠纷(dispute),或争议、争端、冲突,是特定的主体基于利益冲突而产生的一种双边(或多边)的对抗行为。"①纠纷的彻底解决意味着纠纷当事人之间利益冲突的消失、对抗行为的终止,换言之,矛盾彻底化解了,现实的纠纷没有了。在乡土法杰所解决的纠纷中,多数情况属于这样的结果。比如前述盘振武对村中一对长辈夫妻间的生活纠纷,对因妻子与他人通奸而引发的本夫对奸夫的故意伤害纠纷,劝阻非法砍伐者与林业管理部门之间的管理纠纷等纠纷的解决就属于这种情况。其中那对老夫妻因为盘振武的调解而消除了对对方忠诚的怀疑而重归于好,那起故意伤害纠纷

---

① 范愉.纠纷解决的理论与实践[M].北京:清华大学出版社,2007:70.

的当事人最后握手言和,而通过劝阻非法砍伐者并让其撤离则彻底解决了林管部门长时间未能解决的问题。前述王玉龙对王德普、俞桂花的再婚纠纷、王健平子女的继承纠纷以及王辉盗窃纠纷的处理也都很彻底。张荣德所调解的耕地补偿、林木损坏、死亡赔偿等债务类纠纷的结果大都白纸黑字、以当事人协议的方式确保其有效,并据以督促当事人履行承诺,也属于彻底解决了纠纷。何培金对村民间的讨债纠纷、赡养纠纷、相邻纠纷以及镇上居民换校上访纠纷的解决也属于这种情况。至于马伊德勒斯,经由他手的纠纷多数大都有彻底的解决结果,比较典型的如围堵阿訇事件、其外甥间的遗产继承纠纷以及村民交通肇事赔偿纠纷等。

第二种情形是纠纷部分解决。从"乡土法杰"丛书对乡土法杰各自的解纷叙事来看,虽然经其手的纠纷大部分都得了彻底地解决,但是仍然有一些纠纷的解决结果是不彻底的,只能算是部分解决。也就是说纠纷当事人间的利益冲突得到了一定程度的协调,矛盾得到了一定程度的缓解,但是存在的问题并没有得到根本解决,症结仍在,相关纠纷还有反复发作的可能性。比如盘振武对一起夹杂有诬陷、通奸因素的混合纠纷虽然给予了一定程度的解决,但只是将眼前的冲突暂时平息了下去,当事人并不服气,后来曾经"偷偷来往"的男女当事人"现在在一起了,"[①]说明其当时对该纠纷的解决并不彻底。盘振武对自己作为被告的那起诉讼的调解结果也很不服气,最后没办法也只能自忍了事,说明法院当时并没有做到案结事了。再如王玉龙参与解决的何力、王芬夫妇间的人身伤害纠纷、王天兄弟分家纠纷、徐希和与其儿子间的赡养纠纷,虽然问题也解决了,但有的只是暂时掩盖了矛盾,有的则不过是权宜之计,能否有长期效果也很难说。还有像马伊德勒斯所解决的东塬中学与马优素福之间的相邻纠纷、两相邻砂石厂间的生产纠纷等,问题解决得也并不彻底,其中前者的当事人之间后来又发生了矛盾,而后者的当事人之间因为经济利益上的冲突问题没解决,他们之间的"休战"也只是暂时的。

第三种情形是纠纷没有解决。乡土法杰所经手的社会纠纷,大部分都不同程度地得到了解决,但仍然有一小部分最终没有解决,即矛盾仍然存在,纠纷还在继续。比如盘振武在介入一起因通奸所引起的婚姻纠纷的解决时就遭遇了挫败,因为当事人及其亲属对其不信任、不配合,导致调解失败,那对夫妻最终也离了婚。王玉龙在协调与其堂弟之间有关山地承包竞标纠纷时也没能成功[②]。马伊德勒斯作为人民陪审员所参与审理的一起离婚纠纷,因为双方当事人的执拗、法律与"口唤"习惯法的冲突等原因,一直拖着没办[③],从结果的角度说,该起纠纷也属于没有解决的情形。

综上所述,从纠纷性质上看,单纯的经济纠纷,或者因为人身侵权而引发的经济补偿纠纷,基本上都是一次性的博弈,经由乡土法杰的调解、劝解等,大都能得到彻底地解决,一般不再复发。而人身关系纠纷、相邻关系纠纷、精神信仰纠纷等,则往往难以彻底解决,即便针

---

① 高其才.桂瑶头人盘振武[M].北京:中国政法大学出版社,2013:141-143.
② 高其才,王凯.浙中村夫王玉龙[M].北京:中国政法大学出版社,2013:142-143.
③ 高其才,马敬.陇原乡老马伊德勒斯[M].北京:中国政法大学出版社,2014:182-183.

对某次纠纷爆发的情形而做出了调处,其随后还有复发的可能性。从纠纷解决的方式上看,通过调解、劝解、自忍等方式对纠纷的解决往往比较彻底,而诉讼途径的解决,无论是判决还是调解,当事人对纠纷的处理结果多不服气,换言之,纠纷的解决并不彻底。此外,若是以纠纷解决后当事人之间的原有关系是否存续为标准,还可以将这类纠纷的解决情况分为两类:一是纠纷解决后当事人之间的原有关系继续维持,如调解和好的夫妻纠纷、赡养纠纷、继承纠纷等;二是纠纷解决后当事人之间的原有关系破灭,比如调解失败而最终离婚的夫妻纠纷、一次性债务纠纷等。如果套用离婚诉讼中法院"劝和不劝离"的调解原则,前者可谓是纠纷解决的积极结果,而后者则属于消极结果。

(二)间接结果

如果说纠纷解决的直接结果是一种外在视角的评价,回答的是有没有的问题,那么乡土法杰纠纷解决的间接结果则是就其社会效果而言的,属于好不好的问题了。乡村纠纷种类繁多,成因复杂,很多纠纷的性质无法进行法律意义上的简单归类,也很难依靠诉讼、仲裁等法律途径有效解决,只能因地制宜,依赖乡村社会的自有途径和自生资源。大量的乡村纠纷因而主要是通过乡土法杰们的调解来解决的,他们之于乡村纠纷解决的重要性不言而喻。像张荣德担任人民调解员近三十年来,解决各类纠纷上千起,比较典型地反映了乡土法杰在乡村纠纷解决中的作用。通过他们的努力,一般情况下,大量的乡村纠纷被化解在事发地,实现了所谓"小纠纷不出村,大矛盾不出镇"的目的。只有一些他们无法调处的刑事、民事纠纷及经济纠纷,才会最终进入国家法所设定的诉讼、仲裁等解纷途径中。即便如此,乡土法杰也会通过合适的途径积极参与国家法途径的乡村纠纷解决。比如盘振武利用自己的知识优势帮助他人打官司,何培金帮助所在乡镇的企业打知识产权官司,马伊德勒斯在暴力冲突的群体性事件发生后在公安机关与当事人之间的斡旋协调等。就此而言,乡土法杰不仅是习惯法意义上的纠纷解决的主导者,也是国家法意义上的纠纷解决的参与者。

经由乡土法杰的纠纷解决不仅数量大,而且效果好,这是乡土法杰在乡村纠纷解决中所起重要作用的另一体现。在乡村社会的特定环境下所产生的疑难纠纷,很大程度上只有乡土法杰们能够调处,也只有他们才能处理好。比如盘振武之所以对自己解决的两起纠纷颇为满意,是因为在其所在的特定社会环境里,那样的纠纷几乎只有他能解决:一是利用自己被称为"瑶王"的地位和影响,一天就解决了当地林业部门与盗伐木材者之间长期未能解决的管理纠纷[①];二是利用自己丰富的生活经验向一对夫妻建议如何经营婚姻,从而成功化解了他们之间的婚姻危机,避免了离婚的发生,一方当事人甚至为此还私下以特定方式表达了感激之情[②]。王玉龙"热心助人的性格,使他在村里建立了很高的威望,不管大事小事,解决不了的事情就会来找他。慢慢地,村民们送了他一个绰号,叫作'总理',意思是说,岭腰村里发生的大小事情,他总会参与,总会帮忙,也总能解决。"[③]马伊德勒斯则在解决涉及宗教因

---

① 高其才.桂瑶头人盘振武[M].北京:中国政法大学出版社,2013:75-76.
② 高其才.桂瑶头人盘振武[M].北京:中国政法大学出版社,2013:146-149.
③ 高其才,王凯.浙中村夫王玉龙[M].北京:中国政法大学出版社,2013:189.

素的社会纠纷和群体性事件方面富有经验,也是当地党政部门解决这类纠纷的重要帮手,比如在一起穆斯林群众集体围堵阿訇的群体性事件中,面对因长期的家族矛盾、宗教积怨等因素所导致的复杂局面,在当事双方争吵不休、当地党委政府及村委会不好处理的时候,他作为调解人多方说和,终于使问题圆满解决,以至这件事被认为是迄今为止当地在因宗教问题引起的矛盾纠纷中解决得最成功的一次①。何培金不但在作为国家工作人员时能让难缠的无赖扒手改过,退居乡村时也热心公益,在当地远近闻名,有口皆碑。他所调解的一些司法人员鞭长莫及、基层干部熟视无睹但不及时解决会酿成大问题的乡村纠纷,对于当地的人际和谐与社会安定具有重要意义。至于张荣德,且不说其行为,就连他为提高办事的效率而添置摩托车在当地村庄都有"很高的知名度"②。这就足以说明他所解决的纠纷多、效果好,村民对他需求增加了,他所能起的作用也更大了。

可见,尽管地域不同、方式不一,但乡土法杰的纠纷解决对于乡村社会关系的维护、社会秩序的维持、世道人心的归拢、安抚等起到了实实在在的作用,产生了良好的社会效果。其实,这种良好社会效果的影响不仅利于他人,也利于乡土法杰们自己。

在《陇原乡老马伊德勒斯》中有这么一段话:"马永祥还清楚记得,围堵阿訇纠纷当天圆满解决后,他们一行人在回程途中,东塬乡党委穆书记非常高兴地对他说,今天咱们解决的这件因为宗教问题引起的矛盾纠纷,是咱们乡至今为止处理得最成功的一次。马永祥说到这里时,笑得很开心,能看出来他也是感到很自豪的。"③

关于盘振武的也有一段文字:"在盘振武看来,这是他为数不多的与正式的职业律师面对面办案而又胜诉的一起案件,他自己比较得意,当事人也比较满意。"④

这大概就是社会学意义上的互动的社会事实吧,作为纠纷解决的主体和当事人之间以纠纷的解决为媒介,在互动中彼此影响,相互塑造。对乡土法杰而言,这种在纠纷解决中不断获得当事人及其他社会主体的肯定与赞扬的体验强化着他们的自信、自尊和成就感,并因而不断地推动他们投身公益,解决更多的社会问题,进一步提高他们作为乡土精英的地位和权威。

二、乡土法杰所面临的纠纷解决困境

"盘振武希望自己成为祖上一样的头人,有头人的权威,有头人的风范,为此他热心公益,服务村民。不过,由于时代的变迁、年龄的增大,盘振武也明白自己的头人梦想已经越来越遥不可及了……"⑤

"王玉龙是一位看重面子的人。在接触中,我感觉王玉龙非常看重面子,对自己的能力

① 高其才,马敬.陇原乡老马伊德勒斯[M].北京:中国政法大学出版社,2014:193-196.
② 卢燕.滇东好人张荣德[M].北京:中国政法大学出版社,2014:127-129.
③ 高其才,马敬.陇原乡老马伊德勒斯[M].北京:中国政法大学出版社,2014:195.
④ 高其才.桂瑶头人盘振武[M].北京:中国政法大学出版社,2013:161.
⑤ 高其才.桂瑶头人盘振武[M].北京:中国政法大学出版社,2013:63.

颇有信心,在一定程度上也是自视很高的一个人。王玉龙喜欢家中来人不断,他喜欢那种被村人需要的气氛和感觉。言谈中我深深地感到王玉龙老人非常珍惜自己几十年来积累起来的良好声誉、威望,并努力克服年龄因素带来的困难而尽力维持。面对现今农村社会的变迁,王玉龙虽略觉不适应却仍然全力想跟上前进的步伐、时代的步伐。他在内心中害怕因为年老而成为边缘人物。"①

"今天我(张荣德)已苍老了,年龄六十又八,岁月的沧桑无情地在我的脸上刻下了烙印,那一道道坑坑洼洼(的皱纹)包含着我的一生。多少含辛茹苦,无数个春与秋的风霜染白了我的头。但我的双脚还在行走,昨天的路我已走过,明天我还要继续走下去。无悔人生路,不知何日是尽头。"②

这几段话反映了乡土法杰在面对社会发展和时代变迁给他们所带来的无奈、不甘时,也是他们在社会转型期所遭遇的困境的具体反映。自身权威的下降是乡土法杰们在目下纠纷解决中所面临的首要问题。不是所有的人都可以担任纠纷解决人,具有为当事人所认可和遵从的权威是乡土法杰们解决纠纷的前提条件。如前所述,虽然乡土法杰们所具有的多元身份使他们提高了社会地位,增强了个人权威,即便如此,跟昔日的头人、族长、阿訇等传统权威相比,乡土法杰们的权威仍然是比较低的。比如历史上的瑶族,其族头寨老在当地村寨具有非常高的地位,依照通行于当地的习惯法,甚至对其治下的乡民具有"宰杀权"③。拥有如此高的社会权威,他们在纠纷解决中也便可以做到说话有分量,做事有执行力了,而随着社会的发展转型,当下的乡土法杰所具的权威显然跟其先祖、前辈们不可同日而语。因为不具有先祖、前辈般的权威,就没有让乡民服从的足够的力量和威信,因而他们在纠纷解决中只能"调解"而无法"裁决"。

诚如怀有"头人之梦"的盘振武自己所说的:"在现在的社会制度之中,要当一个头人啊,要比以前清朝、民国要难得多啊。为什么难啊? 因为以前呢,法律就一种法律,好像我们瑶山就一种石牌制,它不受国家限制,主要是抓住、理解民意,顺着民意去办事就行了,就是以前的头人啊。现在的头人不容易,他要方方面面,你要应付上面,要应付下面,所以你一个停留在以前的水平,你做不了;完全是按今天的社会现象来做,你也做不了头人。再过20年可能可以。再过20年啊,现在的新的法制可能深入人心了,像我们这个年纪的人呢他也老了,不管事了;你这个年轻的怎么说怎么做了,那个时候年轻人中可能会形成组的组长。有些当一届又换了,当一届又换了,这个就说明当不了头人嘛。从目前来说,这个形势当不得头人,成为不了头人。"④

与权威下降相对应的是乡村纠纷的复杂多样。乡村社会的发展在消解乡土法杰的权威的同时,却在不断增加各种各样的社会纠纷。一是新的纠纷类型不断出现。这些纠纷是传

---

① 高其才,王凯. 浙中村夫王玉龙[M]. 北京:中国政法大学出版社,2013:2.
② 卢燕. 滇东好人张荣德[M]. 北京:中国政法大学出版社,2014:9 - 10.
③ 高其才. 桂瑶头人盘振武[M]. 北京:中国政法大学出版社,2013:849.
④ 高其才. 桂瑶头人盘振武[M]. 北京:中国政法大学出版社,2013:62 - 63.

统乡土社会所没有过的,比如知识产权纠纷、环境污染纠纷等。新的纠纷是乡村社会的新事物,却是乡土法杰所面临的新问题,比如何培金偶遇的本地特产黑茶品牌被冒用的知识产权纠纷,再如张荣德调解的砂石厂与村民之间的财产损坏、土地侵占纠纷等。二是原来不多见的纠纷现在经常发生,比如在一些乡村地区,原来离婚率很低,甚至长期没有夫妻离婚的,但是近些年来却不断发生离婚的事情,再如随着乡村道路交通和经济建设的发展,交通肇事纠纷、生产纠纷等昔日不多见的纠纷类型也频繁出现于乡村社会,如张荣德解决的其二弟被卡车撞死的交通肇事纠纷①,马永祥调解的客车售票员被撞伤的交通肇事纠纷②。对于乡土法杰们而言,因为缺乏专门知识和相关经验的积累,这些全新的纠纷或者往日不多见的纠纷的解决对他们而言是不小的挑战。

同时,随着纠纷类型的增多,纠纷的数量也较之以往有了更大的增长,乡村社会客观上对乡土法杰这样有能力的解纷主体的需求在增加,比如在担任人民调解员的近三十年中,张荣德调解过上千件纠纷,其中 2013 年一年就调处了 49 件。实际上,不光是纠纷的类型和数量,纠纷解决的难度也在不断增加。很多纠纷不只是单纯的财产纠纷或者人身纠纷,而是夹杂着各种复杂因素的混合纠纷,其性质往往难以用既有的概念范畴予以界定,比如张荣德所参与调解的汉、苗族群众之间的坟地纠纷③,前述马伊德勒斯所调解的围堵阿訇的纠纷等等④。这些纠纷几乎没法用诉讼、仲裁或者其他依据法律的公力救济的途径加以解决,而是必须因地制宜、有的放矢,由合适的人通过合理的途径以有效的方法予以化解。换言之,平息矛盾、解决纠纷、维护乡村社会关系的和谐与社会秩序的稳定,需要乡土法杰们发挥更大的作用。

可是乡土法杰们在纠纷的解决上却面临着一个麻烦,那就是新、旧知识的更新转换给他们带来的障碍。毫无疑问,这些人都是谙熟当地风俗习惯以及为人处世之道的杰出人士,但是在快速发展的信息时代,知识的更新很快,一些原有的知识很快便会被社会发展所需要的新知识所取代,比如随着电视、电脑、手机等信息工具的逐渐普及,乡村社会正在迅速进入"信息化"的时代。相比之下,年轻人更容易掌握和运用信息工具而成为信息时代的主动者,而年长的人则要迟钝的多。乡土法杰的年龄都比较大,他们有的尚能"与时俱进",比如何培金、张荣德;有的则有些落后于信息时代的要求,比如王玉龙、马伊德勒斯。在这几个人的传记中,除何培金外,我们几乎没有发现对其他人使用电脑的叙述。这就说明他们自身在信息工具的掌握运用方面已经跟不上时代发展的要求了。如果纠纷的当事人是跟他们的年龄和生活阅历差不多的人,则问题不大;但是一旦在纠纷解决中遭遇那些能够熟练使用信息工具并因而能获得各种新知识的纠纷当事人,乡土法杰们就可能要遭遇相关知识缺乏的困境了。

在解决纠纷的过程中,规范冲突是比知识缺乏更为棘手的问题。这里的规范冲突主要

---

① 卢燕.滇东好人张荣德[M].北京:中国政法大学出版社,2014:86-95.
② 高其才,马敬.陇原乡老马伊德勒斯[M].北京:中国政法大学出版社,2014:201-203.
③ 卢燕.滇东好人张荣德[M].北京:中国政法大学出版社,2014:116-122.
④ 高其才,马敬.陇原乡老马伊德勒斯[M].北京:中国政法大学出版社,2014:193-196.

指的是法律和习惯、道德等规范之间的冲突。前已述及,我国现在的乡村社会不再是昔日"皇权不下乡"的习惯法的世界,法律在乡村社会的作用范围虽然不及习惯法那么大,但是法律的作用却是无处不在的,只不过处于生活的实际需要,法律的适用往往会被人们有意识地规避而代之以其他被实际执行的规范①,但是纠纷的发生意味着当事人之间的利益冲突,为了寻求利益的最大化,有关各方均会尽可能地寻求对自己有利的规范依据,比如在因夫妻一方与他人通奸而导致的婚姻纠纷中,面对另一方依据习惯法的惩罚行为,过错方则会选择用法律来"保护"自己。这就造成了习惯和法律的冲突。在有关乡土法杰的叙事中这样的问题多有所见,其情形与昔日费孝通在《乡土中国》中所描述的情形并无本质差别②。

在习惯法的实际地位和作用高于法律的地方,这类冲突所造成后果更大,比如马伊德勒斯所属东乡族,带有夫权制痕迹的"口唤"习惯法往往会对女性造成很大的束缚,以致离婚纠纷单靠法律途径没法彻底解决。即便法院判决一对穆斯林夫妇离婚,但是如果女方得不到男方基于宗教规范的"口唤"即同意离婚的意思表示,则其不能再婚③。妇女的离婚自由受到习惯法的限制,这样的情况在其他一些少数民族中也存在④。对于谙熟地方习惯、村规民约的乡土法杰们而言,国家法的存在对他们而言既是好事,也是负担。说好事是因为如果他们运用得当,相关纠纷便可以借助国家法的作用而解决;说不好是因为他们往往并不是很熟悉法律的内容及适用之道,而且协调规范冲突对他们而言是非常不容易的事情,以至于在一些复杂的情况下他们无能为力、无所适从。概言之,规范冲突给他们的纠纷解决增加了负担和困难。但是他们除了面对之外,没有别的选择。

乡土法杰纠纷解决的直接目的是通过权利救济以平衡利益关系、维护社会秩序,同时他们往往还有一个超越当事方利益纷争的价值追求。乡土法杰在所在乡村往往担任一定的社会职务或在有关公共利益的事务中能够发挥重要作用,所以他们考虑问题的视野就不会仅仅局限在当事人身上,往往还会站在整个村庄、家族或特定社会群体(如宗教信众)的立场上来考虑问题,因而和谐、团结、稳定等价值目标往往会成为他们在解决纠纷时行为的价值追求。正是乡土法杰作为解纷主体在价值问题上所为的"关于客体的绝对超越指向"⑤,他们因而也赢得了乡民的信任和服从而具有较高的权威。但唯其如此,围绕具体纠纷的多元规范之间的冲突,也有可能引发价值冲突的问题,比如在基于权利本位的个体利益满足与社会和

---

① 对于在社会生活中客观存在的法律规避和法律多元问题,苏力曾有过颇有影响的论述。他认为:农民规避国家制定法而偏好私了并不必定是一种不懂法的表现,而是利用民间法和国家制定法的冲突所做出的一种理性选择;法律规避也并不意味着国家制定法不起作用,相反是国家制定法对社会发挥作用的一种特殊形式。参见苏力.法治及其本土资源:第三版[M].北京:北京大学出版社,2015.

② 费孝通在谈及乡土社会中法治与礼治的冲突时举了奸夫将打伤他的本夫告上法庭的例子,认为这种保护"有法律知识的败类"的司法制度在乡间发生了很特殊的副作用。参见费孝通.乡土中国[M].上海:上海人民出版社,2007:45-48.

③ 高其才,马敬.陇原乡老马伊德勒斯[M].北京:中国政法大学出版社,2014:75.

④ 高其才.中国习惯法论[M].北京:中国法制出版社,2008:255.

⑤ 卓泽渊.法的价值论[M].北京:法律出版社,1999:3.

谐、秩序稳定之间发生冲突的时候,该如何协调与平衡。前者往往是纠纷当事人的目标,他们的依据主要是法律;而后者则是作为解纷主体的乡土法杰的追求,他们的依据往往是对多元规范的综合考量。为了实现一个整体意义上的价值目标,那么个体之间的是非甚至需要被策略性地忽略,而这也正是乡土法杰在纠纷解决中所面临的又一个两难境地。

三、乡土法杰纠纷解决的未来发展

纵览乡土法杰纠纷解决的事实图景,可以发现通过乡土法杰的乡村纠纷解决在对象、依据及方式方面具有如下特点。

其一,乡土法杰所解决的社会纠纷的性质复杂、类型多样、数量较大。从乡土法杰所解决的社会纠纷的类型及其内容来看,有些纠纷的性质比较单一,有些则是混合性的纠纷;有些纠纷城乡都可见,有些纠纷属于乡村所特有的;有些纠纷在法律可调整的范围内,有些则只能适用习惯法或主要依靠习惯法予以解决。这些纠纷的复杂多样及数量较大,一方面说明即便在乡村社会,矛盾纠纷仍然是不以人的意志为转移的客观存在,是构成人们社会生活内容的特殊部分。另一方面,乡村纠纷的解决凸显了乡土法杰在乡村纠纷解决、乡村秩序维护方面的地位作用。乡村纠纷的解决需要乡土法杰,而纠纷解决又反过来提高了乡土法杰的社会地位和个人权威。因此,作为主体的乡土法杰和作为对象的社会纠纷之间是一种有机互动的共生关系。

其二,乡土纠纷解决的规范依据是以习惯法为主导的多元规范体系。我们发现乡土法杰在纠纷解决中对规范依据的适用并不定于一处,而往往是各种社会规范的综合运用。一般而言,法律是他们解决纠纷的基础性规范,他们的行为至少得以不违反法律的强制性规定为前提。而习惯法则是乡土法杰所依赖的最主要的解纷规范,这是由乡土法杰的主体特点以及乡土纠纷的内容、性质等因素所决定的。在规范依据上的习惯法导向是乡土法杰在解纷规范选择和适用上的基本特点,可以说他们都是习惯法的解释权威和运用权威,是习惯法适用于社会纠纷解决的主要担纲者。也因而,以追求实际结果和问题解决为目的的纠纷解决导向,使得乡土法杰纠纷解决的规范依据是以习惯法为主导的多元规范体系。相比于目下法律途径的诉讼、仲裁在规范依据上的单一性,乡土法杰的在纠纷解决方面的规范渊源更为丰富,而这也正是其之所以能够应对各类复杂纠纷的原因之一。

其三,乡土法杰的纠纷解决以调解为主,方法多样,途径多元。以实现平息矛盾、解决问题的“实用主义”目的为导向,乡土法杰在纠纷解决的方式上不拘一格,途径多元。调解、自忍、参与诉讼乃至谈判、对抗、批评教育等都是他们可用以纠纷解决的方式方法,其中调解作为他们最主要也最拿手的方式被广泛运用于各类纠纷的解决中。在调解过程中,分清是非、权衡利弊、尊重当事人的意愿以及公道处事等可谓是乡土法杰的成功之道;而社会关系的和谐、社会秩序的稳定、乡民生活的幸福乃至集体利益的谋求与维护等,也都可能内含于他们行为的价值追求中。由此是否可以说,无论都市还是乡村,无论国家还是社会,也无论法律还是习惯,人们在纠纷解决等生活方式上的基本内容中总是殊途同归而坚持一些基本的

共识。

　　概言之,乡土法杰的纠纷解决展现了我国乡村纠纷解决事实的复杂图景,其中所蕴含的是我国乡村社会的乡土本质及社会发展转型过程中人们生活的多元样态。乡土法杰作为乡村纠纷解决的担纲主体,是由其作为乡土精英的能力、公心、知识、权威等多种因素所决定的,具有一定的必然性。而他们参与各种纠纷解决的过程,既是其协调社会关系、维护社会秩序、传承社会价值的过程,同时也是他们的地位、权威进一步提升和塑造的过程,体现了人与社会之间的有机互动。就纠纷解决本身而言,乡土法杰的纠纷解决是一种追求实效、注重结果的"实用主义"导向的纠纷解决类型。他们在各类社会纠纷的解决中秉持讲道理、重公正的"方法论",在纠纷解决的规范依据上则能就地取材、有效适用各类习惯法,因而能够将为乡土社会中民众所普遍接受的价值理念和生活方式融入纠纷解决的过程和结果之中,以至经由他们的纠纷解决往往具有"案结事了"、可接受性高、社会评价好的特点,体现了乡土社会中人们的生活智慧,其因而也对我国当下国家法意义上的以诉讼为主的社会纠纷解决途径的改善与发展提供了有益的启发。

　　乡土法杰是在乡土社会的特定环境中生长起来的内生权威,他们所面对的社会纠纷有其多方面的复杂性,经由他们的纠纷解决也许不是最好的,但却毫无疑问具有在地的合理性。这种人与事之间的良性互动成就了其作为乡村纠纷解决担纲者的主体地位。然而,乡土法杰毕竟也是有着自身局限的平凡人,尽管他们在乡村社会的地位高、作用大,但却无法以一己之力应对时代发展对乡村社会所造成的整体冲击,这正是其目前在纠纷解决中遭遇了诸多问题却徒叹无奈的根本原因。当然,在"道路通向城市"的大趋势之下,只要不希望其被时代所淘汰而成为边缘人,乡土法杰就需要正视自己的优势和缺陷,并通过继续努力以维持其存在感,发挥其在纠纷解决等乡村重要事务中的作用。就此而言,经由乡土法杰的纠纷解决只是一种接续传统并将终结于社会转型期的特有现象,还是代表着未来乡村社会纠纷解决的基本路向,则有赖于:其一,社会发展的状况对乡村纠纷解决的实际要求;其二,乡土法杰能否与时俱进而成为适应未来社会纠纷解决需要的合格主体。因此,客观、全面地看待乡土法杰在乡村纠纷解决中的地位和作用,既是其自身与时俱进而成为乡村纠纷解决主体的内在需要,也是人们在法治建设进程中尊重规范传承、坚守价值本根所应有的基本态度。

🔖 第五章
农民权利发展与农村社会治理的法治转型

党的十八届三中全会通过的《中共中央关于全面深化改革若干重大问题的决定》提出了"推进国家治理体系和治理能力现代化"的重大命题。其中,农村社会治理是一个重要的组成部分。随着城乡一体化进程的加快,农村社会治理日益凸显出其重要价值。作为我国宏观社会秩序运行的微观结构基石,当下的农村社会治理面临诸多困境,譬如基层政权"悬浮"、公共服务缺失、土地权益性纠纷增加、信访数量居高不下、群体性事件频发等态势。同时,市场经济的发展、传统道德的弱化使得依赖国家政策、社区个人权威、道德舆论压力进行社会治理的方式变得难以推行。在推进国家治理体系和治理能力现代化、建设社会主义法治国家的进程中,农村社会治理必须提升法治话语的重要性和比重,以农民权利为核心推进新型城镇化改革。以农民权利为基础、尊重农民主体性与法律诉求的治理模式,排除社会结构性歧视、实现公民权利与社会资源对等配置的法律制度设置,是我国农村社会治理法治转型的内在逻辑。同时,推进基层政治权力结构、社会空间及治理模式的协同发展,改变农村政策治理的惯性依赖,以制度性的法律规则保障农民主体性权益的实现,建立城乡平等的利益分配机制、资源共享机制,实现公共服务均等化,并最终以平等性、正当性、主体性等权利理念促进农村社会治理的法治化,才能带来农民权利的整体性提升。认真对待农民权利,推进农村社会治理的法治转型,是继经济改革、政治放权之后我国农村社会发展的重心所在。

☑ 第一节　农村社会治理的法治转型与农民权利诉求

一、农村社会治理的法治诉求

人类社会进入现代之后的社会治理已发展为一项复杂的系统工程,其目标不限于政治统治、维持社会秩序,更涵盖了提供公共服务、促进社会公正、保障公民权利等多元价值。从各国经验来看,社会治理的模式已呈现趋同态势。无论是公共选择理论还是新公共管理理论,都强调社会治理的去政治化过程,通过公众参与、广泛沟通来赢得共识,强化公民对公共机构的监督制约,以消解社会各阶层之间的紧张与疏离,降低社会发展的系统性风险,提升社会管理的效能。在治理方式的选择上，"历史上的不同族群、国家尝试了种种治道，其主要表现为尊奉神灵权威的神治，青睐精英睿智的人治，凭靠伦理教化的德治，以及依循规则治理的法治。"①其中，宪政结构下的法律治理已成为世界各国的共识观念。需要注意的是，西方国家在全球化、信息化浪潮的影响下，基于法治原则衍生出系统的"治理理论"。这种模式的内涵已经超越了单一法律规则治理的范畴，而更多地融入了有限政府、公共参与、协商民主、公共服务市场化等内容。正如詹姆斯·N.罗西瑙所说："治理是由共同的目标所支持的，这个目标未必出自合法的以及正式规定的职责……它既包括政府机制，同时也包含非正式、非政府机制，随着治理范围的扩大，各色人等和各类组织借助这些机制满足各自的需要。"②具体来说，治理理论强调解除行政规制、公共服务私有化，以小政府、大市场、公民参与三者的平衡来构建社会治理模式，以市场和法律的双重力量来保证契约精神和效率。这其中又以寻求多元化的社会合作共治，以科学决策与管理创新实现社会善治，追求社会发展中的公平原则和主体权利实现，受到了我国学术界的关注。

我国农村社会治理的理念与模式经历了曲折的变迁过程，这种治理体制的嬗变过程，反映出不同历史时期的政治、经济、文化和社会结构特点。在传统中国，皇权对于广袤农村的控制长期通过保甲、里正等基层组织，结合地方乡绅、宗族势力，实现资源汲取和秩序维持的需要。正如费孝通先生所言，传统农村社会是在血缘和地缘投射基础上构筑起来的"道德共同体"③，这种以差序格局和家族伦理为纽带的社会关系形成了乡绅或者官绅结合治理模式的社会基础。中华人民共和国成立后，虽然传统习俗的影响与作用依然存在，但乡村社会的治理方式逐渐被国家权力所吞噬或替代，以意识形态整合和经济一体化为核心的人民公社制度将农村社区转变为国家权力深度控制的政治共同体。改革开放之后，随着家庭联产承包责任制的确立，农民个体获得了土地经营权，"去集体化"进程加快，家庭重新成为乡村社会网络的基本单元，人民公社制度随之瓦解，这同时也宣告了原本无处不在的国家权力从乡村治理结构中的撤退。1987年《中华人民共和国村民委员会组织法（试行）》由第六届全国人大常委会第二十三次会议通过，我国基层社会治理格局中被嵌入具有一定竞争性、民主性和法律运作程序的村民自治制度，并且以民主选举、民主决策、民主管理、民主监督开启了表征现代民主法治精神的法理型权威结构。

经过二十多年的发展，我国农村社会治理的模式已经基本稳定，即以乡政村治、村民自治为框架，以《中华人民共和国村民委员会组织法》和"四个民主"为运行规则的社会自治体系。不可否认，这一治理模式为我国农村社会的稳定发展做出了重要贡献，但同时我们也要看到，在传统迈向现代的变革进程中，市场经济不断渗透、稀释、冲击着固有的社会治理模式，农民个体经济理性、文化心理和社会关系状况一直处于流变之中。农村社会也日益呈现

① 高鸿钧. 现代法治的出路[M]. 北京：清华大学出版社，2003：1.
② [美]詹姆斯·N.罗西瑙. 没有政府的治理[M]. 张胜军，刘小林，等译. 南昌：江西人民出版社，2001：5.
③ 刘同君. 新农村法律文化创新的解释框架——转型空间·知识命题·图景样式[J]. 学习与探索，2011
（3）.

出流动性、开放性和契约性。在村庄秩序结构发生改变的同时,农村社会治理的构成要素也陷入了一种系统的张力之中。换言之,农村社会治理的重心已经发生转移,从 20 世纪八九十年代的"社会管理",开始转变为"权利冲突"问题,尤其是农民与基层政府之间的抵触与疏离,征地拆迁纠纷、土地承包经营纠纷的大量出现,信访、群体性事件的日益增多,农民由于自身权利义务的不对等而引发的对社会公平的强烈诉求。在这种蕴含内在逻辑冲突的治理体制中,我们看到,固有的治理元素,如村规民约、伦理文化、政治权力,与新的社会因子,如权利意识、平等观念、法治文化,相互交错、彼此消长,同时也使得现阶段的农村社会治理陷入了一种深刻的体制性紧张与系统性风险之中。

我们必须看到,当下我国农村社会治理的复杂面向也决定了依法治理的必然性。我国农村社会近三十年来的经济发展、关系演变,已经从总体上解构了传统乡土社会的外壳和内核,从而为现代性法律文化的进入提供了社会基础。这种基于社会发展的"迎法下乡"也在很大程度上避免了 20 世纪普法运动中的"秋菊悖论",以经济利益、契约精神和法律规则等为主体的社会元素开始进入农村社会关系形态的构建中来。在这一艰难转型的现代化过程中,农村社会众多利益主体所表现出来的不同反应,不断冲击、锻造着新农村建设的秩序重建,由此也导致传统与现代、保守与开放、道德与法律、家庭伦理与经济利益等不同社会标准的碰撞。而在此背景下农民个体行为所表现出来的复杂面相,如经济利益锱铢必较、传统观念淡漠式微、信仰缺失、唯利是图等,也不断推动着农村社会种种矛盾冲突渐次浮出水面。以土地纠纷为例。随着农村工业化和城镇化速度的加快,土地资源的非农价值加大了农民对于土地的渴望,人多地少的矛盾日趋突出,土地征迁、农业承包合同纠纷成为冲击农村社会秩序的一个重要隐忧。中国社会科学院农村发展研究所的调查结果显示:农村土地纠纷已取代税费争议而成为目前农民维权抗争活动的焦点。由于土地是农民的生存保障,而且土地问题往往涉及巨额经济利益,因此,土地争议往往更具有对抗性和持久性[1],而且,由于土地纠纷多涉及农民的根本利益,同时又牵涉集体组织(村民委员会)、地方政府等多方主体,集结了农业保障、经济发展、地方政绩等诸多要素,因而此类纠纷往往错综复杂、无法调解,经常激发上访等社会事件,只有通过正式的法律程序才能提供一个博弈解决的平台。

同样,基层行政领域的矛盾冲突也是农村社会治理的一个重点领域。由于村民自治制度的实施和农业税时代的终结,基层行政分支已经基本上从村庄撤出,国家权力在具体运作过程中已不太可能与农民的日常生活发生接触性纠纷。作为基层自治组织的代理人,村干部的行为在涉及村庄集体资源分配时,如果与社区成员预期差距较大或明显违背决策程序,也极易造成村庄内部的权利冲突,甚至引发较大规模的群体性事件。"随着'三农'问题受到中央政府的重视,来自外界的援助和集体经济利益的投入不断增加。对于一般村民来说,这些资源无法控制。不管是通过直接对农村的补贴投入,还是农村原有公共资源的转换,都有

---

① 于建嵘. 土地问题已成为农民维权抗争的焦点——关于当前我国农村社会形势的一项专题调研[J]. 调研世界,2005(3).

一些不确定的因素进入了农民社会的资源分配中,从而增加了农民社区资源分配中的不公正,增加了社会冲突发生的可能性。"①所以,必须依照国家法律法规对此类问题加以规制。

因此,以市场化为特征的现代性因素和以法治化为指向的制度能量正积极改变着农村社会治理的原子化状态。一方面,乡镇经济的勃兴与城镇化进程的加快,不仅打破了原有的乡村治理格局,而且导致了农民个体理性主义的觉醒,契约观念、权利观念、平等观念等现代私法理念逐步积淀与生成。正是这一系列私法理念的孕育与发展,在很大程度上消解了家族伦理、社会习俗和道德观念等传统要素的治理功能。另一方面,村民自治的制度性力量削弱了基层行政权力,但国家权力的肆意又常常损害农民权益并引发农民持续不断的权利抗争。正是由于群众性自治制度的刚性要求与农民权益维护的抗争性诉求,催生了农民对国家权力进行监督约束的需求及公法观念的萌芽。因此,农村社会的变迁不仅在很大程度上解构了传统治理模式的外壳和内核,而且为现代性法治因素的注入创造了区域空间,契约与自由、权利与义务、法治与人权等理念元素渗入村民自治治理结构中已趋之必然。

从当下我国农村社会治理转型的政策语境来看,其宗旨是达到"生产发展、生活宽裕、乡风文明、村容整洁、管理民主"的良好状态。良好的治理即为善治,而善治则内在的包含了法律治理的要求。俞可平教授认为善治包含六个要素:合法性、透明性、责任性、法治、回应、有效②。这就是说,法治既是善治的重要构成要素及主要治理方式,又是衡量善治的重要标准,也只有在法治社会中才能实现自治程度较高的善治③。我国农村社会治理的法治转型与善治有着内在的契合。从社会结构角度来看,农村社会治理的变迁主要表现为由"基层政权—农村集体—农民个体"的紧密性结构,转向"政策指导—村民自治—管理民主"的松散性结构。前者主要表现为封闭性与政策性,后者则主要表现为开放性与规则性。但这种结构模式的转变也不意味着放任"个人主义",因为纯粹的"国家—个人"连接模式存在着社会秩序崩溃的巨大风险。"个人主义首先使公德的源泉干涸。久而久之,个人主义也会打击和破坏其他一切美德,最后沦为利己主义。"④涂尔干在《社会分工论》中揭示:"如果在政府与个人之间没有一系列次级群体的存在,那么国家也就不可能存在下去。如果这些次级群体与个人的联系非常紧密,那么它们就会强劲地把个人吸收到群体活动里,并以此把个人纳入社会生活的主流之中。"⑤"个人主义"的风险预防及"次级群体"的有序形成,只有通过"建构社会主体的行为规则,强化社会主体的权利义务意识,保障社会主体的合法权益,完善社会领域的各项法律制度,依法进行社会管理"⑥,才能达到预期效果。因此,法治与善治的内在关联为农村社会治理奠定了制度基础;法治是调整社会关系与创新社会管理的内在支撑,也是农村

① 王晓毅. 转型时期的农村社会冲突[M]. 广州:广东教育出版社,2009:90.
② 俞可平. 治理与善治[M]. 北京:社会科学文献出版社,2000:8-10.
③ 严存生. 社会治理与法治[J]. 法学论坛,2004(6).
④ [法]托克维尔. 论美国的民主:下卷[M]. 董果良,译. 北京:商务印书馆,1988:625.
⑤ [法]埃米尔·涂尔干. 社会分工论[M]. 渠东,译. 北京:生活·读书·新知三联书店,2000:40.
⑥ 刘旺洪. 社会管理创新与社会治理的法治化[J]. 法学,2011(10).

社会治理过程中摆脱原子化困境、达至良好治理状态的路径选择及制度保障。

总体来看，随着农村社会利益关系的复杂化，与之相关联的社会治理的多样化趋势，以及农村社会纠纷数量的急剧增加。这些矛盾冲突集结了农村社会转型时期的种种阵痛，复杂而敏感，法律权威作为现代社会处理利益冲突的主要机制，因其规则的确定性、纠纷过程的程序性、结果的可强制性而日益成为农民社会生活的日常实践。因此，在新的社会发展形势下，农村社会的发展必须以法律为基础，以法律的力量完善农村社会治理的各项制度，规范村民自治运行中的异化现象。同时，只有以宪法和法规为最高准则来协调不同主体间的利益关系，使各个治理主体尤其是公共权力的运行主体能够在法治的框架之内行动，接受法律法规的监督与约束，才能维护农民的合法权益，促进农村社会的和谐发展。

二、农村社会治理的权利基础

我国农村社会治理的法治转型意味着一种更加规范化、以权利保障为核心的发展思路。前文述及，当下农村社会治理的合法性困境已转变为农民权利保护问题，其中尤以城乡二元结构造成的制度性歧视、征地拆迁纠纷、土地承包权纠纷、村民自治内部权利冲突等现象为重点。在城镇化发展的进程中，通过立法形式赋予每个公民以平等的宪法权利，将农民作为平等的权利主体来对待，尊重农民的土地权益，建立合理的征地补偿和利益分享机制[①]，以公正的司法体系保障农民在户籍、教育、就业、医疗、社会保障等领域的权益不受侵害，是农村社会法律治理的内在逻辑与权利基础。

农村社会治理的诸多疑难，从表象上来看是经济问题，抑或是社会组织问题、文化变迁问题，但究其实质，是源自农民在社会基本权利结构中的权利贫困与缺失。在农村现代化的过程中，基本权利与人格缺乏尊重是农民与现代社会融合的断裂点。时至今日，"中国农民作为一个整体仍然被制度性地从公民共同体中分离出来，而成为一个与城市居民存在着迥然差异的特殊群体"[②]，权利困境才是中国农民不能承受之重。诺贝尔经济学奖获得者阿马蒂亚·森指出："农民贫困的根源并不在农民贫困本身，而是深藏在农民贫困背后的另一种贫困——权利贫困。贫困不单纯是一种供给不足，而更多的是一种权利不足。"[③]农民的贫困形式一般表现为经济贫困，但经济贫困的深层次原因是权利贫困，包括经济、文化、政治、社会、生态诸方面。"由于一些正式制度和非正式制度的限制和歧视，农民的权利认知程度普遍较差，致使政治、经济、文化、社会等各种类型的权利普遍存在虚化或缺失的现象，并由此进一步加剧了其他方面的贫困。"[④]农村社会治理的治标之道是消除经济贫困，而消除经济

---

① 调查显示，因农民在土地使用权的流转中合法权利受损而诱发的极端行为、集体性维权事件、信访、司法诉讼占农村重大社会纠纷的 70% 以上。参见姜晓萍，衡霞. 农村土地使用权流转中农民权利保障机制研究[J]. 政治学研究，2011(6).

② 江国华. 从农民到公民——宪法与新农村建设的主体性视角[J]. 法学论坛，2007(2).

③ ［印］阿马蒂亚·森. 贫困与饥荒：论权利与剥夺[M]. 王宇，王文玉，译. 北京：商务印书馆，2001：13.

④ 赵万一. 中国农民权利的制度重构及其实现途径[J]. 中国法学，2012(3).

贫困的治本之道应是消除权利贫困。"解决当代中国农民问题的核心是农民权利保障,其中尤为重要的是农民的财产权、平等权和迁徙权的保障,使农民成为一种自由选择的职业,而不是身份。"①因此,农村社会治理的根本问题,是健全农民权益的保障机制,而这一"保障机制"的绝对指向应该是推动与实现农民权利,或者间接地说,农民权利是农村社会治理的切入点与基准线。

对当前农民权利保护的理论与实践进行反思,我们需要注意内部性视角和外部性视角两个层面的问题。从内部性视角来看,制度性歧视和立法的都市化倾向是导致农民权利缺失的重要的社会结构原因。将农民作为平等的权利主体来对待,问题不在于简单的权利宣告,或者以"他者"的姿态将其化约为法律意识淡薄、知识缺乏等空泛言论。我们必须直面的是根深蒂固的城乡二元结构壁垒,以及附着其上的户籍、教育、就业、医疗、社会保障等差别化资源分配机制。在缺乏利益表达渠道和有效组织化的前提下,作为原子化状态存在的农民个体面对社会结构性缺陷根本无能为力,现有的制度性屏障剥夺了其改善自身境遇的平等生存权和自由发展权。因此,从社会体制改革的角度出发,赋予广大农民以平等的国民待遇,实现权利保护的对等状态,保障农民诉求渠道的畅通,可以看作是农村社会治理重要的权利发展目标。

同时,我们在调查中也发现,基层地方政治发展中的权力失范是侵蚀农民权利尤其是土地性财产权,进而导致大量极端性、群体性维权事件的重要因素。农地财产权是农民生存发展的根本,我国已经制定了《中华人民共和国宪法》《中华人民共和国物权法》《中华人民共和国土地管理法》《中华人民共和国农村土地承包经营法》等相关法律,农地权利体系较为完备。但是在经济发展优先和地方财政利益的驱动下,基层地方政府"滥用土地权属的模糊性、肆意行使缺乏监管的行政权力、瓜分本应公平支付的征地补偿等失范行为,使农民不能充分享有土地的增值收益,并被置于收益分配链条的最末端,更因社会保障的缺乏而无法被新的发展环境接纳。农民的经济权利为发展权实现提供物质基础,主要依靠土地财产收益来实现。因此,引发矛盾的征地行为完全忽视了公平正义的人权原则,以表面的微弱补偿取代实质的土地收益,是剥夺农民土地权利进而侵害农民发展权的掩盖。当安置与保障途径没有落实,而仅有的补偿难以维持后续的生活所需时,农民的基本生存权便会受到威胁,农民在抗争中与其他利益主体引发的纠纷和冲突不断激化,更加影响了农村社会的和谐稳定。"②从这个角度来说,掌握公共权力的政治机构无视农民基本生存权、发展权,僭越法律,是对农民权利最危险的侵害。张千帆教授曾言:"从宪法学角度看,'三农'问题的解决,有赖于完善地方民主与法治,从以行政为主导的中央控制模式转向以司法为主导的权利保障模式。"③因此,农村社会治理的法治转型,必须与基层政治权力的功能转化协同发展,必须认真对待农民的财产权利,否则将失去最基本的合法性基础。

① 周永坤.中国现代化进程中的农民问题[J].河北学刊,2012(1).
② 刘兆军.人权理念下的农民土地权利保护[J].中国土地科学,2010(7)
③ 张千帆.三农问题的宪法学思考[J].法学研究,2006(4).

从权利发展的外部性视角来看,农村社会变革的法律需求是推动农民权利体系完善、话语转换以及维权运动开展的根本动力。改革开放以来,随着传统农业经济结构和乡村道德共同体的不断分化,后农业税时代农民的权利体系、民主诉求、纠纷解决等法律文化因子也在不断经历着变化。"法律作为一种象征国家正式力量的话语、实践,在社会秩序和纠纷解决中的作用开始上升,并逐渐成为规范人际关系和利益冲突的主导性因素。"①"今天的国家法律,因其规则的普遍性和背后的惩罚机制,就能够给逐渐陌生化的乡村社会提供信任,维持基本秩序。由此就有人看到了'一种村民与村民之间,村民与国家之间以契约来约束相互责任和义务的关系体系也在逐步建立起来,与之相伴随的所谓依法治国的观念通过司法部门的法律宣传,也逐步地成为乡村社会中解决日常纠纷的主要依据。'"②在有关自我权利保护的行为博弈中,个体农民逐渐发展出对国家正式法律规则、司法程序的心理认同,推动了农民权利体系的司法化进程。以农村社会治理中常见的征地补偿款分配纠纷为例。根据《中华人民共和国村民委员会组织法》的规定,涉及集体土地征地补偿款分配的事宜,属于村民委员会民主决策的范畴,由村民代表大会讨论决定。就法律规定及其内部治理结构而言,村庄集体事务一般遵循民主议事程序,以少数服从多数原则做出。征地拆迁补偿款分配方案,包括村集体成员资格的确定,应属村民自治权的范畴,排斥外部政治机构和国家法律的干预。在实践中,一旦村民个人权利与集体利益发生冲突,就容易出现集体成员利用多数优势做出决议或制定村规民约、自治章程,侵犯少数农民合法权利的现象,而且由于该决议或章程以"民主"名义做出,更增加了农民维权的难度。实践中大量存在的"外嫁女维权"即为典型案例。此类维权事件在 2007 年《中华人民共和国物权法》通过后有了很大的改观。《中华人民共和国物权法》第六十三条第二款规定:"集体经济组织、村民委员会或者其负责人作出的决定侵害集体成员合法权益的,受侵害的集体成员可以请求人民法院予以撤销。"此条款明确赋予了人民法院对村民决议的司法审查权,村民之间的权利冲突将依据国家正式法律规则进行裁决,即使农民权利受到来自村民自治内部的侵害,司法权力也将为其提供有效的救济途径。2010 年开始实施的《中华人民共和国农村土地承包经营纠纷调解仲裁法》也是将农村社会治理中的土地承包经营纠纷转化为了权利话语在司法程序中的合法对抗。从这个角度观察,在我国农村社会治理的法治转型中,农民权利在司法程序中的话语转换及公正实现是一个很大的助推力,也唯其如此,才能使农村社会的发展及其伴随的利益结构、思想观念、行为模式等方面的变化与农民权利观念、权利体系和权利保护机制的孕育生长协同变迁,才能实现良好的农村社会治理目标。

---

① 刘同君等. 新农村法律文化创新的解释框架:转型空间·知识命题·图景样式[M]. 北京:中国政法大学出版社,2012:299.
② 参见董磊明,陈柏峰,聂良波. 结构混乱与迎法下乡——河南宋村法律实践的解读[J]. 中国社会科学,2008(5).

三、我国农村社会治理法治转型的权利理念

宪政结构下的法律治理既意味着一种严格的规则之治,同时也包含了深刻的人文关怀和价值元素。形式主义法治观在中国的现实语境下承载了更多的社会公众有关正当权利、公平正义、自由平等的理想期待。这些价值理念成为指引中国法治进步和权利发展的精神内核。在农村社会治理法治转型的过程中,经济发展带来了村庄面貌的巨大变化,人际流动和信息技术使城乡之间的距离变得不再遥远,但农民处于一个整体的弱势状态,其独立人格和平等权利的现实境况,并没有得到实质性的提升,相反却经常性地淹没在"权利话语"的背景中。无论是基于社会稳定抑或渐进式改革的考量,那些横亘在我们面前的制度性障碍依旧存在。知易行难,正视农民作为权利主体在社会发展中的集体失语问题,肯定农民基本权利在社会结构中的正当性,平等地对待每一个农民的权利与人格,这些基本的权利理念是我国农村社会法律治理的价值基础。

其一,农民权利的平等性理念。平等源于人性的本质规定,是人仅仅作为人而言在伦理层面的理性诉求;平等即意味着反对特权与歧视,强调人与人之间的对等性,这也是人的本性观在法律层面的道德要求。作为现代法治的核心价值之一,权利平等原则体现了权利主体的普遍性、权利内容的同一性以及权利效果的公正性;它既是法律规则的内在要求,也是法律制定、实施中的一项基本原则。从权利平等的内涵来看,它可以划分为两类不同的权利:第一类是受到平等对待的权利;第二类是作为平等的人受到对待的权利[①]。前者表明了权利主体在资源、机会、义务分配时的均等化要求;后者则代表了现代自由主义有关"平等"问题的理念,即每个人都受到同等的关心与尊重,强调人本身的平等性,而非平均主义的资源配置。

我国宪法和法律将"法律面前人人平等"规定为一项基本的法治原则,每个公民在法律面前均受到平等的对待,享有平等的权利。程序主义的权利平等观在这一点上并无差别,但公民实体权利配置和实现状态受到社会结构以及国家政策的影响,体现了较为明显的差别化倾向,其中最为公众所诟病的当为城乡二元结构。1958年的《中华人民共和国户口登记条例》将公民人为地划分为城市居民和农村农民两个类别,从法律上限制社会成员的自由流动,同时将教育、医疗、就业、社会保障、福利待遇等制度与之相连,造成了广大农民在政治、经济、文化、社会等基本权利领域中的巨大的不平等状态,并延续至今。以教育权利为例。1985—2007年,农村义务教育学生人数比例约为65%,但国家在农村教育的投入比重却一直在50%左右徘徊,城乡学龄儿童入学率、高中入学率差距呈现不断扩大趋势,农村基础教育投入不足、大学教育机会不平等现象相当严重[②]。再以农民社会保障权为例。从1990—2005年,在国家卫生总支出中,农村人口的支出比例从47%下降到27.4%,下降了19.6个

---

① [美]罗纳德·德沃金.认真对待权利[M].信春鹰,吴玉章,译.北京:中国大百科全书出版社,1993:358.
② 蔡昉,王德文,都阳.中国农村改革与变迁:30年历程和经验分析[M].上海:上海人民出版社,2008:210.

百分点,优势医疗资源不断向城市集中。根据 2008 年世界卫生组织公布的数据,中国医疗卫生分配公平性在全世界排名居第 188 位,位列倒数第 4 位①。城乡卫生资源分配的不平等,在很大程度上剥夺了农民平等的社会保障权。在广大农村,因教育致贫、因病致贫的现象非常普遍。所以,城乡社会发展的巨大差距,从制度环境与政策条件来看,与其说是一个经济发展问题,毋宁说是公民基本权利的配置不平等问题。

确立农民权利的平等性理念,对于国家而言意味一项宪法义务。德沃金曾言:"政府必须关心它统治下的人民……;政府也必须尊重它统治下的人民。政府必须不仅仅关心和尊重人民,而且必须平等地关心和尊重人民。它千万不要根据由于某些人值得更多地关注从而授予其更多的权利这一理由而不平等地分配利益和机会。"②在农村社会发展的过程中,国家应当弱化经济利益的考量,从宪法义务的高度消除背离宪法精神的制度性壁垒,通过法律上的权利再分配,将农民应然状态的宪法权利转化为实然权利,并且以公正的司法程序保障农民平等权在各领域的实现。为了弥补历史遗留下的发展落差,在某些领域的权利配置和保障上可以有所差别,以达到"实质平等"状态。这种做法也是世界各国保护弱势群体的一项特殊法律制度,譬如美国法律上的"肯定性行动(affirmative action)",为保护少数族裔而在就业、升学、住房等方面给予特殊优待。当然,这种差别对待"仅仅是现代宪法对形式平等原理进行的修正和补足,是为了在一定程度上纠正由于保障形式上的平等所招致的事实上的不平等,依据个人的不同属性采取不同方式,对作为个人的人格发展所必需的前提条件进行实质意义上的平等保障"③。面对长达半个多世纪的制度鸿沟,只有"在确立平等权基础地位的前提下,实现由平等保护向倾斜保护转变,由身份概念向职业概念转换,由现实性权利向目标性权利迈进"④,才能使农民获得真正或实质意义上的平等。

其二,农民权利的正当性理念。作为一个政治哲学和法哲学概念,"正当性"表达了"一种特定的正当理由或道德原则,其利益在制度安排内应得到维护和尊重"⑤。它要回答的是社会现象得以存在或确立的理论基础与评价标准,是回答社会现象为何如此、可以如此、应当如此的证明元素。与之相连,"权利"则表明"正义或伦理上的正当"⑥。农民权利的正当性问题即是追问当下中国农民权利观念确立、体系构建、机制保障的道德、法律与现实依据。

农民权利正当性的道德基础来源于共识性的人权观念和自然权利思想。人权观念是农民权利正当性的理论依据,我们生活的时代是权利的时代,人权是这一时代人们普遍接受的唯一的政治与道德观念⑦。作为现代法治思想的伦理前提,人权观念表达了这样一种观念:

---

① 蔡昉,王德文,都阳.中国农村改革与变迁:30 年历程和经验分析[M].上海:上海人民出版社,2008:214.
② [美]罗纳德·德沃金.认真对待权利[M].信春鹰,吴玉章,译.北京:中国大百科全书出版社,1993:357.
③ 林来梵.从宪法规范到规范宪法[M].北京:法律出版社,2001:107.
④ 赵万一.中国农民权利的制度重构及其实现途径[J].中国法学,2012(3).
⑤ [英]戴维·米勒,韦农·波格丹诺.布莱克维尔政治学百科全书[M].邓正来,译.北京:中国政法大学出版社,1992:661.
⑥ Henry Campell Black. Black's law dictionary[M]. St. Paul:West Publishing Co. 1979:1189.
⑦ [美]L.亨金.权利的时代[M].信春鹰,译.北京:知识出版社,1997:1.

一个人,仅因他是人,而不因其社会身份和实际能力(如出身、财产、才智、职位、机遇等)就应该享有某些权利;这些权利与他作为人的属性相伴随并因此是不可剥夺、不可转让的[①]。这一思想清晰地表达出现代社会对公民个体尊严、自我价值、主体存在性的人文关怀,并因此成为世界各国法律制定、实施过程中的价值参照。《世界人权宣言》《公民权利和政治权利国际公约》《经济、社会和文化权利国际公约》等国际条约也对公民所应当享有的各项权利进行了详细规定。时至今日,上述观念已经成为现代社会的价值共识和底线伦理。据此我们认为,农民享有人人平等的尊严与权利符合共识性的人权原则和正义理念。这一正当性理念与市场经济的优胜劣汰机制无关,与农村、农民的职业特点无关,与保护弱势群体的权利配置无关,它仅仅与人类存在的尊严相关联。所以,消除城乡二元结构、建立与城市居民平等的基本权利体系、尊重农民的主体性权利与人格,是整个社会应该努力的目标,这一点在伦理道德层面上确证无疑。

农民权利正当性理念的法律基础来自实证法对于权利内容的确认。在现代社会,权利正当性主要通过合法性来体现。"正当性是一个法哲学、政治哲学的概念,来源于自然法传统,一般是为法律、法治及统治秩序寻求道德论证;合法性是一个法律实证主义的概念,以符合实定法的规范原则为标准,在一般情况下为社会生活提供着特定意义上的正当性证明。"[②]从我国现有法律体系的具体内容来看,农民作为一个职业群体(非身份群体)并没有被排除在法定权利主体之外。"农民权利"只是表明了权利主体的职业特点和地域特征,并非将其作为一个特殊的法律权利主体来看待。"农民"也不是一个法律概念。我国宪法曾提到"农民",其中序言部分规定"社会主义的建设事业必须依靠工人、农民和知识分子,团结一切可以团结的力量";《中华人民共和国宪法》第十九条提及:"国家发展各种教育设施,扫除文盲,对工人、农民、国家工作人员和其他劳动者进行政治、文化、科学、技术、业务的教育,鼓励自学成才。"上述条款只是一般性表述,没有涉及权利义务的内容,不构成授权性规范。再纵观我国其他主要的实体法、程序法,涉及主体的法律概念有"公民""自然人""法人""单位""原告""被告"等,均没有出现具有身份区别特征的"城市居民""农民"。因此,从合乎实在法规定的角度来看,农民权利具有与其他社会群体同样的权利体系、权能内容、实现程序,这一点并无差别。

其三,农民权利的主体性理念。我国农村的社会治理状况关涉全社会政治经济的协同发展,因此农民权利问题经常成为公共政策领域讨论的重要议题。但吊诡的是,由于缺乏利益表达渠道,作为直接利益主体的农民却一直难以获得有效的话语权与参与权。言说者对待农民权利问题的态度实质上是由于社会将农民作为生活的一个"他者"来看待的,而置身其中的广大农民则一直处于集体失语状态,多数情况下只能听由主流叙事话语安排自己的命运。

[①] 夏勇. 人权概念起源:权利的历史哲学[M]. 北京:中国政法大学出版社,2001:167.
[②] 刘杨. 正当性与合法性概念辨析[J]. 法制与社会发展,2008(3).

农民权利主体性的丧失从表象上看源于分散的个体农民缺乏参与社会事务的意识和主动性。马克思曾将农民比喻为"一口袋马铃薯",松散、分立且只关心自我利益。但究其实质,是由于中华人民共和国成立后长期的城乡二元结构、工业化优先的发展道路、工农业产品剪刀差的资源汲取方式,造成了农民被极度边缘化的局面;同时,在基本权利配置方面明显的制度歧视,使得农民群体根本没有与城市阶层、国家公权力博弈的能力。《中华人民共和国选举法》修改前著名的"四分之一"条款即为有力佐证。在缺乏合法渠道表达权利诉求的情况下,农民权利的实现只能寄希望于公权力机关的自觉抑或"弱者的武器""以死抗争"。正如许章润教授所言:"他们掌握的话语资源极其有限或者为零,处于相对与绝对被剥夺的弱势地位,既无法主动直接或者间接影响决策层面,也不可能通过参与立法博弈而进入分配正义。毕竟,各级人大代表绝大多数时候顶多只对上负责,与选民无真实委托关系,代议功能几乎为零。在此情形下,一旦校正正义机制失灵,其具体生存的社会经济生态恶化,甚至到了连生存底线也难以维持的地步,那么,通过街头政治诉诸公开集体行动,便往往成为他们表达诉愿的唯一有效手段。"①就此而言,我国农村社会治理法治转型应首先以提升农民权利主体性为旨归,畅通农民权利诉求的表达渠道,保障其获得平等政治权利的机会,提高农村社区组织化能力,使农民真正成为权利的价值主体、自我命运的掌控者。

研究农村社会治理法治转型中的权利问题,还需要注意语义分析中的个体主义方法论,认真对待微观层面的个体权利问题。从方法论意义上讲,个体主义是与整体主义相对应的研究思路。在社会治理的宏观环境中研究农民权利问题,不可能摆脱个体主义研究方法,权利的宏观性归根结底是建立在微观个体性基础之上的。"如果说权利的存在表现着文明秩序的存在,那么,关于权利的观念、体系和保护机制的存在,就表现着权利的存在。权利的发展,大体说来,就是权利的观念、体系和保护机制的发育和生长。"②农村社会治理依赖于农民权利的保障机制,而农民个体的权利观念则是这一"保障机制"的动因与基础。沃特金斯指出,按照方法论个人主义的原则,"社会世界的最终的构成要素乃是个别的人,这些个别的人或多或少总是根据他们的意向和他们对自己的近况的了解来进行活动。每一复杂的社会状况、社会组织和制度或社会事件,都是个人及其意向、境遇、信念,以及自然资源和环境的具体组合的结果。"③由此可见,方法论的个体主义要求我们在并不摒弃整体的情况下,坚持从个体着眼,努力理解特定社会关系中个体的观念与意识、行为及结构,并进而实现对社会的整体性理解。如果在研究农民权利问题时,一味着眼于权利整体而有意无意地忽略权利个体,那么,这种研究只能停留于抽象的描述意义层面,从而失去研究的目的与意义。因为"失去了活生生的个体,空洞的集体或者整体是不存在的……失去了个体主义的背景,抽象

---

① 许章润. 多元社会利益的正当性与表达的合法化——关于"群体性事件"的一种宪政主义法权思路[J]. 清华大学学报(哲学社会科学版),2008(4).

② 夏勇. 走向权利的时代:中国公民权利发展研究[M]. 北京:中国政法大学出版社,2000:绪论 3.

③ 沈湘平. 理性与秩序:在人学的视野中[M]. 北京:北京师范大学出版社,2003:109.

地谈论权利就是去了意义"①。因此,农民权利保障机制的构建必须立足于农民权利个体,而不是视农民个体为权利话语中的"被言说者",农村社会治理必须是以农民为主体的权利实现过程。

总体而言,农村社会转型进程中的权利问题,是关系到城乡一体化进程及农民切身利益的关键问题。不可否认的是,市场经济的发展孕育出农民个体理性主义、契约精神与权利观念,这些价值元素为法治范式嵌入农村社会治理结构提供了必要的精神动力。与此同时,中国农村社会特殊的二元结构与农民的实际生存状态决定了法治原则下的权利分析方法是我们理解农村社会治理的重要切入点。权利分析范式为我们认识农村社会治理的合法性困境提供了一个更为根本的理论视角。从这个角度来看,农民整体的积贫积弱主要是源自基本权利配置的差别对待,根植于身份自由的限制、表达渠道的阻塞、主体性权益的丧失。因此,国家应承担起平等对待公民的宪法义务,摒弃经济优先和社会稳定的政策考量,从人本主义的高度尊重每一个公民生存和发展的权利,维护农民权利发展的底线公正,以平等性、正当性、主体性权利理念改变或矫正农民权利的弱势状态,为农民权利的具体实现提供制度保障。

☑ 第二节　治理视域下农民权利实践的复合结构

在农村治理法治转型的过程中,权利的缺失是农民与现代化融合的根本性阻碍之一。给予广大农民以平等的法律关怀,消解农民权利制度性贫困的现实境遇,是农村治理法治转型的重要基点。现阶段农民权利诸多层面的实践过程,既涵盖了国家政策力量的推动、经济资源重整、社会制度改革在内的建设性力量,也包含了以人民法院为代表的国家正式法律体系的保障性力量。在司法场域下观测和实践农民权利的不同侧面,以法治手段捍卫和救济处于社会弱势地位的农民权利,是城镇化转型过程中农民权利实现的重要基础。同时我们也注意到,农村社会关系的复杂状况在一定程度上决定了农民权利进入司法领域后的多元态势:权利话语层面对国家法律逻辑的借助、实践运行环节对政治环境的依赖以及在社会资本领域对权力技术的再生产等等。通过普通农民在个案中的策略选择,我们可以观察到,处于城镇化浪潮中的中国农村,各种社会力量在农民权利实现机制中的交互作用,以及国家法律、政治政策、社会资本等元素置身其中的真实境遇。这些社会协同机制一起构成了在司法场域下农民权利实现的复杂景观,也向我们展示了个体农民对于自身法律权利保护的微观行为趋向。基于这样的认识,本节通过分析农民权利实现过程中的路径选择,包括诉诸政治渠道、运用法律程序、协同社会资本等方式的策略方法,试图解析出权利现象背后隐藏的、有关农村社会发展的种种正义观念、文化心理和关系结构,力图更深入地理解农民权利问题的

---

① 张千帆.宪法学导论[M].北京:法律出版社,2004:465.

多元学术背景与实践过程。

一、农民权利实践中的司法场域与技术

在社会共同体中，权利实现方式的选择受到文化传统、道德习惯与政治法律空间等多种要素的影响，并具有一定的路径依赖效应。对于权利实现方式的偏好分析，一个重要的思路是经济分析方法，即理性社会人基于自身经济利益最大化的考量，来进行行为模式的选择。在既定的政治经济结构下，权利保障到底是诉诸法律程序，还是选择私力救济、协商解决，权利主体的成本收益分析是一个重要的约束机制。譬如许多社会成员选择非诉讼途径进行权利救济，即是基于经济利益最大化的考虑。经济学家同时提出有关法律信息、市场化程度对于权利主体的影响。沈明明就认为：主体对于法律信息掌握的程度与正式制度的选择具有正相关的关系，市场化程度越高、了解更多法律信息的公民，更倾向于选择正式法律制度作为权利实现的方式[①]。在受传统文化影响较深、社会关联程度较高的社区，权利实现的过程也与主体掌握的社会资本状况、社会关系的生存结构具有密切的关联。社会学家的研究表明，权利偏好与个体在整个社会所处的地位，进而包括其所能掌控的社会资本资源，存在同向制约的关系[②]。例如，一个社会地位较高、经济实力雄厚或与某些政府机构成员有"关系"往来的社会成员会更青睐正式法律途径，而相对弱势的社会群体则更有可能选择信访、私力救济等非正式渠道进行权利救济。同时，"关系距离（relation distance）"也是影响农民行动选择的重要因素。当权利实现的结果会损害个体生活所依赖的关系结构时，权利主体通常也会回避这种行为模式，避免"秋菊打官司"似的悲剧产生。

从功能主义的角度分析，农民权利的保障抑或救济，无论是诉诸何种途径，其目的都以权利内容的实现为核心，因此并不局限于法律之内的正义。司法程序、政治渠道与社会协同在农民权利问题上并不是截然分开的，而是叠加在一起，交互作用，共同搭建起农民权利实现的机制平台。借用美国法学家麦宜生（Ethan Michelson）"纠纷宝塔（dispute pagoda）"理论[③]，笔者认为农民权利实现方式的偏好选择并不是一个单一的固定选项，而是存在一个"塔型"的层级结构：从最初社会关系领域的协商、调解，到寻求司法救济的尝试，直至借助政治力量。这些机制在农民权利实现的过程中是协同出现、交互作用的，而非依次递进，各个层级之间也不存在彼此消长的封闭关系，其时机的选择服务于权利实现的实用主义策略，以及具体个案当中的实际情景。

在当代中国农村，农民权利的实践过程受到乡村社会结构、文化心理和人口流动等因素的影响，已经出现了向司法偏好转换的趋向。这一巨变首先发端于农村社会结构的变化，市场经济的发展打开了农村封闭的边界，将农民从土地上释放出来，"构成传统农村内生结构

---

① 沈明明，王裕华. 中国农民经济纠纷解决偏好分析[J]. 北京大学学报（哲学社会科学版），2007(3).

② 郭星华，王平. 中国农村的纠纷与解决途径——关于中国农村法律意识与法律行为的实证研究[J]. 江苏社会科学，2004(2).

③ 陆益龙. 纠纷解决的法社会学研究：问题及范式[J]. 湖南社会科学，2009(1).

的社会要素快速变化,以经济利益为导向的社会交往方式解构了以往牢不可破的血缘地缘关系,相应地,附着在血缘和地缘纽带上的道德义务呈现出弱化的趋势。……以经济利益、契约精神和法律规则等为主体的社会元素开始进入农村社会关系形态的构建中来。"①相应地,法律作为一种象征国家正式力量的话语、实践,在社会秩序和权利发展中的作用开始上升,并逐渐成为规范人际关系和利益冲突的主导性因素。"今天的国家法律,因其规则的普遍性和背后的惩罚机制,就能够给逐渐陌生化的乡村社会提供信任,维持基本秩序。由此就有人看到了'一种村民与村民间,村民与国家之间以契约来约束相互的责任和义务的关系体系也在逐步建立起来,与之相伴随的所谓依法治国的观念通过司法部门的法律宣传,也逐步成为乡村社会中解决日常纠纷的主要依据。'"②换言之,农村社会的巨变已使乡村法律实践的基础发生了若干变化,昔日"送法下乡"正融入"迎法下乡"③的现实需求。在传统乡土社会秩序机制弱化的背景下,无论是主动选择,还是无奈之举,越来越多的农民"拿起法律的武器"来捍卫自己的权利。"村落传统型权威的式微、村庄秩序内生维系力量的瓦解以及乡村社会结构的巨变,农民已无法从村庄内部找到一种合理、公平和正义力量的代表与化身,在选择纠纷化解方式时'只能'走向诉讼之途。"④从外部性视角来看,农村社会与各种现代性元素的融合极大地拓展了农民权利的空间,催生了许多新的权利类型。譬如工业化带来的环境保护权、雇佣劳动引发的劳动保护权、交通工具发展导致的各种损害赔偿权等等。此类矛盾冲突往往在空间结构上超越了熟人社会的交际网络,无法通过宗族权威加以调解,所以需要更多地借助现代性法律规则和纠纷解决工具,现代性色彩明显⑤。这也在一定程度上推动了农民权利向司法场域的迈进。

农民权利在司法场域中的呈现方式主要以进入司法程序为主:将自我权利实现中的不确定性、冲突性纳入司法程序,转化为双方当事人在国家正式法律程序中的合法对抗,从而借助法律话语上的优势以及司法机关所代表的权力形象,强化权利实现中的合法性与权威性。在有关自我权利保护的行为博弈中,个体农民逐渐发展出对国家正式法律规则、司法程序的心理认同,推动了农民权利体系的司法化进程。以农村集体收益分配权为例。该项权利是农民作为村集体成员所享有的法定权利,应按公平原则合理分配。但根据《中华人民共和国村民委员会组织法》,村民会议享有集体经济所得收益的使用分配权,因此实践中大量出现了村民会议以多数投票方式将部分村民排除在外的情况。由于村民会议的决策是以程序合法的"民主"方式做出的,所以在村集体内部,权利受到侵害的农民显然是无法与占据人

---

① 刘同君. 转型农村社会的纠纷解决:类型分析与偏好选择[J]. 学海,2011(5).

② 董磊明,陈柏峰,聂良波. 结构混乱与迎法下乡——河南宋村法律实践的解读[J]. 中国社会科学,2008(5).

③ "迎法下乡"一词出自董磊明:《宋村的调解:巨变时代的权威与秩序》(法律出版社 2008 年版),意指农村社会状况变迁导致内生性法律需求的增加,从而主动寻求法律力量的态势。

④ 何绍辉,黄海. "拿起法律的武器":法律何以下乡?——湘中四个个案的比较研究[J]. 中国农村观察,2011(1).

⑤ 刘同君. 转型农村社会的纠纷解决:类型分析与偏好选择[J]. 学海,2011(5).

数优势的村委会进行博弈的。在缺乏平等对抗平台的情况下,此类案件极易演变为激烈的暴力冲突或越级上访等事件。上述权利冲突现象在进入司法场域后得到了较好的纾解。最高人民法院在 2001 年即出台司法意见:"关于人民法院对农村集体经济所得收益分配纠纷是否受理问题的答复"(法研〔2001〕第 51 号)、"关于村民因土地补偿费、安置补助费问题与村民委员会发生纠纷人民法院应否受理问题的答复"(法研〔2001〕第 116 号),认定此类权利冲突属平等民事主体之间的纠纷,并且将其纳入民事诉讼程序,以法院的中立性、权威性居中裁判,由个体村民与村集体平等抗辩,从而最大程度地消除了双方力量不均等造成的差异。这种以权利内容本身为核心的司法场域无异对个体农民的权利实践具有很强的示范和激励效应。

农民权利所进入的司法场域是一个复杂的关系网络。根据布迪厄的观点,"这个场域的特定逻辑由两个要素决定的,一方面是特定的权力关系,另一方面是司法运作的内在逻辑。前者为场域提供了结构并安排场域内的竞争性斗争(更准确地说,是关于资格能力的冲突),后者一直约束着可能行动的范围并由此限制了特定司法解决办法的领域。"①司法场域内的权力关系一般由诉讼结构确定,而司法运作的内在逻辑除了与"资本""权力"相关外,也与行动者所采取的策略直接关联。具体到农民权利在司法场域内的法律逻辑,其实用主义和机会主义的行动策略尤其值得关注。由于法律信息与知识上的不足,普通农民对于法律制度往往抱持实用主义的态度,并以此来展开其行动策略。即使进入司法场域寻求法律的支持,"从表面上看似乎法律成为判断是非的最重要依据,但支配他们行为的仍然是内心关于什么是公正的判断。对国家法律的援引通常只是作为纠纷解决过程中自己与对方谈判博弈的工具和砝码。"②一旦遭遇对自身不利的程序规则,如证据制度、举证责任规则、时效制度,权利主体往往会转向诉诸实质正义观念,甚至以程序不公、法官滥用职权等借口退出司法场域。这种建立在自我利益考量基础上的行动策略并非仅仅来源于权利主体对司法场域合法性的不认同,更主要的是,乡村社会有关权利义务判断的实质正义观念与现代司法场域的运作逻辑仍然存在一定的错位。"比如,举证时限制度的建立,对于无正当理由逾期提供的证据,法官可以认定为证据失权。然而,社会转型时期民众对于法治的认识、举证能力均未达到相应的程度,裁判形成后许多当事人仍怀揣证据不断申诉。"③

与农民权利主体的实用主义策略相对应,处于司法场域权力支配地位的法官亦不得不表现出某种程度的灵活性,弱化程序主义的要求,积极对待权利主体的诉求,适当平衡法律逻辑与乡土正义观念之间的鸿沟,甚至在某些个案中要结合乡土社会的风俗习惯、道德传统、当事人的文化心理等因素,综合起来进行考量,以求得"规则之治"与"权利实现"之间的平衡。"法官对于这个案件的处理进路、思维方式和解决方法,就可以看到法官完全是实用主义导向的。他们在当地各种条件的制约或支持下,权衡各种可能的救济特别是比较各种

① 〔法〕布迪厄,强世功.法律的力量——迈向司法场域的社会学[J].北大法律评论,1999(2).
② 刘同君.转型农村社会的纠纷解决:类型分析与偏好选择[J].学海,2011(5).
③ 李炳烁.能动司法背景下我国农村基层法官的角色扩展:动因与路径[J].学海,2011(5).

救济的后果,然后作出一种他们认为是对诉讼人最好的、为诉讼人基本接受和能获得民众认可的选择。在这里,诉讼根据、法律关于法官的职责,有关法律的程序规定和实体规定都不是那么重要,重要的是要处理好纠纷,结果好,'保一方平安';有关的法律规定往往只是法官处理问题的一个正当化根据,或是一个必须考虑甚或是在一定条件下必须有意规避的制约条件。"①农村司法场域中法官的这种行为趋向甚至在一定程度上得到了国家正式司法政策的认可。近年来最高人民法院所倡导的能动司法实际上即为一种追求结果导向的变通性行动策略,法官更为积极地介入权利实现过程,以更为务实的弱程序态势,更为实用性的解决方式,来达到确保权利冲突在司法场域得到妥善解决的目的。当然,这种将法律规则等同于纠纷解决工具,并混杂各种权力技术的实用主义,毫无疑问会造成严格法治主义的衰退,削弱法律的有效性。

二、农民权利实践的政治空间与策略

现阶段农民权利在司法场域中的复杂图景,除了与上述法律运作机制相关外,还必须放置于更大的政治空间中去观察、省思,因为"不同法律传统中不同类型法律资本的相对权力,是与法律场域在更大权力场域中的总体位置联系在一起的"②。我国司法制度对政治生活具有很高的依存度,其制度结构、功能定位乃至话语形态都受到政治场域的支配性影响,"某些政治逻辑和标准未经重构即直接进入司法场域成为司法本身的逻辑和标准。"③譬如在中国政治语境下,司法机关在审判案件之外,还必须服务地方治理,其中最为重要的职能就是维护社会稳定,"政府用社会纠纷数量的多少,特别以是否有上访、信访及其他激烈形式表现出来的纠纷多少作为判断标准,考察法官的工作实绩。……现实而具体地通过年终考核、奖金评定、对法院的工作'社会评议'和评选先进、'人民满意法官''人民满意法院'等等活动表现出来。"④这种系统结构决定了司法机关在许多场景下需要将诉讼个案与权利实现放置在整体政治空间中去考量,尤其是涉及某些敏感性案件,如房屋拆迁、征地补偿、集体收益分配、农村土地资源流转等,必须预判其中可能涉及的社会后果与政治影响,以确定自身所采用的法律裁判的尺度空间,有时还需要借助其他政治力量共同参与案件审理,应对各种利益冲突。

而相应地,普通农民即使在进入司法场域后,也并不意味着完全认同法律之内的逻辑,他们同时也会"利用"司法机关的上述政治压力,及时变换自己的行动策略,利用"闹庭""涉诉信访"等方式给司法场域中的权力支配方施加压力,增加自身的博弈资本。涉诉信访即是处于弱势地位的农民在面对比较陌生的法律话语体系及不利的裁判后果时经常采用的一种

① 苏力. 农村基层法院的纠纷解决与规则之治:动因与路径[J]. 北大法律评论,1999(1):85.
② [法]布迪厄,强世功. 法律的力量——迈向司法场域的社会学[J]. 北大法律评论,1999(2):500.
③ 强世功. 调解、法制与现代性:中国调解制度研究[M]. 北京:中国政法大学出版社,2001:256.
④ 吴英姿."乡下锣鼓乡下敲"——中国农村基层法官在法与情理之间的沟通策略[J]. 南京大学学报(哲学·人文科学·社会科学版),2005(2).

日常抵抗形式。作为国家正式承认的社会冲突解决方式,信访制度旨在疏导社会压力,增加公民诉求表达渠道,以达到控诉社会不公、保障公民权利之目的。随着社会转型时期各种矛盾冲突的增加,信访制度的功能负载也越发沉重,其数量不断增加,所引发的群体性效应和政治后果也愈发严重。根据统计资料显示,2003—2010 年,全国法院系统申诉信访达 198 万件(人)之多[①],各级法院系统不堪重负。在压力型政治体制下,维护社会稳定成为各级法院必须要直面的政治任务,"不出事逻辑""摆平就是水平"成为法院司法裁判的重要考量因素。而普通农民也恰恰"利用"了这一政治逻辑,将"闹访"和"涉诉信访"作为进入司法场域后经常采用的一种行动策略。"涉法闹访以激烈的方式吸引社会和媒体的注意力,从而在诉求表达上具有了优势。借助媒体和社会舆论的强大话语权,闹访可以跨越冗长繁琐的法律程序,将问题直接呈现在党政领导面前,加快解决的速度。闹访是一种'问题化'策略,问题的严重性和紧迫性得到夸大陈述,政府的拖延和敷衍受到制约。正因为对于当事人而言闹访有所成效,对于政府而言闹访是必须立即回应的事项,因此它不断被再生产,以至于逐渐成为本应诉诸法律途径的诸种事件的常态解决方式。"[②]这样的抗争方式,无论是"依法抗争""以死抗争"还是"依弱者的身份抗争",多数情况下涉诉信访者都是反法律规则行之:利用自身的弱者符号,强化生存压力、底线伦理等道德追问,以不断地"缠访",甚至不惜付出尊严、身体和生命的代价来换取公众、政府的重视,达到倒逼司法机构满足其要求的目的。

农民在权利实现过程中之所以倾向利用政治空间对司法场域施加影响,一部分原因是源自文化传统。中国自古以来就有通过直接与政治高层对话诉请冤屈的历史。"从尧置敢谏之鼓,舜立诽谤之木,汤有司直之人,武王立戒慎之鼗""公车司马、函匦、登闻鼓、上诉御史、邀车驾之制"[③],直到今天的"群众路线""政法传统",中国的政治文化一直倡导通过"政法合一"的方式来解决基层矛盾冲突,普通民众也因此身怀"青天情结",深信此种方式能更彻底地控诉官僚主义。另外一个可能的原因是普通农民对现代法律体系比较陌生,在知识和信息上无法达到司法场域所设定的标准,因此在资源的可及性上更倾向于使用信访等简单易行的救济方式。也正因为大多数农民对司法场域缺乏认知,直接导致了普通民众对司法体系缺少信心。有的学者也提出:"涉法闹访人多数处于社会底层,法律知识非常有限,对法律系统有所畏惧,对繁琐的程序缺乏信任和信心;他们或者不知道如何在法律系统内准确表达诉求,或者在初步表达受阻后不知道如何采取进一步措施;他们对律师陌生而缺乏信任,或因为贫穷很少能通过律师表达合法诉求。面对难以解决的问题,他们往往寄希望于通过闹访来打破既有的权力和资源格局,寻找解决问题的政治资源。"[④]由此我们也可以看出,农民在权利实现的过程中寻求信访的帮助,虽然有悖法治逻辑,削弱了司法的权威性,并且其连带示范效应使得司法体系愈发依赖政治结构,但在当前的制度环境下,此类行动策略却是

---

① 白雅丽. 诉讼与信访分离的司法意义[J]. 人民司法,2011(1).
② 陈柏峰. 群体性涉法闹访及其法治[J]. 法制与社会发展,2013(4).
③ 李交发. 中国诉讼法史[M]. 北京:中国检察出版社,2002:194.
④ 陈柏峰. 群体性涉法闹访及其法治[J]. 法制与社会发展,2013(4).

权利主体理性选择的结果。

面对政治空间支配司法场域的现实状况,以及农民权利行使中的压力型策略,司法机关也面临着两难选择。一方面,当前社会处于转型期,各种纷繁复杂的矛盾冲突、群体性事件,如房屋拆迁、征地补偿、集体收益分配等事件不断增多。地方行政机构的行为不当、滥用职权或不作为,使得大量权利冲突现象以案件的形式集中于法院。我们不能忽视社会发展进程中由于政治职能滞后引发的利益冲突,未经过滤进入司法场域,法院成为各种纷繁复杂社会问题的压力疏导终端,由此导致基层司法机构无法承受其重。另一方面,法官处理此类案件既要注重法律效果、维护公民的合法权益,又要追求社会效果、协调地方政府的利益关系,还要面临二审改判、错案追究、信访等压力,加上外界的不当干扰,工作难度可想而知。这些制度环境与社会环境不可避免地改变了司法场域中法官的行为趋向。除了笔者在文章第一部分中提到的实用主义策略,根据权利特质和文化差异,案件审理模式"因地制宜""因人而异",法官将自己"融入"纠纷发生、解决的具体场景,为求得双方当事人满意的结果不断地协商、调解、沟通;另外一种行动策略是"多方协调""争取支持"。司法机构在面对某些行政诉讼或矛盾可能激化的案件时,如群体性征地补偿、环境侵权等,通常会事先预判案件的信访风险等级,以及可能诱发的社会问题。对矛盾冲突较为激烈、法律层面不宜简单判断的案件,法院往往会以"领导出面"(院长或副院长)的方式,到相关行政机构、当事人那里去沟通协调,寻求支持,甚至扩大协调参与者范围,使诉讼程序变成一个集合党政和社会各方面力量共同解决纠纷的过程①。这种"非正式"制度的功效在于,对于司法场域的权利主体而言,法院领导的主动协调意味着自身诉求的"形式合理性"得到满足,而且协调过程也是其预期利益与现实进行融合的过程,通过这种类似调解的"背靠背"做工作、协商,其利益可以得到较好地满足。笔者所在地的法院曾处理过一起学生死亡赔偿案件。一学生在校外活动时意外伤亡,由于侵权方无赔偿能力,家属一直以学校为被告进行涉诉信访。法院由院长亲自出面做家属的工作,澄清利害关系,明确其合理诉求,同时又到学校一方协调,最后双方以适当补偿达成撤诉协议。这样的结案方式和行动策略,既避免了矛盾的升级和激化,同时又使法院不必在敏感问题上做出简单的判断,规避了职业风险,因此可以看作是司法场域中的行动者对于政治压力问题的直接回应。

三、农民权利实践中的社会资本与利益考量

在当下的中国农村,经济发展、人口流动、信息技术等因素已经使农民的生活空间发生了巨大的变化,许多地区在物质生活层面开始接近或达到城镇化水平,并且离传统封闭的乡土社会越来越远。但是,乡村社会的巨变毕竟仍在进行当中,农村社会结构中传统因子与现代元素之间的碰撞,农民文化心理中道德习惯与理性文化之间的摩擦,时刻都在考验着司法场域建立初始的社会基础。董磊明教授所言农村社会的"结构混乱"、朱晓阳教授描述的"语

---

① 吴英姿. 司法过程中的"协调"——一种功能分析的视角[J]. 北大法律评论,2008(2):485.

言混乱"以及贺雪峰教授定义的"半熟人社会",都可以看作是对上述转型过程所做的类型化分析。在现阶段的农村社会,社会关系的生存结构、传统道德的观念存续、人际关系的亲疏程度仍然在很大程度上制约着权利实现的效果。即使放置于司法场域,农民对于自身权利的关切,比如民主选举权利的实践,不仅仅是出于权利内容的理性判断,其行动也深深地嵌入于村落社会的生存结构中。农民需要判断其权利是否建立在日常交往的关系基础上,是否有助于增加或减少其社会资本总量,并以此确定妥协与退让的尺度,这是眼前利益与长远利益平衡之后的抉择,体现了中国农民在经济因素衡量之外的社会逻辑,表现出中国文化传承中的特殊主义结构。

所以,农民权利的司法诉求经常需要考虑权利内容实现后的社会效果,将是否有利于维系成员之间的长期交往、互惠合作,是否有助于提升权利实现的社会资本总量,作为行为进退、权利取舍的参考因素之一。如果执着于规则层面的权利内容,结果却出现了"秋菊打官司"之类的社会后果,破坏了社会成员的道德共识与生存结构,使得权利主体最终无法被共同体所接纳,那么这种"为权利而斗争"的行为,至少对于普通农民而言,并非是一种理性的行动策略。

社会资本理论在一定程度上解释了农民权利在司法场域实现过程中受到关系结构制约的深层次原因。根据社会学家布迪厄和科尔曼的研究,社会资本作为一种资源要素,旨在为组织成员提供稳定、持久的关系网络,行动者借此可获得互惠、信任与合作的便利。中国传统乡土社会一直是建立在血缘和地缘基础上的道德共同体,成员之间彼此熟稔,互相支持,这种特殊的信任关系使得乡村社会得以发展出一种相互协作、互利互惠的普遍化行为规范。从社会资本理论的角度分析,在这种以"关系"为本位的社会网络中,行动者的策略选择很大程度上将围绕关系资源的运用而展开,并以是否有利于"关系增量"来决定行为选择。

中国文化中有关"关系"规则的社会机制主要表现在社会成员在正式规则之外,追逐和利用以"关系""人情""面子"为表征的非制度性社会资本,这些资本既代表了主体所拥有的社会地位及掌控的资源,同时也表明了其能够通过与他人的"社会交易"过程,完成在个案中影响正式规则的结果,其实现效果视双方资源拥有的程度及博弈结果而定。农民权利实现的司法场域一直深受社会资本理论的影响,表现出"关系运作"下之法律的特征。在场域参加者的文化心理中,打官司即为打关系,正式法律规则固然重要,但起决定性作用的仍然是双方所拥有的社会资本资源。在乡村法律实践中,经常会出现这样的场景:双方当事人均不执着于法律规则层面的抗辩、证据的使用、法理的说明,而是积极热衷于寻求各种朋友资源、关系资本,试图在非正式规则层面与对方展开真正的博弈。笔者在调研中曾观察过一起轻微的交通事故,两个受伤都不重的人在事故发生后对交警的调解不理不睬,都忙着躲在一边打电话"找人",以展示自己的社会资源、压倒对方,这样反而将原本简单的规则问题复杂化了,增加了社会交往成本。

社会资本在司法场域中的运用主要通过两种方式来展开。一是获取信息。信息是行为博弈的基础。在司法场域中,信息的获取有助于行动者采取有针对性的策略,并且在心理上占据优势。二是影响法官。法官角色的理论期待是居中裁判,以中立求得权威性;司法者在职业和生活空间上应与社会保持一定的距离,以体现其中立性。但置身于人情社会的关系文化中,法官即使努力要求自我,尽可能地从涉及案件利益冲突的交往网络中挣脱出来,但暂时还很难做到与社会保持隔离的职业伦理状态。法官的情感性需求、工具性交往都有可能使其不可避免地进入关系网络之中。笔者在调研时和一位法官谈起农村基层司法中的关系资本现象,他深有感触:一起案件经常是双方当事人都通过各种渠道给法官做工作,从亲戚、同学、朋友,到同事、上司、领导,当事人唯恐自己不动用社会关系会出现对己方不利的后果。这种双重规则博弈的后果往往是劣币驱逐良币,正式规则遭到潜规则的破坏,社会整体付出更大的交往成本,失利的一方也不会服膺法律裁判的权威,转而诉诸信访、私力救济等极端途径。所以在司法场域,社会资本的运用不仅仅是反规则的,更重要的是它从根本上削弱了司法场域参加者对于该结构的信任基础,造成了场域合法性的认同危机,为后续参加者的进入设定了更高的场域标准。

总体而言,后农业税时代的中国农村正面临巨大的改革契机,新农村建设和城镇化转型为农村社会的发展提供了广阔的政策空间。在经济结构调整和乡村治理深化的同时,如何保障亿万农民的基本权利,尤其是土地权利和社会保障权利,消除农民制度性的权利贫困,是理论界和实务界必须直面的重大挑战。社会学家于建嵘、欧博文、斯科特等人已经提出了"依法抗争""底层政治""作为弱者的武器"等有关农民维权的理论范式,但对于农民权利实现机制的多元图景仍缺乏一定的关注。在基层行政力量弱化、传统社会秩序机制衰落的背景下,农民权利的实践过程开始更多地借助司法场域的力量,进入法律逻辑之内寻求权利保障和救济。虽然其实质正义观念在行动策略上表现出一定的实用主义倾向,但农民权利实现机制的司法化过程已不可逆转。当然,由于不存在政治与司法的分化结构,政治空间支配司法场域的现实境况,亦推动个体农民在特殊情形下选择压力型的涉诉信访作为行动策略之一,通过"政法合一"的方式解决社会冲突;当权利实现需要直面社会关系的生存结构时,农民权利的实践过程往往会考虑权利内容实现后的社会效果,以社会资本的增减作为行为选择的考量因素。上述法律逻辑、政治空间与社会资本虽然在具体个案中有所侧重,但在实际的权利实践过程中,却是交互作用、互相渗透的,三者共同建构起一个满足多样化需求的农民权利实现机制。

☑ 第三节 农民权利发展与农村社会治理的现代化

加强基层社会治理体系和治理能力建设是党的十八大和十八届三中全会确定的我国社会转型时期的重要任务,也是推进国家治理体系和治理能力现代化的重要内容。在此社会背景之下,构建科学合理、符合法治建设要求的农村社会治理机制,优化农村社会治理的组织资源和制度基础,实现我国农村在法治中国建设过程中的治理体系、治理能力现代化,是

新农村建设、新型城镇化建设的重点内容和主要方向。同时,农村市场化进程的不断加快,农民的权利意识、法律观念的不断发展,也对农村基层治理的体系、机制和方式提出了更多挑战。

一、基于权利视角的农村社会治理

党的十八大报告提出:"推进国家治理体系和治理能力的现代化","加快形成科学有效的社会管理体制,完善社会保障体系,健全基层公共服务和社会管理网络,建立确保社会既充满活力又和谐有序的体制机制。"党的十八届三中全会通过的《中共中央关于全面深化改革若干重大问题的决定》中提出:"创新社会治理,必须着眼于维护最广大人民的根本利益,最大限度增加和谐因素,增强社会发展活力,提高社会治理水平,全面推进平安中国建设,维护国家安全,确保人民安居乐业、社会安定有序。"具体到现阶段农村社会发展的实际情况,对于上述国家政策的解读,可以概括为我国农村社会发展必须在经济结构调整的基础上,在新型城镇化的宏观背景下,将社会治理的体制机制创新,提升基层公共服务水平,作为农村社会发展的重要内容。尤其是在党的十八届四中全会加快推进依法治国、建设法治中国的整体前提下,农村社会发展更应以农民权利问题为核心,以法治为主要方式,加快农村社会治理体系和治理能力的现代化。

前文已述,改革开放以来的经济社会发展、人口流动、信息技术应用,极大地改变了农村社会的组织结构、经济结构、文化心理和人际关联方式,推动了中国农村从传统的乡土社会逐渐走向开放和多元。在此背景下,伴随着农民个体经济理性和公正观念的转型,农村社会的社会治理问题表现出两种比较明显的趋势:一是利益冲突日益增多、种种规范失落和侵权问题比较明显,农村社会纠纷的数量和类型都有很大的变化;二是以传统道德、习俗和乡土权威为主导的自主性纠纷解决力量不断呈现出弱化的趋势,由此,农村社会的秩序构建朝向以国家正式法律为基础的法理型权威。借用苏力教授和董磊明教授的术语,可以形象地说明正在发生的纠纷机制转型,即从"送法下乡"到"迎法下乡"[1]。农村利益结构的演变推动了农民对于自身权利的关切程度,并在社会治理的过程中不断以各种权利诉求、利益冲突的方式表现出来。同时,在这一转型过程中,我国农村社会治理也在村民自治等法律法规的指导下,创新出了许多有关权利保障和社区治理的新型模式,"如契约化的治理模式、社区式的治理渠道等等,以及大力发挥基层协商民主在治理中的作用,这些都是农村基层治理的实践成果和有益模式,大量创新性的基层治理模式和方法,扩大了群众参与治理的范围和积极性。"[2]以权利为核心,在法治的基础上重构和创新社会治理的制度模式、实践空间,不仅有效解决了农村新型城镇化过程中社会治理模式的选择问题,而且为拓展农村社会自治空间、发展社会主义基层民主、提升农村社会组织能力提供了制度基础。

---

① 李炳烁. 农村社会治理的法治转型[M]. 镇江:江苏大学出版社,2013:147.
② 彭澎. 农村基层治理体系和治理能力现代化发展的价值理念与建构目标[J]. 湖湘论坛,2015(1).

同时,农村社会发展的开放特征也推动着乡村社会权利结构和实现方式的重大变化,因此需要在新的权利结构和利益保障机制中构建一种稳定而有序、合乎法治中国建设原则的社会管理模式。农村社会治理的法治转型和农民权利发展,既要依据现代治理理论,以国家治理体系现代化为标准,构建符合现代法治原则的治理模式和权利保障体系,弘扬民主、法治精神;更要立足于不同区域的农村发展现实,认真考量农村社会的传统文化结构、农民群体的心理需求与实际权利诉求,达致两者之间的一种平衡。我国农村目前的社会治理模式是以村民自治为主体的基层自治体制。广大农民的自我选举、自我管理、自我监督是社会治理的核心精神,也是我国宪法和村民委员会组织法所明确规定的基本社会结构。所以,在创新农村社会管理、推动农民权利发展的过程中,还要充分尊重农村现有的制度体制,在社会自治的基础上,吸收传统社会治理的合理要素和经验,并将之充分融合。所以,提高农村治理能力和治理体系的最终要义仍在于以农民权利发展为基础,构筑适应农村现代化发展的现实要求,并且能够有效融合各地发展的实际情况,彰显现代治理理念和法治精神,实现农村社会稳定和村民权利发展的自治体制。

加强农村的社会治理是个历史问题,也是现实问题。在社会主义新农村建设的今天,需要警惕的是基层社会治理的各种异化现象,譬如乡村关系出现脱节、冲突和扭曲现象;两委矛盾突出;行政意图、家族宗族、宗教、派性、黑恶势力等因素干扰村委会选举,违规选举和贿选现象屡屡出现;"四个民主"发育不平衡,重选举,轻民主决策、管理和监督现象普遍存在;村民自治有走向村委会"自治"的趋势等方面的主要问题。全国范围内的最新数据再次证明了这一点。"在村民自治主管部门所作的2008年村委会选举分析报告中,行政干预、两委矛盾在许多省份仍然被看作是影响选举的一个重要问题。"①基于社会主义新农村建设的宏观背景,许多学者认为这是一个经济、社会问题,例如林毅夫先生认为主要是经济问题;温铁军、曹锦清先生等认为是农民的组织化问题;而贺雪峰先生则认为是社会文化建设问题。我们认为,在社会主义法治国家的大背景下,社会秩序的建构将主要以法律规则为基础性力量,而社会主体的行为也将以法律规范为依据,这一点毋庸置疑。所以基层农村建设、农民权利的发展,归根结底需要以法律的力量来保障,农村社会治理中的种种异化现象也只有以法律制度予以规制才能得到最终的纠正。从治理走向法治,以法治保障权利,是农村社会治理的必经之路。

二、农民权利发展与农村治理的理论基础

改革开放以来,我国农村社会的发展处于一种不断的探索之中。农业税时代的终结,并没有从根本上解决广大农村社会发展的制度选择问题。新农村建设、新型城镇化都是党和国家力图为农村社会的发展重新寻找政策空间的努力。我国农村目前的治理体制是以基层自治为基础,突出农民群体在治理中的主体性。但是当下乡村治理的一个重要命题就是以

---

① 胡宗山,唐鸣.论社会主义新农村建设过程中的村民自治[J].政治学研究,2009(1).

农民权利保障为主线,"通过阅读和理解转型时期乡村社会的治理变化及特质,研究自上而下的政策、法律和制度在农村实施的过程、机制和结果来理解中国农村,由此为中国农村及中国整体的现代化提出理论说明和实践方案。"①所以,在农村治理现代化的过程中,我们要更加关注农民的权利问题,从法律制度的角度消除农民的权利贫困,提供各种救济途径,保障农村社会治理在法治轨道上运作。

党的十八以来,在农村治理领域,一个非常重要的创新内容是有关基层治理领域的协商性民主的提出。党的十八大报告明确提出:健全社会主义协商民主制度,完善协商民主制度和工作机制,推进协商民主广泛、多层、制度化发展。这是新时期我国宪政民主的重大发展。

协商民主理论是 20 世纪晚期西方政治哲学在回应多元文化冲突、反思选举民主的基础上逐渐探索和复兴的一种民主思潮,并随着约翰·罗尔斯、哈贝马斯、安东尼·吉登斯等西方重要理论家的加入而引起人们的普遍关注。协商民主在理论逻辑上重申了古典共和主义中有关政治参与、公民义务的某些理论主张,强调以公共协商代替单一的投票机制,并且更加关注决策过程中的诉求表达、偏好融合,反对精英势力对于政治生活的垄断,鼓励公民履行政治参与的义务,提倡在关涉公共利益的问题上进行对话。这种观点既是对古典政治哲学强调公民义务伦理的回归,同时也是对当代社会不断加剧的精英主义政治模式的一种反抗,对公民政治冷漠现象的一种医治。正是在这个意义上,协商民主具有"巨大的潜力,能够有效地化解文化间对话的难题和多元社会认知的不可通约性,特别是不同种族团体之间因为资源的不平等而导致的无法有效参与公共决策以及族群间深刻而持久的道德冲突"②。当然,协商民主并没有完全脱离西方社会现有的政治基础,重新构建一整套社会价值体系,而是在不抛弃个体权利、自由原则的基础上,将自身谨慎地嵌入自由主义的宪法结构之中,以商谈程序的正当性、理论论辩的对话性来修补代议政治的缺陷,从而剔除了古典共和主义中的乌托邦成分,增强了理论的实践基础。

我国社会的多元化趋势、增量民主的渐进改革以及公众政治参与意识的增强,都表明了以商谈、对话机制为核心的协商民主可以在一定范围内实现利益表达、协调与整合的作用。而我国传统文化中的一些因素,诸如"和而不同""以和为贵",也为协商程序的开展提供了良好的本土资源。我国实践中已经存在着多种形式的协商制度,包括政策咨询会、公众听证会、政治对话、民主恳谈会、民情直通车等等,通过平等、自由的对话、讨论,互相转换立场,也确实起到了提升公共政策合法性基础、改善地方治理的效果,甚至在一定程度上避免了动员型、被动式政治参与的弊端。当然,与西方社会语境下反思代议制民主的特征不同,我国民主政治中的协商制度也可以理解为传统社会主义政治动员的一种复兴形式,其维持地方秩序、缓解参与压力的价值取向表现得较为明显。在这一点上,中国的协商理念和实践环节具有明显不同于西方的本土特征。

---

① 贺雪峰.什么农村,什么问题[M].北京:法律出版社,2008:393.
② 李炳烁.协商民主理论的当代发展与实践限度:基于我国基层政治兼容性的比较分析[J].江苏大学学报(社会科学版),2015(2).

由于我国农村基层民主属于自治性质,地域范围和人口规模相对有限,因此协商民主的实验更容易开展。在当代中国农村社会,这些年的经济发展导致农村利益格局发生了巨大变化,农民的个体理性促使他们更加关心自己的切身利益。在村庄人口规模和空间规模的条件下,农民利益多元化的需求有可能在程序性的协商机制指导下,通过论辩、博弈、商谈等机制达成一致。这就使得基层民主超越单一的"民主选举"的起点和桎梏,而致力于管理、决策、监督等环节,达到地方治理的良好愿景。实际上,中国基层农村早已具有了类似的自治实践,例如著名的"温岭恳谈会",即是一个协商民主制度创新的典范。何包钢等人在浙江省温岭县泽国镇扁屿村进行的协商民主试验表明,如果建立了严格的程序规范,发展出随机抽样选取代表、信息先行公开、问卷调查表决等制度①,将协商的理念引入民主选举、民主决策、民主管理、民主监督的各个环节,可以促进基层政权与农民之间、农村不同利益主体之间在乡村治理中的良性互动,弥补选举民主存在的弊端,最终扩大村民自治内涵,完善基层社会治理。

从制度发展的延伸效应来看,基层社会治理中的协商民主经过实践检验和制度完善,完全有可能将其制度模型延伸至更大范围和更高层次的社会治理,进而推动某些重大社会议题的协商解决,推进政治程序的开放性和决策环节的民主性。《中共中央关于全面深化改革若干重大问题的决定》已经将推进协商民主广泛多层制度化发展作为政治体制改革的重要内容,明确提出在具体的政治决策程序中,以经济社会发展重大问题和涉及群众切身利益的实际问题为内容,在全社会开展广泛协商,坚持协商于决策之前和决策实施之中。这是对我国社会主义民主的一次重大发展,也是对协商民主在中国语境下理论内涵、功能定位、价值取向的完整解释。以此为契机,在未来的社会发展中,构建合理的协商民主体系,将政治参与、平等包容、程序开放的理念贯穿其中,发挥各种社会组织的参与作用,一定能提升社会公众的政治参与力度,促进重大社会问题的协商解决,推动公共决策的科学化民主化,最终使得协商民主在社会主义民主政治中焕发新的生机与活力。

三、农民权利发展与农村社会治理的实现路径:以新型城镇化为视角

美国诺贝尔经济学奖得主斯蒂格利茨曾经预言:影响当今世界的两件大事,一是美国的高科技,二是中国的城镇化。党的十八已经将新型城镇化作为推动农村社会发展的国家战略,可以说,新型城镇化建设担负着破除城乡二元结构、促进农村经济发展、推进城乡一体化的重要历史使命。

作为法学研究者,我们需要注意的是,新型城镇化是一个系统工程,涉及多个领域。多数专家学者以及许多政府人士,认为新型城镇化主要是一个经济问题,涉及的主要问题是加大投资力度、调整农村经济结构、发展农业产业化;还有一些学者,比如"三农"问题专家贺雪峰教授,就认为新农村建设和新型城镇化,核心的问题是农村生活方式、文化价值理念、社会

---

① 何包钢,王春光. 中国乡村协商民主:个案研究[J]. 社会学研究,2007(3).

组织方式的重大变革,从分散的田园乡村,到集中居住的高楼大厦,农民需要面对的主要障碍是生活方式和精神层面的挑战。我们认为,新型城镇化建设,既是一个经济问题、社会组织问题、文化问题,同时更是一个法律制度领域的重大改革问题,涉及农民财产权利的保护、户籍法律制度的创新、社会保障法律体系的重建等许多重大的法律制度变革。对于中国这样一个历史悠久的农业大国来说,城镇化是一项涵盖了土地、户籍、产权、金融、社保、社会管理、法律改革等内容在内的综合性的制度创新,需要的是多个领域的配套改革共同推进、协同发展。

新型城镇化的关键问题是什么?李克强总理在回答记者提问时明确表示,是以人为核心、充分保障农民的各项权利[1]。党的十八大提出的新型城镇化和以往有很大的不同,它不单纯是空间的"城市化",更主要的是"人的城镇化"。城镇化的过程,不仅仅是农民的居住空间发生变化,更重要的是其社会身份的变化——从农民到市民,以及与之相连的教育、医疗、就业、社会保障等权利要有质的提升,并以此来打破城乡二元结构的藩篱,促进农民平等的财产权利、人身权利、社会权利得到实现。在党的十八届三中全会上,中共中央也明确提出,城乡二元结构是制约城乡发展一体化的主要障碍,强调让广大农民平等参与现代化进程,共同分享现代化成果,赋予他们更多的财产权利。所以,在新型城镇化的过程中,最关键的是问题是如何切实保障农民的各项权利尤其是财产性土地权利不受到侵害;同时在户籍、就业、教育、医疗、社会保障等领域做好配套的法律改革,使农民的平等权利得到实现。

第一,保障农民的财产权,尤其是土地承包经营权。

党的十八届三中全会提出,要加快构建新型农业经营体系,赋予农民更多财产权利,推进城乡要素平等交换和公共资源均衡配置,完善城镇化健康发展体制机制。其中重点关注的就是农民的财产性权利,尤其是城乡土地要素的平等交换。十八届三中全会还建议建立城乡统一的建设用地市场,加快农村集体承包经营权的合法流转,使农民的财产性权利能够得到实现。

从社会经济发展的规律来看,新型城镇化必然会带来城镇规模的扩张,无论如何都绕不开土地问题。土地财产权是农民生存发展的根本,我国已经制定物权法、土地管理法、农村土地承包经营法等相关法律,农地权利体系已经非常完备。但是,在实际的征地拆迁补偿过程中,许多情况下,农民的财产权利并没有得到公平对待。现在的农村土地承包经营权没有进入市场流通,土地征收补偿标准是按照年产值的六到十倍来计算的,这种一次性补偿,根本无法保证农民数代人的持续发展,更何况其中还涉及住房、就业、社会保障等一系列后续问题。当安置与保障途径没有落实,而仅有的补偿难以维持后续的生活所需时,农民的基本生存权便会受到威胁。与此同时,在经济发展优先和地方财政利益的驱动下,基层地方政府在征地过程中的某些权力失范也容易引发纠纷[2]。中国社科院发布的 2013 年"社会蓝皮书"指出,近年来,每年因各种社会矛盾而发生的群体性事件多达数万起甚至十余万起。其中,

---

① 参见国务院总理李克强答中外记者问[EB/OL]. (2013 - 03 - 17)[2014 - 12 - 01]. http://finance. sina. com. cn/china/20130317/122714858484. shtml.
② 刘同君. 新型城镇化进程中农村社会治理的法治转型——以农民权利为视角[J]. 法学,2013(9).

征地拆迁引发的群体性事件占一半左右。

所以,在新型城镇化的过程中,我们首先要关注的是农民的土地权利问题。在近年来出台的各项土地政策中,党和政府都首先强调尊重农民的土地权益,强调建立合理的征地补偿和利益分享机制,在政府、市场和民众之间寻找,并实现新的权利和利益的平衡。一些地方政府从农地产权制度改革入手,通过城乡土地统筹,进一步明确土地承包经营权的物权性质,实现了农村土地与城市土地的"同地、同权、同价",让农民在土地所有制、集体所有制属性不改变的情况下,也能分享到工业化、城市化带来的土地增值、土地红利,应该说是一种在法律制度允许的空间进行的有益的尝试。比如江苏省镇江市实行的"双置换"制度,允许农民以土地和房产出租、入股,让土地继续为失地农民提供生存发展、增收致富的长久支撑,以此来取代原有的一次性征地补偿办法,取得了比较好的社会效果。具体做法是:农民可以将自己的住宅(包括宅基地)置换成资金或安置房;农民的土地承包经营权可以置换成农业投资公司的股份和城镇社会保障,在此过程中,农民的就业、社保、教育、医疗等权利一并纳入其中。

那么如何保障农民的社会保障权与就业权?以镇江市为例,失地农民除了土地补偿金,或者农业股份之外,还有九道保障线:失地农民最低生活保障,每人 120 元/月,退休后调整为 200 元/月;企业职工养老保险;农村合作医疗保险;农民最低生活保障;商业保险;每征用一亩土地安置三个劳动力就业;设立爱心基金,建立帮扶保障体系;失地农民全部参加新农保;将流转的土地承包收益金全部返还原承包户。现在,镇江市试点村镇的"新农保"的覆盖率达到了 100%,新农合的参合率也在 98% 以上[①]。这样,城镇化使得农民的土地财产股份化、可交易化,土地要素与产业资本、农业企业有效联系起来,显化了土地资产价值,从而使得农民可以享有土地的持久、稳定的收益,可以在城市体面而有尊严地生活。

第二,保障农民平等的社会权利。

我国宪法和法律将"法律面前人人平等"规定为一项基本的法治原则,每个公民在法律面前均受到平等的对待,享有平等的权利。但是由于长久以来的城乡二元结构,我国广大农民在基本权利领域一直无法与城市居民享有同样的待遇。我们在调查中也发现,农民最大的愿望,是能够和城市居民一样,享有相同的社会保障,病有所医,老有所养。这就要求我们在新型城镇化过程中,必须按照权利平等原则,推进城乡社会保障制度的进一步对接;加快城乡居民基本养老、基本医疗、最低生活保障制度的对接并轨,畅通新农保、被征地农民保障等各项社会保障制度之间的衔接转换渠道,逐步建立城乡统一的社会基本医疗保险体系。

以户籍制度为例。户籍制度是我国在城乡二元结构领域主要的障碍之一,户籍与福利合一的社会管理制度也是对广大农民平等权造成侵害,从而人为地将城市和农村割裂开的主要桎梏。我国户籍制度的二元化,其实就是公共服务、社会保障的二元化;结束了后者,前者便只具有象征意义。真正的户籍制度改革,无论国家层面或地方层面上的户籍制度改革,

---

① 张洪甫,等.江苏省失地农民基本生活保障立法政策研究[EB/OL].[2015 - 02 - 25].http://www.china-law.gov.cn/article/dfxx/dffzxx/js/200706/20070600052346.shtml.

必然是在一体化公共服务、社会保障体系方面的改革。公共服务、社会保障体系一体化具有两大内涵：一为全覆盖，全体社会成员依照相对公平的标准承担各自义务，亦依照相对公平的标准享受服务与保障；二为通过财富的二次分配实现共同发展，通过向弱势群体的适当倾斜实现共同受益、起点公平，以强化保障功能、保持社会和谐①。2013 年 6 月 26 日，在第十二届全国人大常委会第三次会议上，国家发改委主任徐绍史作了关于城镇化建设工作情况的报告②。报告中称，我国将全面放开小城镇和小城市落户限制，有序放开中等城市落户限制，逐步放宽大城市落户条件，合理设定特大城市落户条件，逐步把符合条件的农业转移人口转为城镇居民。这是我国第一次明确提出各类城市具体的城镇化路径。截至 2013 年 11月，全国已经有 18 个省（区、市）出台了具体实施意见，14 个省（区、市）探索建立了城乡统一的户口登记制度，初步为农业人口落户城镇开辟了通道。在这一点上，江苏的经验是以"居住证"来取代"暂住证"和户籍的基本功能。2013 年 11 月 20 日，江苏省人民政府下发了《江苏省流动人口居住管理办法（试行）》。其规定，年满 16 周岁，因务工、经商等拟在居住地居住 6 个月以上的流动人口，应当在申报居住登记的同时申领居住证③。居住证持有人在居住地可享有接受教育、社会救助、法律援助、就业、社会保障、文化、基本医疗卫生、计划生育等公共服务的权利，申领居住证后满足一定条件还可落户。它明确提出了，流动人口办理居住证后，在享受公共服务、社会福利方面与本地居民没有任何差别，尤其是子女入学、医疗保障和就业，基本上可以实现无差别对待。

第三，保障农民自主的选择权利。

在中国这样一个发展中的人口大国进行城镇化建设，涉及多方面的配套改革。因此，新型城镇化的过程必须尊重社会发展规律，尊重农民自主的选择权利。2013 年 9 月 8 日，中国科学院、中国工程院组织上百位专家历时 1 年多就城镇化问题作了深入研究，并与国务院总理李克强进行了交流④。期间李克强总理对于城镇化进程中的一些关键问题进行了深入阐述，其中他就提到，新型城镇化要突出统筹城乡，根本前提是：一要尊重农民意愿，二要保护农民利益，三要保障粮食安全。这样才能使城镇化成果真正惠及农民，这个底线不能突破。

从本质上说，城镇化是一个自然的历史过程，是与经济发展相伴的社会现象，是农村人口向城镇逐步转移的过程，也是城镇基础设施和公共服务向农村地区和农村人口覆盖的过程⑤。因此，以市场为主导、政府妥善引导，仍然是本轮城镇化需要坚持的路径。作为法学研

---

① 于建嵘. 新型城镇化：从权力驱动走向权利主导［EB/OL］. (2013 - 07 - 11). http://www. farmer. com. cn/xwpd/jjsn/201307/t20130711_865632_1. htm.

② 徐绍史作关于城镇化建设工作情况的报告［EB/OL］. (2013 - 06 - 26)［2015 - 03 - 08］. http://npc. people. com. cn/n/2013/0626/c14576-21980818. html.

③ 江苏省流动人口居住管理办法（试行）［EB/OL］. (2013 - 11 - 19)［2015 - 03 - 08］. http://www. jiangsu. gov. cn/jsgov/tj/bgt/201311/t20131119_408409. html.

④ 李克强听取中国科学院、中国工程院城镇化研究报告［EB/OL］. (2013 - 09 - 08)［2015 - 03 - 08］. http:// news. jschina. com. cn/system/2013/09/08/018517794. shtml.

⑤ 国家新型城镇化规划（2014－2020 年）［J］. 国务院公报，2014(24).

究者,我们认为,新型城镇化不是单纯追求城市发展的规模与速度,它必须以民生改善为根本目的,以尊重农民自主的选择权为前提。我们在苏南地区的调查就显示:在城镇化的过程中有部分农民进城落户意愿并不强,约有35%的农民不愿意进城落户。原因在于就业与收入存在不稳定性,城市生活成本较高。同时,农村的利益格局与城镇完全不同。农民在农村拥有土地、林地等承包权,拥有宅基地,享有集体经济的收益权、分配权。而一旦农民成为城镇居民,也就失去了这些权利和资源。变为市民后,农民虽然可以获得城镇的社会保障,但城镇的最低生活保障线只是城镇生活的最低水平,只能勉强维持生计①。这对于很多农民来说是难以接受和适应的。所以,城镇化的过程要尊重农民对于自己生活的选择权。政府也要积极引导,提高农民在城镇化进程中的博弈能力,提升广大农民在社会事务中的话语权,保障农民平等参与社会事务的权利。这一点非常重要。当下许多发生在城镇化过程中的群体性事件或者极端维权事件,其方式和结果非常让人心痛,其中一个很重要的原因是广大农民缺乏利益表达渠道,农民在涉及自己切身利益的社会事务中一直处于集体失语状态。他们的利益和诉求,没有一个正当、有效的渠道表达出来,更无法和强势的社会群体形成博弈的资本,所以在很多场合下,农民对于自身权利的维护,只能寄希望于公权力机关的自觉抑或"弱者的武器""以死抗争"。

现在我们进行的大规模城镇化改革,是一场前所未有的农村革命,是一场改变千百年来农村面貌的社会运动,涉及亿万农民的根本利益,必须要从宪法的高度,树立起尊重农民生活选择权的观念,用改革成果、配套政策来吸引农民,用无差别的公共服务体系来解除农民的后顾之忧,畅通农民权利诉求的表达渠道,只有这样,才能使农民真正成为权利的价值主体、自我命运的掌控者。

总体来说,新型城镇化建设不是以往的小城镇建设,也不是简单的城市扩张,它是转变农村发展方式、推动城乡一体化的重点战略,也是解决农业、农村、农民问题的重要途径。它既是经济发展的模式,社会进步的途径,也是亿万农民破除城乡二元结构藩篱、共享现代文明、实现宪法保障的平等权利的重大改革。作为法学研究者,我们倡导在权利保障的前提下,由市场驱动城镇化;主张以人为核心,关注农民在城镇化进程中的财产权利、人身权利和社会保障权利;主张尊重农民意愿,在确定产权的基础上实现个人自愿合作的城镇化;主张关注农村社会可持续发展的生态权利和美丽乡村并重的城镇化。美国学者爱德华·格莱泽在《城市的胜利》一书中说:"城市是我们人类最伟大的发明。城市将不同的人、不同的组织聚合在一起,在彼此间建立起种种有机的坚韧的关联。由此,我们的文明不断向前推进。"②对于中国这样一个具有古老农业文明传统的国度而言,新型城镇化是广大农民真正步入现代文明的起点,同时也是千百年来中国乡土田园文化焕发新生的起点,新型城镇化让我们从权利的角度报以更多的期待。

---

① 李强. 城镇化的关键是农民市民化[N]. 人民日报,2013-08-11(5).
② [美]爱德华·格莱泽. 城市的胜利[M]. 刘润泉,译. 上海:上海社会科学院出版社,2012:25.

第六章
农民权利发展与农村扶贫法律机制

近四十年的我国农村扶贫,大体经历了四个阶段,并呈现出系列特征:权力主导型的扶贫而非权利主导型的扶贫;意识形态、行政主导型的扶贫而非法治主导型的扶贫;以中央政府为主导,具有强大的行政执行力。在中国特色社会主义法治国家建设进程中,贫困人口的脱贫权应该是我国农村扶贫的理论基础。贫困人口的脱贫权可以基于人权理论、公正价值观和共同富裕理论而得到合理解释和理论演绎。作为人权的脱贫权,可以通过一定程序转化为法律权利,其内容主要包含接受救助权、接受帮扶权、知情权、参与权、选择权、隐私权、监督权、发展权、救济权等。虽然经过近四十年的实践,我国农村扶贫取得了举世公认的巨大成就,但我国农村扶贫更多的是依赖政策机制和特定的意识形态乃至政治体制,因而农村扶贫法律机制尚处于构建的初始阶段。党的十八届五中全会明确了:到 2020 年我国现行标准下农村贫困人口实现脱贫、解决区域性整体贫困的目标。当下,精准扶贫、脱贫攻坚已经成为事关国家发展战略全局的最迫切而重大的任务。我们应该立足于脱贫权理论,逐步强化权利视野下我国农村扶贫法律机制的研究,同时,在借鉴西方国家扶贫法律机制经验的基础上,立足我国自身的国情和农村扶贫的实际,以贫困人口的脱贫权为主线,以权利理论为视角,构建系统而完善的我国农村扶贫法律机制。这对促进农村扶贫工作法治化进程,对实现精准扶贫、脱贫攻坚的目标,乃至对全面小康社会以及法治国家建设,具有十分显见的理论价值。

☑ 第一节 农民权利发展与脱贫权

我国既往的农村扶贫实践,经历了不同的历史发展,取得了很大的成绩,同时,也展现了我国农村扶贫的独特之处。结合我国农村扶贫的历程,基于农民权利发展视角分析,权利视野下我国农村扶贫具有特定的理论基础,贫困农民享有脱贫权,脱贫权正是当今农民权利发展的表现之一。

一、我国农村扶贫的历史进程及主要特点

（一）我国农村扶贫的历史进程

1. 体制改革推动扶贫与救济扶贫阶段（1978—1985年）。改革开放前，我国农村贫困问题十分突出，农村40%—50%人群处于贫困状态。这一时期的扶贫工作主要以两种方式开展。第一种是通过农村的体制改革，释放农业生产力，鼓励农民致富，从而间接达成扶贫效果。1978年后通过家庭承包经营制的方式推行，赋予农民更多经营自由权，放宽农产品价格，发展乡镇企业等多种体制改革措施，推动农民致富。因而这些体制改革成为当时的主要扶贫方式。第二种是以救济的方式扶贫，其中最主要的手段是以工代赈。1984年，国家开始实施以工代赈扶贫政策，安排以工代赈投入建设农村小型农田水利、基本农田建设、乡村道路建设、人畜饮水工程、小流域综合治理等。这一方面改善了农村的生产生活条件，另一方面让农村贫困人口通过以工代赈获得劳务报酬从1978—1985年，我国贫困人口从2.5亿人减少到1.25亿人[①]。这一时期国家正处于改革开放初期，缺乏足够的财力支持扶贫。当然，还有另外一个原因，那就是当时主流的意识形态认为，社会主义国家不存在贫困现象，不承认贫困问题的存在[②]。

2. 大规模开发扶贫阶段（1985—2000年）。1986年成立了国务院贫困地区经济开发领导小组，我国第一个全国性的扶贫工作领导机构，标志着我国有组织、有计划、大规模的农村扶贫开发活动正式拉开帷幕。这一时期的扶贫重点主要瞄准贫困县。1986年确定的国家贫困县标准为：1985年人均纯收入低于150元的县和年人均纯收入低于200元的少数民族自治县。经过7年的开发扶贫，到1993年，"农村绝对贫困人口从1.25亿减少到8 000万，年均减少562.5万人。"[③]扶贫工作取得了阶段性的成果。1994年《国家"八七"扶贫攻坚计划》出台，确立了要在20世纪的最后7年，集中力量基本解决全国农村8 000万贫困人口的温饱问题的扶贫目标。"'八七'扶贫攻坚计划"实施的7年间，中央政府累计投入扶贫资金1 240亿元，相当于年度财政支出的5%—7%，扶贫资金投入力度不断加大。2000年中国农村贫困人口从8 000万下降到3 200万，农村贫困发生率从14.8%下降到3%左右[④]。与此同时，这一时期还出台了一些新的扶贫举措，比如鼓励企业、社会组织参与扶贫。但这一时期扶贫工作也暴露出一些问题，比如与中央政府持续增加的资金投入和不断高涨的扶贫决心相比，地方政府在这方面明显不足。很多地方政府更愿意将本就不宽裕的资金用来解决维持地方政府运转或者投入见效更快的地方经济建设，而不是投入到见效慢、周期长的扶贫工作中。同时，很多地方政府在扶贫问题上存在着对中央政府的等靠心态。

3. 整村推进扶贫阶段（2000—2010年）。在"'八七'扶贫攻坚计划"取得的成绩的基础

---

① 谢志平,焦佳凌.改革开放以来中国的贫困治理[J].兰州学刊,2007(12).
② 谭畅,柯言.中国扶贫三十年演进史[J].报刊荟萃,2016(5).
③ 谢志平,焦佳凌.改革开放以来中国的贫困治理[J].兰州学刊,2007(12)
④ 谭畅,柯言.中国扶贫三十年演进史[J].报刊荟萃,2016(5).

上，2001年，我国的扶贫工作进一步向纵深推进，扶贫工作的重心进一步下沉。根据学者的建议，扶贫的瞄准机制改为瞄准贫困村，实施扶贫工作的整村推进。在继续进行产业化扶贫的同时，也进行劳动力转移培训的扶贫开发新模式。"2001年在全国确定了14.8万个贫困村作为扶贫工作重点，强调以村为单位调动农民的参与性进行农村扶贫综合开发。"[①]2001年6月13日，国务院印发了《中国农村扶贫开发纲要（2001—2010）》，明确提出了我国2001—2010年扶贫开发总的奋斗目标。到2010年，整村推进扶贫取得了巨大成绩。"就整体减贫效果而言，根据2010年1 274元的扶贫标准衡量，农村贫困人口从2000年年底的9 422万人减少到2010年的2 688万人，农村贫困人口占农村人口的比重从2000年的10.2%下降到2010年的2.8%。"[②]这一时期的扶贫工作也出现了一些新特点，比如在相关学者的建议下，扶贫工作中不仅关注绝对贫困，也开始关注相对贫困问题，除了关注除了收入贫困，也注意教育、卫生、生活水平等的多维贫困[③]。

4. 精准扶贫阶段（2011年至今）。2011年中央扶贫开发工作会议宣布，将农民人均纯收入2 300元作为新的国家扶贫标准。按照这一新的贫困标准，到2011年年底贫困人口约为1.28亿人，而且农村返贫困现象时有发生。农村相对贫困问题凸显，并呈现出集中连片特殊困难分布和个体贫困共存现象。2011年5月，中共中央国务院发布了《中国农村扶贫开发纲要（2011—2020年）》，确定了将集中连片特殊困难地区作为扶贫脱贫主战场，提出了到2020年要稳定实现扶贫对象不愁吃、不愁穿，保障其义务教育、基本医疗和住房。党的十八大以后，"精准扶贫"成为一切扶贫工作的中心。2013年年底，习近平总书记提出了精准扶贫的要求。2014年初，中共中央办公厅、国务院办公厅发布《关于创新机制扎实推进农村扶贫开发工作的意见》，提出建立精准扶贫工作机制。到2014年，我国的贫困人口已经减少到7 000多万[④]。2015年，贫困标准提高到2 855元。依照这一标准，到2015年年底，我国的贫困人口已经减少到5 575万，全国还有14个集中连片特殊困难地区、832个贫困县、12.8万个建档立卡贫困村[⑤]。根据国家统计局2016年2月29日发布的2015年国民经济和社会发展统计公报，2015年农村贫困人口比上年减少1 442万人。而据媒体报道资料显示，2016年我国实现1 240万农村贫困人口的脱贫，超额完成1 000万人的全年目标任务[⑥]。

（二）我国农村扶贫历史进程的主要特点

第一，权力主导型的扶贫而非权利主导型的扶贫。纵观整个农村扶贫的发展历程，可以看到扶贫工作基本是由政府权力主导的，贫困人口在整个扶贫工作中基本处于被动接受的

---

① 史志乐. 1978—2015中国扶贫演进历程评述[J]. 中国市场，2016(24).

② 史志乐. 1978—2015中国扶贫演进历程评述[J]. 中国市场，2016(24).

③ 2007年，王小鲁、李实、汪三贵等学者撰写了《中国发展报告2007：在发展中消除贫困》，并在该报告中提出了相对贫困和多维贫困等概念。

④ 另一说是8 900多万。7 000多万是国家统计局将7 000多个样本村的抽样调查结果反推至全国农村人口，估计出的处于贫困状况的人数；8 900万则是2013—2014年全国建档立卡识别出的贫困人口。

⑤ 中华人民共和国国务院新闻办公室. 中国的减贫行动与人权进步[N]. 人民日报，2016 - 10 - 18(15).

⑥ 李慧. 2016年我国减贫1 240万人[N]. 光明日报，2017 - 03 - 01(7).

位置,对扶贫工作的影响力相当有限。从扶贫计划的制订,到扶贫标准的修订,再到扶贫工作的具体推进,很大程度上是一场自上而下的政府权力推动的运作过程。作为扶贫受益群体的贫困人口,几乎整体上缺乏扶贫权利意识,极少有人将脱贫视为自身的权利,更多的是认为政府的扶贫和社会的救助是一种恩惠。这从课题组问卷调查的相关数据的统计表中可见一斑(见表2)。虽然整体上中国农村扶贫是一种权力主导型的扶贫,但几十年的扶贫攻坚进程中,尤其是在扶贫攻坚的后期,也在某些局部展现出扶贫工作中的权利导向,开始注重作为被扶贫对象的贫困人口的脱贫权利问题。例如,在确定哪些人口符合贫困标准,可以享受扶贫待遇时,早在20世纪90年代一些地方就开始采用基层民主评议的方式,由村民民主评议来确定作为扶贫对象的贫困人口人选。这一凸显了脱贫是一种权利思想的做法到了扶贫攻坚后期广泛铺开,且其程序发展得更加合理。例如,2014年贵州省毕节市大方县花了大半年时间进行了确定贫困人口的民主评议。其基本程序如下:先由乡镇各小组通过"民主评困"会议评选贫困对象,在村里张榜公示,无异议后在乡镇汇总,进行二次公示,然后再申报到县里最终确定贫困人口人选[①]。

表2 《权利视野下的中国农村扶贫法律机制研究》调查问卷(扶贫对象用表)第一题统计数据

题目	选项				合计
作为扶贫对象,你对政府和扶贫工作人员给予你的帮助是一种怎样的心态	A. 从内心非常感谢政府和扶贫工作人员	B. 无所谓,没有什么特别的感觉	C. 虽然感激政府和扶贫工作人员,但接受扶贫帮助是我的权利	D. 接受扶贫帮助是我的权利,所以不存在感谢	备注:本调查问卷一共发放510份,收回的有效问卷为386份。本题为单选题
统计数据	327	42	12	5	386
百分比	84.7%	10.9%	3.1%	1.3%	100%

第二,意识形态、行政主导型的扶贫而非法治主导型的扶贫。纵观几十年的我国农村扶贫进程,可以看出我国农村扶贫是一种意识形态、行政主导型的扶贫而非法治主导型的扶贫。几十年的扶贫,几乎可以看作是一场由中央到地方、自上而下的扶贫攻坚意识形态的贯彻运动。政府不遗余力地进行全国范围内的、持续的、系统的扶贫,其背后的理论基础是社会主义的共同富裕的意识形态与思想,扶贫工作在很大程度上被看成是一种政治任务。整个扶贫攻坚,主要由政府逐层推进,政策而非法律是扶贫的主要依据与规范,行政权是贯彻扶贫政策、推进扶贫进程的主要力量。

第三,强大的行政执行力。几十年的扶贫攻坚工作所取得的巨大成绩,显示了我国政府在扶贫方面的强大的行政执行力。中国的扶贫成果,在全世界范围内有目共睹,影响卓

---

① 谭畅,柯言.中国扶贫三十年演进史[J].报刊荟萃,2016(5).

著。全球每脱贫 10 个人,就有 7 个是中国人。几十年的扶贫攻坚,中国使 8 亿人口脱离贫困。世界极端贫困人口比重从 40% 降到目前的不到 10%,中国做出了绝大部分的贡献①。实行扶贫搬迁异地安置以来,全国有 1 000 多万人异地搬迁脱贫。截至 2016 年,全国共有 77.5 万名驻村干部奋战在脱贫一线②。2015 年中央扶贫开发工作会议期间,中西部 22 个省份党政主要负责人向中央签署脱贫攻坚责任书。2016 年 10 月,中共中央办公厅、国务院办公厅印发了《脱贫攻坚责任制实施办法》,确立了脱贫攻坚的中央统筹、省负总责、市县抓落实的工作机制,构建了责任清晰、各负其责、合力攻坚的责任体系。2016 年 2 月,中共中央办公厅、国务院办公厅印发了《省级党委和政府扶贫开发工作成效考核办法》,实行最严格的考核评估制度,考核结果作为对省级党委、政府主要负责人和领导班子综合考核评价的重要依据。2016 年度省级党委和政府扶贫开发工作成效考核正式启动后,国务院扶贫开发领导小组对综合评价落后的 8 个省份党政主要负责人或分管负责人进行了约谈,并对这 8 个省份开展脱贫攻坚巡查。所有这些,都表明了我国政府在扶贫攻坚中的强大执行力。

第四,以中央政府为主导。几十年的扶贫攻坚,中央政府可谓功不可没。相比各级地方政府,中央政府在扶贫攻坚中具有更大的热情和更强的意志。贫困人口脱贫工作已经被置于中央政府治国理政的重要位置。党的十八大以来,以习近平同志为核心的党中央把贫困人口脱贫作为全面建成小康社会的底线任务和标志性指标,纳入"五位一体"总体布局和"四个全面"战略布局。中央政府始终主导着农村扶贫工作,无论是扶贫目标的确立、扶贫任务的分解、贫困标准的制定、扶贫文件政策的出台,几乎都是中央政府一手主导。而在扶贫资金的投入上,中央政府也占据主导地位。2013—2017 年,中央财政安排专项扶贫资金从 394 亿元增加到 861 亿元,年均增长 22.7%,累计投入 2 822 亿元③。相应地,地方政府往往是在中央政府的要求下,以配套中央扶贫资金的方式,提供一部分扶贫资金。例如,据财政部网站报道,2017 年中央和地方财政专项扶贫资金规模超过 1 400 亿元。其中,中央财政安排补助地方专项扶贫资金 860.95 亿元,占 61.5%;有扶贫任务的 28 个省(自治区、直辖市)省级财政专项扶贫资金规模达到约 540 亿元,占 38.5%。中央政府在扶贫工作中的主导地位,从课题组问卷调查的相关数据的统计表中可得到印证(见表3)。

---

① 王纬温. 世行行长金墉:中国扶贫经验值得中等收入国家借鉴[EB/OL]. (2017 - 10 - 13). http://www. zaobao. com/realtime/china/story20171013 - 802655.
② 顾仲阳. 书写人类反贫困新奇迹(打赢脱贫攻坚战)[N]. 人民日报,2017 - 10 - 10(1).
③ 顾仲阳. 书写人类反贫困新奇迹(打赢脱贫攻坚战)[N]. 人民日报,2017 - 10 - 10(1).

表3 《权利视野下的中国农村扶贫法律机制研究》调查问卷(扶贫工作人员用表)第九题统计数据

题目	选项				合计
你感受到的扶贫工作主要压力来哪里?你认为扶贫工作是哪一级政府在主导	A. 来自中央政府,是中央政府在主导扶贫工作	B. 来自省级政府,是省级政府在自加压力,积极主动开展扶贫工作	C. 来自县级政府,是县级政府在自加压力,积极主动开展扶贫工作	D. 来自乡级政府,是乡级政府在自加压力,积极主动开展扶贫工作	备注:本调查一共发放问卷612份,收回有效问卷587份。本题为单选题
统计数据	461	78	31	17	587
百分比	78.5%	13.3%	5.3%	2.9%	100%

二、权利视野下我国农村扶贫的理论基础

虽然从社会主义意识形态角度分析,我国政府对农村贫困人口进行扶贫救助,是出于作为执政党的共产党的先进性,是社会主义国家政府为人民服务宗旨的体现,是一种高度的政治自觉的行为。但是基于法治思维与法律逻辑,应该对我国政府的扶贫行为重新进行分析和定位,以作为法律关系内容的法律权利与法律义务作为分析工具,剖析政府扶贫行为的本质,分析其蕴含的法律权利与法律义务关系,继而揭示政府扶贫行为的正当性,展示其理论基础。我们认为,权利视野下我国农村扶贫的理论基础是公民的脱贫权。公民的脱贫权的存在,决定了政府的扶贫行为是一种履行法定职责和法律义务的行为,其目的是保障公民的脱贫权的实现。正是公民的脱贫权决定了政府扶贫行为的法律属性,为我国政府的农村扶贫行为提供了充足的正当性。公民的脱贫权基于以下理论分析而得以成立。

(一)人权理论

虽然从全球范围来看,人权理论的发展史表明其纷繁复杂,有时甚至充满了政治斗争与算计,出现理论观点上的尖锐对立。但一般认为,现代人权理论已经发展到了一个新的阶段。首先,在人权的内容上,已经由传统的只强调公民政治权利的第一代人权,发展到强调公民的政治权利的同时,也重视将公民的经济、社会、文化权利视为人权内容的重要组成部分的第二代人权以及以强调发展权的第三代人权。"二战"以前的西方人权学说主要以"个人幸福"作为核心,而在二战胜利之后,开始倾向于政府的"福利职能"。这表明西方社会虽然存在反对将公民经济、社会、文化权利视为人权的观点,但仍然或多或少受到了第二代人权理论的影响,在一定程度上认同和实践着第二代人权。而从人权领域的国际公约看,第二代人权已经和第一代人权一样,被相关国际公约确认。1948年12月联合国大会通过的《世界人权宣言》第一次将第一代人权和第二代人权分别加以规定。一般认为,《世界人权宣言》第1条—第21条是规定公民和政治权利的规范;第22条—第27条是规定经济、社会和文化权利的规范。在此基础上,1966年通过的《公民权利和政治权利国际公约》(1976年3月23日生效)与《经济、社会、文化权利国际公约》(1976年1月3日生效)则直接以两部公约分

别规定的方式使以上两大类人权在国际法上得到了明确认可。同时,人权理论认为,传统的第一代人权中的某些人权的内容也随着第二代人权的出现而增加了社会经济权利方面的内容。例如,生命权作为一种人权,在传统上其内容是指作为自由权的生命权,是一种防御性的个人权利。生命权存在于政治国家产生之前,是一种前社会、前国家和前宪法的权利,政府成立和存在的目的只是为了保障这类权利的存在,而不能随意剥夺。作为自由权的生命权其目的在于抵制国家专断剥夺个人生命①。而随着第二代人权观念的出现,生命权的内容也得到了丰富,即由传统上的作为自由权的生命权,增加了作为社会权的生命权的内容。国家不仅仅肩负针对基于自由权的生命权的尊重与保护责任,还包括作为社会权的生命权之促进满足与实现的责任。1986 年联合国大会第 41/128 号决议通过了的《发展权利宣言》,对发展权的主体、内涵、地位、保护方式和实现途径等基本内容作了全面地阐释。1993 年 6 月通过的《维也纳宣言和行动纲领》再次重申发展权是一项不可剥夺的人权,从而使发展权的概念更加全面、系统。2000 年 9 月,联合国千年首脑会议通过了《联合国千年发展目标》。《联合国千年发展目标》是为实现《发展权利宣言》的长远目标而制定的带有强制性的指标,要求全球合作,促进发展,到 2015 年实现 8 项目标,其中之一就是极端贫困人口减半。其次,在人权的普遍性与特殊性方面,传统人权理论以西方天赋人权理论为标准,强调人权的普遍性。而现代人权理论则认为:人权既有普遍性,也有特殊性,应该承认各国根据自身的历史文化条件和社会经济发展水平发展和保护人权。1993 年 6 月 14 日,第二次世界人权大会通过的《维也纳宣言和行动纲领》在确认人权普遍性原则的同时,肯定了人权的特殊性,指出实施人权原则必须考虑国家的特性和地域特征以及不同历史、文化和宗教背景。这种价值取向确立了一个原则,即各种人权模式都是人权普遍性的特殊表现。

其一,从人权内容发展的历程看,将脱贫权归结为当代人权的内容,符合第二代人权理论,也符合第三代人权理论。按照第二代人权理论,贫困人口的脱贫权,显然属于第二代人权中的经济、社会权利的应有内容。脱贫权的实质,在于贫困人口享有摆脱贫困,接受政府和社会的经济帮扶和援助,获得丰富的物质生活保障,维持健康体面的生活。脱贫权既具备社会权利的特征,也具备经济权利的特质。“人类进入 20 世纪,社会权呈现快速扩张状态。社会权已经不仅仅局限于贫弱者需要社会扶助的权利,且已经转化为全部人群(不同人群之和)获取基本生存能力的权利。现代的社会权作为一种需求权,形式上是对社会帮扶义务的需求,实质是对提升基本生存能力的需求,是一种'脱困'权。”②同时,基于生命权由传统上的作为自由权的生命权发展到包含作为社会权的生命权的权利内容,脱贫权也可以视为是生命权的内在合理延伸和自然发展。作为社会权的生命权要求政府和社会要通过积极作为,为生命的体面而有尊严的存在提供制度基础和外部条件。按照第三代人权理论,贫困人口的脱贫权,也属于第三代人权的发展权。所谓发展权是个人、民族和国家积极、自由和有意

---

① 郑贤君.生命权的新概念[J].首都师范大学学报(社会科学版),2006(5).

② 汤黎虹.社会权利本位与精准扶贫制度创新[J].温州大学学报(社会科学版),2017(3).

义地参与政治、经济、社会和文化的发展并公平享有发展所带来的利益的权利。发展权既是一项个人人权,同时也是一项国家或民族的集体人权。这两个方面是相辅相成、不可分割的。在一国范围内,发展权首先是一项个人人权。与集体发展权主要针对整个国际社会不同,个人发展权其诉求主要指向个人所在的国家。1986年的《发展权利宣言》指出:国家有权利和义务制定发展政策,保障每个人发展均等和公平享有发展所带来的利益。贫困人口摆脱贫困,接受政府和社会的帮扶与经济援助,以提高自身的生活水平,就是在行使个人发展权。

其二,就人权的普遍性和特殊性来看,将脱贫权归结为当代人权的内容,是依照人权普遍性和人权特殊性自然演绎的结论。在我国,将脱贫权归为当代人权的内容,是从我国国情出发,结合我国社会经济发展状况来发展人权理论的产物,是我国对世界人权理论的发展和贡献,是人权特殊性的表现。"因此,确保世界上所有人都拥有切实可行的脱贫权,其基础在于这种想法不是一种乌托邦,不需要天文数字般的财力。穷人的存在可以被合乎逻辑地视为对脱贫权的侵犯。"[①]实际上,在很大程度上我国政府已经将脱贫权视为一种人权。1991年11月发布的《中国的人权状况》白皮书就曾指出:对于一个国家和民族来说,人权首先是人民的生存权。没有生存权,其他一切人权均无从谈起。而对于贫困人口的生存权而言,贫困是对其生存权的一种伤害,故其权利内涵自然应该包含脱贫权。2016年10月我国政府发布了《中国的减贫行动与人权进步》白皮书,在标题上将减贫与人权并列,内文开头就是"贫困的广泛存在严重妨碍人权的充分实现和享有。[②]"

其三,将脱贫权视为当代人权的内容,需要回答一个理论难题,那就是如何处理好作为人权的脱贫权与贫困人口生活方式选择权的冲突。既然脱贫权作为公民的一种人权,那么当脱贫权演进为法律上的权利时,作为法律权利,权利主体可以放弃权利的行使。那么,享有脱贫权的贫困人口,是否可以以此为由拒绝政府或者社会的经济援助与帮扶,选择维持原来的以贫困为特征的生活方式? 或者换句话说,政府是否可以对贫困人口强制进行脱贫? 我们认为,很大程度上,这是一个难以一劳永逸回答的问题。这正如生命权与健康权是一种法律权利,但放弃这种权利的自杀与自虐行为,法律无法明文禁止,但也并不公然认可其为一种行使生命权与健康权的合法方式。同样道理,脱贫权虽然是一种法律权利,贫困人口有权放弃行使,维持原来以贫困为特征的生活方式,法律无法宣告这种放弃脱贫权的行为违法,尤其是当贫困人口仅仅是选择维持贫困生活方式,而维持这样的贫困生活方式尚未严重危害到贫困人口自身的健康和生命,也未危害到他人或者社会利益。但一般情况下,法律也不会鼓励贫困人口拒绝脱贫的行为,或者宣告这类行为合法,特别是当这种选择维持原来的以贫困为特征的生活方式严重危害到贫困人口自身的健康和生命,或者危害到他人或者社会利益时,法律更不可能公然宣称这样做的合法性,甚至

---

① 厄内斯特-玛丽·姆邦达,秦喜清.贫困是对人权的侵犯:论脱贫的权利[J].国际社会科学杂志(中文版),2005(2).

② 中华人民共和国国务院新闻办公室.中国的减贫行动与人权进步[N].人民日报,2016-10-18(15).

可能基于公共利益而对这类行为进行必要限制,约束贫困人口这类超出一般限度的拒绝脱贫的行为。

(二)公正价值观

考察理论界对贫困原因的归纳的历程,虽然对贫困原因的归纳所得出的结论五花八门,有时甚至大相径庭,但自 17、18 世纪开始,对贫困人口进行救助逐渐被视为一种社会责任之后,几百年来,始终有一派观点主张贫困原因是贫困人口自身之外的因素所造成的,或者至少主要是由于贫困人口自身之外的因素所造成。古希腊时期,贫困不仅被认为是由贫困者个人所造成的,甚至认为贫困者不仅不值得同情,还应该被提防乃至被惩罚。"可以看到,对柏拉图和亚里士多德来说,穷人都是有罪的,即使不是因贫困而有罪,至少也会因困扰着他的占有欲而不节制、腐败和犯罪。结论是,城邦的道德秩序必须防范穷人。"①中世纪以来的西方宗教观念中,虽然不排除对贫困人口的帮助和救济,但这种帮助和救济主要是出于宗教观念中的救赎而为之。贫困产生被认为是一种宿命,是上帝对人类的惩罚。到 17、18 世纪,对贫困人口进行救助逐渐被视为一种社会责任,欧洲许多国家都建立了救济中心。一般认为,近代以来,对贫困原因的看法有所谓个体主义观点与结构主义观点。个体主义观点认为:贫困产生的原因在于贫困人口自身,与社会和制度无关。如 19 世纪以来的西方自由主义哲学和新自由主义哲学对贫困的原因就采纳了个体主义的观点。贫困被认为是个人问题,它的出现不能归罪于社会。英国知名经济学家和政治哲学家、诺贝尔经济学奖得主弗里德里希·奥古斯特·冯·哈耶克在其三卷本的《法律、立法和自由》一书中主张社会秩序是自发的,而非组织的结果。从这自发的秩序中,可以形成以贫富两极为基础的社会和谐。贫困不是公正问题,因为无人为它负责。人们不能从权利或侵权的角度谈论贫困,因为这将假定存在某种能够保障这些权利的实体。然而,不存在这类实体。政府不能制造出公正和权利,因为它不能理解和控制社会中复杂的交易机制。对机制的任何干预都将导致相反结果,即侵犯自由和经济灾难②,而结构主义观点则试图从贫困人口自身之外寻找贫困产生的原因,认为贫困是一种普遍存在的社会现象,贫困是社会资源不公平分配的结果,如 1899 年英国学者郎特里将贫困的成因从个体原因转归于社会,认为贫困的原因不在于其个人或家庭,而在于社会③。19 世纪诞生于西方的马克思主义在贫困原因的看法上也采纳结构主义。"马克思的贫困理论是最早从制度层次上揭示贫困根源的,是关于资本主义制度下无产阶级贫困化及其趋势的理论,具

---

① 厄内斯特-玛丽·姆邦达,秦喜清. 贫困是对人权的侵犯:论脱贫的权利[J]. 国际社会科学杂志(中文版),2005(5).

② [英]弗里德利希·冯·哈耶克. 法律、立法与自由[M]. 邓正来,张守东,李静冰,译. 北京:中国大百科全书出版社,2000.

③ B. SEEBOHM ROWNTREE. Poverty:A study of town life[M]. Basingstoke:Palgrave Macmillan,2003.

有阶级贫困的性质与制度分析的特点。"①马克思主义认为,贫困产生的根本原因在于资本主义制度。资本积累的一般规律与无产阶级贫困化存在内在的必然联系。资本积累的一般规律发挥作用的社会后果,直接导致资产阶级与无产阶级之间的贫富悬殊及社会两级分化。正是这一规律确立了资本积累同贫困积累之间必然相适应的关系。因此,在一极是财富的积累,同时在对立的一极,即在生产资本本身的阶级方面,是贫穷、劳动折磨、无知、粗野、道德堕落和受奴役的积累②。

　　我们认为,在贫困原因问题上即使不能完全采用结构主义观点,那么,也绝对不应该完全否定结构主义观点。因为,即使认为贫困产生的原因与贫困人口自身因素有关,但这绝对不可能是贫困产生的唯一原因。无论如何,贫困人口之所以贫困,肯定与外部因素如制度、地理、历史、文化等诸多因素有关。这其中,制度因素通常是最主要的因素。通常是因为当下制度的不公平,或者历史上制度的不公平,导致了特定人群的贫困。从公平正义的价值观出发,就应该通过扶贫机制这样的制度,对贫困人口进行补偿,以维护公平正义的价值观。美国著名的政治哲学家罗尔斯认为,正义应关注维持社会的背景正义,让每个人都有条件去追求自己的合理生活与理想。罗尔斯提出了实现公平正义的路径,即国家建立相应的制度来实现,他说:"对我们来说,正义的主要问题是社会的基本结构,或更准确地说,是社会主要制度分配基本权利和义务,决定由社会合作产生的利益之划分的方式。所谓主要制度,我的理解是政治结构和主要的经济和社会安排。"③一般认为,在我国长久的城乡二元结构的制度下,农民这一群体,就承受了制度的不公平,导致长期以来城乡的贫富差距。因此,基于这一对贫困原因的认知,就自然会得出结论:农村贫困人口是因为或者至少是部分因为制度的不公平这样的外部因素导致了贫困。因而,农村贫困人口应该享有脱贫权,有权接受政府、社会的扶贫救助和扶贫援助,享受扶贫开发的优惠,以弥补其当初承受的不公正。如此,才符合公平正义的价值逻辑。

(三)共同富裕理论

　　马克思、恩格斯构建的科学社会主义理论中,早已描述了作为无产阶级奋斗目标和追求愿景的共产主义社会中的共同富裕的图景:彻底消除贫困,完全消灭阶级和阶级压迫,劳动者成为生产资料的真正主人,按需分配,实现共同富裕。以毛泽东为代表的第一代领导集体,在建立中华人民共和国后进行的社会主义建设进程中,就提出了共同富裕理论。要巩固工农联盟,我们就得领导农民走社会主义道路,使农民群众共同富裕起来,穷的要富裕,所有农民都要富裕④。改革开放以来,以邓小平为代表的党的第二代领导集体进一步丰富了共同富裕理论。"邓小平同志认为,社会主义建设事业是以全国人民共同富裕为取向的。"⑤邓小

---

① 王朝明. 马克思主义贫困理论的创新与发展[J]. 当代经济研究,2008(2).

② [德]马克思. 资本论:第一卷(法文版)[M]. 北京:中国社会科学出版社,1983:689.

③ [美]约翰·罗尔斯. 正义论[M]. 何怀宏,等译. 北京:中国社会科学出版社,1988:7.

④ 毛泽东. 毛泽东选集:第五卷[M]. 北京:人民出版社,1977:196.

⑤ 张景书. 马克思主义贫困理论研究[J]. 商洛学院学报,2008(4).

平将社会主义共同富裕理论提升到了社会主义本质的高度,认为共同富裕是社会主义优越性的体现。"社会主义的本质,是解放生产力,发展生产力,消灭剥削,消除两极分化,最终达到共同富裕。"[①]同时,邓小平同志认为,共同富裕不是同时富裕,而是一部分人、一部分地区先富起来,先富的帮助后富的,逐步实现共同富裕。

按照共同富裕理论,贫困人口当然属于共同富裕的范畴。贫困人口理所当然享有脱贫权,以实现共同富裕的目标。贫困人口凭借脱贫权,接受政府和社会的扶贫救助和援助,享受扶贫开发的政策优惠,以最终摆脱贫困,实现社会主义共同富裕的目标。从共同富裕理论可以自然演绎出贫困人口的脱贫权。如果不承认贫困人口的脱贫权,就难以实现贫困人口的脱贫目标,难以实现共同富裕。

三、脱贫权的权利内容

我们认为,作为政府扶贫理论基础的脱贫权,既是一种当代的人权,更应该是一种基于人权转化而来的法律权利。在我国,作为法律权利的脱贫权,应该包含以下权利内容:① 接受救助权。这是指贫困人口有权利享受农村最低生活保障、新型农村合作医疗、农村养老保险等各种常规的社会保障以及政府、社会组织、企业或者个人等针对贫困人口进行的各种临时性、一次性的慈善性质的救济。② 接受帮扶权。即贫困人口作为被帮扶对象,有权接受政府和社会组织各种形式的扶贫帮扶,享受各种形式的扶贫优惠政策。如政府和社会组织的各种形式的扶贫开发,诸如教育扶贫、科技扶贫、金融扶贫、旅游扶贫等各种形式的行业扶贫所带来的各种实惠和经济利益,贫困人口都有依法接受和享有的权利。③ 知情权。贫困人口对各种扶贫法律、政策有权利了解并充分理解其内容,对各种扶贫开发方案、行业扶贫方案的具体内容及其实施前景与风险等有权利充分了解,对政府的常规社会保障措施如农村最低生活保障、新型农村合作医疗、农村养老保险的具体内容有权利了解并充分理解其含义,对各种来自政府、社会组织、企业或者个人的临时性、一次性的慈善性质的救济,有权了解相关慈善性质的救济的具体背景、救济方案的具体内容。④ 参与权。即作为接受扶贫帮扶、扶贫救助的对象,贫困人口有权在法律和政策的范围内,最大限度地参与扶贫帮扶、扶贫救济等具体方案的确定与实施。例如,在确定具体扶贫方案的受援对象、扶贫资金的分配和扶贫物资的发放等方面,扶贫对象有权按照民主程序进行适度参与,以确保相关扶贫环节符合公平公正原则。⑤ 选择权。即作为扶贫对象的扶贫人口,可以在各种层面行使选择权。如在是否接受扶贫、是否作为扶贫对象上,贫困人口可以行使选择权,即原则上政府和社会组织不能强迫贫困人口接受扶贫。当然,如前文所述,贫困人口的选择权,需要遵守必要的限度,即当贫困人口选择不接受扶贫严重危害到贫困人口自身的健康和生命,或者危害到他人或者社会利益时,则这种选择权就不应该被许可。再例如,在具体扶贫方案实施中的各个环节,贫困人口也可以在不同的方案

---

① 邓小平. 邓小平文选:第三卷[M].北京:人民出版社,1993:373.

之间行使选择权。⑥ 隐私权。即作为扶贫对象的贫困人口,依照法律享有隐私权。政府、社会组织等扶贫主体在参与扶贫活动、实施扶贫方案过程中,要尽可能维护贫困人口的隐私,照顾其体面,合理利用其相关个人信息,不得将贫困人口的相关个人信息使用于扶贫之外的其他用途,也不得以牺牲贫困人口的隐私、体面为代价,通过对扶贫活动的不必要的大肆公开甚至是出于商业宣传的需要大肆报道,谋取商业利益或者其他不正当利益。⑦ 监督权。即作为扶贫对象的贫困人口,享有对政府、社会组织进行的扶贫行为的监督权。贫困人口的这种监督权,是扶贫社会监督的重要组成部分。⑧ 发展权。脱贫权如果仅仅被限定在解决温饱的基本物质生活层面,认为贫困人口解决了温饱问题就是完整地实现了脱贫权,显然是一种片面理解。贫困人口的脱贫权除了包含以解决温饱为目的的权利内容外,还应该包含发展权,即贫困人口在解决温饱后,个人应该享有进一步发展的权利。"随着社会救助目标的发展,人们开始关注其作为'安全网'之外的功能,认为贫困者除了生存需要,也有发展需要。"[①]这种发展权,既包含物质层面的发展,如在解决温饱后在物质生活上的进一步提升,由吃饱发展到吃好,由穿暖发展到穿好;也包括精神层面的发展,如个人文化、教育需求方面的满足和个人能力的增进等需求。⑨ 救济权。无救济则无权利。脱贫权上述诸多权利内容,如果被侵犯,则需要进行权利救济。因此,脱贫权的内容中还应该包含救济权。即作为扶贫对象的贫困人口在行使上述各种脱贫权时,如果其权利被漠视或者被侵犯,可以依照相关法律和政策获得权利救济。

第二节　农民权利发展与我国农村扶贫法律机制的现状

毫无疑问,扶贫问题肯定在相当大的程度上涉及法律。但从整体上看,扶贫又不是一个纯粹的法律问题。除法学外,其至少还涉及政治学、经济学、社会学、行政学、伦理学乃至人口学等诸学科门类。例如,关于贫困的定义,很难说其是一个纯粹的法律问题,反而更主要的是一个经济学问题。因而,就全球范围而言,在扶贫领域,虽然存在着扶贫立法及扶贫法律机制,但其在整个扶贫进程中似乎不占据突出位置。相对地,在学术研究层面,针对扶贫的研究,更多的是基于法学之外的其他学科,基于法学层面尤其是从权利视野基于法学层面的扶贫研究,在整个针对扶贫的学术研究中也完全不占有重要位置。应该说,既往的情况表明,扶贫立法及扶贫法律机制在扶贫领域未能发挥其应该发挥的功能,基于法学层面尤其是从权利视野下基于法学层面的扶贫研究也未能掌握其应有的话语权。

---

① 王三秀,罗丽娅.国外能力贫困理念的演进、理论逻辑及现实启示[J].长白学刊,2016(5).

一、权利视野下我国农村扶贫法律机制的含义

扶贫概念具有较为广泛的外延。仅仅以数量众多的扶贫方式而论,其就涉及多种不同的法律关系,牵扯到多种不同的部门法。如果再考虑到每种扶贫方式中的具体扶贫内容和不同的环节可能会涉及具体法律问题,那么扶贫所涉及的法律部门就更多,其所涉及的法律关系也更为复杂。因此,需要对扶贫法律机制的外延进行适当的梳理。就"我国农村扶贫的法律机制"这一概念的外延而言,其显然较"扶贫法律机制"这一概念的外延要窄。我国的扶贫法律机制,除了包含农村扶贫法律机制外,还包含城市扶贫法律机制,如对城市贫困人口的就业扶助、医疗保障、失业保障、社会救助以及对城市地区困难企业的帮扶、财政援助等。鉴于本书的研究范围限于农村扶贫,在论及国内部分的扶贫法律机制时,这里的扶贫法律机制,仅指我国农村扶贫法律机制。

结合我国几十年的扶贫实践以及当下我国农村扶贫的立法实践,我们认为,我国农村扶贫法律机制应该包含以下具体的扶贫法律关系:① 扶贫规划法律机制。主要包括贫困的定义与内涵(如绝对贫困与相对贫困、经济贫困与知识贫困、能力贫困等)的确定,贫困标准的制定与调整,贫困地区的划定,贫困人口的统计,扶贫、减贫的计划与目标的确立,脱贫的标准的制定与考核等内容。② 扶贫主体法律机制。主要包括扶贫组织实施主体的种类、扶贫组织实施主体的权利义务、扶贫工作人员的权利义务、扶贫对象的权利义务等。③ 扶贫开发法律机制。主要包括扶贫开发的类型与方式,如异地搬迁扶贫、各种产业扶贫、各种行业扶贫(如科技扶贫、教育扶贫、旅游扶贫、医疗扶贫、生态保护扶贫、金融扶贫、就业创业扶贫等)。④ 扶贫资金法律机制。主要包括扶贫资金的筹集、划拨、调配、运行、审计、监督等内容。⑤ 扶贫监督与考核法律机制。主要包括扶贫监督的种类、监督主体、监督程序等以及扶贫考核的考核标准、考核程序、激励机制与法律责任等。⑥ 社会保障与社会救助法律机制。主要包括对贫困人口的医疗保险、养老保险、失业保险、最低生活保障制度、自然灾害和重大事故救助等内容。

二、权利视野下我国农村扶贫法律机制的特点

我国近几十年的扶贫实践,虽然在很大程度上是依赖基于政治、行政力量的政策的推动,而不是纯粹依靠基于法治理念的法律机制的推动,但在扶贫法律机制的构建方面,仍然取得了一些进展。近几十年的扶贫实践,在时间上与我国进行社会主义法治建设、推行依法治国的进程基本契合。法治建设的成效、法学研究的成果、法律意识与法治理念的逐渐深入人心,在一定程度上影响着我国的农村扶贫进程。依法扶贫、将扶贫纳入法治轨道,越来越成为更多人的共识。虽然截止到目前,在农村扶贫领域,还没有制定出一部专门的扶贫法或

者反贫困法,但有关扶贫的立法早就纳入了全国人大的立法规划①。虽然存在着扶贫法律的缺位,但依赖与农村扶贫相关的其他法律以及数量众多的关于农村扶贫的地方性法规、规章,我国农村扶贫法律机制仍然具备一定的内容。总体来看,我国农村扶贫法律机制呈现以下特点。

第一,农村扶贫法律机制的基本内容尚付之阙如,主要通过带有政策性乃至政治性的政府文件规范构建的农村扶贫政策机制替代农村扶贫法律机制的功能。截至目前,我国农村扶贫的立法尚处于立法准备过程之中。几十年的农村扶贫,一开始就是以各种层次的带有政策性和政治性的政府文件来进行规范和推进的。与法律规范具有较强的规范性相比,这种政府文件规范往往因为带有一定的政策性乃至政治性,因而在规范性上显得不足。但这基本没有妨碍我国农村扶贫建立起一整套运行机制。一定程度上中国农村扶贫政策机制发挥了本应该由中国农村扶贫法律机制发挥的功能,这从我国近几十年的农村扶贫取得的巨大成绩上可见一斑。首先,在扶贫开发法律开发机制方面,从扶贫规划、扶贫目标、贫困标准、扶贫任务的分解落实、扶贫资金的筹措划拨与运转、扶贫成果的考核验收等诸多扶贫法律机制环节,基本都是通过这些政府文件形成的政策机制替代的。这些带有政策性和政治性的政府文件数量众多,具有不同层次,既有中央政府层面的,也有各级地方政府层面的。从发布主体看,既有政府单独发布的,也有党政联署发布的。从规范的内容看,既有从宏观上规范农村扶贫的,也有就农村扶贫的某个具体问题进行规范的。例如,我国先后制定和颁布实施的《国家八七扶贫攻坚计划(1994—2000 年)》《中国农村扶贫开发纲要(2001—2010年)》《中国农村扶贫开发纲要(2011—2020 年)》等就是从宏观高度对农村扶贫的计划、任务、目标、实施等进行规范的政府文件。2016 年 10 月中共中央办公厅、国务院办公厅印发联合发布的《脱贫攻坚责任制实施办法》,就属于党政联署发布的就农村扶贫中某一个具体文件继续规范的政府文件,而 1997 年 7 月国务院办公厅发布的《国家扶贫资金管理办法》、2005 年 12 月国家发展和改革委员会 41 号令颁布的《国家以工代赈管理办法》等则属于政府单独发布的就农村扶贫中某一个具体问题进行规范的政府文件。至于地方层面的这类文件,不胜枚举,在此不再赘述。其次,在扶贫救助法律机制方面,也基本上是通过农村扶贫救助的政策机制替代相应的农村扶贫救助法律机制的功能。例如,根据 2007 年 7 月发布的

---

① 虽然学理上对我国的扶贫立法在是否需要制定统一的扶贫法、扶贫法的调整对象、扶贫法的立法路径与模式等诸多问题上存在不同看法,但就扶贫开发而言,早在 2009 年国务院扶贫办就启动了《中国农村扶贫开发法》的前期工作,制定了立法方案,开展了前期调研,完成了相关报告。2012 年成立了由全国人大农委、国家发改委、财政部、国务院扶贫办等单位组成的扶贫立法工作领导小组,完成了《中国农村扶贫开发法(草稿)》。《中国农村扶贫开发法(草稿)》包含了总则、扶贫开发对象、扶贫开发规划、扶贫投入、扶贫开发项目管理、专项扶贫、行业扶贫、社会扶贫、执法监督、法律责任等内容。2015 年和 2016 年,《农村扶贫开发法》分别被列入国务院 2015 年、2016 年立法工作规划。《农村扶贫开发法》被列入十二届全国人大常委会立法规划后,2015 年 3 月举行的十二届全国人大三次会议上,因梁胜利等 31 位代表提出了制定《革命老区促进法》的议案,全国人大已决定将制定《革命老区促进法》与《农村扶贫开发法》统筹考虑。另外,从国务院 2016 年立法工作计划中可以看到,《农村扶贫开发条例》已经成为预备立法项目。

《国务院关于在全国建立农村最低生活保障制度的通知》,建立了农村最低生活保障制度;根据 1992 年 1 月民政部发布的《县级农村社会养老保险基本方案(试行)》、1995 年 10 月《国务院办公厅转发民政部关于进一步做好农村社会养老保险工作的意见的通知》等政策性文件,建立了农村养老保险制度;根据 2003 年 1 月由原卫生部、财政部、农业部制定国务院转发的《关于建立新型农村合作医疗制度的意见》、2013 年 9 月由原国家卫生和计划生育委员会、财政部下发的《关于做好 2013 年新型农村合作医疗工作的通知》、2014 年 4 月由财政部、原国家卫生和计划生育委员会、人力资源社会保障部等发布的《关于提高 2014 年新型农村合作医疗和城镇居民基本医疗保险筹资标准的通知》等政策性文件,建立了新型农村合作医疗制度。可以看出,作为农村扶贫救助制度重要内容的农村最低生活保障制度、农村养老保险制度、新型农村合作医疗制度,都是以一种政策机制发挥着应该由相应的法律机制发挥的功能。在这方面唯一例外的是,依据 2010 年 10 月第十一届全国人民代表大会常务委员会第十七次会议通过的《中华人民共和国社会保险法》建立起来的社会保险法律机制。社会保险法律机制虽然不能全部视为农村扶贫救助法律机制的内容,但因为其涵盖了在城市务工的农村贫困人口,在城市务工的农村贫困人口客观上通过社会保险法律制度获得了扶贫救助,因而其在一定程度上可以视为农村扶贫救助法律机制的内容。

第二,与农村扶贫相关的法律包含了农村扶贫法律机制部分内容。作为对主要依赖政策性和政治性的政府文件确立农村扶贫机制的补充,一些与农村扶贫相关的其他单行法和部门法,规定了部分农村扶贫法律机制内容。现行法律涉及农村扶贫的主要有:《中华人民共和国农业法》《中华人民共和国农民专业合作社法》《中华人民共和国中小企业促进法》《中华人民共和国乡镇企业法》《中华人民共和国公益事业捐赠法》《中华人民共和国个人所得税法》《中华人民共和国企业所得税法》《中华人民共和国少数民族保护法》《中华人民共和国残疾人保障法》《中华人民共和国妇女儿童权益保护法》《中华人民共和国老年人权益保障法》等 20 多部。在这些法律中,部分条文涉及了扶贫开发。以《中华人民共和国农业法》为例,其在第 10 章的第 85 条和第 86 条对扶贫工作进行了具体的规定,第 85 条规定了省级人民政府要根据国家关于扶持贫困地区的总体目标和要求,制定扶贫开发规划,并组织实施,明确了政府组织农村扶贫开发的职责。第 86 条规定了中央和省级财政应当把扶贫开发投入列入年度财政预算,并逐年增加,加大对贫困地区的财政转移支付和建设资金投入,明确了政府财政支持农村扶贫开发的法律义务。

第三,地方性法规在构建农村扶贫法律机制方面发挥着一定的作用。在全国层面,农村扶贫立法的延宕导致主要依赖政策性和政治性的政府文件建立基本的扶贫法律机制的内容。而在地方层面,虽然也存在大量与中央政策性和政治性的政府文件对接的地方政策性和政治性的政府文件,但地方性法规在构建农村扶贫法律机制方面发挥着一定的作用。根据课题组基于对公开报道和地方立法所收集的资料的统计,截至 2017 年 9 月份,全国已有广西、贵州、湖北、四川、重庆、广东、湖南、陕西、甘肃、内蒙古、吉林、黑龙江、江苏、宁夏、河北等 15 个省、市、自治区制定了"农村扶贫开发条例"或者"农村扶贫条例"等省级地方性法规,且很多省份的地方性法规被修订过。这里特别值得一提的是贵州省的扶贫地方性法规,该省于 2013 年 1 月发布了《贵州省扶贫开发条例》,经历了 3 年多的实施后,2016 年 11 月被该省于 2016 年 9 月发布的《贵州省大扶贫条例》取代。《贵州省大扶贫条例》突破了原《贵州省扶贫开发条例》的立法框架,拓宽了农村扶贫的立法对象和范畴,从总则、扶贫对象和范围、政府责任、社会参与、扶贫项目和资金管理、保障和监督、法律责任、附则等方面全方位规定了农村扶贫法律机制的几乎全部内容,开创了农村扶贫地方性法规立法的先河。山西和河南分别于 2017 年 4 月份和 2017 年 9 月公布了各自的"扶贫开发条例"草案,供征求意见,可见这两省的省级扶贫地方性法规正在制定中,不久之后也会出台。另外,福建省虽然没有制定"农村扶贫开发条例"或者"农村扶贫条例"这样的省级地方性法规,但 2017 年 5 月福建省发布了省级政府规章《福建省农村扶贫开发办法》。综合上述可以看出,依照地方性法规来规范农村扶贫、构建农村扶贫法律机制的有 17 个,如果再加上以省级地方政府规章规范农村扶贫的福建,有 18 个之多,已超过全国 31 个省市自治区的半数。

三、权利视野下我国农村扶贫法律机制的研究现状

基于权利视野对我国农村扶贫法律机制所进行的有针对性的研究,甚至从一般法学角度对农村扶贫法律机制进行研究,其成果也并不十分丰硕。近年来,随着中国农村扶贫力度的加大和农村扶贫成绩的取得,农村扶贫越来越成为学界关注的话题。同时,随着中国农村扶贫进程的深入,客观上需要对农村扶贫的法律机制进行思考与探讨。在这一背景下,权利视野下我国农村扶贫法律机制的研究有所改观。基于权利视野对中国农村扶贫法律机制进行的研究主要观点包括:① 认为经济贫困的本质是权利贫困和制度缺失。如文建龙在《权利贫困论》中提出,人类社会形态存从低级到高级不断演变的过程中,人们享有的权利是不断增多的。这种过程其实也就是人类社会政治文明不断发展的过程。人们对权利的享有得度是社会政治文明的重要标志。经济贫困源于权利贫困。人类要走向更加公平的社会,需要解决的一个重大问题就是权利贫困[①]。孟庆瑜认为中国贫困问题产生的根源之一即是法律制度的缺乏,社会产品权分配的不公正、城乡二元法律制度的结构安排以及由此形成的差别法律待遇是造成我国乡村贫困、农民贫困的制度根源[②]。赵曦、成卓也认为贫困主要涉及个人是否享有生存和发展的权利的公平性问题,需要通过确立法律制度等来形成制度规范下的反贫困治理结构[③]。② 主张以农村土地权作为突破口,以实现农村贫困人口的土地权为基本手段来解决农村贫困人口的脱贫问题。刘云生阐述了现行农村土地增值利益分配失衡对乡村社会的致命约束,试图以农村土地权利结构变革为核心,通过农村土地国有化、农村土地市场化、农民权利体系化、政府职能转型等制度创新有效缓解、消弭半个世纪制度偏

---

① 参见文建龙. 权利贫困论[M]. 合肥:安徽人民出版社,2010.
② 孟庆瑜. 反贫困法律问题研究[J]. 法律科学:西北政法学院学报,2003(1).
③ 赵曦,成卓. 中国农村反贫困治理的制度安排[J]. 贵州社会科学,2008(9).

向所引致的城乡差别、农村贫困问题,提出了确立农民土地法权以消除贫困的理论建议①。③ 主张加强农村扶贫立法。赵新龙认为扶贫政策的低效性需要以"权利扶贫"理念来缓解,因此需要制定《农村反贫困法》来保障贫困群体的权利②。杨宜勇、吴香雪认为,我国农村政策扶贫在取得巨大成就的同时,也面临着诸多问题,迫切需要以法律手段来规范扶贫中的各项行为。政策法律化本身也是一种贫困治理机制创新③。左停、赵兴梅指出当前反贫困实践仅靠政策和道德节制容易出现多种问题,迫切需要引入法律机制来推动反贫困工作的开展④。刘晓霞、任东冬、周凯通过对反贫困模式的研究认为贫困产生的原因以及在反贫困实践过程中都普遍存在着法律的缺失,必须加快反贫困立法构建和深化相关制度改革才能破除困境⑤。④ 主张关注农村扶贫中及行业扶贫中的专门法律机制问题。谭正航选取农业保险扶贫角度,主张建立健全立法保障体系和构建扶贫激励约束法律制度以促进农业保险精准扶贫功能发挥⑥。张双梅、邹炳权提出,实行向贫困人群倾斜的信贷政策,是对现阶段金融资源分布不均衡进行矫正的机制,对弱势人群进行输血式扶贫,构建表达对贫困人群关怀的扶贫性金融法律体系非常必要⑦。代蕊华、于璇认为,教育精准扶贫是我国扶贫开发总体战略的重要组成部分,是阻断贫困代际传递的关键举措。目前教育精准扶贫在思维理念、制度建设、扶贫方式以及社会力量参与等方面存在诸多矛盾和问题。应该转变教育扶贫思维,以新发展理念引领教育精准扶贫实践;加强顶层设计,构建和完善教育精准扶贫法律制度体系;提升关键环节成效,建构精准化的教育精准扶贫治理机制⑧。⑤ 针对民族地区农村扶贫法律机制问题进行研究,提出民族地区农村扶贫法律机制的相应解决方案。黄颂文、宋才发在对西部民族地区农村进行实地调查研究的基础上,对西部民族地区农村贫困的现状做出综合、系统的归纳,针对西部民族地区的贫困化特点、趋势和原因进行探讨,对 20 世纪初西部民族地区反贫困战略、内容和途径进行分析,并在此基础上提出西部民族地区农村反贫困的对策。⑨ 谢冰等在对中西部民族地区的贫困现状与致贫因素、农村社会保障发展历程、实施现状与主要问题等进行剖析的基础上,就民族地区农村社会保障制度的构建原则与模式、必要性与可行性、保障水平、制度运行环境等理论与实践问题进行了较为系统、深入的研究⑩。曹舒认为少数民族地区是扶贫工作的主战场,该类地区出现的大量扶贫腐败现象呈现群体性、隐蔽性、区域性特点,应该通过提高扶贫观念意识,拓宽公众参与渠道,建立有效监

---

① 刘云生. 制度变异与乡村贫困:中国农村土地利益分配法权研究[M].北京:法律出版社,2012.

② 赵新龙. 权利扶贫:农村扶贫突围的一个法治路径[J].云南财经大学学报,2007(3).

③ 杨宜勇,吴香雪. 政策法律化视角下农村扶贫开发问题研究[J].中共中央党校学报,2016(6).

④ 左停,赵兴梅. 扶贫立法:提升扶贫开发水平的有效途径[J].内蒙古社会科学(汉文版),2008(5).

⑤ 刘晓霞,任东冬,周凯. 法律视野下西部农村反贫困模式研究[J].宁夏社会科学,2013(4)

⑥ 谭正航. 精准扶贫视角下的我国农业保险扶贫困境与法律保障机制完善[J].兰州学刊,2016(9).

⑦ 张双梅,邹炳权. 信贷扶贫法律保障机制研究[J].广东省社会主义学院学报,2008(4).

⑧ 代蕊华,于璇. 教育精准扶贫:困境与治理路径[J].教育发展研究,2017(7).

⑨ 谢冰,等. 贫困与保障——贫困视角下的中西部民族地区农村社会保障研究[M].北京:商务印书馆,2013.

⑩ 宋才发. 西部民族地区农村反贫困法制保障研究[M].北京:中央民族大学出版社,2006.

督机制和完善扶贫法律体系四个方面来治理少数民族地区扶贫腐败,保证精准扶贫工作的实效①。曹务坤、辛纪元、吴大华认为应该检讨和反思民族村寨社区参与旅游扶贫法律机制的缺陷,调整民族村寨社区参与旅游扶贫法律机制的理念,完善民族村寨社区参与旅游扶贫的民事主体法律制度、财产法律制度、金融法律制度等法律制度②。⑥ 主张关注地方立法的问题。刘晓霞、周凯认为地方立法效力不高,严重影响了扶贫效率,主张从理念与原则、适用范围及调整对象、主体框定、法律关系与责任等方面来构建我国反贫困法③。马洪雨认为由于国家层面统一反贫困立法的缺乏,导致地方扶贫立法存在很多问题,亟须国家出台可操作性强的扶贫法律法规,并借鉴国外扶贫立法,提高我国扶贫开发的管理水平和工作成效④。

☑ 第三节　农民权利发展与我国农村扶贫法律机制的构建

基于农民权利发展的需要,结合我国农村扶贫法律机制的现状和存在的问题,明确构建系统而完善的农村扶贫法律机制,具有充分的必要性。为此,应该借鉴国外扶贫法律机制的经验,构建我国农村扶贫法律机制。

一、构建我国农村扶贫法律机制的必要性

我国农村扶贫政策机制在特定时期内很大程度上的有效性,并不意味着其完美无缺,更不意味着我们不需要构建农村扶贫法律机制。正如本章第一节所述,贫困人口的脱贫权是一种人权。脱贫权的存在,为政府和社会组织的扶贫提供了正当性基础。政府和社会组织的扶贫行为,应该依照脱贫权这条主线,纳入农村扶贫法律机制的调整之中,以将整个扶贫活动纳入法治化轨道,逐步改变我国农村扶贫依赖政策性、政治性文件构成的政策扶贫机制的状况。实际上,2011 年 5 月发布的《中国农村扶贫开发纲要(2011—2020 年)》已经明确了这一目标。《中国农村扶贫开发纲要(2011—2020 年)》第四十七条明确规定:"加强法制化建设。加快扶贫立法,使扶贫工作尽快走上法制化轨道。"构建我国农村扶贫法律机制的必要性体现在以下几个方面。

第一,是克服目前我国农村扶贫政策性机制缺陷的需要。作为一种管理机制或者治理手段,与成熟的农村扶贫法律机制相比,政策性、政治性文件构成的政策扶贫机制无疑存在很多缺陷。比如同样作为一种治理机制,其不如法律机制那样具有稳定性,缺乏足够的权威,透明性方面不足,规范性欠佳,更容易滋生不法与腐败等。政策性、政治性文件构成的政策扶贫机制本质上是一种扶贫领域的人治机制。"这种行政方式的问题在于'人治',其拘泥

---

① 曹舒.少数民族地区精准扶贫中腐败问题的法律规制[J].山东行政学院学报,2017(2).
② 曹务坤,辛纪元,吴大华.民族村寨社区参与旅游扶贫的法律机制完善[J].云南社会科学,2014(6).
③ 刘晓霞,周凯.反贫困法:定位与进路[J].西部法学评论,2013(3).
④ 马洪雨.我国扶贫开发国家立法具体化研究[J].甘肃社会科学,2012(4).

于官员主观判断和诉求,上报的贫困情况缺乏一致性的标准,扶贫的对接(配置扶贫资源)也靠以扶贫办为协调主体的诸多部门的反复联动及上级领导的研究决定,这样运行下来的扶贫的效果可见一斑。"①构建我国农村扶贫法律机制,可以有效地避免政策性、政治性文件构成的政策扶贫机制的上述缺陷。

第二,是固化既往我国农村扶贫的成功经验与扶贫成果的需要。近几十年我国农村扶贫工作取得的举世瞩目的重大成就,肯定了既往的扶贫工作,积累了大量符合中国国情、符合我国农村具体情况、具有科学性和实用性的农村扶贫经验。将我国农村扶贫的这些成功经验和成果加以吸收、固定、总结、推广,必须通过立法途径才能有序实现。"如何巩固在反贫困中取得的阶段性成果,如何把反贫困工作进一步引向深入? 这不仅仅是一个政策问题,更是一个法律问题。首先这是因为在巩固国家、群体和个人通过反贫困斗争而获得财富、自由等方面进展的过程中,法律践履着一种重要的安全功能。……由法律对此作出规定的目的,就在于确使今天所取得的权利不会在明天被剥夺掉。……反贫困工作中法律机制的引入则使反贫困工作不会因时事情势的变化而中断、变化或放弃。"②因此,从固化我国农村扶贫的成功经验与农村扶贫成果看,必须构建农村扶贫法律机制。

第三,是强化我国农村扶贫的法治保障的需要。在农村扶贫领域中既往取得的巨大成绩,不代表农村扶贫中不存在问题,更不意味着我国农村扶贫已经完成了任务。2011 年 5 月发布的《中国农村扶贫开发纲要(2011—2020 年)》明确提出了到 2020 年要稳定实现扶贫对象不愁吃、不愁穿,保障其义务教育、基本医疗和住房。从现在开始到 2020 年,我们每年都有 1 000 多万贫困人口的脱贫任务。即使到了 2020 年完成了《中国农村扶贫开发纲要(2011—2020 年)》所确定的目标,从中长期来看,我们仍然面临着巨大的农村扶贫任务。随着经济发展水平的提升和社会进步,贫困标准提高后将会增加新的贫困人口,已经脱贫的贫困人口也可能因为各种原因返贫。这些都是未来我国农村扶贫的新任务。因此,立足我国农村扶贫未来的发展,我们也需要构建农村扶贫法律机制,为我们农村扶贫的未来发展提供制度保障。"法律机制的参与虽不能完全解决反贫困工作中出现的问题,但是法律机制的保障作用是其他任何规章制度所难以替代的。"③

二、西方主要国家扶贫法律机制及其对构建我国农村扶贫法律机制的启示

(一)西方主要国家的扶贫法律机制

1. 英国

作为早期工业化国家,英国的扶贫法律机制首先是从扶贫救助法律制度开始的。在 1601 年英国颁布《伊丽莎白济贫法》以前,贫困的救助多是通过基督教会、寺院、教会医院、基尔特、个人慈善捐款等慈善、互助为主。1601 年英国历史上第一部专门的济贫法——《伊

① 汤黎虹.社会权利本位与精准扶贫制度创新[J].温州大学学报(社会科学版),2017(3).
② 孟庆瑜.反贫困法律问题研究[J].法律科学:西北政法大学学报,2003(1).
③ 杨宜勇,吴香雪.政策法律化视角下农村扶贫开发问题研究[J].中共中央党校学报,2016(6).

丽莎白济贫法》问世,产生了国家济贫制度,即由国家通过立法,直接出面接管或兴办慈善事业,救济贫民。该法开创了国家通过立法方式推动社会保障事业发展的先例,是社会救助个人责任向国家责任转换的标志。《伊丽莎白济贫法》将贫困人口划分为三类:无工作能力的老病残障贫困人口,失去依靠的贫困人口,有劳动能力者的贫困人口。法律规定对于有劳动能力者的贫困人口,不予救济,而是强制其通过就业自立。同时,该法对贫困者有不少歧视性规定,如该法规定凡接受济贫法救济的贫困者,在接受救济时,则同时失去公民权利。1834 年,英国通过了《济贫法修正案》,规定了地方济贫管理机构的职责和权限。1948 年,英国议会年通过《国民救助法》,建立了单一的救助制度,规定凡没有收入或收入太低而又没有缴纳国民年金保险的保险费者,可以领取国民救助金,在患病、伤残和住房等方面还可以申请救助,但金额少于参加保险的人。1976 年,该法经过修订,被称为《补充救助法》,对社会救助的对象、内容等方面进行了更为明确的规定。随着经济的发展,在社会救助扶贫法律机制之外,英国建立起了开发式扶贫的法律机制。1945 年英国通过了《工业分部法》,引导工业项目从伦敦转入需要援助的贫困地区,促进贫困地区的开发。随后的几年,英国政府先后通过了《新城法》(1946 年)、《城乡规划法》(1947 年)、《城镇开发法》(1952 年)等,为贫困地区的土地开发创造法律条件。1975 年英国又颁布了《工业法案》,实行区域开发政策,以扶贫开发来专门解决高失业率问题。20 世纪 80 年代以后,英国实施"选择性地区援助",对迁入贫困地区的企业提供财政援助,鼓励贫困地区劳动密集型企业、中小企业的发展,以促进贫困人口的就业。

2. 美国

美国的扶贫法律机制大体上也包含对贫困人口的救助机制和扶贫开发机制。"美国非常注重对扶贫机制的完善,其政府致力于缩小贫困规模,降低贫困程度,非常重视反贫困方面的立法,有着强大的制度设计功能。"[①]在对贫困人口的救助机制方面,1935 年美国发布了《社会保障法》,该法旨在为那些在经济萧条中失业的贫困人口提供失业救济金,同时通过生活实物及现金补贴、健康医疗救助、低收入者退税等方式针对低收入的贫困者提供福利救济和福利补助。同一时期,美国政府还颁布了《全国学校午餐法案》《食物券法案》和《保护病人和负担得起的护理法案》等法律来实现对贫困人口的救助。1994 年,美国发布了《联邦受援区和受援社区法案》,分别由联邦政府住房和城市发展署批准了 6 个城市受援区和 65 个城市受援社区,用于贫困群体的居住环境改善和社区发展,帮助城市贫民获得可持续性生计。同时,美国联邦政府依据《联邦财政预算法》,对处于贫困线以下的穷人,直接拨款救助。在开发式扶贫法律机制方面,美国的做法更具代表性,其开发式扶贫法律机制内容包括以下内容:第一,建立了贫困地区土地开发法律机制。早在美国建国后不久,为了开拓西部,同时也是为了针对西部贫困地区进行开发式扶贫,1873 年 3 月美国政府颁布了《鼓励西部草原植树法案》,其中规定:任何人只要在自己的土地上种植 40 英亩(1 英亩≈4 046.86 平方米)树

---

① 杨宜勇,吴香雪. 政策法律化视角下农村扶贫开发问题研究[J]. 中共中央党校学报,2016(6).

并保持 10 年以上,就可获得 160 英亩土地。1877 年 3 月美国政府又颁布的《沙漠土地法》规定:如果移民在产权申请登记后 3 年内灌溉了土地,即可按每英亩 25 美分的价格购得 640 英亩土地。这两项法案的出台,极大地调动了西进运动中的拓荒者的积极性,推进了西部贫困地区开发进程。第二,建立了贫困地区经济开发法律机制。1961 年美国政府颁布了《地区再开发法》,该法规定:在商业部下设立地方再开发管理署和地区再开发顾问政策委员会,并对委员会的成员构成、参与方式都做出了要求。地区再开发管理局一方面通过负债和发放贷款的形式资助贫困地区内的任何工业和商业用途的土地和设施购置和开发项目,另一方面给贫困地区的公共设施项目提供贷款和投资补助。1960 年代初期阿巴拉契亚区域持续的洪水导致该地区贫困持续加剧,美国就在 1965 年颁布了《阿巴拉契亚区域开发法》,根据该法成立了阿巴拉契亚区域委员会,以促使该地区发展。1965 年美国国会通过了《公共工程与经济开发法》,该法规定:通过规划和资助贫困地区公共工程和经济开发,给贫困地区的社区、企业、工厂和个人提供联邦金融资助,使这些地区自身获得实现持久改善的能力。第三,建立了教育、就业扶贫法律机制。1785 年美国颁布了《西部土地法令》,该法强制规定了学校用地范围。1862 年美国国会通过了旨在促进美国农业技术教育发展的《莫里尔法》,该法规定:联邦政府依照每州参加国会的议员人数每人拨给 3 万英亩土地,并将这些增地所得的收益在每州至少开办一所农工学院,为工农业的发展培养专门人才。1964 年美国通过了《经济机会法》,该法的主要目的之一是通过为生活在贫困线以下家庭提供教育和社会化的机会,促进贫困人口的就业机会。1966 年联邦政府又颁布了《成人教育法案》,从法律上保护继续教育的发展。1996 年美国国会通过了《个人责任与工作机会协调法案》,该法通常被称为《福利改革法案》,其拓宽了劳动发展前景,鼓励贫困人口就业。

3. 德国

德国的扶贫法律机制具有以下特色:第一,在宪法层面确立了贫困地区的平等发展权。德国《联邦基本法》规定:联邦各地的发展和居民生活水平应该趋于一致,要消除地区发展的不平衡。德国《联邦空间布局法》规定:联邦领土在空间上应该得到普遍的发展。第二,通过法律确立了扶贫法律机制的具体内容。德国《联邦改善区域结构共同任务法》规定了联邦和州对贫困地区的援助责任和补贴比例,联邦和州确认了联邦和州政府对贫困地区进行开发援助的法律责任,按照各出 50% 的比例共同出资对落后地区的开发给予补贴。德国《联帮财政平衡法》通过州际及州地与地方的税收再分配,保证各州人均税收的均等。第三,建立了科学合理的转移支付制度。战后德国在均衡发展理念的指引下,制定了以财政平衡政策为中心的区域政策体系,通过实施财政收入平衡及财政补贴促使国民经济活动的空间均衡。财政平衡包括横向财政平衡和纵向财政平衡。横向财政平衡的目标是使各州人均税收平衡化,主要做法是法人税的分配、税款转移和联邦特别拨款,通过法人税分配,可使财政弱州达到各州平均财力的 92%,通过税款转移可使贫困州人均财政收入达到全国人均的 95%。纵向财政平衡,指州与乡镇之间的财政平衡,做法与横向财政平衡类似。

4．日本

日本的扶贫法律机制也是由扶贫救助和扶贫开发两部分内容组成。在扶贫救助方面，1946 年 9 月，日本政府在 1945 年 12 月日本政府内阁会议通过的《紧急贫困者援助生活纲要》这一临时性社会救助政策的基础上制定了《生活保护法》。1950 年 4 月根据美国占领军提出的社会救助四原则，对《生活保护法》进行了修订。《生活保护法》(1950 年)、《儿童福利法》(1947 年)和《残疾人福利法》(1949 年)共同确立了日本的"福利三法体制"。1961 年日本推行"全民皆养老、国民皆保险"制度，制定实施了《国民年金法》。其后，由于经济的持续高速度增长提供了更强大的物质基础，日本又相应制定了《老年人福利法》(1963 年)、《母子福利法》(1964 年)。这三法与前述的福利三法被统称为"福利六法体制"。在扶贫开发方面，1950 年，日本专门制定了《北海道开发法》，规定国家设立北海道开发事业费预算。1950 年还颁布了《北海道开发金融公库法》，随后又成立了北海道东北开发金融公库，为北海道和东北地区经济开发提供中长期资金的供给。1972 年，日本政府又颁布了《冲绳振兴开发金融公库法》，进一步完善了贫困地区开发金融法规体系。

从西方主要国家的扶贫立法看，其呈现以下特点：第一，扶贫立法基本上是随着扶贫行为的开始而进行的。扶贫行为一开始就通过扶贫立法纳入了法治轨道。第二，扶贫立法内容丰富。无论是政府的扶贫开发还是扶贫救助，都分别进行了立法。既有针对整体扶贫行为而进行的立法，也有针对扶贫特定环节的立法。扶贫立法数量众多、内容丰富，层次多样。第三，注重结合本国扶贫特色进行扶贫立法。如美国扶贫开发立法主要结合其西进运动中对西部贫困地区的开发而进行；而英国作为早期主要工业革命国家，因为工业革命中圈地运动而产生大量主要由流民组成的贫困人口，因而其在扶贫救助立法方面具有一定特色。

（二）西方主要国家的扶贫法律机制对构建我国农村扶贫法律机制的启示

第一，重视法律在扶贫机制中的基础性作用。与我国农村扶贫更主要体现出对政策的依赖，农村扶贫法律机制的基本功能主要是以政策机制来体现不同，西方主要国家重视法律在扶贫中的基础性作用。如前文所述，早在 1601 年英国就制定了其历史上第一部专门的济贫法《伊丽莎白济贫法》，美国与早年西进运动相伴随的扶贫开发以及"二战"后实施的对贫困人口的救助与福利、贫困地区等也都是立法先行。而我国农村扶贫开发，虽然进行了很多年，且取得了举世公认的巨大成就，但我国至今没有在农村扶贫领域制定出专门的法律，除了以一些与农村扶贫相关的单行法规以及部分地方的地方性法规建构的农村扶贫法律机制的内容，农村扶贫法律机制在其他更多方面其实是空白的，以政策、文件等规范构成的农村扶贫政策机制替代和弥补了相关农村扶贫法律机制的功能。这在很大程度上与我国特定的政治体制、政党制度以及行政体制等国情因素密切相关。也就是说，依赖政策性、政治性文件构成的农村扶贫政策机制，是我国以中国共产党作为执政党、奉行社会主义意识形态的政治体制以及我国长期以来存在的行政主导型行政体制在农村扶贫领域的客观反映。我国农村扶贫的理念，体现了作为执政党的中国共产党的政治观念，是社会主义意识形态中的共同富裕要求和反映，因而其很自然地成了执政党和政府的施政目标。我国农村扶贫取得巨大

成就的客观现实,在很大程度上验证了农村扶贫政策机制运行的灵活性与有效性。但从长远看,我国也更应该重视法律在扶贫中的作用,建立系统、完善的农村扶贫法律机制。

第二,明确扶贫是政府的法律责任,政府扶贫行为是严格意义上的法律行为。与我国农村扶贫更像是一场政府政策推动的政治、社会运动而非严格意义上的法律行为不同,西方主要国家明确规定政府对贫困人口进行救助和帮扶是一种法律责任,政府的扶贫行为是严格意义上的法律行为。如前文所述,英国1601年的《伊丽莎白济贫法》就正式确立了政府对于救济穷人的责任。1935年的美国《社会保障法》规定了美国政府对低收入者的贫困者提供福利救济和福利补助的法律责任。而德国更是在宪法层面和法律层面规定了政府要保障各地区均衡发展,生活水平应该大体处于同一水准。德国《联邦基本法》规定:政府应该致力于消除地区发展的不平衡,确保联邦各地的发展和居民生活水平趋于一致。德国《联邦空间布局法》规定了联邦领土在空间上应该得到普遍的发展。德国《联邦财政平衡法》规定:政府应该通过州际及州地与地方的税收再分配,保证各州人均税收的均等。在我国近几十年的扶贫进程中,政府的扶贫行为并没有被看成是一种基于法律的义务。很大程度上,我国政府进行的扶贫行为一直缺少法律上的定性,因为我国的农村扶贫基本上是依赖政策乃至依赖社会主义意识形态推进的,很多时候政府的农村扶贫被当成一种政治任务而非法律行为。

第三,强调统一的扶贫立法。与我国农村扶贫中地方性法规发挥着很大作用不同,西方主要国家比较强调中央层面扶贫立法。从扶贫开发到社会救助与政府救济,西方主要国家的扶贫法律机制主要依赖中央层面的扶贫立法构建完成。而截至目前,我国农村扶贫领域尚未制定出专门的扶贫法,农村扶贫专门性的地方性法规在我国农村扶贫法律机制中发挥着一定的作用。这在某种程度上与我国地域辽阔,各贫困地区的地理、人口、经济发展状况、贫困具体形态、致贫原因等特色实际相符合。通过地方性法规构建的农村扶贫机制,既可以发挥地方扶贫的积极性,也能让农村扶贫法律机制更具有针对性和实效性。但从长远看,随着农村扶贫的进一步推进,我国也应该重视全国性的扶贫立法,强调扶贫立法的统一性。

三、权利视野下我国农村扶贫法律机制的构建

构建权利视野下我国农村扶贫法律机制的着眼点,是基于贫困人口的脱贫权,进行农村扶贫立法,同时发挥政策性、政治性文件在调整农村扶贫方面及时性、灵活性的优点,将我国农村扶贫的整体进程纳入法治化轨道。

(一)确立脱贫权的《宪法》与法律地位

如本章第一节所述,贫困人口的脱贫权,是整个农村扶贫法律机制的基础,为政府和社会的农村扶贫行为提供了合法性和正当性。因此,我们应该将作为人权内容之一的扶贫权,尽快通过法律手段转化为法律权利。扶贫权从人权转化为法律权利的过程,应该是从立法层面着手,即将扶贫权及其权利内容,通过写进《中华人民共和国宪法》(《宪法》)和相关法律,从而使抽象意义上的人权演进为具有法律规范支撑具有可操作性的法律权利。"通俗地说,应当通过新的法律制度构建,改变过去单一的国家管理的体制和突出国家(主要是政府)

资源配置权力的做法,突出国家治理与社会治理并重以及政府给付义务与社会权利优先并重的内容。"[1]

当下,我国《宪法》第四十五条规定:"中华人民共和国公民在年老、疾病或者丧失劳动能力的情况下,有从国家和社会获得物质帮助的权利。国家发展为公民享受这些权利所需要的社会保险、社会救济和医疗卫生事业。国家和社会保障残废军人的生活,抚恤烈士家属,优待军人家属。国家和社会帮助安排盲、聋、哑和其他有残疾的公民的劳动、生活和教育。"从第四十五条的规定看,其部分涵盖了贫困人口的脱贫权,因为第四十五条中所提及的年老的、患有疾病的或者丧失劳动能力的公民以及盲、聋、哑和其他有残疾的公民,与贫困人口在概念的外延上存在部分交叉。在未来修订《宪法》时,可以通过对第四十五条进行扩充的方式,完整规定贫困人口的脱贫权,明确脱贫权的具体内容。在法律层面,目前唯有《社会保险法》第二条对贫困人口的脱贫权有小部分的涉及。《社会保险法》第二条规定:"国家建立基本养老保险、基本医疗保险、工伤保险、失业保险、生育保险等社会保险制度,保障公民在年老、疾病、工伤、失业、生育等情况下依法从国家和社会获得物质帮助的权利。"从该条的内容看,其规定了公民在年老、疾病、工伤、失业、生育等情况下依法从国家和社会获得物质帮助的权利,内容上涵盖了脱贫权中的接受救助权。但考虑到该条中年老、疾病、工伤、失业、生育等情况下的公民与贫困人口只是外延上的部分交叉,因此《社会保险法》第二条与脱贫权中的接受救助权的涵盖关系,也只能是部分涵盖了脱贫权中的接受救助权。在法律层面明确脱贫权的内容,应该从两个方面着手。首先,在未来制定有关专门扶贫法如农村扶贫开发法时,增加相关条款,按照《宪法》中脱贫权相关条款的精神,进一步具体明确脱贫权的内涵、外延及其权利内容、行使程序等。其次,在类似《社会保险法》这样的扶贫相关法律中,根据这些法律自身的调整对象和调整手段的特殊性,在遵从《宪法》脱贫权条款精神的前提下,就脱贫权的某些内容进行适当的规范,以作为对专门的扶贫法中规定脱贫权的条款的补充。

(二)明确政府的扶贫救助义务与法律责任

将脱贫权写进《宪法》和法律,只是构建农村扶贫法律机制的关键一步。接下来还需要通过农村扶贫专门法律和与农村扶贫相关的法律,以《宪法》和法律规定的脱贫权为基础,明确政府的扶贫救助法律义务和扶贫开发法律责任。也就是说,要通过立法进一步确立和强化政府的扶贫救助和扶贫开发是一种和贫困人口脱贫权对应的法律义务与法律责任,政府的扶贫救助和扶贫开发的目标就是满足贫困人口的脱贫权的实现。之所以如此,是因为从法律逻辑上看,政府的扶贫救助与扶贫开发虽然可能和贫困人口的脱贫权存在逻辑联系,但这种逻辑联系并非必然和不可推翻的,需要立法加以确认和强调。造成政府的扶贫救助、扶贫开发和贫困人口的脱贫权之间的逻辑联系可能被动摇或者被推翻的,主要是两个方面的因素。一是政府的扶贫救助或者扶贫开发行为可能被视为一种恩惠或者民法上的好意施惠行为而不是被视为政府履行扶贫法律责任的行为。其实,在我国农村扶贫实践中,这种实际

---

① 汤黎虹. 社会权利本位与精准扶贫制度创新[J]. 温州大学学报(社会科学版),2017(3).

状况已客观存在。本章第一节关于"我国农村扶贫的历史进程及其特点"的叙述中所引用的课题组问卷调查数据之表2,已经印证了这一点。二是政府的扶贫救助或者扶贫开发行为可能并非为了满足贫困人口的脱贫权的实现,而是另有其他目的,比如,出于对社会稳定之类的目标的关注而进行扶贫救助和扶贫开发。通常认为,现代化过程中伴随着财富的增长,社会风险会日益聚集。亨廷顿在《变化社会中的政治秩序》一书中通过很多实例证明了这样一个结论:现代化过程中贫困人口的存在容易滋生动乱①。新古典经济学创始人阿弗里德·马歇尔在《经济学原理》一书中也曾指出,应该通过适当方式减少财富不均,这样对社会有利,如果不对社会底层进行救济,就可能危害社会秩序②。因此,很多时候,政府的扶贫救助或者扶贫开发被认为是为了防止贫困人口危害社会稳定而为之。"被救济的人成了获得某种利益的工具,而这些利益不一定与穷人的尊严有关。目的也许只是维护社会秩序,因为穷人可能是危险的和破坏性的。"③并非政府的扶贫救助和扶贫开发不能兼顾其他政策目标,比如,在满足贫困人口的脱贫权的同时,兼顾社会稳定的目标。但也仅仅只能兼顾,不能本末倒置。如果政府的扶贫救助或者扶贫开发行为完全是出于维护社会稳定而设计,罔顾其满足贫困人口脱贫权的实现这一目标,就可能造成政府的扶贫救助或者扶贫开发行为超越法律范围,出于安抚特定贫困人口在法外施恩,会对农村扶贫的法律机制造成一定程度的破坏。既往的农村扶贫实践中,已经出现了一些类似情形④。

(三)推进我国农村扶贫立法的立法进程

构建权利视野下的农村扶贫法律机制,必然需要制定专门的农村扶贫法或者农村扶贫开发法等相关法律法规,进而明确贫困人口脱贫权的具体内容、行使方式,规范农村扶贫的扶贫规划、扶贫目标、贫困标准、扶贫监督、扶贫验收、法律责任等具体扶贫方案。如本章前文所述及的那样,当下我国农村的扶贫立法正在制定进程中,农村扶贫专门立法已经多次被列入全国人大的立法规划,相关法律草案也已经进入征求意见阶段。但是学术界对有关农村扶贫专门立法的某些具体问题,仍然有一些不同的看法。第一,关于农村扶贫法或者农村扶贫开发法的法律实施主体问题。农村扶贫法或者农村扶贫开发法涉及不同的环节,立法内容具有一定的综合性,可能分别涉及农业部、民政部、发改委、财政部以及国务院扶贫办等的部分职权。如何

---

① [美]塞缪尔·P.亨廷顿.变化社会中的政治秩序[M].王冠华,刘为,等译.北京:三联书店,1989:37 - 54.

② [英]阿弗里德·马歇尔.经济学原理[M].康运杰,译.北京:华夏出版社,2005:558.

③ 厄内斯特玛丽·姆邦达,秦喜清.贫困是对人权的侵犯:论脱贫的权利[J].国际社会科学杂志:中文版,2005(2).

④ 据2010年8月30日《新京报》中邢世伟的报道《揭秘内地黑枪制造买卖链条:五类人有枪支需求》中的叙述,青海化隆县是中国最大的黑枪制造地,黑市中"化隆枪"因杀伤力大、质量好很受"追捧"。青海化隆县是国家级贫困县。化隆县扶贫办为了改变这种状况,希望通过向每户提供3 500元的专项扶贫资金,让农户牧养牛羊、盖蔬菜大棚或者外出开面馆脱贫,进而减少造枪、贩枪的案件,但效果并不理想。化隆县扶贫办的这种扶贫开发,其政策目标被设计为化解涉枪犯罪而非满足当地贫困人口的脱贫权的实现,很可能因此使得这一脱贫方案本身脱离当地实际,其效果不彰,是预料之中的结果。

确定未来农村扶贫法或者农村扶贫开发法的法律实施主体？我们认为,这方面可以借鉴同样涉及不同行政部门职权、立法内容具有一定程度的综合性的《中华人民共和国食品安全法》的法律实施主体模式,通过在国务院层面设农村扶贫委员会的方式,在农村扶贫委员会和农业部、民政部、发改委、财政部等相关部门之间采用集中与分散相结合的方式,进行农村扶贫法或者农村扶贫开发法的法律实施。可以考虑将作为农村扶贫协调机构的国务院扶贫办改造为国务院农村扶贫委员会,也可以维持目前国务院扶贫办作为扶贫协调机构的架构,另外成立国务院农村扶贫委员会。第二,关于农村扶贫立法的范围问题,即未来制定的农村扶贫的专门法律调整范围应该如何确定,是制定农村扶贫法或者农村扶贫开发法？农村扶贫开发法仅仅调整农村开发式扶贫这一范围,农村扶贫法的调整范围要广泛得多。我们认为,这方面可以借鉴贵州省的农村扶贫地方性法规的立法经验。该省于 2013 年 1 月发布的《贵州省扶贫开发条例》,经历了 3 年多的实施取得一定的立法经验后,2016 年 11 月被该省于 2016 年 9 月发布的《贵州省大扶贫条例》取代。《贵州省大扶贫条例》突破了原《贵州省扶贫开发条例》的立法框架,拓宽了农村扶贫的立法对象和范畴,从总则、扶贫对象和范围、政府责任、社会参与、扶贫项目和资金管理、保障和监督、法律责任、附则等方面全方位规定了农村扶贫法律机制的几乎全部内容。考虑到目前制定农村扶贫地方性法规的省份除了贵州外,都是仅就农村扶贫开发进行立法,农村扶贫专门立法不宜一开始就确定较大的立法调整范围,短期内先制定农村扶贫开发法,待取得一定的立法经验后,再制定调整范围更广的农村扶贫法。第三,关于农村扶贫专门立法的科学性问题。学术界对农村扶贫专门立法抱有怀疑的原因之一,在于担心农村扶贫专门立法可能使得原来由农村扶贫政策机制调整的某些农村扶贫内容因为被法律规范调整而失去灵活性。例如,关于贫困标准,从我国近几十年的农村扶贫实践来看,贫困标准处于不断调整之中。在原来依赖政策扶贫机制的情况下,可以凭借政策的灵活性而及时调整。如果进行农村扶贫立法,是否可以及时进行贫困标准的调整,似乎是一个有理由担心的问题。我们认为,这一问题可以通过提高农村扶贫专门立法的科学性予以解决。例如,对贫困标准可以不规定具体数额,而规定为上年度人均纯收入的一定比例这样的相对确定的标准,就可以使得贫困标准随着社会紧急发展而自动调整。

（四）适时制定调节农村扶贫特定领域的单行法

由于我国农村扶贫立法比较滞后,推进农村扶贫立法进程也需要较长时间,因而就农村扶贫进程中的某些重点问题或特殊环节制定单行法显得十分迫切。比如,首先制定扶贫资金法、行业扶贫法、农村扶贫救助法等单行法。制定扶贫资金法的主要理由是:既往的扶贫实践表明,扶贫资金领域往往是整个扶贫环节中最容易出问题的环节,扶贫资金运用方面存在的问题极其突出。"政府扶贫资金运作方式导致扶贫工作效率低下与腐败。国家、民间和国际机构三方面的扶贫资金每年都在 300 亿元以上,如果直接发给 3 000 万贫困人口,那么平均每人每年能获得 1 000 元,这已经大大高于贫困线了。"[1]同时,扶贫资金问题在整个扶

---

① 谢志平,焦佳凌. 改革开放以来中国的贫困治理[J]. 兰州学刊,2007(12).

贫开发中占据重要地位。制定行业扶贫法的主要理由是：通过近几十年来的农村扶贫实践，我们已经在科技扶贫、教育扶贫、金融扶贫、旅游扶贫、就业创业扶贫、医疗扶贫、生态保护扶贫等诸多行业扶贫方面积累了一定的经验，可以通过制定行业扶贫法将相关经验固定和推广。制定农村扶贫救助法的主要理由是：考虑到目前我国农村扶贫救助中的相关制度如农村最低生活保障制度、新型农村合作医疗制度、农村养老保险制度等基本都是以相关政策性文件予以规范。应该在适当时期，通过制定农村扶贫救助法，将相关内容纳入法律调整范围，以进一步丰富权利视野下农村扶贫法律机制的内容。

（五）修订涉及农村扶贫的相关法律

首先，应该消除现有的农村扶贫相关法律某些立法上的不公平，排除其有损贫困人口扶贫权的内容。"仔细研读现行的《中华人民共和国土地管理法》《中华人民共和国森林法》《中华人民共和国草原法》《中华人民共和国矿产资源法》《中华人民共和国水法》《中华人民共和国渔业法》等等有关自然资源的法律，我们都会发现城镇国有资源与乡村集体资源在使用权、流转权的丰满程度上的差别，重要自然资源的开采利用权在城镇国有企业与乡村企业和农民之间差别分配以及乡村和农民在自然资源权利行使与救济上的残弱境地等。"①类似《中华人民共和国土地管理法》《中华人民共和国森林法》《中华人民共和国草原法》《中华人民共和国矿产资源法》《中华人民共和国水法》《中华人民共和国渔业法》等这些农村扶贫相关法律在立法上的不公平，正是贫困产生的原因之一。如果不从立法上加以消除，就会对农村扶贫法律机制构成一定程度的妨害。其次，应该注意农村扶贫相关法律与以农村扶贫为调整对象的扶贫专门法律和以特定扶贫环节为调整对象的单行法之间在立法技术上的协调。农村扶贫法律机制的构建，除了需要直接以农村扶贫为调整对象的扶贫专门法律和以特定扶贫环节为调整对象的单行法外，还需要与农村扶贫相关的其他法律予以配合。因为农村扶贫行为本身的综合性，其涉及的环节众多，使得与农村扶贫相关的法律数量众多，从刑法、行政法、民商法到经济法、社会法无所不包。数量众多的与农村扶贫相关的法律，往往是在其个别或者少数条款中，涉及农村扶贫中的特定环节或者个别问题。如刑法中有关挪用资金罪、贪污罪等条款就可能涉及未来要制定的农村扶贫资金法的相关内容，需要对二者进行立法技术层面的协调。因此，在未来制定农村扶贫为调整对象的扶贫专门法律和以特定扶贫环节为调整对象的单行法的情况下，需要对既有的与农村扶贫相关的法律进行修订完善，以确保其和农村扶贫专门法律以及以特定扶贫环节为调整对象的单行法之间的协调性。

（六）完善农村扶贫的地方立法

如本章前文所述，我国农村扶贫地方性立法目前走在中央层面农村扶贫立法的前列。强化我国农村扶贫地方性立法，发挥我国农村扶贫地方性立法的功能，对我们在这样一个在如此辽阔、复杂的地域进行如此大范围的农村扶贫的农村扶贫法律机制而言，尤为必要。因此，应该进一步制定和完善农村扶贫的地方立法，让更多的省市自治区制定省一级的农村扶

① 孟庆瑜.反贫困法律问题研究[J].法律科学（西北政法大学学报），2003(1).

贫开发条例。已经制定农村扶贫开发条例的省市自治区,可以考虑在总结经验的基础上,学习贵州省的农村扶贫地方立法模式,对原有的农村扶贫开发条例进行升级,制定农村大扶贫条例,为丰富我国农村扶贫法律机制做出贡献。

贫困意味着缺少和获得困难,它指一个人及其家庭不能满足生存和发展所需基本条件的状况。贫困的产生,既有个人获取资源能力缺失的原因,更有社会分配制度不完善,导致个人获取资源的机会被剥夺、被忽视或者被挤占的原因。作为一种社会现象,贫困问题自古以来就伴随着人类生活。如果考虑到完整意义上的贫困定义既包含绝对贫困,也包含相对贫困,那么,在可预见的将来,贫困问题不可能从根本上消除,因为相对贫困注定是人类社会必然存在的客观现象。当下我国经过大规模的扶贫攻坚后,绝对贫困已经越来越少,相对贫困则会显得非常突出。作为比较下的贫困,相对贫困因为是基于对比而得出的结论,因而其可能让贫困人口具有更加强烈的贫困感。将扶贫的对象,由绝对贫困人口扩展到相对贫困人口,是人类文明的进步。人类早期的扶贫济困,更多的是出于一种内心善良意志的表达,扶贫更多的是一种慈善行为。将扶贫行为纳入法治范畴,视作法律行为,则是法治文明进步的结果。基于权利视野构建我国农村扶贫法律机制,以法治思维思考农村扶贫,以法律规范调整政府和社会的扶贫行为,正是中国当代法治文明进步的标志之一。经过几十年的发展历程,伴随着几代人的努力,中国农村扶贫取得了举世瞩目的巨大成绩。中国的扶贫事业,为全球反贫困事业做出了巨大贡献。然而这些成绩的取得,相当大的程度上凭借的是作为执政党的中国共产党崇高的政治信念和中国政府强大的行政执行力。虽然几十年的中国农村扶贫积累了许多有益的经验和成功的做法,但因为农村扶贫法律机制的缺失和农村扶贫立法的空白,使得这些有益的经验和成功的做法未能上升为更具权威性的法律规范,从而降低了其在全球范围内被其他国家借鉴和移植的可能性,妨害了其在全球范围内影响力的发挥。从这个角度看,未免不是一种遗憾。另外,农村扶贫法律机制的缺失和农村扶贫立法的空白,也使得中国农村扶贫走了一些弯路,暴露了一些问题。比如,因为农村扶贫法律机制的缺失,使得一些扶贫开发计划未经正当程序而可能仅仅是领导意志的产物,缺乏科学性,甚至是盲目的轻率决定,或者是华而不实的形象工程。这样的扶贫开发计划,有可能不但不能使贫困人口脱贫,甚至会加剧贫困人口的贫困程度。再比如,因为缺少扶贫资金法这样的针对农村扶贫中特定环节的扶贫单行法,中国农村扶贫实践中屡屡出现扶贫资金被挤占挪用、扶贫资金不合理分配、扶贫资金被挥霍浪费等情况。农村扶贫法律机制的缺失和农村扶贫立法的空白,让参与扶贫的扶贫工作人员在一定程度上承担了不必要的风险,也让扶贫对象在一定程度上承担了制度成本。

当下,中国法治现代化进程正处在如火如荼的阶段。全面依法治国、建设法治国家,已经成为中国法治建设的目标。而作为当下政府施政重要内容之一的农村扶贫,不可能不受到中国法治进程快速发展的影响。特别是当下中国农村扶贫进入到以精准扶贫为特色的扶贫攻坚阶段,扶贫行为本身也愈加展现出对扶贫法律机制的渴求。例如,精准扶贫中,扶贫的瞄准机制要瞄准到户,在大规模集中连片贫困人口越来越少、贫困人口越来越呈零散分布

的情况下,要实现准确瞄准所有作为扶贫对象的贫困人口,不遗漏任何一户贫困人口,不是一件容易做到的事,必须借助特定的法律程序和法律原则才能得以完成,诸如民主原则、公开原则、公正原则、正当法律程序、救济制度等都是需要被运用的工具。而所有这些需要被运用的工具,必须借助农村扶贫法律机制才能得以实现。在中央层面的扶贫立法尚未完成的背景下,近年来一些省市自治区积极制定农村扶贫地方性法规,一定程度上正是中国农村扶贫渴求扶贫法律机制的反映。2014 年,国家将每年的 10 月 17 日设立为"扶贫日"。10 月 17 日也是"国际消除贫困日"。我国设立"扶贫日"是响应联合国决议的具体行动,主要目的是引导唤起全社会关注贫困问题,推进中国农村扶贫事业。设立国家"扶贫日"这一看似微小的行为本身,就是在农村扶贫领域的一个特定环节进行制度建设,是属于构建农村扶贫的法律机制的行为。随着更多的农村扶贫专门立法,以及针对农村扶贫特定领域单行法的立法的开展,随着更多农村扶贫相关法律的修订完善,随着公民脱贫权被法律、宪法确立,中国农村扶贫的法律机制一定会日臻完善。

参考文献

一、外文译著及原著

[1] [英]边沁.道德与立法原理导论[M].时殷弘,译.北京:商务印书馆,2000.

[2] [英]米尔恩.人的权利与人的多样性[M].夏勇,张志铭,译.北京:中国大百科全书出版社,1995.

[3] [德]伊曼努尔·康德.道德形而上学原理[M].苗力田,译.上海:上海人民出版社,2005.

[4] [英]亨利·萨姆奈·梅因.古代法[M].沈景一,译.北京:商务印书馆,1959.

[5] [英]安东尼·吉登斯.现代性的后果[M].田禾,译.南京:译林出版社,2011.

[6] [美]霍贝尔.原始人的法[M].严存生,等译.北京:法律出版社,2006.

[7] [法]皮埃尔·勒鲁.论平等[M].王允道,译.北京:商务印书馆,1988.

[8] [美]E.博登海默.法理学、法律哲学与法律方法[M].邓正来,译.北京:中国政法大学出版社,1999.

[9] [美]约翰·罗尔斯.正义论[M].何怀宏,等译.北京:中国社会科学出版社,1988.

[10] [德]马克思,恩格斯.马克思恩格斯全集:第一卷[M].中共中央马克思.恩格斯.列宁.斯大林著作编译局,译.北京:人民出版社,1956.

[11] [印]阿玛蒂亚·森.贫困与饥荒[M].王宇,王文玉,译.北京:商务印书馆,2001.

[12] [美]詹姆斯·雷切尔斯.道德的理由[M].杨宗元,译.北京:中国人民大学出版社,2009.

[13] [瑞士]布伦诺·S.弗雷,阿洛伊斯·斯塔特勒.幸福与经济学:经济和制度对人类福祉的影响[M].静也,译.北京:北京大学出版社,2006.

[14] [美]玛格丽特·米德.文化与承诺:一项有关代沟问题的研究[M].周晓虹,周怡,译.石家庄:河北人民出版社,1987.

[15] [德]马克思,恩格斯.马克思恩格斯选集:第三卷[M].中共中央马克思.恩格斯.列宁.斯大林著作编译局,译.北京:人民出版社,1972.

[16] [美]道格拉斯·C.诺斯.制度、制度变迁与经济绩效[M].杭行,译.上海:上海三联

书店,1994.

[17] [德]马克斯·韦伯[M].经济与社会:下卷[M].林荣远,译.北京:商务印书馆,1998.

[18] [德]伯阳.德国公法导论[M].北京:北京大学出版社,2008.

[19] [美]E.博登海默.法理学—法哲学及其方法[M].邓正来,姬敬武,译.北京:华夏出版社,1987.

[20] [奥]凯尔森.法与国家的一般理论[M].沈宗灵,译.北京:中国大百科全书出版社,1996.

[21] [英]卡尔·波普尔.猜想与反驳:科学知识的增长[M].傅季重,等译.上海:上海译文出版社,1986.

[22] [德]阿图尔·考夫曼,温弗里德·哈斯默尔.当代法哲学和法律理论导论[M].郑永流,译.北京:法律出版社,2002.

[23] [美]R.德沃金.法律帝国[M].李常青,译.北京:中国大百科全书出版社,1996.

[24] Habermas. Between pacts and norms: contributions to a discourse theory of law and democracy[M]. Massachusetts: The MIT Press, 1996.

[25] [英]安东尼·吉登斯.历史唯物主义的当代批判:权力、财产与国家[M].郭忠华,译.上海:上海译文出版社,2010.

[26] Henri Lefebvre. The Production of space[M]. Oxford: Wiley-Blackwell, 1992.

[27] [美]爱德华·W.苏贾.后现代地理学[M].王文斌,译.北京:商务印书馆,2004.

[28] [英]齐格蒙特·鲍曼.流动的时代:生活充满不确定性的年代[M].谷蕾,武媛媛,译.南京:江苏人民出版社,2012.

[29] [法]皮埃尔·布迪厄,[美]华康德.实践与反思:反思社会学导引[M].李猛,李康,译.北京:中央编译出版社,1998.

[30] [美]詹明信.晚期资本主义的文化逻辑:詹明信批评理论文选[M].陈清侨,等译.北京:三联书店,1997.

[31] [美]曼纽尔·卡斯特.认同的力量[M].曹荣湘,译.北京:社会科学文献出版社,2006.

[32] [法]霍尔巴赫.自然的体系:上卷[M].管士滨,译.北京:商务印书馆,1999.

[33] [德]伯恩·魏德士.法理学[M].丁小春,吴越.北京:法律出版社,2003.

[34] [美]摩狄更·J.阿德勒.六大观点[M].陈珠泉,杨建国,译.北京:团结出版社,1989.

[35] [美]劳伦斯·M.弗里德曼.美国法律史[M].苏彦新,译.北京:中国社会科学出版社,2007.

[36] Thomas M, Pierson J. Dictionary of social work[M]. London: Collins Educational, 1995.

[37] Rappaport J. Studies in empowerment: Introduction to the issue[M]. New York:

Haworth Press,1984.

　　[38][英]萨宾娜·阿尔基尔,等.贫困的缺失维度[M].刘民权,韩华为,译.北京:科学出版社,2010.

　　[39][美]埃尔斯特,[挪]斯莱格斯塔德.宪政与民主:理性与社会变迁研究[M].潘勤,谢鹏程,译.北京:生活·读书·新知三联书店,1997.

　　[40][德]鲁道夫·冯·耶林.为权利而斗争[M].胡宝海,译.北京:中国法制出版社,2004.

　　[41][美]弗里德曼.法律制度[M].李琼英,林欣,译.北京:中国政法大学出版社,1994.

　　[42][德]哈肯.高等协同学[M].郭治安,译.北京:科学出版社,1989.

　　[43][法]皮埃尔·卡蓝默.破碎的民主:试论治理的革命[M].高凌瀚,译.北京:生活·读书·新知三联书店,2005.

　　[44][德]马克斯·韦伯.经济与社会:第一卷[M].阎克文,译.上海:上海人民出版社,2010.

　　[45][美]詹姆斯·N.罗西瑙.没有政府的治理[M].张胜军,刘小林,等译.南昌:江西人民出版社,2001.

　　[46][法]托克维尔.论美国的民主:下卷[M].董果良,译.北京:商务印书馆,1988.

　　[47][法]埃米尔·涂尔干.社会分工论[M].渠东,译.北京:生活·读书·新知三联书店,2000.

　　[48][美]罗纳德·德沃金.认真对待权利[M].信春鹰,吴玉章,译.北京:中国大百科全书出版社,1998.

　　[49][英]戴维·米勒,韦农·波格丹诺.布莱克维尔政治学百科全书[M].邓正来,译.北京:中国政法大学出版社,1992.

　　[50] Henry Campbell Black. Black's law dictionary[M].St. Paul：West Publishing Co.,1979.

　　[51][美]L.亨金.权利的时代[M].信春鹰,译.北京:知识出版社,1997.

　　[52][法]布迪厄,强世功.法律的力量——迈向司法场域的社会学[J].北大法律评论,1999(2):496-545.

　　[53][美]爱德华·格莱泽.城市的胜利[M].刘润泉,译.上海:上海社会科学院出版社,2012.

　　[54][喀麦隆]厄内斯特-玛丽·姆邦达.贫困是对人权的侵犯:论脱贫的权利[J].秦喜清,译.国际社会科学杂志(中文版),2005(5):91-101.

　　[55][英]弗里德利希·冯·哈耶克.法律、立法与自由[M].邓正来,张守东,李静冰,译.北京:中国大百科全书出版社,2000.

　　[56] B. Seebohm Rowntree. Poverty：A study of town life[M]. Basingstoke：Palgrave Macmillan，2003.

[57] [德]马克思.资本论:第一卷 法文版[M].北京:中国社会科学出版社,1983.

[58] [美]塞缪尔·P.亨廷顿.变化社会中的政治秩序[M].王冠华,刘为,等译.北京:三联书店,1989.

[59] [英]阿弗里德·马歇尔.经济学原理[M].康运杰,译.北京:华夏出版社,2005.

[60] William G. Flanagan. Urbanization and social change[M]. Cambridge:Cambridge University Press,2006.

[61] Chen J. New earth. How the peasants in one Chinese county solved the problem of poverty [M].Beijing:New World Press, 1958.

[62] [美]罗伯特·库特,[德]汉斯-伯恩特·谢弗.所罗门之结:法律能为战胜贫困做什?[M].张巍,许可,译.北京:北京大学出版社,2014.

[63] [美]布莱恩·多米特诺维奇.供给侧革命[M].朱冠东,李炜娇,译.北京:新华出版社,2016.

二、中文著作

[1] 文正邦,程燎原,王人博等.法学变革论[M].重庆:重庆出版社,1989.

[2] 钱穆.文化学大义[M].台北:正中书局,1981.

[3] 温铁军."三农"问题与制度变迁[M].北京:中国经济出版社,2009.

[4] 文建龙.权利贫困论[M].合肥:安徽人民出版社,2010.

[5] 万俊人.寻求普世伦理[M].北京:北京大学出版社,2009.

[6] 费孝通.乡土中国[M].上海:上海人民出版社,2007.

[7] 徐斌.五千年未有之大变局:城镇化进程推动中国经济转型[M].北京:中国经济出版社,2014.

[8] 张英洪.给农民以宪法关怀[M].北京:九州出版社,2012.

[9] 张恒山.法理要论[M].北京:北京大学出版社,2004.

[10] 张英洪.农民权利发展:经验与困局[M].北京:知识产权出版社,2012.

[11] 王振中.中国转型经济的政治经济学分析[M].北京:中国物价出版社,2002.

[12] 张有亮,贾军,刘尚洪.社会公平与制度选择[M].兰州:甘肃文化出版社,2004.

[13] 谷荣.中国城市化公共政策研究[M].南京:东南大学出版社,2007.

[14] 张文显.二十世纪西方法哲学思潮研究[M].北京:法律出版社,1996.

[15] 刘文忠.宪法规则下的权利博弈:中国农民权利保护研究[M].北京:中国社会科学出版社,2010.

[16] 丛日云.西方政治文化传统[M].长春:吉林出版集团有限责任公司,2007.

[17] 梁漱溟.梁漱溟全集:第一卷[M].济南:山东人民出版社,1989.

[18] 董磊明.宋村的调解:巨变时代的权威与秩序[M].北京:法律出版社,2008.

[19] 刘同君等.新农村法律文化创新的解释框架:转型空间·知识命题·图景样式

［M］.北京：中国政法大学出版社，2012.

　　［20］胡锦光，韩大元.中国宪法［M］.北京：法律出版社，2007.

　　［21］刘作翔.法律文化理论［M］.北京：商务印书馆，2011.

　　［22］刘同君，魏小强.法伦理文化视野中的和谐社会［M］.镇江：江苏大学出版社，2007.

　　［23］梁治平.法辨：中国法的过去、现在与未来［M］.贵阳：贵州人民出版社，1992.

　　［24］张文显.法理学［M］.北京：高等教育出版社，2003.

　　［25］中南财经政法大学法律史研究所.中西法律传统：第一卷［M］.北京：中国政法大学出版社，2001.

　　［26］余涌.道德权利研究［M］.北京：中央编译出版社，2001.

　　［27］于建嵘.底层立场［M］.上海：上海三联书店，2011.

　　［28］何志鹏.权利基本理论：反思与构建［M］.北京：北京大学出版社，2012.

　　［29］梁治平.法律的文化解释［M］.北京：生活·读书·新知三联书店，1998.

　　［30］许和隆.冲突与互动：转型社会政治发展中的制度与文化［M］.广州：中山大学出版社，2007.

　　［31］刘同君，夏民.伦理文化与法治文化同构：新世纪大学生素质教育的文化基础［M］.南京：东南大学出版社，2001.

　　［32］张庆熊.自我、主体际性与文化交流［M］.上海：上海人民出版社，1999.

　　［33］刘星.法学知识如何实践［M］.北京：北京大学出版社，2011.

　　［34］赵青松，杨克巍，陈英武等.体系工程与体系结构建模方法与技术［M］.北京：国防工业出版社，2013.

　　［35］李成瑞.21世纪统计三大新题初探［M］.北京：中国统计出版社，2002.

　　［36］刘茂林，杨贵生，秦小建.中国宪法权利体系的完善：以国际人权公约为参照［M］.北京：北京大学出版社，2013.

　　［37］秦奥蕾.基本权利体系研究［M］.济南：山东人民出版社，2009.

　　［38］李士勇，田新华.非线性科学与复杂性科学［M］.哈尔滨：哈尔滨工业大学出版社，2006.

　　［39］王强.中国新生代农民工考察报告：以河南省为例［M］.郑州：河南人民出版社，2010.

　　［40］梁志峰.资产证券化的风险管理：从制度经济学角度的透视［M］.北京：经济管理出版社，2008.

　　［41］潘自勉.论价值规范［M］.北京：中国社会科学出版社，2006.

　　［42］张英洪.农民权利研究：农民权利论［M］.北京：中央编译出版社，2014.

　　［43］吴元樑.科学方法论基础［M］.北京：中国社会科学出版社，1991.

　　［44］张俊浩.民法学原理［M］.北京：中国政法大学出版社，2000.

　　［45］吕世伦.社会、国家与法的当代中国语境［M］.北京：清华大学出版社，2013.

[46] 刘云升,任广浩.农民权利及其法律保障问题研究[M].北京:中国社会科学出版社,2004.

[47] 胡吕银.土地承包经营权的物权法分析[M].上海:复旦大学出版社,2004.

[48] 张英洪.认真对待农民权利[M].北京:九州出版社,2013.

[49] 宦吉娥.宪法基本权利规范在刑事法中的效力研究[M].厦门:厦门大学出版社,2011.

[50] 高鸿钧.商谈法哲学与民主法治国:《在事实与规范之间》阅读[M].北京:清华大学出版社,2007.

[51] 周永坤.法理学:全球视野[M].北京:法律出版社,2010.

[52] 张千帆,肖泽晟.宪法学:第二版[M].北京:法律出版社,2008.

[53] 周仲秋.平等观念的历程[M].海口:海南出版社,2002.

[54] 葛笑如.农民工公民资格研究[M].广州:中山大学出版社,2013.

[55] 林喆.公民基本人权法律制度研究[M].北京:北京大学出版社,2006.

[56] 王佳慧.当代中国农民权利保护的法理[M].北京:中国社会科学出版社,2009.

[57] 包亚明.后现代性与地理学的政治[M].上海:上海教育出版社,2001.

[58] 谢晖.法律的意义追问[M].北京:商务印书馆,2004.

[59] 李志明.空间、权力与反抗:城中村违法建设的空间政治解析[M].南京:东南大学出版社,2009.

[60] 黄枬森,沈宗灵.西方人权学说[M].成都:四川人民出版社,1994.

[61] 黎晓武,徐光兵.宪法基本原理[M].北京:群众出版社,2005.

[62] 顾益康,金佩华,等.改革开放35年中国农民发展报告[M].北京:中国农业出版社,2013.

[63] 张千帆,党国英,高新军等.城市化进程中的农民土地权利保障[M].北京:中国民主法制出版社,2013.

[64] 陈利丹.民政发展与和谐民生[M].北京:中国经济出版社,2012.

[65] 张德瑞.中国农民平等权利法律保护问题研究[M].南昌:江西人民出版社,2009.

[66] 主力军.我国土地流转问题研究[M].上海:上海人民出版社,2012.

[67] 中国社会科学院,中央档案馆.1949—1952中华人民共和国经济档案资料选编:劳动工资和职工保险福利卷[M].北京:中国社会科学出版社,1994.

[68] 杨团,毕天云,杨刚.21世纪中国农民的社会保障之路[M].北京:社会科学文献出版社,2010.

[69] 王道勇.中国农民工的未来[M].昆明:云南教育出版社,2013.

[70] 赵宇霞.我国农民发展的若干问题研究:基于马克思主义人学研究视阈[M].北京:中国社会科学出版社,2012.

[71] 王正中.社会学概论[M].南京:南京大学出版社,2013.

[72] 朱光磊.大分化新组合:当代中国社会各阶层分析[M].天津:天津人民出版社,1994.

[73] 陆学艺.当代中国社会阶层研究报告[M].北京:社会科学文献出版社,2002.

[74] 孙立平.博弈:断裂社会的利益冲突与和谐[M].北京:社会科学文献出版社,2006.

[75] 李萍,戴新歌等.转型与分配协调论[M].成都:西南财经大学出版社,2006.

[76] 杨立雄,胡姝.中国农村贫困线研究[M].北京:中国经济出版社,2013.

[77] 潘自勉.论价值规范[M].北京:中国社会科学出版社,2006.

[78] 胡玉鸿.法学方法与法律人:第二卷 "个人"的法哲学叙述[M].济南:山东人民出版社,2008.

[79] 周大鸣,周建新,刘志军."自由"的都市边缘人:中国东南沿海散工研究[M].广州:中山大学出版社,2006.

[80] 李小宁.发展与转型[M].北京:北京航空航天大学出版社,2008.

[81] 李树忠.宪法学案例教程[M].北京:知识产权出版社,2002.

[82] 吴晓波.历代经济变革得失[M].杭州:浙江大学出版社,2013.

[83] 许源源.中国农村扶贫:瞄准定点部门与NGO的视角[M].北京:中国社会科学出版社,2012.

[84] 文军.西方社会工作理论[M].北京:高等教育出版社,2013.

[85] 张晓玲.社会弱势群体权利的法律保障研究[M].北京:中共中央党校出版社,2009.

[86] 季卫东.法律程序的意义[M].北京:中国法制出版社,2012.

[87] 李英桃.社会性别视角下的国际政治[M].上海:上海人民出版社,2003.

[88] 俞可平.政治与政治学[M].北京:社会科学文献出版社,2005.

[89] 谢晖.法律的意义追问:诠释学视野中的法哲学[M].北京:商务印书馆,2003.

[90] 谢晖,陈金钊.民间法[M].济南:山东人民出版社,2002.

[91] 高其才.乡土法学探索——高其才自选集[M].北京:法律出版社,2015.

[92] 高其才.桂瑶头人盘振武[M].北京:中国政法大学出版社,2013.

[93] 卢燕.滇东好人张荣德[M].北京:中国政法大学出版社,2014.

[94] 高其才,何心.洞庭乡人何培金[M].北京:中国政法大学出版社,2013.

[95] 高其才,王凯.浙中村夫王玉龙[M].北京:中国政法大学出版社,2013.

[96] 高其才,马敬.陇原乡老马伊德勒斯[M].北京:中国政法大学出版社,2014.

[97] 高其才.中国习惯法论:修订版[M].北京:中国法制出版社,2008.

[98] 范愉.纠纷解决的理论与实践[M].北京:清华大学出版社,2007.

[99] 苏力.法治及其本土资源:第三版[M].北京:北京大学出版社,2015.

[100] 卓泽渊.法的价值论[M].北京:法律出版社,1999.

[101] 高鸿钧.现代法治的出路[M].北京:清华大学出版社,2003.

[102] 王晓毅.转型时期的农村社会冲突[M].广州:广东教育出版社,2009.

[103] 俞可平.治理与善治[M].北京:社会科学文献出版社,2000.

[104] 蔡昉,王德文,都阳.中国农村改革与变迁:30 年历程和经验分析[M].上海:上海人民出版社,2008.

[105] 林来梵.从宪法规范到规范宪法[M].北京:法律出版社,2001.

[106] 徐勇.反贫困在行动:中国农村扶贫调查与实践[M].北京:中国法制出版社,2015.

[107] 沈湘平.理性与秩序:在人学的视野中[M].北京:北京师范大学出版社,2003.

[108] 张千帆.宪法学导论[M].北京:法律出版社,2004.

[109] 李交发.中国诉讼法史[M].北京:中国检察出版社,2002.

[110] 李炳烁.农村社会治理的法治转型[M].镇江:江苏大学出版社,2013.

[111] 贺雪峰.什么农村,什么问题[M].北京:法律出版社,2008.

[112] 毛泽东.毛泽东选集:第五卷[M].北京:人民出版社,1977.

[113] 邓小平.邓小平文选:第三卷[M].北京:人民出版社,1993.

[114] 文建龙.权利贫困论[M].合肥:安徽人民出版社,2010.

[115] 刘云生.制度变异与乡村贫困:中国农村土地利益分配法权研究[M].北京:法律出版社,2012.

[116] 谢冰,等.贫困与保障——贫困视角下的中西部民族地区农村社会保障研究[M].北京:商务印书馆,2013.

[117] 黄颂文,宋才发.西部民族地区扶贫开发及其法律保障研究[M].北京:中央民族大学出版社,2006.

[118] 吴敬琏等.供给侧改革:经济转型重塑中国布局[M].北京:中国文史出版社,2016.

[119] 贾康.供给侧改革:理论、实践与思考[M].北京:商务印书馆,2016.

[120] 贾晋,申云.农业供给侧改革:基于微观视角的经济学分析[M].成都:西南财经大学出版社,2016.

三、论文

[1] 高鸿钧.法律文化的语义、语境及其中国问题[J].中国法学,2007(4):23 - 38.

[2] 张文显,姚建宗.权利时代的理论景象[J].法制与社会发展,2005(5):5 - 17.

[3] 尹奎杰.权利发展与法律发展的关系论略[J].河北法学,2010(10):2 - 8.

[4] 徐国栋.自由·权利·法治——法哲学视域中的权利本位说[M]//上海大学法学院,上海市政法管理干部学院.法苑文汇.上海:上海社会科学院出版社,2003:348.

[5] 任太增,王现林.权利不平等与城乡差距的累积[J].财经科学,2008(2):97 - 104.

[6] 赵万一.中国农民权利的制度重构及其实现途径[J].中国法学,2012(3):5 - 17.

[7] 吕昭河.二元中国解构与建构的几点认识——基于城市"中心"与乡村"外围"关系的解释[J].吉林大学社会科学学报,2007(2):112-118.

[8] 洋龙.平等与公平、正义、公正之比较[J].文史哲,2004(4):145-151.

[9] 孙国华.法的正义逻辑[J].江淮论坛,2012(5):5-7,195.

[10] 秦守勤.权利贫困视野下的失地农民问题研究[J].求实,2010(8):85-88.

[11] 贺雪峰.新农村建设与中国道路[J].读书,2006(8):92-99.

[12] 陆益龙.乡土中国的转型与后乡土特征的形成[J].人文杂志,2010(5):161-168.

[13] 石文卓.文化创新:建设社会主义文化强国之关键[J].求实,2013(6):73-77.

[14] 何志鹏.文化创新与民族复兴[J].江西社会科学,2012(3):210-219.

[15] 公丕祥.全球化、中国崛起与法制现代化——一种概要性的分析[J].中国法学,2009(5):17-28.

[16] 季金华.论司法权威的权利文化基础[J].河北法学,2008(11):45-48.

[17] 张晋藩,焦利.传统法律文化与现代法治理念的冲突与互动[J].新视野,2003(5):51-54.

[18] 马作武.传统法律文化的价值评价[J].学术研究,2013(12):79-80.

[19] 公丕祥.冲突与融合:外域法律文化与中国法制现代化[J].法律科学:西北政法学院学报,1991(2):3-9,22.

[20] 强世功.乡村社会的司法实践:知识、技术与权力——一起民事纠纷调解案[J].战略与管理,1997(4):103-112.

[21] 万光侠.论中国法律文化现代化的建设[J].长白学刊,2001(1):42-45.

[22] 韩柏泉.正确认识中国的法律文化现代化[J].学术界,2001(2):193-198.

[23] 何星亮.对传统与现代及其互相间关系的阐释[J].中央民族大学学报,2003(4):20-29.

[24] 程立显."权利时代"的权利话语探析[J].首都师范大学学报(社会科学版),2007(6):58-64.

[25] 赵蓉,贺然.中西法律权利文化的差异及其原因[J].甘肃社会科学,2002(4):75-78.

[26] 陈锋.后税费时代农民权责失衡与治理性危机[J].中共福建省委党校学报,2012(8):42-48.

[27] 刘吉涛.农民权利法律保护的英国历史经验——略论中世纪普通法下自由农民的主体权利[J].南京大学法律评论,2013(2):329-342.

[28] 牛玉兵,杨力.农民权利体系的逻辑构造与制度创新——以城镇化空间转型为视角[J].学习与探索,2014(2):71-78.

[29] 季金华.论司法权威的权利文化基础[J].河北法学,2008(11):45-48.

[30] 胡玉鸿.人的尊严与弱者权利保护[J].江海学刊,2014(2):124-131.

[31] 龚向和.人的尊严:中国农民人权的兴起[J].河南省政法管理干部学院学报,2008(1):137-142.

[32] 谢怀栻.论民事权利体系[J].法学研究,1996(2):67-76.

[33] 韩大元.中国宪法学上的基本权利体系[J].江汉大学学报(社会科学版),2008(2):58-61.

[34] 李胜兰,于凤瑞.农民财产权收入的土地财产权结构新探——权利束的法经济学观点[J].广东商学院学报,2011(4):83-91.

[35] 陈小君,高飞,耿卓,等.后农业税时代农地权利体系与运行机理研究论纲——以对我国十省农地问题立法调查为基础[J].法律科学:西北政法大学学报,2010(1):82-97.

[36] 陈仪.政府信息公开为何屡遇"玻璃门"——评《政府信息公开条例》第一案[J].法学,2008(7):68-75.

[37] 高新军.保护农民权益须厘清农民的权利体系[J].中国合作经济,2011(9):7-8.

[38] 杨春福,胡欣诣.江苏新农村建设中农民权利的法理学研究[M]//江苏省法学会.江苏法学研究.南京:南京师范大学出版社,2008:91-105.

[39] 高新军.中国城市化进程中的农民权利和农村土地制度[M]//张千帆,党国英,高新军.城市化进程中的农民土地权利保障[M].北京:中国民主法制出版社,2013:87-97.

[40] 曹淞茹.主体互动视角下新生代农民工权利体系刍议[J].上海青年管理干部学院学报,2011(4):9-11.

[41] 马剑银.哈贝马斯的基本权利观——商谈论视角的基本权利体系重构[J].北大法律评论,2010(1):264-283.

[42] 夏宏.哈贝马斯的基本权利重构理论[J].云南大学学报(社会科学版),2008(4):51-57,93,95.

[43] 卢丽萍.案件认识偏差之多发地段:谈利益与权利的关系[M]//中华全国律师协会民事专业委员会.侵权责任法律师实务:第1辑.北京:中国法制出版社,2010:85-93.

[44] 任平.空间的正义——当代中国可持续城市化的基本走向[J].城市发展研究,2006(5):1-4.

[45] 周安平.社会自治与国家公权[J].法学,2002(10):15-22.

[46] 庄友刚,仇善章.资本空间化与空间资本化:关于空间生产的现代性和后现代性话语[J].山东社会科学,2013(2):33-37.

[47] 钱振明.走向空间正义:让城市化的增益惠及所有人[J].江海学刊,2007(2):40-43.

[48] 高艳辉.对农民选举权利不平等的实证分析[J].甘肃政法学院学报,2008(6):38-41.

[49] 韩大元.中国宪法文本上"农民"条款的规范分析——以农民报考国家公务员权利为例[J].北方法学,2007(1):101-115.

[50] 郭宇宽. 一个"农会"的成长[J]. 南风窗, 2005(11): 36-40.

[51] 王平. 地根政治[J]. 中国改革, 2005(7): 16-17.

[52] 李桂林. 我国农村环境污染现状成因与防治[J]. 黑龙江环境通报, 2000(4): 82-54, 87.

[53] 张志伟. 主体概念的历史演变[J]. 教学与研究, 1996(5): 66-68.

[54] 李云龙. 主体概念的历史演变[J]. 北方论丛, 1994(2): 29-33.

[55] 贺雪峰. 基层治理的活力在哪里[J]. 中国党政干部论坛, 2015(7): 9-11.

[56] 刘纯彬. 农民工需要解决的 10 个突出问题[J]. 人口研究, 2005(5): 48-54.

[57] 符平, 唐有财, 江立华. 农民工的职业分割与向上流动[J]. 中国人口科学, 2012(6): 75-82, 112.

[58] 任喜荣. 制度性歧视与平等权利保障机构的功能——以农民权利保障为视角[J]. 当代法学, 2007(2): : 3-9.

[59] 周颜玲. 有关妇女、性和社会性别的话语[M]//王政, 杜芳琴. 社会性别选择研究. 北京: 三联书店, 1998: 383.

[60] 周伟. 论禁止歧视[J]. 现代法学, 2006(5): 68-75.

[61] 潘泽泉. 参与与赋权: 基于草根行动与权力基础的社区发展[J]. 理论与改革, 2009(4): 69-72.

[62] 牛玉兵. 农民土地征收参与权的实现困境与对策[J]. 四川行政学院学报, 2014(3): 5-8.

[63] 牛玉兵, 王廷芳. 制度性歧视与弱者权利保护[J]. 理论导刊, 2012(6): 9-11.

[64] 范如国. 复杂网络结构范型下的社会治理协同创新[J]. 中国社会科学, 2014(4): 98-120, 206.

[65] 孙晓莉. 西方国家政府社会治理的理念及其启示[J]. 社会学研究, 2005(2): 7-11.

[66] 牛玉兵, 傅华. 农民工与工会维权机制创新[J]. 天府新论, 2006(5): 82-83.

[67] 周松强. 社会化维权与"多中心协同"治理网络的创新——以义乌市总工会为例[J]. 中共宁波市委党校学报, 2008(1): 59-63.

[68] 陈有德. 工会社会化维权模式的义乌实践[J]. 毛泽东邓小平理论研究, 2010(6): 60-63.

[69] 聂铄. 乡土社会的非诉讼纠纷解决与地域文化——1954 年至 1978 年广东省 S 县人民法院诉讼与非诉讼争端解决比较[J]. 政治与法律, 2010(7): 136-144.

[70] 栗峥. 离土中国背景下的乡村纠纷研究[J]. 南京农业大学学报(社会科学版), 2012(2): 34-41, 75.

[71] 贺雪峰, 董磊明. 中国乡村治理: 结构与类型[J]. 经济社会体制比较, 2005(3): 42-50, 15.

[72] 陈寒非. 从一元到多元: 乡土精英的身份变迁与习惯法的成长[J]. 甘肃政法学院

学报,2014(3):33-43.

[73] 于建嵘.土地问题已成为农民维权抗争的焦点——关于当前我国农村社会形势的一项专题调研[J].调研世界,2005(3):22-23.

[74] 严存生.社会治理与法治[J].法学论坛,2004(6):22-30.

[75] 刘旺洪.社会管理创新与社会治理的法治化[J].法学.2011(10):42-46.

[76] 姜晓萍,衡霞.农村土地使用权流转中农民权利保障机制研究[J].政治学研究,2011(6):65-73.

[77] 江国华.从农民到公民——宪法与新农村建设的主体性视角[J].法学论坛,2007(2):101-106.

[78] 周永坤.中国现代化进程中的农民问题[J].河北学刊,2012(1):99-103.

[79] 刘兆军.人权理念下的农民土地权利保护[J].中国土地科学,2010(7):18-22.

[80] 张千帆.三农问题的宪法学思考[J].法学研究,2006(4):39-50.

[81] 董磊明,陈柏峰,聂良波.结构混乱与迎法下乡——河南宋村法律实践的解读[J].中国社会科学,2008(5):87-100,206.

[82] 刘杨.正当性与合法性概念辨析[J].法制与社会发展,2008(3):12-21.

[83] 许章润.多元社会利益的正当性与表达的合法化——关于"群体性事件"的一种宪政主义法权思路[J].清华大学学报:哲学社会科学版,2008(4):113-119,160.

[84] 沈明明,王裕华.中国农民经济纠纷解决偏好分析[J].北京大学学报(哲学社会科学版),2007(3):120-130.

[85] 郭星华,王平.中国农村的纠纷与解决途径——关于中国农村法律意识与法律行为的实证研究[J].江苏社会科学,2004(2):71-77.

[86] 陆益龙.纠纷解决的法社会学研究:问题及范式[J].湖南社会科学,2009(1):72-75,80.

[87] 何绍辉,黄海."拿起法律的武器":法律何以下乡?——湘中四个个案的比较研究[J].中国农村观察,2011(1):84-95.

[88] 李炳烁.能动司法背景下我国农村基层法官的角色扩展:动因与路径[J].学海,2011(5):58-62.

[89] 苏力.农村基层法院的纠纷解决与规则之治[J].北大法律评论,1999(1):80-99.

[90] 吴英姿."乡下锣鼓乡下敲"——中国农村基层法官在法与情理之间的沟通策略[J].南京大学学报(哲学·人文·社会科学版),2005(2):60-69.

[91] 白雅丽.诉讼与信访分离的司法意义[J].人民司法,2011(1):86-90.

[92] 陈柏峰.群体性涉法闹访及其法治[J].法制与社会发展,2013(4):17-28.

[93] 彭澎.农村基层治理体系和治理能力现代化发展的价值理念与建构目标[J].湖湘论坛,2015(1):101-106.

[94] 胡宗山,唐鸣.论社会主义新农村建设过程中的村民自治[J].政治学研究,2009

(1):89 - 94.

[95] 李炳烁.协商民主理论的当代发展与实践限度——基于我国基层政治兼容性的比较分析[J].江苏大学学报(社会科学版),2015(2):39 - 45.

[96] 何包钢,王春光.中国乡村协商民主:个案研究[J].社会学研究,2007(3):56 - 73,243.

[97] 刘同君.新型城镇化进程中农村社会治理的法治转型——以农民权利为视角[J].法学,2013(9):44 - 51.

[98] 谢志平,焦佳凌.改革开放以来中国的贫困治理[J].兰州学刊,2007(12):99 - 101,105.

[99] 谭畅,柯言.中国扶贫三十年演进史[J].报刊荟萃,2016(5).

[100] 史志乐.1978—2015中国扶贫演进历程评述[J].中国市场,2016(24):35 - 36,59.

[101] 郑贤君.生命权的新概念[J].首都师范大学学报(社会科学版),2006(5):87 - 93.

[102] 汤黎虹.社会权利本位与精准扶贫制度创新[J].温州大学学报(社会科学版),2017(3):3 - 10.

[103] 王朝明.马克思主义贫困理论的创新与发展[J].当代经济研究,2008(2):1 - 7,73.

[104] 张景书.马克思主义贫困理论研究[J].商洛学院学报,2008(4):1 - 6.

[105] 王三秀,罗丽娅.国外能力贫困理念的演进、理论逻辑及现实启示[J].长白学刊,2016(5):120 - 126.

[106] 孟庆瑜.反贫困法律问题研究[J].法律科学(西北政法学院学报),2003(1):24 - 32.

[107] 赵曦,成卓.中国农村反贫困治理的制度安排[J].贵州社会科学,2008(9):59 - 64.

[108] 赵新龙.权利扶贫:农村扶贫突围的一个法治路径[J].云南财经大学学报,2007(3):88 - 92.

[109] 杨宜勇,吴香雪.政策法律化视角下农村扶贫开发问题研究[J].中共中央党校学报,2016(6):87 - 95.

[110] 左停,赵兴梅.扶贫立法:提升扶贫开发水平的有效途径[J].内蒙古社会科学:汉文版,2008(5):113 - 116.

[111] 刘晓霞,任东冬,周凯.法律视野下西部农村反贫困模式研究[J].宁夏社会科学,2013(4):10 - 15.

[112] 谭正航.精准扶贫视角下的我国农业保险扶贫困境与法律保障机制完善[J].兰州学刊,2016(9):167 - 173.

[113] 张双梅,邹炳权.信贷扶贫法律保障机制研究[J].广东省社会主义学院学报,

2008(4):87-91.

　　[114] 代蕊华,于璇.教育精准扶贫:困境与治理路径[J].教育发展研究,2017(7):9-15,30.

　　[115] 曹舒.少数民族地区精准扶贫中腐败问题的法律规制[J].山东行政学院学报,2017(2):51-54.

　　[116] 曹务坤,辛纪元,吴大华.民族村寨社区参与旅游扶贫的法律机制完善[J].云南社会科学,2014(6):130-133.

　　[117] 刘晓霞,周凯.反贫困立法:定位与进路[J].西部法学评论,2013(3):32-38.

　　[118] 马洪雨.我国扶贫开发国家立法具体化研究[J].甘肃社会科学,2012(4):163-166.

　　[119] 汤黎虹.对社会法理论基础的再认识[J].东方法学,2012(4):47-53.

⚖ 后　记

团队的力量

俗话说,"一人难挑千斤担,众人能移万座山"。江苏大学法学院成立于 2006 年 3 月,当时仅拥有不到 20 人的本科专业师资队伍,高级职称及具有博士学位的人员寥寥可数。但这支团队深刻领悟到:团队的内涵是团结,团结源于凝聚,凝聚源于力量。力量来自哪里? 来自团队每位教师的艰辛付出与强烈的责任感。团队是学院发展的宝贵财富与力量源泉。经过 10 年的建设与发展,学院现有教职员工 50 余人,其中教授 8 人,副教授 26 人,博士 23 人(含在读博士 3 人),有 22 人担任硕士生导师,4 人入选省级以上人才工程,是一支年龄结构、职称结构、学历结构均较合理的师资团队。同时,学院已拥有法学一级学科硕士学位授权点与法律硕士专业学位授权点。

在法学院这一大的团队下,逐渐孕育出了以二级学科为建设方向的若干个教学研究团队。其中,法理学团队就是一支比较出色的教学研究队伍。目前,该团队拥有高级职称人数 7 人,其中,教授 4 人,副教授 3 人。近些年来,团队获批多项研究项目,并形成了若干研究成果:

刘同君,南京师范大学法学博士,江苏大学教授(三级),硕士生导师。主持国家社会科学基金项目"新农村建设中的法律文化创新机制研究"(09BFX008)、"农村法律文化与农民权利发展问题研究"(12BFX013)、"新时代中国乡村治理法治化问题研究"(18BFX018)及省部级基金项目多项。研究成果荣获江苏省第十五届精神文明建设"五个一工程"优秀作品奖,江苏省第十三届与第十五届哲学社会科学优秀成果三等奖、二等奖,以及多项市厅级奖项。

李炳烁,吉林大学法学博士,教授,硕士生导师。主持国家社科基金项目"基层司法创新机制研究"(11CFX063)及省部级研究项目多项。研究成果荣获江苏省哲学社会科学优秀成果一等奖,以及多项市厅级奖项。

魏小强,清华大学法学博士,副教授,硕士生导师。主要参与多项国家社科基金项目研究,以及主持省部级及市厅级研究项目多项。研究成果荣获多项市厅级及以上奖项,其中,《法意对话录》(著作)荣获中国法学教育研究成果二等奖。

牛玉兵,南京大学法学博士,副教授,硕士生导师。主持国家社科基金项目"'法治中国'视野下农村基层治理法治化问题研究"(15BFX008),以及多项市厅级项目。研究成果荣获江苏省哲学社会科学优秀成果三等奖,以及多项市厅级奖项。

实践证明，只有完美的团队，没有完美的个人；只有完美的团队才能成就出色的个人，也只有耐劳的个人才能打造出色的团队。个人与团队的关系就像拔河比赛，一个人的力量再大也难赢对方的群体；同样是人数对等的团队，只有团队齐心协力，才能够超越对方。著名企业家马云曾经说过："让每一个人的才华真正地发挥作用的道理就像拉车，如果有的人往这儿拉，有的人往那儿拉，互相之间先乱掉了。我在公司的作用就像水泥，把许多优秀的人才聚合起来，使他们力气往一个地方使。"若干年来，江苏大学法学院法理学教学研究团队始终秉持凝心聚力的协作理念，攻克了一项又一项研究难关。每项课题的申报与研究均充分激发团队的智慧与力量，历经一轮又一轮的精心打磨，一次又一次的观点碰撞，一次又一次的凝练提升，渐趋统一思路，逐步深化研究。

本书的研究成果是在国家社会科学基金一般项目"农村法律文化与农民权利发展问题研究"（12BFX013）和中国法学会部级一般项目"权利视野下的中国农村扶贫法律机制研究"（CLS2016C08）基础上的拓展性研究，同样是法理学团队集体智慧的结晶。本书研究成果的章、节、目等内容由团队成员认真讨论后形成，在此基础上进行撰写分工：刘同君负责序、后记以及第一章、第六章内容的撰写；李炳烁负责绪论以及第五章内容的撰写；牛玉兵负责第二章、第三章内容的撰写；魏小强负责第四章内容的撰写。全书由魏小强、牛玉兵负责校对，李炳烁负责结构体例安排，刘同君负责统稿。另外需要特别说明的是：法学院谢仁海副教授、秦媛媛助理研究员参与了国家社会科学基金一般项目"农村法律文化与农民权利发展问题研究"（12BFX013）的研究工作；陈松林副教授实际承担了中国法学会部级一般项目"权利视野下的中国农村扶贫法律机制研究"［CLS（2016）C08］的调查研究与结题申报工作。

本团队取得的相关成绩，离不开法学院全体同仁的支持与关心，更离不开团队成员家属的辛勤付出；同时，本书的顺利出版，也离不开东南大学出版社，尤其是资深编审刘坚博士后的精心安排与指导。在此，本团队表示诚挚的谢意！

刘同君

2018 年 6 月

实践证明，只有完美的团队，没有完美的个人；只有完美的团队才能成就出色的个人，也只有耐劳的个人才能打造出色的团队。个人与团队的关系就像拔河比赛，一个人的力量再大也难赢对方的群体；同样是人数对等的团队，只有团队齐心协力，才能够超越对方。著名企业家马云曾经说过："让每一个人的才华真正地发挥作用的道理就像拉车，如果有的人往这儿拉，有的人往那儿拉，互相之间先乱掉了。我在公司的作用就像水泥，把许多优秀的人才聚合起来，使他们力气往一个地方使。"若干年来，江苏大学法学院法理学教学研究团队始终秉持凝心聚力的协作理念，攻克了一项又一项研究难关。每项课题的申报与研究均充分激发团队的智慧与力量，历经一轮又一轮的精心打磨，一次又一次的观点碰撞，一次又一次的凝练提升，渐趋统一思路，逐步深化研究。

本书的研究成果是在国家社会科学基金一般项目"农村法律文化与农民权利发展问题研究"（12BFX013）和中国法学会部级一般项目"权利视野下的中国农村扶贫法律机制研究"（CLS2016C08）基础上的拓展性研究，同样是法理学团队集体智慧的结晶。本书研究成果的章、节、目等内容由团队成员认真讨论后形成，在此基础上进行撰写分工：刘同君负责序、后记以及第一章、第六章内容的撰写；李炳烁负责绪论以及第五章内容的撰写；牛玉兵负责第二章、第三章内容的撰写；魏小强负责第四章内容的撰写。全书由魏小强、牛玉兵负责校对，李炳烁负责结构体例安排，刘同君负责统稿。另外需要特别说明的是：法学院谢仁海副教授、秦媛媛助理研究员参与了国家社会科学基金一般项目"农村法律文化与农民权利发展问题研究"（12BFX013）的研究工作；陈松林副教授实际承担了中国法学会部级一般项目"权利视野下的中国农村扶贫法律机制研究"［CLS（2016）C08］的调查研究与结题申报工作。

本团队取得的相关成绩，离不开法学院全体同仁的支持与关心，更离不开团队成员家属的辛勤付出；同时，本书的顺利出版，也离不开东南大学出版社，尤其是资深编审刘坚博士后的精心安排与指导。在此，本团队表示诚挚的谢意！

刘同君

2018 年 6 月